国家出版基金项目
NATIONAL PUBLICATION FOUNDATION

辛亥革命百年纪念文库

学术研究系列

辛亥革命时期的精英文化研究

罗福惠　著

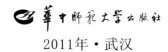

华中师范大学出版社

2011年·武汉

新出图证(鄂)字 10 号

图书在版编目(CIP)数据

辛亥革命时期的精英文化研究/罗福惠著. —武汉:华中师范大学出版社,2011.7

(辛亥革命百年纪念文库·学术研究系列)

ISBN 978-7-5622-5045-6

Ⅰ.①辛…　Ⅱ.①罗…　Ⅲ.①文化史—研究—中国—近代　Ⅳ.①K250.3

中国版本图书馆 CIP 数据核字(2011)第 091490 号

辛亥革命时期的精英文化研究

著者:罗福惠ⓒ

责任编辑:周柏青　　　　**责任校对**:张晶晶　　　　**封面设计**:罗明波

编辑室:文字编辑室　　　　**电话**:027-67867369

出版发行:华中师范大学出版社

社址:湖北省武汉市珞喻路 152 号

电话:027-67863426(发行部)　027-67861321(邮购)

传真:027-67863291

网址:http://www.ccnupress.com.cn　　**电子信箱**:hscbs@public.wh.hb.cn

经销:新华书店湖北发行所

印刷:湖北恒泰印务有限公司　　　　**督印**:章光琼

开本:640mm×960mm　1/16　　　　**印张**:20.5

字数:313 千字

版次:2011 年 7 月第 1 版　　　　　**印次**:2011 年 7 月第 1 次印刷

印数:1-1500　　　　　　　　　　**定价**:62.00 元

欢迎上网查询、购书

总　序

章开沅

"人事有代谢，往来成古今。"时间过得真快，转眼就是辛亥百年。作为辛亥革命的研究者，我自然感慨万千。

首先想到的，就是孙中山在《民报发刊词》中说的那段话："十八世纪之末，十九世纪之初，专制仆而立宪政体殖焉。世界开化，人智益蒸，物质发舒，百年锐于千载，经济问题继政治问题之后，则民生主义跃跃然动，二十世纪不得不为民生主义之擅场时代也。"

过去有些论者，常常讥刺孙中山为空想主义者，其实大谬不然。他脚踏实地，实事求是，时时事事都从实际出发。他不仅密切关注现实，还关注历史，更关注未来。他没有把西方现代化看作完美无缺的样板，更没有机械地照搬西方政治模式，而是在总结既往百年世界历史的基础上，对西方的先进文明有所选择"因袭"，更有所斟酌"规抚"，从而才完成新的"创获"——"三民主义"与"五权宪法"。他历经千辛万苦，终于领导中国人民推翻君主专制，建立民主共和，开辟了中国历史的新纪元。

"百年锐于千载"是孙中山对于同盟会成立以前那一百年世界历史的精辟概括，其实这句话也可以形容同盟会成立以后这一百年的世界历史，因为20世纪的"世界开化，人智益蒸，物质发舒"等，其变化的幅度之大，速度之快，更远远超越了19世纪那一百年。我很重视"百年锐于千载"这句话，认为只有透过这前后两个一百年世界历史的发展变化，才能更为深切地理解辛亥革命。

我们钦佩孙中山，因为他在伦敦总结19世纪百年历史并思考人类文明走向时，并无任何具有实力的社团作为依托，主要是时代使命感与社会责任感督策使然。他在大英博物馆漫游书海，几乎是孑然一身，固守孤独。然而他并不寂寞，他的心与祖国、与受苦民众联结在一起，同时也与世界各地善良的同情者联结在一起。他把祖国命运放在世界命运中间认真思考，并且像耶稣背负十字架一样，心甘情愿地承担起"天下兴亡，匹夫有责"的沉重课题。

我们钦佩孙中山，还因为他在百年以前思考的问题、探索的思路以及追求中国现代化的各方面实践，都已经成为宝贵遗产，在此后百年的中国历史进程中或多或少产生影响。辛亥革命不仅仅是一个伟大的历史事件，它更是一个伟大的社会运动，并非起始于辛亥这一年，更非结束于辛亥这一年。像任何历史上发生过的社会运动一样，它有自己的前因，也有自己的后果，而前因与后果都有连续性与复杂性。我们不是辛亥革命的当事人，没有任何亲身的经历与见闻；但是作为后来者百年以后看辛亥，可能对当年的若干重大问题观察得更为客观、全面、深切，其原因就在于我们探索其前因后果的连续性与复杂性，具有更多的方便条件。

因此，我们反思辛亥百年，应该在连续性与复杂性方面多下工夫，换言之，就是在时间与空间两方面作更大的扩展，以期形成长时段与多维度的整体考察。

仅以三民主义为例，就能引发许多新的思考。

首先是民族主义，过去的研究多半侧重于"排满"问题的实质探讨，而有意无意冷落了对"五族共和"的阐析。其实，在中华民族作为国族认同方面，辛亥那一代人不仅开创于初始，而且还在政治、制度、政策乃至文化诸层面有持续的探索性实践。应该承认，孙中山及其后继者在"中华民族多元一体格局"的形成方面也有不同程度的贡献，至少我们在中华民族作为国族的总体观念上与前人是一脉相承的。1949年新中国成立以后，我们在增进民族平等、团结，发展民族地区经济、文化，乃至促进少数民族内部社会革新等方面都取得了举世瞩目的辉煌成绩。但是，在民族认同与民族团结方面仍然存在着若干问题，仍然需要从历史到现状进行系统的梳理与总结。

作为历史遗产，辛亥革命也有负面的因素。为鼓动民众推翻清王朝而狂热地鼓吹"排满",显然对早已存在的大汉族主义或汉族中心主义有所助长,长期以来,无论是在对历史还是对现实的看法中这些经常会有意无意地显现。即以 20 世纪初期革命报刊极力制作宣扬的"黄帝文化"而言,至今我们一味"弘扬"而未能有所"扬弃"其汉族中心主义内涵。所以我自去年以来不断提倡"新黄帝观",即给始祖文化符号以更具包容性的诠释,这样才能更为增进对中华民族作为统一国族的认同,可能也更符合孙中山"五族共和"的积极意蕴。

其次是民权主义,回顾过去百年,也会有许多新的认知与感受。辛亥革命使共和国从此深入人心,此话不错亦非虚,但这次革命也仅仅是开启了共和之门,迈出了走向共和的第一步。就以孙中山自己为例,他对"五权宪法"的创建寄予很高期望,曾经明确揭示:"以三民主义为立国之本原,五权宪法为制度之纲领。"但是,对于这个理念懂之者不多,应之者甚少,连孙中山自己也还缺乏相关的架构设计。直到 1920 年在广州召开非常国会并就任非常大总统之后,孙中山才逐步把"五权宪法"从抽象理念形成完整的国家体制框架。概括起来,无非是:(1)以"权能分离"作为理论基础;(2)"五权分立"具体化,成为行政、立法、司法、监察、考试五院政府的架构;(3)进一步确定县一级实行选举、复决、罢官、创制等直接民权,每县选代表一人,组成国民大会代表全国人民行使政权,并授权中央政府行使治权。他认为,如此既可防止议会专制,又可杜绝政府腐败;既可实现直接民权,又可实现"万能政府",堪称民权主义的完美境界。

但是,"五权宪法"倡议以来,孙中山却未能在生前实施自己的方案;而国民党定都南京以后,所谓"五权分立"的推行也是举步维艰,其后逐步演变得荒腔走调,更非孙中山所能预料。应该说,"五权分立"的立意还是积极的,即为了防止西方议会、政党政治的弊端,将考试权从行政权中分出,监察权从立法权中分出,借以寻求更为完善的权力相互制衡。国民党内外三民主义、"五权宪法"的服膺者也并非都是虚应故事,其中确实有些忠贞之士满心期望通过"五权宪法"的实施,把中国引向民主与法制的进步道路。但是,任何良好的民主政治设计,都改变不了国民党政府"党治"、"军治"、"独治"的严酷现实,"五权分立"的政治架构只能流于虚有其表的形式。这种披着"五权宪法"外衣的威权统治，在1949年以后随着国民党的失败而转移到台湾。直到蒋介石死后，迫于内外形势的急速变化，蒋经国在临终前解除了党禁、报禁与戒严，这才结束了蒋家王朝的威权统治。正是在此以后，"五权宪法"、"五权分立"才真正在台湾的政治实践中受到全面检验与不断修正。

无论西方与东方，特别是在东方，民主政治在任何国家的成长、完善，都必然要经过一条漫长、复杂、曲折而艰苦的道路。中国长期处在中央集权的君主专制统治之下，从来没有什么议会政治的传统。过去认为这是一个优点，其实这只是有利于"枪杆子里出政权"，政权的更替只能通过武装斗争，别无其他良策。现今，国家已经富强，并且逐步走上民主与法治的轨道，我们应该更加尊重前贤追求民主法治的真诚努力，从他们留下的经验教训中吸取智慧，走出政治制度改革的瓶颈，建设更为完善的中国先进政治文明。

第三是民生主义，这是孙中山最具前瞻性的思想遗产，也是当时最为曲高和寡的政治主张，但在百年之后却成为中国与世界面临的最为紧要的严重问题。孙中山师法亨利·乔治与约翰·穆勒，同时又从中国传统的大同思想以及均田、公仓等方案中受到启发，提出"平均地权"以谋防止资本主义贫富两极分化的弊害。孙中山自信"可举政治革命、社会革命毕其功于一役"，过去曾被讥评为徒托空言，其实他和他的后继者在这方面还是做过多方面的探索与讨论，积累了颇为丰富的经验教训。"民生"一词，从经济而言，涵盖发展与分配两个方面，这就是孙中山所说的"欧美强矣，其民实困"。20世纪初始，中国资本主义还处于极为幼弱时期，1905年提倡"节制资本"诚然是"睹其祸害于未萌"，但现今对于中国而言则早已是严酷的现实。我们虽然标榜中国式的社会主义市场经济，但是并未能置身于资本主义"祸害"之外，而双轨制经济并存衍生的权钱交易，更使这种"祸害"愈演愈烈。因此，最近几年，政学各界及媒体、网络苦心焦虑，"民生"一词遂成出现频率最高的话语之一。

孙中山及其后继者设计的多种具体方案，已成明日黄花，很难解决当前社会深层转型的复杂问题，但"一手抓土地流转（平均地权），一手抓投资调控（节制资本）"的思路仍然可以对我们有所启发。孙中山是农民的儿子，他对贫苦民众有本能的同情；他自己又在海外生活时间甚久，对资本主义社会弊病理解最深。这样的领导者，郑重提出的政治设计必定有其现实根据，更有丰富的思维蕴涵，我们理应加以珍惜，作为当前排难解纷的借鉴。

最后还有孙中山晚年对世界主义，特别是世界主义与民族主义之间关系的思考，经过百年世界风云变幻的映照，在全球化浪潮已经席卷世界各地的今天，仍然可以发人深省。

孙中山是伟大的爱国主义者，他临终仍不忘呼唤："和平，奋斗，救中国。"他又是伟大的国际主义者，从革命一开始就谋求国际合作，而且晚年还更为热忱地呼吁建立一个和平、公道、合理的世界新秩序。他为人题字，书写极多的就是"天下为公"、"世界大同"。他应该是近代中国最高层政治领袖中堪称"世界公民"的第一人。

晚年的孙中山，不再简单地以东方、西方或者肤色差别划分世界，而是把世界区分为压迫民族与被压迫民族两大阵营。他呼吁全世界"受屈人民"联合起来反对帝国主义。而所谓"受屈人民"，不限于被压迫民族，也包括压迫民族中的"受屈人民"，以及虽已强大然而真诚支持世界各国"受屈人民"的苏联人民。他甚至天真地把"苏维埃主义"与中国传统的大同理想等同起来，劝说日本"联苏以为与国"，共同支援亚洲乃至全世界"受屈人民"的反帝斗争。这可以认为是孙中山民族主义的又一次升华。

孙中山以"恢复中华"作为自己革命生涯的发端，但是从来没有把民族主义的范围局限于中华，更没有以此作为终极目标。他认为民族主义乃是世界主义的基础，因为被压迫民族只有首先恢复民族的自由平等，然后"才配得上讲世界主义"。他期望以苏联人民作为欧洲世界主义的基础，以中国人民作为亚洲世界主义的基础，然后扩而大之，从而实现整个人类的世界主义。

百年以来的世界，风云变幻，日新月异。特别是第二次世界大战以及冷战与后冷战的国际格局演变，与孙中山的理想相去甚远。但是他的总体思路，特别是有关民族主义与世界主义之间关系的深沉思考，并非纯然是美好的空想，仍然有许多值得重视的现实依据。在全球化潮流席卷整个世界，人类已经进入网络化信息时代的今天，正确处理民族主义与世界主义之间的关系，仍然是极为复杂而又必须回答的重要问题。当前某些政论家正在构思的所谓"全球地方关系（global-local relationships）"或"全球地方化（glocalization）"，与孙中山的思路正相呼应，似乎一脉相承。

举一可以反三。中国现代的历史叙事，党派成见影响甚深，意识形态束缚尤多，所以很难求得客观、公正、深切的理解。必须以更为超越的心态、广博的胸怀，把中华民族作为一个整体，并真正置于世界之中，作百年以上长时段的宏观考察与分析，才可以谈得上史学的创新。思想的解放，对中国、对世界，于学术、于现实都大有裨益。我认为这是对辛亥百年最好的纪念。

在辛亥革命百年纪念之际，华中师范大学中国近代史研究所在学校出版社的鼎力支持下，隆重推出了"辛亥革命百年纪念文库"，其中包括学术研究系列和人物文集系列，总计多达 30 余种著作。这套文库的出版，称得上是一项规模较大的学术文化工程。尽管由严昌洪教授担任主编的十卷本《辛亥革命史事长编》等新书未收入文库，而是由其他出版社出版，但这套文库仍然较为集中地体现了多年以来华中师范大学在辛亥革命史研究方面所取得的成果。

从 1978 年华中师范大学历史系成立辛亥革命史研究室，到 20 世纪 80 年代初由原国家教委批准建立华中师范大学历史研究所，再到 2000 年成为教育部人文社会科学重点研究基地而改名为中国近代史研究所，数十年来虽历经人事更替与诸多困难，但辛亥革命史始终是我们的重点研究领域之一，其间不断有新成果问世，研究所一代又一代学人为之付出的心血，从现今出版的这套文库更不难窥见一斑。

当然，这套文库所收录的著作，无论是学术研究系列还是人物文集系列，都还存在着这样或那样不尽完善之处，希望能够得到海内外学者的批评与指正。

目　录

序

章开沅

记得是 1993 年暑假，我在日本饭能市美杉台风景区小住。有一天，东京辛亥革命研究会"四条汉子"（久保田文次、中村义、小岛淑男、藤井升三）邀同餐叙。席间，中村义突然问我："你知道我们团体为什么取名辛亥革命研究会，而不是辛亥革命史研究会吗?"我正琢磨其提问用意，他却自问自答："我们没有把辛亥革命作为单一的历史事件来研究，而是作为一种社会运动，或是作为社会整体运动的一个组成部分来研究。"我当即表示赞赏，并引为同调。

其实，北美、西欧学者早在 20 世纪六七十年代，即已把社会学和社会史的方法引入辛亥革命研究，也是把这次革命作为一种社会运动的历史过程来探讨，尽管他们各别的研究或限于特定地区，或限于特定群体，或限于特定层面。正因为如此，辛亥革命研究才以丰富多彩、欣欣向荣的大好局面呈现于世界。

我国辛亥革命研究长期受单一政治事件狭小格局的束缚，直至 20 世纪 70 年代末改革开放以后，情况才有所好转。我从 80 年代初开始，不断强调要加强辛亥革命时期社会环境的研究，强调在综合的和专题的研究中努力上下延伸和横向会通，用意亦在于此。80 年代中期以后，一批风华正茂的年轻辛亥革命研究者脱颖而出，他们或从事社会群体研究，或从事社会结构研究，或从事社会心态研究，都有颇具功力的专著问世，从而把我国辛亥革命研究推进到较高层次，并引起世界各地同行学者的重视。

本书作者对辛亥革命的长期研究，主要是侧重于思想文化层面。他以国粹主义派研究为发端，顺理成章地进入章太炎思想研究。20世纪80年代后期，作者转入中国现代化研究，但思想文化史研究从未间断，而且还有很大进展。《国情、民性与近代化——以日中文化问题为中心》、《湖北近三百年学术文化》两部专著的先后出版，以及发表于海内外各种刊物的一系列论文，都表明作者在学术上已臻于成熟。作者日益善于在较长的时间跨度与更广阔的空间对历史作宏观的把握，近几年来在大型《湖北通史》的撰写与主编工作中，这个优势表现得更为明显。

1999年春天，在一次筹议举办纪念辛亥革命90周年国际研讨会的座谈中，我提出武汉地区的相关中生代历史学者应该回归辛亥，回报辛亥。意思就是说，20世纪80年代以来国内外的"辛亥热"，为他们的迅速成长与展示才华提供了前所未有的大好机遇。而90年代以后，由于研究领域的扩展，或是由于学科发展需要而衍生的领域转换，他们或多或少对辛亥革命研究有所疏离。现在为了纪念辛亥革命90周年，大家应该把研究的主要精力回归于辛亥，以新的更好成果回报对青年学者惠泽良多的辛亥革命史。此后大家即纷纷选题，以实际行动"回归"与"回报"，其中以本书作者撰著最为专心致志，并且成为最先交来全部书稿者。但此稿决非急就章，它是作者自己多年积累的创获，同时也充分吸收了海内外同行学者最新成果的精粹，含英咀华，厚积薄发，融会贯通，遂成有体系的一家之言。

此书不仅着力探讨辛亥至五四之间这个极为重要而又常被忽略的历史接合部，而且还把辛亥时期的精英文化放在较大的时空环境中进行整体的考察，旁征博引，条分缕析，理清源流。这就使读者感受到一种恢弘的气势，并且在较高的层次上增进对于辛亥时期精英文化的理解。

历史是有连续性的，正如抽刀断水水更流，不承认连续性就意味着割裂历史。多年以来的中国近代史研究，不仅受到政治事件格局的限制，而且前不与清朝中叶以前的历史衔接，后不与五四以后的历史沟通，因此成为一个80年若干历史片断的松散结合体。作者很早就注意矫正这种流弊，他在撰写《湖北近三百年学术文化》和主编《湖北通史》的过程中，就非常注意在前后贯通上下功夫。

本书不仅对辛亥时期思想文化的丰富内容及其已经达到的高度作了相当细密的阐发，而且还注意到它对包括五四在内的整个 20 世纪中国文化的影响。虽然由于篇幅限制对于这种影响未能充分阐发，但他对于辛亥、五四两代人物、期刊、社团乃至话语之间连续性的粗略梳理，已能给此后的研究者以很大启发。

正如作者所说，本书的重点是"从宏观上分析辛亥文化的内容及那一代新式知识分子的思想行为和性格特征"。与此相关的论著过去出版已多，但细心的读者不难看出，本书作者凭借其丰厚的文化底蕴以及敏锐的史感与史识，往往在探幽索微之处透露出新的意境。即使是龚鹏程先生在此书撰写之前，已经运用主流文化、非主流文化的地位关系来回顾不同性质的文化和文学流派的此消彼长，但那不过是《近代思想史散论》中的几段文字；而作者却在这一思路的启发下全面厘清了辛亥时期不同流派文化之间的相互关系与消长变化。读者可以不尽同意他的某些具体见解，但却不能不承认这是辛亥文化思想史研究的新的创获。

作者说："历史本来没有断层，但历史研究出现了断层。"诚哉斯言！但愿有更多的学者在填补研究断层方面狠下功夫，让历史固有的连续性得以更完美地展现。

前　言

几十年来，我们的中国现代史和中国现代文学都是从五四运动或新文化运动讲起，在思想文化方面没有追本溯源。而在中国近代史研究中，对辛亥革命的研究也多只注重其政治革命的意义，对于这段时间的经济、文化、社会等问题的探讨不多，大而化之的概括就是当时的资本主义经济发展不充分，资产阶级在思想文化方面准备不足云云。十几年来，我参加过几次五四运动和新文化运动的讨论会，发现其中的大多数研究者和提交会议的文章对辛亥时期的历史都很隔膜，把辛亥时期已经出现过的一些经济、文化现象或有关问题当作五四才有的新事物来大讲特讲，这使我们这些研究辛亥史的人颇感意外。治史学要作长时段的跟踪考察这个原则，似乎在这里不起作用了。

产生这一现象的根本原因，与我们历来的历史阶段划分有关。半个世纪以来通行的说法是：1840 年－1919 年为近代，1919 年－1949 年为现代。而无论是史学研究还是文学史研究，一般总是重视新一个阶段的开端而忽视前一个阶段的结束。远的不说，试问我们对中国古代史的结束时期即鸦片战争前 40 年有多少了解？出于同样的惯性或定势，人们对五四之前的几年也研究得很不够。于是，研究中国近代史的人不研究五四新文化，研究五四新文化的人不研究辛亥革命。历史本来没有断层，但历史研究出现了断层。

还有一层原因是：我们历来把近代史上的革命划归资产阶级领导的旧民主主义革命，现代史上的革命才是无产阶级领导的新民主主义革命。辛亥革命属于前者，而且中国资产阶级幼稚软弱，与帝国主义、封建主义存在着千丝万缕的联系，因而辛亥时期的思想文化到底有没有或者有多少有价值的"遗产",并未引起人们重视。

　　尽管20世纪70年代就有五大本《辛亥革命前十年间时论选集》出版,80年代又有五大本《辛亥革命时期期刊介绍》问世,再加上陆续出版的辛亥人物文集和大部分辛亥报刊的复印本,资料不可谓不多,但多年来从整体上研究辛亥时期的思想文化的成果依然很少。当然,这个问题屡次有人提及。例如,陈万雄先生在70年代末就曾撰文讨论辛亥文化与五四新文化的关系,1991年就由香港三联书店出版了《五四新文化的源流》一书;马宝珠女士1996年出版的《中国新文化运动史》,也把新文化的发端上溯到19世纪中叶。不过总的来说,无论是教科书还是有关思想文化史的研究著作,还没有把这个断层衔接起来,对于辛亥时期思想文化的丰富内容及其已经达到的高度,还有它对包括五四新文化乃至整个20世纪中国文化的影响,仍然有待深入的发掘研究。

　　即使把袁世凯窃取临时大总统的1912年看作辛亥革命的终结,这个时期距离《新青年》的创刊为时也不过3年。许多辛亥革命时期创办的报刊都延续到了五四之后。五四新文化的许多重要人物,如陈独秀、鲁迅、胡适、蔡元培、钱玄同、林獬、马裕藻、柳亚子等,以及被视为"落伍"的林纾、章太炎、黄侃、刘师培、梁启超、杨度等,都跨越了辛亥和五四,是连接两个时代的人物。五四时期的爱国救亡大潮,直承辛亥而来;五四新文化高揭的"民主"、"科学"、"白话文"等几面大旗,辛亥革命时期就已举起;五四新文化批评孔子,检讨儒学,而这一开端乃在辛亥时期;五四后期出现了"劳工神圣"的口号,辛亥时期的口号是"国民神圣",鼓励人们努力摆脱"奴隶"的地位和思想;五四时期及以后有国粹主义与"全盘西化"的对立,其实辛亥时期就有"国粹"与"欧化"的分野;五四时期青年学生和新式知识分子广泛结成社团,并充分利用报刊争夺"话语权力",这也是从辛亥时期的青年学生和新式知识分子那里沿袭下来的。尤其是社会科学的门类区分和各学科的内涵与形式,实际上是20世纪头十年基本形成的。这并不是说五四新文化没有新内容、新特点,与前段相比没有发展变化,而是说研究五四新文化而不溯及辛亥时期乃至维新运动时期的文化,实在是一个很大的缺失。而回顾20世纪中国文化的发展变化,必须从辛亥文化谈起。这不仅是因为辛亥革命及其准备阶段正好处在20世纪的开头，尤其是因为这个时期的思想文化内容十分精彩丰富，几乎涉及或蕴含了此后八九十年间全部的文化问题和思想趋势。

这就是本书写作的动念。从宏观上分析辛亥文化的内容及那一代新式知识分子的思想行为和性格特征，则是本书的重点。相信读者翻阅了此书，自然能对辛亥文化的价值、辛亥文化与五四新文化的联系等问题，产生新的认识。至于运用主流文化、非主流文化的地位关系来回顾不同性质的文化和文学流派的此消彼长，是受到了龚鹏程先生《近代思想史散论》一书中几段文字的启发。我认为这也是讨论文化发展变迁的一个视角、一种思路。

业师章开沅先生20年前就呼吁加强辛亥革命时期的经济和文化研究。这些年来，有关的经济史研究已取得长足的进展；文化史方面，郑师渠教授的《晚清国粹派》、桑兵教授的《清末新知识界的社团与活动》和《晚清学堂学生与社会变迁》也已问世数年。不过，就我有限的见闻所知，从宏观的综合的层面上检视辛亥文化的作品，至今仍属阙如。因此不顾浅陋，在辛亥革命90周年纪念到来之际，捧出这本急就章，作为对先生当年呼吁的一个迟到的回应。至于更深入更全面更系统的研究，仍然有待来日，有俟于各位方家和诸多新进。

第一章 时空与文化变革

一 对环境与时代之自觉

19世纪的中国，在经历了两次鸦片战争、甲申中法战争、甲午中日战争之后，在世界上彻底显露了没落衰朽大国的原形。中口《马关条约》签订后不到两年，世界上的几个主要帝国主义国家就掀起了瓜分中国的狂潮。1898年，由维新派和帝党人士发动的戊戌维新运动昙花一现，指望上层进行的温和改革迅速流产，刚从旧营垒中分化蜕变而成的幼弱的新生力量遭到毁灭性的打击。世纪之交，以农民群众为主体的义和团运动充当了反对帝国主义侵略的主角，但旋即被八国联军血腥镇压下去了。

鉴于中国广大人民群众在反对外来侵略的斗争中蕴藏着巨大力量，加上几个主要帝国主义国家因在中国争夺势力范围而剑拔弩张，矛盾日趋激化，美国舆论和外交界遂首倡所谓"保全主义"。《纽约西报》发表文章说："今为各国计，惟有扶其四万万人所最爱戴之皇帝，使之复辟，再行亲政，则义和团不平而自平，东方太平之局可共长保矣。"① 1900年10月，英、德两国签订协定，相约在中国遵守"自由开放，毫无差别"的原则，双方"不得利用现时之纷扰在中国获得任何领土利益，其政策应以维持中国领土不使变更为指归"，并通知俄、美、日、法等国，"请其接受本协定所采之原

---

① 《纽约西报》社论：《论中国不可瓜分》，载《清议报全编》第17卷，第171页。

则"①。尽管列强心怀鬼胎,别有主意,但"保全主义"一是可以暂时缓和彼此之间的冲突,避免因瓜分中国而引起火并;二是可以欺骗中国人民,尤其是能继续利用清王朝来"以华制华",因为"中国与各国之关系,若和约,若商约,若赔款之约,若租地之约,皆满洲之朝廷订立"②,这个工具还可以为其所用。所以,不久列强相继表示接受甚至愿意加入这一协定。

于是,在租界、通商口岸、军港和列强已划定的势力范围之内,形成了列强"你中有我,我中有你"的多重交织状态;京畿附近列强驻有重兵,俄国在中国东北驻军十余万人。帝国主义在军事上、政治上加强了对清政府乃至全中国的控制。由于主权丧失殆尽,中国的经济命脉更几乎全被列强掌握。清末十余年间,列强占有中国已修成铁路里程的 93.1%;进出中国各通商口岸的轮船以吨位计算,外轮占总吨位的 84.4%;对外贸易掌握在外国洋行商号手中,使中国更加成了帝国主义倾销商品、掠购原料和农副产品的场所;外资经营的工矿企业,已在中国具有压倒优势;历年累计超过 12 亿两的外债,使中国竭尽脂膏,人民输尽血汗,也无偿清之日;在华外国银行喧宾夺主,独步于中国的金融市场;再加上中国的海关、邮政、电信无一不被外国人掌控。所以,不仅中国的工农劳苦大众生活在水深火热之中,就是工商业者和从事文化、教育、新闻等事业的读书人,也感到生计日蹙,难以卒岁。

对于 19、20 世纪之交中国的危殆处境,当时的有识之士看得十分清楚。他们惊呼:"呜呼!今日之世界,非竞争风潮最剧烈之世界哉?今日之中国,非世界竞争风潮最剧烈之漩涡哉?俄虎、英豹、德法貔、美狼、日豺,眈眈逐逐,露爪张牙,环伺于四千余年病狮之旁。割要地,租军港,以扼其咽喉;开矿山,筑铁路,以断其筋络;借债索款,推广工商,以朘其膏血;开放门户,划势力圈,搏肥而食,无所顾忌。官吏黜陟,听其指使,政府机关,使司转捩。呜呼!望中国之前途,如风前烛、水中泡耳,几何不随十九

---

① 孙瑞芹译:《德国外交文件有关中国交涉史料》第 2 卷,商务印书馆,1960 年,第 232 页。

② 林乐知:《立宪为中国安危之根本》,载《万国公报》,1907 年 2 月。

世纪之影以俱逝也。"① 这番话生动形象而又概括准确，全面描绘了帝国主义侵略给中国造成的深重危机，如警钟长鸣，要震醒中国睡狮。

帝国主义伪善的"保全主义"只得到了清王朝的感恩戴德，它欺骗中国人民尤其是新式知识分子的如意算盘却很快落空。爱国之士一针见血地指出："盖以中国危弱之原，实政府腐败之故，而非一般人民全不足有为也。使一旦而分割土地，则动魄惊心之警报，必突然激刺于四百兆人之脑中，而增其万感如潮之忿怒，揭竿斩木，共赋同仇，以致死于强敌，亦未可料之事。""则何如借傀儡政府为彼任管理镇压之责，而彼坐得利权之为快乎？"② 他们不断地提醒国人："无形之瓜分，更惨于有形之瓜分，而外人遂亡我四万万同胞于此保全领土、门户开放政策之下"③，中国人民如果不急起抗争，"则二十世纪之中国，将长为数重之奴隶矣"④。

20世纪初先进的中国人，眼界人丁。他们不仅对中国的危局了然于胸，更能把握世界大势和时代潮流。他们一方面认识到"今日之时代，帝国主义最发达之时代也"⑤，指出帝国主义国家必然要把各后进国家置于其统治奴役之下，"若夫列强所以施行此帝国主义之方针，则以殖民政略为主脑，而以租界政略、铁道政略、矿产政略、传教政略、工商政略为眉目，用以组织此殖民政略，使达于周密完全之地"⑥，全面地揭露了帝国主义的侵略本质及其殖民主义的各种手段。另一方面，他们又看到，"物质的进步，乃轰出平民主义之爆烈药线也。试问，近世社会党蔓布列国，忽而同盟罢工，忽而集会演说，每年秘密出版之劳动杂志数百万册，抗贵族求平等自由之血泪数百斛，非有昔日之压制，安有今日之炸烈？吾视十九世纪之末，二十世纪之初，纯乎社会主义之世界矣"；而且，"今亚、非二洲，正当非、杜事后，将来 Independence（自由，又

　① 李书城：《学生之竞争》，载《湖北学生界》，1903年第2期。
　② 铁厓：《警告全蜀》，载《四川》，1907年第1号。
　③ 《论中国之前途及国民应尽之责任》，载《湖北学生界》，1903年第2期。
　④ 《二十世纪之中国》，载《国民报》，1901年第1期。
　⑤ 《帝国》，载《新世界学报》，1902年第10号。
　⑥ 杨笃生：《新湖南》，见《辛亥革命前十年间时论选集》第1卷下册，三联书店，1978年，第624页。

译曰独立——原注）与帝国主义之大争，其猛烈必百十倍于欧洲列国之革命也。所谓鸟无声兮山寂寂，夜正长兮风飒飒，魂魄结兮天沉沉，鬼蛇聚兮云幂幂，非二十世纪之大战场耶！非即亚非二洲之大陆耶？"所谓"非、杜事"，系指20世纪初年菲律宾和杜兰斯哇的民族独立战争。作者看到帝国主义国家内部正不断发生无产阶级革命，而亚非两洲的殖民地国家正掀起民族解放运动大潮，这两大潮流配合，"彼帝国主义安可长盛乎？"① 这种将中国前途与世界发展大势相结合的眼光，十分难能可贵。他们对中国终将摆脱危机、自立于世界民族之林的信心，是建立在科学分析的基础之上的。

20世纪的头十年，更趋买办化的清王朝为了苟延残喘，尤其是为了适应帝国主义的需要，"结与国之欢心"，实施了所谓"新政"和"预备立宪"，诸如废科举，兴学堂；振兴商务，奖励实业；裁汰旧营，编练新军；改革官制，精减衙门，等等。1906年之后又进而宣布预备立宪，各省成立咨议局，中央酝酿召开国会，成立责任内阁。这些充满贵族色彩的自救性"改革"，曾为清王朝最高统治者和晚清洋务派披上一层"维新"外衣，也给当时的保皇派和立宪派带来了若干幻想。但是，真正能冷静观察、客观分析的进步人士和绝大多数革命者没有被清王朝的表面文章迷惑，他们揭露说："朝廷之变法，并非实有生死肉骨之决心，不过以此为媚外之品物耳。"② 预备立宪活动开始之后，敢言之士对朝廷的假立宪之名行集权专制之实的行径予以揭露说，"一方曰国家预备立宪，一方曰国民程度不及；一方为庶政公诸舆论、士民应准陈言，一方为禁止集会言论，毋许干预政治"，中国政治运作仍然是"君主壅蔽于上，民庶压伏于下，媚外以制内，因私而害公。彼衮衮赫赫，将谁欺，欺天乎？"③ 1908年夏，《钦定宪法大纲》出台之后，革命报刊立即对其加以声讨，指出这个大纲对如何"救国扶危"不置一词，"全曰保障君主大权，对于民权之伸张固全属空文，对于列强

---

① 《论帝国主义之发达及二十世纪世界之前途》，载《开智录》第1期，见《辛亥革命前十年间时论选集》第1卷上册，三联书店，1978年，第57～58页。

② 《论中国宜注意精神教育》，载《中外日报》，1904年4月5日。

③ 震：《论中国立宪当求唯一之方法》，载《江汉日报》，1908年4月3日。

之侵略更毫无关系，直可付之一嚓而已"①。果然，"预备立宪"很快成了清王朝加强专制集权的障眼法，并因此导致立宪派人士与皇室的纷争和分道扬镳，专制王朝更加孤立虚弱。

当时，先进的中国人依据自己对环境和时代的分析，主要是认准了两样"批判的武器"。其一是"民族主义"。他们说，欲使中国能屹立于激烈竞争之世界，必须把中国四万万人合为一大群体，"而欲合大群，必有可以统一大群之主义，使临事无涣散之忧，事成有可久之势。吾向欲觅一主义而不可得，今则得一最宜于吾国人性质之主义焉。无他，即所谓民族主义是也"。民族主义有两个要素，一是"发扬固有之特性"，二是"统一全体之群力"②，前者用以抵制外人的同化，后者用以抵制外人的强力征服。他们强调，"凡立于竞争世界之民族而欲自存者，则当以建民族的国家为独一无二之义"，若"再不以民族主义提倡于吾中国，则吾中国乃真亡矣"③。

其二是"民权"思想。《民族主义论》一文的作者说："吾言民族主义，何以必推源于法国大革命？曰：民族主义与专制政体不相容者也。民族主义之大目的，在统一全族以立国。然兹所谓统一云者，意志的统一，非腕力的统一也；共同的统一，非服从的统一也。……若专制政体，则何有矣。"④ 他们明确表示，自己所提倡的民族主义是近代的产物，是同民主、共和、自由、民权相伴生的。"是故国家之土地，乃人民所根著之基址也，非政府之私产也；国家之政务，乃人民所共同之期向也，非政府之私职也；国家之区域，乃此民族与彼民族相别白之标识也，非政府之所得随意收缩裂弃也；国家之政治机关，乃吾国民建设大社会之安全秩序，非政府之所得菆遁逃而凭狐鼠也。"⑤ 他们明确划分了民主国家与专制国家的区别，"建民族之国家，立共和之宪章，凡我同胞，

---

① 铁厓：《中国立宪之观察与欧洲国会之根据》，载《民声》，1910 年第 1、2 期。

② 竞庵：《政体进化论》，载《江苏》，1904 年第 3 期。

③ 余一：《民族主义论》，载《浙江潮》，1903 年第 1 期。

④ 余一：《民族主义论》，载《浙江潮》，1903 年第 1 期。

⑤ 杨笃生：《新湖南》，见《辛亥革命前十年间时论选集》第 1 卷下册，三联书店，1978 年，第 633 页。

其矢斯志"①。这就是进步人士根据环境和时代为自己、为全国人民找到的拯救和改造中国的两大利器。

与此相一致，中国的先进分子明确了中国人的两大任务，即反对帝国主义和封建专制主义。他们看到帝国主义对中国的政治、经济、文化等侵略活动，一方面是由它们直接出面进行，而在更多的方面则是通过清王朝来实现，如巨额的洋债和赔款，就迫使清政府在全国摊捐派税；人民的反帝斗争，首先都假手清政府进行镇压。因而中华民族与帝国主义的矛盾在不断发展，而人民大众同清王朝的矛盾更趋激化。所以，当时的民族民主革命斗争采取了国内革命战争的形式，但从根本上说也是同时指向帝国主义的对外抗争。

还有一点似为论者所忽略，这就是从1901年到1904年间，在上海、日本等地出版的由中国的先进人士和留学生所办的报纸杂志上，已如上所述多有关于帝国主义、民族主义、专制与民权等理论问题的探讨。而孙中山先生虽然在1894年创立兴中会时就提出了"驱除鞑虏，恢复中华，创立合众政府"的革命纲领，但直到1905年成立中国同盟会时，才把纲领定为"驱除鞑虏，恢复中华，建立民国，平均地权"，并在《民报》发刊词中把"驱除鞑虏，恢复中华"解释为民族主义，把"建立民国"解释为民权主义，把"平均地权"解释为民生主义。可见，孙中山的民族主义、民权主义，不仅是继承中国前代的思想、学习西方政治学说的结果，也明显地吸收了当代先进中国人的理论成果。

二　近代知识分子群体的形成

正像中国早有"族类"的实体和概念，但民族主义思想直到19世纪末20世纪初才形成一样，中国早就有了读书人，他们被称为"士人"、"文人"或者"儒生"。但真正能称为"知识分子"或"知识阶层"者，也是在19世纪末20世纪初才出现。在这之前的文化人群体多称为"士林"，而新的文化人群体当时被称为"学界"。

名称的变化不仅仅因为时代的变迁，关键在于实质发生了改

---

① 竞庵：《政体进化论》，载《江苏》，1904年第3期。

变。概括地说，士人是由旧式学塾（包括私学、府州县官学和书院）培养出来的，他们学习的内容主要是"四书五经"、八股制艺，读书之后出路无多，要么科考得中能获一官半职，否则只能办私塾当教师。他们知识陈旧，视野狭窄，思想和行为均惟王朝和官府马首是瞻。而新式知识分子是由国内外的新式学堂培养出来的，他们在普通教育阶段不学八股制艺、"四书五经"，或者至少是不全学，而是广泛涉猎世界各国的政治、历史、地理，还有数学、外语、自然、博物、理化等课程；到了专业教育阶段，则分途学习教育、军事、政法、工农商业、医学、测绘、交通、通讯、文学、艺术等。因而他们学成之后出路较多，可以进入政界、军界、实业界、科技界、教育界，也可以成为自由职业的作家、艺术家、新闻工作者、医生等，较能适应社会的多种需要。更重要的是，他们思想活跃，容易接受新事物，追求独立人格和信仰自由，勇于表达自己对时代和社会的各种见解，以解决人类社会的各种问题为职志，以超越的理念来评判现实①。

20世纪初的中国知识分子群体，大体上由四部分人组成，他们分别是接受过旧式教育，通过再学习而转化，投身新式文化事业的士人，从外国教会在华开办的学校毕业的学生，从中国人自办的新式学堂毕业的学生，以及曾在国外留学的学生。

据张仲礼先生估算，从太平天国以后直到19世纪末，全中国约有包括生员（即秀才）以上的绅士145万人，其中生员、监生、例贡生等下层绅士约为125万人，约占全部绅士的86%；包括岁贡生、恩贡生、拔贡生、优贡生、副贡生、举人、进士在内的上层绅士近20万人，约占绅士总数的14%②。此外，曾在各种学塾中读过书但没有考取生员资格的童生则有3 000万人左右③。上层绅士一般在40岁以上，且有四分之一的人入仕即做官；下层绅士在20～40岁之间，一般不可能做官；童生没有起码的"功名"，多为

<hr>

① 参见水秉和《知识分子的人文倾向》，辽宁人民出版社，1989年，第17页。

② 张仲礼：《中国绅士》，上海社会科学院出版社，1991年，第110、135页。

③ 章开沅、罗福惠：《比较中的审视：中国早期现代化研究》，浙江人民出版社，1993年，第544页。

青少年，文化高低不等。旧式士人的内部差别很大，家庭出身、经济状况、政治态度和信仰追求都不可能完全一样，但共同之处是都接受过旧式教育。

旧式士人思想封闭、知识陈旧，诚如梁启超所说："今之所谓儒者，八股而已，试帖而已，律赋而已，楷法而已。上非此勿取，下非此勿习。其得知者，虽八星之勿知，五洲之无识，六经未卒业，诸史未知名。"① 他们脱离实际，不仅表现为不明时势，盲目排外，拒绝新知，也表现为所谓"重道轻器"、"空言无补"，正如时人所批评的那样："近世士夫喜言空理，视一切工艺为卑无足道，于是制器利用之事，第归于末匠之手，而士夫遂不复躬亲矣。"② 正因为旧式教育所造就的士人"无当于时用"，所以清末三四十年间，举国上下一直在呼吁改革教育和废除科举。1901 年，清政府谕令将各地的省、府、州、县各级书院改为大、中、小学堂，科举考试时以策论代替八股。1905 年 9 月又诏准自翌年（1906 年丙午）起，所有乡试、会试及各省省考一律停止，此后所有士子皆须由新式学堂出身。中国自隋炀帝大业二年（公元 606 年）开始，沿袭了整整 1300 年的科举考试制度终于结束了。

科举制度的废除切断了旧式士人的进身之途，他们只有另寻出路。当时政府也设法为旧式士人创造再学习的条件，如进士、举贡之类可赴日本学习法政，生员、监生之类可赴日本学习师范；国内有的省城开办了"仕学院"或"仕学馆"、政法学堂、存古学堂等等，让中上级士人可依其经历和志趣选择再学习的科目。此外，比较普遍的是开办新式中小学堂、实业学堂和军事学堂。除小学低年级系招收蒙生从头教起之外，各级各类新式学堂均注意招收童生和生员。当时官方的报告说："各省初办学堂……学生率皆取诸原业科举之士。"③ 如京师大学堂师范馆从 1902 年开办至 1906 年，共招师范生 512 人，其中有传统功名者 426 人（包括举人 62 人、贡

① 梁启超：《西学书目表后序》，见《饮冰室合集》，文集之一，中华书局，1989 年影印本，第 127 页。

② 金匮阙铸补斋辑：《皇朝新政文编》第 18 卷"工政"，台北文海出版社，1987 年影印本，第 588 页。

③ 舒新城编：《中国近代教育史资料》上册，人民教育出版社，1962 年，第 197 页。

生 48 人、监生 84 人、生员 232 人），占师范生总数的 82％①。在南方数省如湖北、江苏、云南、广东的军事学堂中，亦有部分习过科举业的童生和秀才。故有研究者估计，"在全国范围内，自 19 世纪末以来，尤其是废科举之后，士绅群体中有约五分之一左右的人，也就是说有近 30 万人通过各种途径，受到程度不等的近代教育"②。

中国的教会学校始于 19 世纪 40 年代，即鸦片战争之后西方传教士重新进入中国之时。教会学校起先出现于沿海城市，规模很小，有的仅一两名传教士，三五名中国教徒的子弟则是学生。其后逐步发展，到辛亥革命前夕，基督教传教士已在中国办起三千多余所学校，其中，中等以上学校百余所，在校学生近万人；高等学校有圣约翰、东吴、雅礼、岭南、文华、沪江等十余所。天主教教会所办学校亦有三四千所，不过多属小学，中等以上学校不过数所。据日本人在 1917 年的统计分析，外国人在华开办的初等学校的学生只占中国学生总数的 4％，中等学校的学生则占 11％，高等学校的学生却占到 80％③。因为在 1921 年以前由中国人自办的公、私立大学才 8 所，所以清末民初的高校毕业生多为教会学校毕业生和留学生。

教会学校中自然有一些外国人担任职员，不过他们最多只占到教职员总数的 1/4 至 1/3，即是说大多数教职员仍是中国人，他们亦是新式知识分子群体的一部分。至于教会学校培养的学生，小学文化程度的不计，中等文化程度以上的毕业生有 10 余万人。

在外国学校和在华教会学校的示范作用下，中国从 19 世纪 60 年代开始出现新式学堂，如官办的外语类学堂（同文馆、方言学堂等）、技术类学堂（如机器学堂、船政学堂、电报学堂等），民办的如上海格致书院等。到 90 年代，多数省份亦办了一些军事学堂和实业学堂。不过，这些学堂只能算是"中间突破"，既没有新

① 房兆楹：《清末民初洋学学生题名录初集》，台北学生书局，1962 年，第 78～136 页。

② 贺跃夫：《晚清士绅与近代社会变迁》，广东人民出版社，1994 年，第 92 页。

③ 舒新城编：《中国近代教育史资料》下册，人民教育出版社，1962 年，第 1090 页。

式小学教育、普通教育的基础，也不可能发展为高等专门学校，学生人数也不多。

从 20 世纪初开始，清政府下令各地广开新式学堂。在诏令废科举前后，各县均把原有书院（一般的县有 1～2 所，多者有 5～10 所）改为小学堂；州或府的书院改为中学堂；省城一般开办 5～10 所小学堂，3～5 所中学堂，1 所大学堂，另外还有各种级别的实业学堂、师范学堂和军事学堂。不过，各省的大学堂多半徒有其名，恐怕连专科水平也未达到，所以不久即陆续裁撤。中国从 1907 年开始有教育方面的统计数字，是年全国各级各类学校的学生数突破了百万大关。1912 年即民国元年，全国的学校数为 86 639 所，学生总数为 2 933 387 人，其中小学堂 86 318 所，小学生 2 887 730 人；中等学校 319 所，学生 45 428 人；大学 2 所，学生 229 人①。这个统计没有包括教会学校和私立学校。由这些学校的教师和历年从中等以上学校毕业的学生约二三十万人，构成了中国近代第一批新式知识分子群的主体。

中国在 19 世纪中叶开始有青年赴欧美留学，他们少数是凭借教会关系或由家庭出资，多数是由福州船政学堂、北洋水师学堂派出，加上清政府派出的 120 名留美幼童，1896 年后清朝驻日公使带去日本的留学生以及 1898 年—1899 年两湖、江苏、广东等省派出的留日学生，整个 19 世纪中国的留学生总数为 300 多人。此中留学日本属刚刚开始，从欧美学成且回到国内，又未牺牲和亡故者，不过百余人。中国第一个留学生容闳在 1900 年曾说："今此百十名学生，强半列身显要，名重一时。"② 可见当时留学生虽少，影响却不容忽视。

20 世纪一开始，出国留学即形成热潮。

在留学美国方面，1901 年李鸿章与教会人士合作，派遣北洋大学堂学生王宠惠、陈锦涛等 8 人，加上孔祥熙共 9 人赴美。此后，一些省和大学亦派学生留美，如 1903 年湖北公派 10 人，1905

---

① 喻本伐、熊贤君：《中国教育发展史》，华中师范大学出版社，1991 年，第 509～510 页。

② 喻本伐、熊贤君：《中国教育发展史》，华中师范大学出版社，1991 年，第 412 页。

年两广和上海分别派出 10 余人，1906 年天津北洋大学堂派出马寅初等 22 人，山西派出 30 多人。1908 年—1911 年，清政府与美国达成协议，利用退还的"庚子赔款"向美国派遣留学生，通过三次全国性的考试，选拔送出 183 人，赵元任、胡适即属此列。在此期间，亦有少数学生通过教会关系或依靠家庭的政治、经济背景，赴美留学，如顾维钧于 1904 年自费留美，以后成为著名外交家；宋氏三姐妹分别在 1904 年、1908 年留美等。到清朝灭亡时，中国留美学生已有 650 余人①。

在留学欧洲方面，从 1903 年京师大学堂选派 16 人、南京江南水师及陆师学堂选派 16 人、湖北各学堂选派 36 人赴欧留学开始，其后广东、四川、湖南、山西、江苏、浙江、直隶等省，商部、陆军部、邮传部及京师译学馆均曾选派学生留欧。到 1910 年前后，已学成归国者百余人，在学者还有 500 人②，他们分布在英、法、德、俄、比利时等国。

清末留美学生以学习自然科学和工科者为绝大多数，学习人文、社会科学者极少，其中后来在人文和社会科学方面成为知名人士的有马寅初、赵元任、胡适等，在政治和外交界则有孔祥熙、宋子文、王宠惠、顾维钧等。留学欧洲者以学习工科和军事者为多，学习人文、社会科学者也很少，蔡元培、马君武后来均以教育家著名。由于欧美路途遥远，费用昂贵，非一般家庭所能负担，故 70％的留学生为官费派遣。

20 世纪初中国青年留学最集中的国家是日本。由于中日距离较近，从香港乘船（三等舱）赴日只要十余两银子，从上海出发更不到十两，中产之家即可负担。当时日本的生活费用和上海相仿，但学费比中国学堂还略低。日本政府为实施其征服中国的政策，与中国商定两国人员往来无须使用护照，对中国留学生入学又无资格限制，等于为中国留学生大开方便之门。在中国人看来，日本虽不及欧美先进发达，但它可以作为学习西方的桥梁和中介；加上从维新运动失败，康有为、梁启超亡命日本开始，以后的一些革命团体

① 《留美学生概况》，载《教育杂志》，1911 年第 6 期。
② 王焕琛：《留学教育——中国留学教育史料》，台北学生书局，1980 年，第612 页。

如兴中会、华兴会、同盟会等，都曾把日本作为海外活动基地，或者革命挫败之后的避难所，所以，人们无论是为真正求取新知、开阔眼界，还是因为从事革命活动在国内无法立足，以及为博取一个出洋镀金的身份以便回国谋得更好的前程，都会把日本作为出国的首选。清政府方面，则以为日本是君主制国家，思想文化与中国相近，派去青年学习不会导致造成欧美那样的西化，再加上费用节省，所以也认为派遣留学"西洋不如东洋"。

由于以上种种原因，清末 10 年中国青年东渡者多如过江之鲫。1900 年为 159 人，1903 年即达 1 242 人，1905 年猛增为 8 000 余人[1]。1907 年后开始减少，到 1911 年武昌起义前仍有 3 328 人[2]。官派留学生以学习军事、警察、法政、师范者为多。超过官费生总数的自费生所学则五花八门，除军警类学校须由清政府指派并认定资格外，其他法政、师范、农林、化学、制造等则无限制。留日学生年龄大者四五十岁，小者十余岁，出国前文化程度不一。加上一般的日本学校没有从严要求和管理，中国留学生又常因各种原因辍学返国，事后又再返校上课。尤其是留日学生在日本停留的时间都比较短，读书三五年者极为少见，一般为一两年，短者仅数月。1935 年留日学生监督说："留日学生中，大学毕业者仅占 11.8%，专科学校毕业者仅占 12.7%，其余 75.5% 是大学和专科学校肄业生及中等学校毕业及肄业生。"[3] 这是 20 世纪 30 年代的情况，清末的情况无疑更差，当时留日学生真正能系统地学习精深专业知识的并不多，有的连日本的语言文字都没弄懂。所以有些留日学生以后又转往欧美留学。

有人估计，在 1896 年—1945 年的半个世纪中，中国留日学生总数在 10 万以上[4]。由此分析，清末十余年，留日学生不会少于三四万人。因为 1912 年后，中日之间矛盾迭起，如"二十一条"交涉、五四运动、五卅运动、北伐战争和济南惨案、九一八事变及

---

① ［美］费正清：《剑桥中国晚清史》下册，中国社会科学出版社，1985 年，第 393 页。

② 王奇生：《中国留学生的历史轨迹》，湖北教育出版社，1992 年，第 98 页。

③ 《关于留学教育问题》，载《留东学报》，创报号，1935 年 7 月。

④ 王奇生：《中国留学生的历史轨迹》，湖北教育出版社，1992 年，第 125 页。

此后的中日战争，都曾使赴日留学中断和长期陷于低潮，远不及1903年—1911年连续9年都保持在3 000人以上之盛。清末这数万名留日学生，此后在科技界的影响也许不及欧美留学生大，但在其他领域还是有不少著名人物，如中国共产党的早期骨干陈独秀、李大钊、李汉俊、董必武、林伯渠、吴玉章等；同盟会—国民党系统的黄兴、宋教仁、蒋介石、胡汉民、朱执信、廖仲恺等；军事家有蔡锷、蒋百里等；著名宣传家有邹容、陈天华等；学术教育界的名人有章太炎、刘师培、黄侃、范源濂、章士钊等；文学界有鲁迅、周作人、钱玄同等；艺术界有李叔同、高剑父等。当然，这些人的影响和成就很难说有多大成分是得益于他们长短不一的留日经历。但如果说留学生构成了清末中国新式知识分子群体的最上层部分，那么留日学生仍然以其人数最多、在科技界以外的领域中影响最大而令人瞩目。

上述四部分人构成旳七八十万新式知识分子群体，是当时中国社会上最活跃、最有影响的一股力量，也是本书所说的精英文化的主要体现者。

三 中国文化变革的常见形式

龚自珍《己亥杂诗》中的夫子自道"何敢自矜医国手，药方只贩古时丹"，梁启超在《清代学术概论》中所总结的"以复古为解放"，虽然难免被批评为"眼光只盯着过去"，但是从某种意义上说，龚、梁所言是无意中总结了清末以前中国文化变革的常见形式。这种形式反映了中国人注重历史经验的思维特点，也带有某种循环论和今不如昔的退化观。他们的总结虽然失之简单，却不是随意为言。鸦片战争前夕的龚自珍和维新运动时期的梁启超，都是非常注重现实、强烈主张变革的人，决非复古之士。实事求是地总结以往中国文化变革的形式和特点，并指出这种形式的内在逻辑，正是发展和变革文化不可缺少的内容。

中国历史悠久，文化源远流长。班固的《汉书·艺文志》对诸子百家溯源古初时说："儒家者流，盖出于司徒之官；道家者流，盖出于史官；阴阳家者流，盖出于羲和之官；法家者流，盖出于理官；名家者流，盖出于礼官；墨家者流，盖出于清庙之守；纵横家者流，盖出于行人之官；杂家者流，盖出于议官；农家者流，盖出于农稷之官；小说家者流，盖出于稗官。"这里多数"王官"置于周代，少数如羲和之官更远推到黄帝和尧的时代。这种对诸子百家起源的说法，一直影响到清末民初的章太炎、刘师培和胡适。尽管前两人赞同诸家起源于王官说，后者反对王官说，但诸子百家源头久远，于此后影响深长，却是人所共知的事实。

春秋战国时代各派争鸣，显学不止一家，杂家、游士，纵横畅言。秦朝统一中国，倚重法家、杂家，兼用王霸之术。西汉之初信奉黄老，与民休息。汉武帝独尊儒术，但实已援法入儒。除墨家不传之外，其余诸家也未完全消失，而是作为非主流的文化潜流而存在。而成为主流文化的儒学，在汉代又衍为两派，即西汉儒者以今文经为文本，东汉儒者以古文经为文本。从东汉到清代的乾嘉时期，古文经学一直居于中国主流文化的地位。

这一漫长过程当然还可以细分。如汉末法家学说一度复兴，曹操、诸葛亮虽不轻儒却更重法。魏晋南北朝时，讲老庄之学者吸收佛学，形成玄学。唐朝佛学大兴，各宗派学说纷出。韩愈、李翱复兴儒学，把儒家经典中偏重于主观心性之学的《大学》、《中庸》抬高到与"六经"（偏重于语言文字、名物训诂、典章制度和人物事迹的客观历史知识）同等地位，提出所谓道统说。到宋代，程颐、程灏兄弟继承韩愈、李翱之学，重视《大学》、《中庸》，讲"格物致知"，又发挥西汉董仲舒的"天人感应"为"天人合一"，还吸收佛学的一些思想，形成理学。二程的再传弟子朱熹集儒学之大成，又抬高记述孔孟言行的《论语》和《孟子》，"四书"遂有取代"六经"之势。但在朱熹同时，就有陆九渊与其立异。他针对朱熹的"性即理"提出"心即理"，针对朱熹强调"道问学"而强调"尊德性"。到明后期，阐发陆九渊之学的王阳明学盛行一时。王氏从《孟子》中发掘出"良知良能"而提出"致良知"。但陆王心学并未取代程朱理学的支配地位。

"清世理学之言，竭而无余华"①，意即理学延续到了清代，已经完全僵化，失去活力。经过清初颜元、清中叶戴震的有力批评，理学的理论缺陷已完全暴露。但到道光、咸丰年间，仍有唐鉴、倭

<hr />

① 章太炎：《清儒》，见《章太炎全集》第 3 册，上海人民出版社，1984 年，第 155 页。

仁、曾国藩等高揭理学大旗。直到清末，它仍被奉为官方哲学。

在侧重训诂考据的"六经"之学方面，虽然从东汉到清初一直奉古文经为文本，但其间也有许多变化和争议。东汉末今文经、古文经之争复起。魏晋南北朝至隋初，有南派经学与北派经学之分。到宋代，不仅有前述朱熹、陆九渊等经说的不同，此前还有王安石的提倡新说（以《三经新义》为代表），与朱陆同时的还有叶适、陈亮的功利学派。宋儒的共同之处是"不信注疏，驯至疑经；疑经不已，遂至改经、删经、移易经义以就己说"[①]。影响到明儒，以至如禅学之讲"顿悟"，可以"束书不观"。清初顾炎武提出"舍经学无理学"，即提倡实证，反对空谈性理，稽古之风复兴，至乾嘉而大盛，形成被人称为"汉学"的乾嘉之学。乾嘉学派的巨擘戴震，曾作《原善》、《孟子字义疏证》，批评朱熹。

但在道光、咸丰年间又出现了常州学派，批评乾嘉之学。常州学派治学范围阔大，多数学者博通经学，擅长声韵、文字、训诂、金石考古之学，又能做文章、写诗词，还精研天文历算。尤值一提的是其中的庄存与、刘逢禄、宋翔风等，标举春秋《公羊传》而鄙薄春秋《左传》，以今文经反对古文经，影响到龚自珍、魏源和清末的朱次琦、廖平和康有为，清末今文经学因之大盛。但清末仍有孙诒让、俞樾、章太炎、刘师培继承古文经学，坚守乾嘉学脉。

诸子之学在汉代以后沦为非主流文化，但仍不绝如缕。乾嘉时期，汪中曾研究荀子、墨子，凌廷堪也研究荀子。清末，陈澧曾"略次诸子异言"，孙诒让著《墨子闲诂》，俞樾著《诸子平议》。康有为在《孔子改制考》中，曾提出"诸子并起创教"、"诸子创教改制"、"诸子改制托古"、"诸子争教互攻"等论题。章太炎撰《诸子学略说》，把诸子学研究推进到一个全新的阶段。

文学方面的变化亦复如是。自诗经、楚辞、诸子（尤其是庄子）给中国文学奠定了基础之后，后世的文学之士无不从中汲取养料而又对其加以发展和变革。汉代由于散文和辞赋的发展繁荣，"文章"的概念出现，文章和学术著作（主要是经、史、诸子研究）的区分愈来愈明显，因而《后汉书》在《儒林传》之外特立《文苑传》。汉代除了小说、律诗、戏剧之外，其他包括政论、记事、抒

---

① 皮锡瑞：《经学历史》，中华书局，1959年，第264页。

情的散文，包括四言、五言、七言的古体诗及长短歌行、乐府等，均已产生并达到相当的思想和艺术高度。而魏晋南北朝前期，文学的现实主义精神大张，所谓建安文学和正始文学，均以"风骨"为后人称道。正始之后，诗歌创作出现形式主义倾向，产生了平仄协调、对仗工整、音韵铿锵、辞藻华丽，力避"四声八病"的"永明体"诗和宫体诗。但一些山水诗、田园诗仍清丽可喜。魏晋之后散文中衰，骈文、骈赋几乎总括整个文坛，其形式和技巧更加精密。

进入唐代，中国文学达到繁荣的高峰。诗歌方面，力避"四声八病"的严格规范促成了律诗（五言律和七言律）的成熟，李白、杜甫都是既精于古体诗，也精于近体诗（即律诗和绝句）的高手。中唐以前的诗人，一反齐、梁颓废侈靡的诗风，山水诗、田园诗更加通脱，边塞诗则凝重豪迈。文章方面，中唐的韩愈、柳宗元掀起古文运动，推崇先秦、两汉的散文，内容上提倡"文以载道"，形式上采取奇句单行，统治文坛数百年之久的骈文自此失势，古典散文再放光彩。需要强调的是，韩愈虽然宣称自己"志于古"，"好其道"，其实也是反对因袭、主张独创的，这从他的学生李翱认为"六经"、百家之文、屈原之辞都是"创意造言，皆不相师"的说法就不难看出。

北宋又出现过以复古为号召的诗文革新运动。文章方面，欧阳修、王安石、曾巩、苏氏父子兄弟继承中唐韩愈、柳宗元的文风，进一步摆脱汉魏以来辞赋家的习气。北宋诗人则多继承杜甫、白居易的现实主义传统，一反晚唐、五代诗坛的委婉绮丽感伤情调。但是理学兴起之后，宋人的文章、诗词中，逐渐多了一些道学气和"禅"意。

明初有所谓"台阁体"，倡导者为大学士及逢迎他们的新科进士。台阁派标榜效法唐宋，尤其是诗宗杜甫，文章效法欧阳修，实则词气安闲、雍容华贵而陈陈相因、极度平庸，缺乏杜甫、白居易、韩愈、欧阳修的精神和骨力。百年之后，与王阳明的"心学"崛起、反对程朱理学教条的思想相一致，有前后七子再次提出复古，实则为反对台阁体文风和八股文。前后七子或称"文必秦汉，诗必盛唐"，或称"文自西京，诗自天宝而下，俱无足观"，并一致反对"宋学""宋文"。但他们的文章对三代两汉古文近于生吞活剥，对盛唐诗歌多从音调、法度着眼，近乎模拟剽窃，成为没有灵魂、缺乏时代感和自己个性的拟古主义。于是嘉靖、万历年间，有唐顺之、归有光等唐宋派，袁氏兄弟的公安派和谭元春等竟陵派出现。他们反对前后七子的拟古主义，在申述韩、欧价值的同时，主张文章要有自己的"本色"，"直写胸臆"而不落俗套。尤其是公安派称"天下无百年不变之文章"，反对剽窃，强调"独抒性灵"，可谓不薄古人而珍视自身。但明末张溥的复社、陈子龙的几社，虽然积极投入了现实的政治活动和抗清斗争，而文学观念却维护前后七子的复古主张，批评公安派和唐宋派，尤其指出"宋文最不足法"。这可能是因为现实中的明受逼于清，使他们联想到宋亡于元的惨痛历史，人的存在感受影响到人对历史和文化的理解。

　　清初的抵抗高潮过去之后，士人思想受到严重压抑，不敢反抗现实，不敢探求创新，因而在文章和诗词领域，复古主义倾向较为普遍。历代流行过的文风和派别几乎都重新登台复活过了，尽管其中不乏发展变化，但本质上的新东西极少。清前期的文学主要是"宗唐"，无论是"神韵派"还是"格调派"，均主要从唐诗中寻求榜样。宋人的以议论、学问为诗则为多数人所不取。文章则转变明末之风，散文家多学《史记》，记载当时鼎革之际的人事较多。至清中叶，伴随乾嘉考据学风的炽烈，诗风、文风亦转向拟古主义和形式主义，如沈德潜复倡温柔敦厚的台阁体；厉鹗作诗学宋人，饾饤琐屑；翁方纲批评神韵说和格调说，诗宗江西派，成为宋诗运动的先导。文章方面，桐城派标榜唐宋古文，实际主要受宋人欧阳修、曾巩的影响，内容强调"义理"，形式上追求"雅洁"。同时又有骈文复兴，汪中、李兆洛、袁枚都善写骈文。桐城派的文章盛行一时，但受到汉学家、骈文派的排斥。

　　与此同时，有受到明代公安派影响的郑燮、袁枚和富于批判精神的赵翼出来反对拟古主义和形式主义。郑燮嘲笑拟古派说，"作文必欲法前古，婢学夫人徒自苦"。袁枚反对汉学和宋学，称"宋（学）偏于形而上者，故心性之说近玄虚；汉（学）偏于形而下者，故笺注之说多附会"[1]。并说"六经""多可疑"，"未必其言之皆当也"。他主张写诗即写"性情"，"作诗不可以无我"，反对模唐仿

------

① 袁枚：《答惠定宇书》，见《小仓山房文集》第18卷，中华书局，1920年印本，第6页。

宋。赵翼是史学家，强调诗文随世运发展变动，"诗文随世运，无日不趋新"，因而虽然前后相承，各有"真本领"，但"未可以荣古虐今"。赵翼有两首著名的诗。其一广为人知，即"李杜诗篇万口传，至今已觉不新鲜；江山代有才人出，各领风骚数百年"。另一首不大为人所知，反对盲目崇古的意思却更明确："词客争新角短长，迭开风气递登场；自身已有初中晚，安得千秋尚汉唐！"赵翼的思想直接影响到近代的龚自珍和魏源。

龚自珍和鸦片战争之前的魏源，林则徐、贺长龄、贺熙龄兄弟等人，在道光中期（19世纪30年代）倡言"经世之学"。其时西学尚未进入中国，因而可以说"经世之学"仍然是中国传统文化依据自身的逻辑演变的产物。其后的洋务运动、维新运动和辛亥革命，显然也不能说完全是西方文化影响的反映，而应看成是西方影响和中国传统文化共同作用的结果。至于何人何事何物受西方影响较大、何人何事何物受中国固有传统影响较大，应有区别地作具体分析。

清末程朱理学的情况、古文经学与今文经学之争，可以说完全是依据传统文化演变的固有惯性运行。而在文学领域，一方面有冯桂芬、王韬、梁启超等人的"务为平易畅达，时杂以俚语、韵语及外国语法，纵笔所至不检束"的文学主张，直到发展为梁启超、黄遵宪等人的"诗界革命"；陈荣衮、裘廷梁等人的"语文合一"的"文体改革"、梁启超的"文体革命"和"小说界革命"，可以看作中国传统文化与西方文化共同作用的文化变革。但另一方面，中国传统型的文化变革也依然在进行，这就是宋诗运动、桐城派古文的中兴、汉魏六朝文风的再起。

前面说过，明末清初由于前后七子及复古主义的影响，宋诗渐为人鄙薄。但经过乾嘉时期翁方纲的提倡，到咸丰、同治年间，居然出现了宋诗运动，先后有程恩泽、祁寯藻、何绍基、郑珍、莫友芝等一大批作者。他们也声称学唐代的杜甫、白居易、韩愈，但更主要的是学宋朝的苏氏兄弟和黄山谷，是典型的拟古主义和形式主义。由于曾国藩支持这一诗派，所以影响更大。同治、光绪年间，又由宋诗派而形成陈三立、陈衍、沈曾植为代表的"同光体"诗。他们声称"不墨守盛唐"，不仅脱离现实，尤其"生涩奥衍"。与宋诗派异趣的拟古派还有以王闿运为代表的汉魏六朝诗派，以樊增祥、易顺鼎为代表的中晚唐诗派，他们技巧纯熟，在当时影响不可忽视。

桐城派古文在乾嘉时期受到汉学家、骈文派的排斥，影响不是很大，到近代却出现了桐城派的中兴局面。先有梅曾亮力倡，继有曾国藩支持，陆续出现黎庶昌、张裕钊、马其昶、吴汝纶父子和姚永朴兄弟等有影响的文章家，在清末成为一股较大势力。严复翻译西洋理论名著，林纾翻译西洋小说，都采用桐城古文。

桐城派古文的骨子是宋文，为汉学家所不喜，故阮元、李兆洛一直排斥唐宋派、桐城派。清末有章太炎、刘师培承汉学学脉，力倡魏晋古文。谭嗣同早年习桐城派古文，后来亦"笃嗜"魏晋间文。梁启超则自称"夙不喜桐城派古文，幼年为文，学晚汉魏晋，颇尚矜练"①。还有黄侃和鲁迅，亦以偏爱魏晋文章著名。上述几人的古体诗作，亦受魏晋诗和乐府的影响。

儒学（包括"五经家"和"四书家"）和文学是中国传统精英文化的大宗。从以上对其发展变化过程的概述，可以得出如下结论：

其一，在共时态的状况下，传统文化不是取向一致、铁板一块的整体，历史上既有多家争鸣、互不相让的时代，也有定于一尊，但主流文化之外仍然有非主流文化存在的时代。先秦、魏晋南北朝，还有唐初、清末民初，基本上是多家争鸣的时代，其他则是主流文化、非主流文化并存的时代。西汉的主流文化是今文经学，非主流文化则有黄老之学、法家、新道家等；东汉以后的主流文化是古文经学，非主流文化则有今文经学、老庄、佛学等；宋、元、明、清四朝，主流文化是古文经学、程朱理学，非主流文化则有陆王心学、今文经学、诸子学、佛学、西学等。多数时候主流文化得到官方的提倡和支持，但也有较为复杂的现象，如西汉初最高统治者曾尚黄老；唐初几代最高统治者几乎将儒、释、道并重；朱熹之学在南宋一度被定性为"伪学"；王阳明之学在明后期的士大夫中十分盛行，几成主流，但明清王朝仍奉程朱之学为御用哲学。文学方面，一些高官和文坛领袖虽凭借自己的地位对各派加以褒贬抑

---

① 梁启超：《清代学术概论》，见《饮冰室合集》，专集之三十四，中华书局，1989年，第62页。

扬，但最高统治者对文学不如儒学之重视强调，并未定于一尊，因而在同一朝代或时代之中，占主流地位的文派、诗派常有变化。

其二，在历时态的情况下，传统文化不是固定不变的，而是各家各派此消彼长，迭相替代。汉武帝以后的儒学取代黄老；东汉以后的古文经学取代今文经学；魏晋玄学取代儒学；唐代佛学几乎动摇儒学；宋代以后以"四书"为文本的理学取代以"六经"为文本的经学；清代奉理学为御用哲学，但乾嘉汉学亦成为主流。在文章和诗歌方面，散文和韵文、古体诗和近体诗、先秦诗文、两汉魏晋诗文（有时亦把秦汉魏晋划作一段）、唐宋诗文（有时又把唐宋分开，甚至把唐代划分为盛唐、中唐、晚唐几段）、明清诗文各有特点，各领风骚。有些学者未能深入了解其中的发展变化，一概视之为陈陈相因，或称其"万变不离其宗"，这种态度自然不足以谈传统、谈文化。

其三，中国传统文化的变迁，自然是基于环境和时代的改变，基于承载和创造文化的人的变化，而传统文化变迁的表现形式，常常是主流文化与非主流文化盛衰消长。在一般情况下，主流文化得到官方的奖掖提倡，不可避免地带上庙堂气和贵族性；进而排斥异端，以势代理，封闭锢拒，难以吸纳新说新理，日久陷于僵化。而非主流文化往往活泼能变，又带有一定的民间性。故章太炎曾说，"学术者，故不与政治相丽"，"综观二千岁间，学在有司者，无不蒸腐臭败，而矫健者常在民间"①。此语或许有些绝对或过激，但并非全无道理，因为专制政府往往把主流文化局限为一家之言，尊之隆之，丝毫不许讨论辩驳，"而欲一国议论如合符节，此固必不可得者。学术进行，亦借互相驳难，又不必偏废也"②。主流文化推行霸权的结果，不仅使自己停滞僵化，而且加剧了主流文化与非主流文化的对立。而两者的理想状况应是互补。

其四，中国传统文化在发展变化的过程中，有前后顺序相承的情况。顺承的时间有长有短。大体上说，从东汉古文经学经唐、

---

① 章太炎：《代议然否论》，见《章太炎选集》，上海人民出版社，1981年，第477、478页。

② 章太炎：《论诸子学》，见《章太炎选集》，上海人民出版社，1981年，第397页。

宋、元、明到清代的乾嘉之学，从宋代理学经明代到清代理学，是长时期顺承的典型现象。也有的持续时间不长即告中断，如汉初的黄老、魏晋的玄学等。但更值得注意的是间隔相继的现象，间隔的时间亦有长有短。间隔久远者，如晚清的今文经学上溯近两千年，重新标揭西汉今文经学；清末研究诸子学者直追先秦。间隔不久者，如欧阳修自称继承韩愈，朱熹继承二程，王阳明继承陆九渊，清中叶的袁枚继承明后期的公安派等。还有的出现迭次往复，文学上这种现象特别明显，如明清时期，秦汉魏晋古文派与唐宋古文派多次互相取代。间隔相继的情况，多是非主流文化在抗拒现实中主流文化的压抑，或者挑战主流文化的垄断地位时，为了汲取思想资源，或者为了利用"古已有之"来自壮声势，证明自己的合理性，遂否定现实的主流，选取过往的某种思想、学术流派或文派，以"复古"、"拟古"相号召。

因此，所谓复古、拟古，便有真实的复古和假借的复古之分，至少是有真有假，且真假比重各不相同的情形。多数时候，文学上的复古、拟古，只是形式、方法或风格的借鉴和继承，后来者并非完全没有他们的"自我"。桐城派师法唐宋古文，但桐城派古文并不等于唐宋古文。儒学及其包含的社会、政治、经济、文化学术主张的复古，固然有思想资源的汲取借鉴，但同时也必有一定程度的改革和变迁。康有为极力抬高孔子，标举西汉今文经学的公羊学，实质是服务于他的维新、立宪主张；章太炎针锋相对地高扬东汉古文经学的《左传》，实质是借此宣传"排满"复汉。实质都是"用古"多于"复古"。龚鹏程先生说得好："儒家之批判时政，而远溯夏商周三代，即是此义。无知者不明其理，乃以为这其中蕴涵一退化的历史观，大谬。"[1] 事实上谁也知道社会不能退回到三代去。

主流文化的顺序相承自然使得传统文化中的主流得以延续，而在以非主流文化反对主流文化、文化出现间隔相继的过程中，因为"反抗当时居于主流地位的传统势力时，固然对传统造成了某些冲击，瓦解了某些价值。但这同时也是把传统从某个固定的框套中释放了出来，传统内部的丰富性与复杂度，一齐展现到国人眼前。传

---

① 龚鹏程：《近代思想史散论》，台北东大图书公司，1991年，第52页注 (1)。

统遂在被摧毁的同时，其活力也大为增强"①。无论是批判者还是维护者，都得对现实和传统不断作出新的理解和诠释，结果使得参与者和社会都深化了对传统的认识，也就强化了传统的扩散。变迁过程没有使传统文化的整体中断，反而丰富了整体的内容，并使其常活常新。中国传统文化延续几千年不绝，奥秘就在于这种传统文化内部不断的批判和重构。因此，不能说中国的传统文化单调同一、守古未变，也不能将其演变视为循环往复、陈陈相因。

中国传统文化之所以能够以上述模式长期运行、延续，原因之一是中国文化内涵丰富多样，如俗话所说家底厚实；原因之二是古代中国社会相对封闭，没有遭遇到强势而持久的异质文化的挑战，容易使人产生自足感。即使是不满现实的主流文化，有志变革的人也无法在传统之外找到思想资源，而只能去发掘非主流的、民间的思想文化，再与古代的遗产相印证，将其作为批判的武器或理想的范式。于是，革新的主张和见解仍然通过解说传统来表达，若干革新内容也包含在传统之中，显得创新不足。赵翼力言不应总是学李杜，效汉唐，但也只是表达了一种创新的愿望。睿智过人且具有狂狷性格的龚自珍，因为逝世之前未曾接触西学，所以依旧"药方只贩古时丹"。

鲁迅先生曾说："旧文学衰颓时，因为摄取民间文学或外国文学而起一个新的转变，这例子是常见于文学史上的。"② 文学如此，包括文学的文化亦如此。关于中国精英文化摄取民间文化的情况，历来的研究已有充分证明。而中国文化摄取外国文化的问题，应该看到近代以前和近代以后大不相同。中国位于东亚，距离欧美甚远，而中华文化在东亚素称发达先进，按照强势文化与弱势文化互动关系的一般规律，中国古代文化向境外扩散辐射多，而周边及境外文化向中国扩散辐射少。从秦汉至鸦片战争，外来文化影响中国文化者，只有佛教最为显著。

中国人对于佛教，有抗拒和接纳两种力量互动。抗拒的理由首先是因佛教的彼岸世界观念和以现实一切为"幻相"的说法，与中

---

① 龚鹏程：《近代思想史散论》，台北东大图书公司，1991年，第31页。
② 鲁迅：《且介亭杂文·门外文谈》，见《鲁迅全集》第6卷，人民文学出版社，1981年，第95页。

国人的价值观有冲突，范缜讨论形神关系，张载批判佛教否认物质世界的客观性属于此类；其次是佛教有违中国的纲常伦理，朱熹批评佛教"以君臣父子为幻妄"属于此类；还有佛教徒不事生产，造寺建塔，塑像典礼，游手坐食而耗费钱财，韩愈反佛的理由实基于此。而接纳佛教的原因则是有人认为其具有"平等"观念，能抑制王权和官权；教人去私欲，戒恶向善；佛教的学说内容亦很丰富。客观结果是：中国社会接纳了佛教，而且魏晋玄学和宋明理学均从佛学中汲取了理论和方法的养料。佛教传入也丰富了中国的文学。唐代出现的"变文"，其实起源于佛教徒的"俗讲"，其内容多为佛经中的故事，形式上说唱结合、散文韵文并用，成为宋元以后的话本、弹词、诸宫调、戏曲的先驱。

中国人能接受佛教，或者说佛教最终能融入中国文化，成为中国文化的一部分，除了佛教本质上仍属东方文化，同中国人性格特征无太大差异，而中国文化又具有一定的宽容性之外，还有很重要的一个原因，是以前未曾被人说破的：佛教在唐代以后，在其原生地印度和传入中国的中转地西域已经没有政权和民族的支撑（印度的佛教被印度教取代，西域的佛教被伊斯兰教取代），不仅不像其他宗教具有军事、政治力量的支持配合，不可能对其他民族其他文化构成威胁，而且佛教在原生地、次生地已经消失，犹如失去了源头的河流。佛教传播开来之后，只在东南亚某些小国成为主流宗教，在中国只是非主流的宗教文化，为中国人所发展、改造和同化，因而不可能改变中国的主流文化（儒家文化）。

相比之下，西方文化则不同。西方文化不仅在性质上与中国文化差异较大，而且西方文化的中心虽有从希腊、罗马到整个欧洲，再到北美的变化，但西方这个"整体"不仅一直存在，而且越来越膨胀扩大；再加上巨大的军事、政治、经济力量的配合，西方文化已经淹没、压倒许多弱势文化，有成为世界各国共同主流文化的逼人之势。因而在近代中国，不仅视中国固有文化尽善尽美的传统主义者要抗拒西方文化，就是愿意向西方学习的先进之士，乃至认为中国文化远不如人的"欧化"或"西化"论者，也未能忘情于传统，也不愿意看到中国文化消亡，而只是希望通过中西文化融合来改造、更新中国文化。

四 对康严谭梁文化范式的扬弃

辛亥革命的酝酿准备时期紧接在戊戌维新运动失败之后，而且除谭嗣同已在戊戌政变时牺牲之外，康有为、严复、梁启超三人在辛亥革命时期均在继续进行政治活动和文化活动，因而辛亥革命时期的文化与维新运动时期的文化，与康严谭梁等人的文化范式存在着不可分割的关系。

诚如梁启超所说，维新运动前后属于中国文化思想上的"饥荒时代"。正因为人们感到精神上的饥荒，故有多途寻觅、来者不拒的现象。康有为出身于传统的士大夫之家，接受过严格的正统教育，浸淫于程朱理学、乾嘉汉学而又不满足，于是旁求陆王心学和佛教哲学。他也曾因游历香港、上海时见西人各项设施皆有法度而"知西人治术之有本"，于是"大购西书"，"大攻西学书，声光化电重学及各国史志，诸人游记皆涉焉"①。但所涉明显属于传教士和上海译书局所出的一些浅显的西学知识。19世纪80年代中，康有为信奉的是《周礼》和基督教传播的"平等"、"博爱"之类，他的未刊稿《公理书》、《内外康子篇》等表达的是一种"托古"加"仿洋"的社会主义乌托邦理想，但是苦于没有"灵活"、现实的入手方法。

1888年，康有为结识了今文经学家廖平，受其《知圣》、《辟刘》等文的启发，深感今文经学（尤其是《公羊传》）"其中多非常异义可怪之论"灵活可用，便于发挥"微言大义"和推行"托古改制"。于是，他转奉今文经学，撰《新学伪经考》和《孔子改制考》等书，力攻古文经"皆刘歆之窜乱伪撰"，故"凡今所争之汉学、宋学者，又皆歆之绪余支派也"②，以今文经学的"三统"、"三世"说为自己的历史变易观的理论基础，构造"孔子改制"的历史成例作为自己的变法依据，并主要以俄国彼得大帝和日本明治天皇的改革模式来说服光绪帝实行维新变法。

---

① 《康南海自编年谱》，见《中国近代史资料丛刊·戊戌变法》（四），上海神州国光社，1953年，第116页。

② 康有为：《新学伪经考·史记经学足证伪经考第二》，见《康有为全集》第1集，上海古籍出版社，1987年，第585页。

康有为的文化变革方式是为其政治改革主张服务的，但他的文化建构比他的政治改革活动破产得更早。顽固派说他"惑世诬民，非圣无法，同少正卯，圣世不容"①，自不足怪，一些政治上赞同变法的同道也不肯附和他的"伪经说"和"孔子改制说"。曾极力向光绪帝举荐康有为的翁同龢在读了《新学伪经考》之后，在日记中称康氏为"经家之野狐"。曾把康有为称为"忠心热胆而心通时务"的"唯一朝士"、向光绪帝力荐康氏的孙家鼐，后来转而对康有为"怒而相攻"，向光绪帝奏称"康有为才华甚富，学术不端，所著《孔子改制考》最为荒谬"②。信奉今文经学且同情支持维新运动的皮锡瑞也说康有为"武断太过，谓《周礼》等书皆刘歆所作，恐刘歆无此大本领。既信《史记》，又以《史记》为刘歆私窜，更不可据"③。1903年—1909年，信奉古文经学而站在反清革命立场的章太炎、刘师培等以充足的理据批驳了"伪经说"和"孔子改制说"。至此，康有为不仅在政治上已沦为守旧，他的学说也再无人信仰。后来，梁启超在《清代学术概论》中曾就康有为的学术问题总结说，康氏"以好博好异之故，往往不惜抹杀证据或曲解证据，以犯科学家之大忌"④。把学术与政治混同，而且违反实事求是的原则，不顾客观证据，强使学术为政治服务，只能极大地伤害民族传统文化的价值。

康有为文化建构的又一重大错误是把文化"准宗教化"。他在《孔子改制考》中，提出了"诸子并起创教"、"诸子创教改制"、"诸子争教互攻"等命题，不仅把先秦诸子的学说和活动都说成"托古改制"，而且都说成"创教"和"争教"。康有为本人从阳明学入佛学，"受用于佛学"，最得力于禅宗，以华严宗为归宿，"不畏地狱，常住地狱，常乐地狱"，讲演"如大海潮，如狮子吼"。故

---

① 《康南海自编年谱》，见《中国近代史资料丛刊·戊戌变法》（四），上海神州国光社，1953年，第128页。

② 《康南海自编年谱》，见《中国近代史资料丛刊·戊戌变法》（四），上海神州国光社，1953年，第151页。

③ 《皮锡瑞年谱》，见《中国近代史资料丛刊·戊戌变法》（四），上海神州国光社，1953年，第191页。

④ 梁启超：《清代学术概论》，见《饮冰室合集》，专集之三十四，中华书局，1989年，第57页。

梁启超认为康有为既是政治家，也可以说是"宗教家"，是"孔教之马丁路德也"①。所以康有为的"大同说"、"平等说"、"博爱说"、扩大的纲常伦理（臣子忠于君父、弟子忠于师长、信徒忠于教主）都充满了宗教色彩。所以他以"天命"在身，主观武断，政治上学术上一概不接受不同意见；视自己为"正"，不同意见为"邪"，并坚信"正邪不两立"，又只视万木草堂弟子为心腹，特别不能容忍弟子违背师说和不听师教。湖南守旧举人曾廉在1898年上奏弹劾康有为"大有教皇中国之意"并非无因，同样赞同维新变法的章太炎在1897年就认为康有为想当"教主"，并担心"尊孔设教""有煽动教祸之虞"。虽然中国旧式士人和民间有部分人信仰宗教，但中国传统的世俗理性使得绝大多数中国人不具有宗教性格；到20世纪初"科学"思想传入中国，新式知识分子更不愿以宗教来笼罩政治和文化，所以康有为的文化理念在辛亥革命准备时期多被视为一种反面教材。

与康有为不同，严复对中国传统文化不拘泥于宗派门户，对西学了解较多且深。在甲午战争失败的刺激下，他于1895年在天津的《直报》上连续发表《论世变之亟》、《原强》、《辟韩》、《救亡决论》四篇文章，表达他的维新主张。此后，他在1897年—1898年创办过《国闻报》，报导国内外大事，宣传变法救亡，并从事西方学术著作的翻译出版。他1898年出版《天演论》，1902年出版《原富》，1903年出版《群学肄言》、《群己权界论》、《社会通诠》，1904年—1909年出版《法意》、《穆勒名学》、《名学浅说》。以上著述中的一些重要观点，在前述《直报》上的四篇文章和《国闻报》上的一些文章中已经反复出现。

严复作为一个会通中西的学者，在维新运动前后对思想文化所作的贡献主要有三点。其一是从深处展开中西文化比较。他说："中之人好古而忽今，西之人力今以胜古；中之人以一治一乱、一盛一衰为天行人事之自然，西之人以日进无疆，既盛不可复衰，既治不可复乱，为学术政化之极则。"又说："中国最重三纲，而西人首明平等；中国亲亲，而西人尚贤；中国以孝治天下，而西人以公

---

① 梁启超：《康有为传》，《中国近代史资料丛刊·戊戌变法》（四），上海神州国光社，1953年，第15页。

治天下；中国尊主，而西人隆民；中国贵一道而同风，而西人喜党居而州处；中国多忌讳，而西人重讥评。其于财用也，中国重节流，而西人重开源；中国追淳朴，而西人求欢娱。其接物也，中国美谦屈，而西人多发舒；中国尚节文，而西人乐简易。其为学也，中国夸多识，而西人重新知。其于祸灾也，中国委天数，而西人恃人力。"① 严复在这里虽然没有像早期启蒙思想家冯桂芬在《校邠庐抗议·制洋器议》中所说的中国"人无弃材不如夷，地无遗利不如夷，君民不隔不如夷，名实必符不如夷"那样直截了当，但是观察却更深入，思考更有系统。其影响直到新文化运动时期李大钊把东方文明称为"静的文明"、把西方文明称为"动的文明"，还清晰可见。

严复的贡献之二是输入西学。通过论著和译著，严复给中国读者介绍了西方的哲学（包括逻辑学）、政治学、社会学和经济学，其内容的系统性和深刻性自非传教士的详作可比，也是此前中国的出国人员所未涉及的。其中影响最大者有二：一是进化（天演）论。进化论是英国生物学家达尔文在《物种起源》一书中研究生物发展演变时提出的理论。社会学家斯宾塞和赫胥黎将这一理论用于解释人类社会的现象，宣传"物竞天择"、"优胜劣汰"的强者逻辑。严复翻译为《天演论》，糅合三家之说，并发掘中国古代荀子、柳宗元、刘禹锡等人"制天命而用之"的观点，既指出当时中国处于贫弱地位、有亡国灭种的危险，亦强调只要把握"运会"，"早夜孜孜，合同志之力，谋所以转祸为福，因害为利"②，尚可望"自强保种"。《天演论》一书在 20 世纪初影响很大，竞争观点更影响了中国几代人。二是严复在哲学认识论上强调的"即物实测"和归纳法（"内籀"）。严复批判了中国传统士人只读书、不重视实测实验的求知方法，更批判了纯认主观、臆测顿悟的反科学态度。他批评康有为颇信服的陆王之学说："夫陆王之学，质而言之，则直师心自用而已。自以为不出户可知天下，而天下事与其所谓知者，果相

---

① 严复：《论世变之亟》，见《严复集》第 1 册，中华书局，1986 年，第 1、3 页。

② 《严译名著丛刊·天演论》卷下"进化第十七"，商务印书馆，1981 年，第 95 页。

合否？不径庭否？不复问也。"① 他对宋明理学家津津乐道的"心性之学"极为反感，认为不必去讲求这种学问，因为"无从学，即学之，即于人事殆无涉也"。他也批评宗教神学对文化的危害，称"甚矣教宗之学之害学术也"②。这种科学精神对推动中国人文化观念的转变无疑有着巨大的作用。

严复的贡献之三是首先标揭所谓"三民"说。他说："生民之大要三，而强弱存亡莫不视此。一曰血气体力之强，二曰聪明智虑之强，三曰德行仁义之强。是以西洋观化言治之家，莫不以民力、民智、民德三者，断民种之高下。"他提出救亡图存的要务，是"一曰鼓民力，二曰开民智，三曰新民德"③。严复在维新运动中做了一些理论宣传工作，对康、梁等人维新变法的动机和诚意表示理解和同情，但认为在"民智已下，民德已衰，民力已困"的当时，"有一倡而无群和，虽有善政，莫之能行"④。所以他反对"轻举妄动"，没有参加实际工作。后人自然可以批评严复讲"渐进"的"庸俗进化"论，但严复的"三民"说作为一种竞争之道甚至教民远谋，显然不失其长远意义。20 世纪初梁启超的"新民"说，新文化运动中鲁迅等人讨论"国民性问题"，都是以严复的"三民"说为起点和基础的。

如同严复在政治上是一个稳健的改革者一样，他在文化上虽然对传统文化的消极因素作了深刻而有力的批判，但却深知任何国民既不应该也不可能完全抛弃传统。他说："亚洲今日诸种，如支那，如印度，尚不至遂为异种所克灭者，亦以数千年教化有影响效果之可言。特修古而更新，须时日耳。"⑤ "修古而更新"是要丰富、改造、保存传统，而非抛弃甚至毁灭传统，因为尽去自己之旧而采他人之新，"则其民之特色亡，而所谓新者从以不固"，"必将阔视远

---

① 严复：《救亡决论》，见《严复集》第 1 册，中华书局，1986 年，第44 页。

② 严复：《救亡决论》，见《严复集》第 1 册，中华书局，1986 年，第52 页。

③ 严复：《原强》，见《严复集》第 1 册，中华书局，1986 年，第 18、20 页。

④ 严复：《原强》，见《严复集》第 1 册，中华书局，1986 年，第 13 页。

⑤ 严复：《〈法意〉按语》，见《严复集》第 4 册，中华书局，1986 年，第981 页。

想，统新故而观其通，苟中外而计其全，而后得之"①。要用会通新故中外的方法建设中国文化。

严复用桐城派古文译述西方理论名著，大概属于他"苟中外"的尝试。这种做法当时就有人赞赏，有人批评。严复不肯接受批评意见，并反对梁启超等人的"文界革命"之说。"文界复何革命之与有？……若徒为近俗之辞，以取便市井乡僻之不学，此于文界，乃所谓陵迟，非革命也。……言庞意纤，使其文之行于时，若蜉蝣旦暮之已化，此报馆之文章，亦大雅之所讳也。"② 梁启超那样的"报馆文章"他都看不上眼，难怪以后更反对白话文了。此外，严复翻译西书，明显有所择取。对于讲"民权"、倡"共和"，尤其是介绍西方各种"革命"理论和历史事迹的书，他一概不取，认为这些"实大乱之道"，是"吾国前途之害"。还有，严复学说中较多突出"竞争"、"自利"、"自由"，而且把这些首先用在个体身上，再进而结成充满活力的"大群"的思路，理论上似乎相当辩证，无懈可击，但在当时亟须合力御侮、同心救亡的中国，无疑难以实行，实行的效果也难以逆料。而且，这种突出个体自利的主张，从来不是中国价值观的主流。以孙中山为代表的革命派，也多是强调"互助"、"仁爱"、"牺牲小我之自由"。所以，严复倡导的个体主义在辛亥革命时期基本上被革命的整体主义所消解。

对辛亥革命准备时期涌现出的新一代文化精英而言，给了他们直接而巨大影响的两人是谭嗣同和梁启超。谭嗣同在 1898 年的戊戌政变中英勇就义，生前最响亮的口号是"冲决网罗"，还没有公言"革命"，实质上其革新思想丰富而激进。梁启超在政治上是康有为的追随者，最高理想亦是"立宪"而非"革命"，1903 年以后更主要以革命民主派为思想斗争的对手。但在文化问题上他思想开放，见地深刻，于 20 世纪初的中国文化变革有开风气之功。梁启超在 1903 年以前先后以《时务报》、《清议报》为阵地，被时人称为"执舆论界之牛耳"，其影响以正面居多；1903 年以后才因其政

---

① 严复：《论教育与国家之关系》，见《严复集》第 1 册，中华书局，1986 年，第 168 页。

② 严复：《与梁启超书》（二），见《严复集》第 3 册，中华书局，1986 年，第 516～517 页。

治上的落伍和文化上的保守而成为革新力量的对立面。尽管如此，他关于文化问题的若干论述仍不乏合理性，而且他的一些不同见解也丰富了文化讨论的内容。

至少在 1903 年以前，谭嗣同、梁启超在思想文化上给人启迪，或实际上充当了前车先路者有如下几点：

一是从学术文化方面和这种学术文化所造就的士人、官员身上，发掘造成中国衰微的原因。这种反思的方法和角度多少有些"文化决定论"的缺陷，不可能全面深刻，但应该说也是不可或缺的。谭嗣同从制度层面和文化层面对传统作了深入批判。他说："常以为二千年来之政，秦政也，皆大盗也；二千年来之学，荀学也，皆乡愿也。惟大盗利用乡愿；惟乡愿工媚大盗。"他没有否定孔学，相反认为孔子"黜古学，改今制，废君统，倡民主，变不平等为平等"。但认为得孔学真传的孟子、庄子诸学后来都不得势，而荀子尤其是荀门李斯遗孔学"精意"，"反授君主以莫大无限之权"，后儒"又妄益之以三纲，明创不平等之法"①，把孔学歪曲为工媚大盗的阿世之学。故秦焚《诗》、《书》是愚民，后世君主利用《诗》、《书》同样是愚民。另一方面，后世"儒者专以剥削孔子为务。见霸术，则曰孔门五尺羞称也；见刑名，又以为申、韩；见兵法，又以为孙、吴；见果报轮回之说，又以为异端，皆不容于孔子者也。于是孔子之道日削日小，几无措足之地"②。由于孔学内容越来越褊狭，养成读书人持一己之见、恶闻异端的思维定式，思想遭到封闭和禁锢，本土的"非孔学"尚难见容，舶来的西学更会遭到拒斥，从而造成中国的思想僵化、学术窳败。

梁启超发挥康有为的学说，认为古文经学在东汉以后盛行，所传孔学已非真经，"儒者始不以教主待孔子"；东汉的学者专注于"训诂名物，为二千年经学之大蠹"；"宋学末流，束身自好，有乖于孔子兼善天下之义"，再加上明清两朝以时文取士，人们束书不观，以致"今之所谓儒者，八股而已，试帖而已，律赋而已，楷法而已。上非此勿取，下非此勿习。其得知者，虽八星之勿知，五洲

---

① 谭嗣同：《仁学》，见《谭嗣同全集》，中华书局，1981 年，第 337 页。

② 谭嗣同：《上欧阳中鹄书》（十），见《谭嗣同全集》，中华书局，1981 年，第 465 页。

之无识，六经未卒业，诸史未知名"①。这就是他所说的"学术芜塞"，而在这种学术文化中熏染造就的官员和士人，自然缺乏识见，缺乏能力。"籍于朝者以千计，自一二要津显宦，疲精力于苞苴钻竞，日不暇给外，自余则皆饱食以待升转，终日无所事，既不读书，又不办事，堂堂岁月，无法消遣，乃相率自沉于看花、饮酒、诗钟、射复、弹棋、六博、征歌、选舞，以为度日之计。"② 中国衰微，既能从文化方面和士人身上发现征象，也能从文化和士人的表现中找到原因。

二是站在"救亡"的高度，通过改造传统文化，建立"于当世有用之学"。梁启超说："学问不成者，其将挟何术以救中国也？"③ 他们均自省过自己的学习经历，认为时文、考据、训诂、词章均"无当时用"，主张"开学派"或"倡新学"。谭嗣同已初涉西方算学、格致、化学、人体医学（时称"全体学"）、化石学和西方宗教，又习佛学；在传统文化方面，从孔、墨、孟、荀、庄、王充，直到王夫之，"广览博取"，自称欲通过"自治"，"别开一种冲决网罗之学"。"冲决网罗之学"的最大特点是富于批判性，对自己已接触的各家各派之学加以分析评点，肯定其长，否定其短；同时也具有最大的综合性，兼容并包，对各种学说之长"要在善取之而已"，通过破除壅蔽，打破界限，达到"能汇万法为一，能衍一法为万"④ 的目标。梁启超除受康有为影响，学习陆王心学、佛学、今文经学之外，还治算学、地理、历史、拉丁文，以及西方政治、法律、经济。他强调学西学，认为"国家欲自强，以多译西书为本。学者欲自立，以多读西书为功"⑤。但读书应该中西结合，因为

---

① 梁启超：《西学书目表后序》，见《饮冰室合集》，文集之一，中华书局，1989年，第127、128页。

② 梁启超：《保国会演说词》，见《饮冰室合集》，文集之三，中华书局，1989年，第29页。

③ 梁启超：《与康有为书》，见《中国近代史资料丛刊·戊戌变法》（二），上海神州国光社，1953年，第545页。

④ 梁启超：《戊戌政变记·谭嗣同传》，见《饮冰室合集》，专集之一，中华书局，1989年，第109页。

⑤ 梁启超：《西学书目表序例》，见《饮冰室合集》，文集之一，中华书局，1989年，第123页。

"舍西学而言中学者，其中学必为无用；舍中学而言西学者，其西学必为无本"①。梁启超的这种见解不是泛泛之论，至少在人文社会科学方面，只有会通中西才能在改造传统文化、建设新文化方面达到一定高度。

三是认为学术文化亦当变法，不能守成，只有不断发现新理，运用新法，才能保持前进发展势头，否则就会退化。谭嗣同称"中国自有中国之盛衰，不因外国而后有治乱"②，习守故常是中国衰败的原因之一，"不闻一新理，不睹一新法，则二千年由三代之文化降而今日之土番野蛮者，再二千年，将由今日之土番野蛮而为猿狄，而犬豕，而蛙蚌，而生理殄绝，惟余荒荒大陆"③。梁启超也说："中国之学，其沦陷澌灭一缕绝续者，不自今日，虽无西学以乘之，而名存实亡，盖已久矣。况于相形之下，有用无用，应时立见，孰兴孰废，不待言决。"④ 因而他们在学术文化上不仅主张广览博取，学西学，而且希望新的学术文化应当富有三种精神。

第一点是主新、尚动，反对墨守和清静无为。谭嗣同认为，"欧美二洲，以好新而兴……亚非澳三洲，以好古而亡"，"新"和"动"相联系，"西人以喜动而霸五洲……顾哀中国之亡于静"。因此他批评老学"言静而戒动，言柔而毁刚"，使得后世"处事不计是非，而首禁更张；躁妄喜事之名立，百端由是废弛矣"⑤。类似主新、尚动的提法，在辛亥革命、五四新文化运动以及很长的时间里，都曾被鼓吹新文化的人士反复发挥。

第二点是新文化应贯彻"兴民权"、"开民智"，使"人人不能不求自主"的精神。他们反对文化为统治者所垄断并用来"愚黔

---

① 梁启超：《西学书目表后序》，见《饮冰室合集》，文集之一，中华书局，1989 年，第 129 页。

② 谭嗣同：《石菊影庐笔识·学篇》（五十五），见《谭嗣同全集》，中华书局，1981 年，第 116 页。

③ 谭嗣同：《仁学》，见《谭嗣同全集》，中华书局，1981 年，第 344 页。

④ 梁启超：《西学书目表后序》，见《饮冰室合集》，文集之一，中华书局，1989 年，第 127 页。

⑤ 谭嗣同：《仁学》，见《谭嗣同全集》，中华书局，1981 年，第 318～320 页。

首"，批评"秦汉以后，取天下于马上，制一切法，草一切律则，咸为王者一身之私计，而不复知有民事"①。中国文化之兴，端赖广开新式学校，使"无人不出于学"②，使人人养成自立自主的精神和能力。

第三点是强调"学以经世"、"知行合一"。谭嗣同认为"学必征诸实事，以期可起行而无窒碍"，批评"徒著书立说……而不可施行于今日，谓可垂空言以教后世"③。梁启超承认自己"行事之念多，而穷理之功少"④，并以此为一大不足，但反过来看这又何尝不是为"经世"的客观要求所迫？

还应当指出，梁启超在中国民族主义思想和"国民"观念的形成中，亦占有重要地位。中国早就有"族"、"族类"的概念和提法，却一直没有"民族"之说。1899 年，梁启超在《东籍月旦》一文中，从日本人的著作中最先引入"东方民族"、"中国民族"等概念。1902 年，他在《论民族竞争之大势》一文中说："近四百年来，民族主义日渐发生，日渐发达，遂至磅礴郁积，为近世史之中心点，顺之者兴，逆之者亡。"又说，英、法、意、德等国"皆乘此潮流，因势而利导之，故能建为民族的国家，声势烂然"⑤。此后，"民族主义"理论和思想迅速为中国人所采用。

梁启超率先提出"国民"的概念。他说："中国人不知有国民也，数千年来通行之语只有以国家二字并称者，未闻有以国民二字并称者。""国民者，以国为人民公产之称也。国者，积民而成，舍民以外则无有国。以一国之民治一国之事，定一国之法，谋一国之利，捍一国之患，其民不可得而侮，其国不可得而亡，

---

① 梁启超：《西政丛书序》，见《饮冰室合集》，文集之二，中华书局，1989 年，第 62 页。

② 谭嗣同：《报贝元征》，见《谭嗣同全集》，中华书局，1981 年，第 197 页。

③ 谭嗣同：《兴算学议——上欧阳中鹄书》，见《谭嗣同全集》，中华书局，1981 年，第 164～165 页。

④ 梁启超：《与穗卿足下书》，见丁文江、赵丰田《梁启超年谱长编》，上海人民出版社，1983 年，第 48 页。

⑤ 梁启超：《论民族竞争之大势》，见《饮冰室合集》，文集之十，中华书局，1989 年，第 10 页。

是之谓国民。"① 他把"国民"与"奴隶"对立，称中国人数千年"自居奴隶"，"不知天地间有所谓民权二字"，因而不可能真正爱国。"爱国者何？民自爱其身也。故民权兴则国权立，民权灭则国权亡。"② 两年之后，鼓吹"国民"思想的《国民报》、《国民日日报》问世，继之邹容著《革命军》，批判形形色色的奴隶主义。尽管后来梁启超在民族主义、民权主义学说方面同革命派产生了分歧和争论，但其思想的先导意义却是不可否认的。

谭嗣同、梁启超重视学会和报纸对繁荣学术、传播文化的功能，也对辛亥革命准备时期的先进之士起了先导作用。谭嗣同曾说，"大哉学会乎"，"学会成而学成，近之中国，远之五洲……菁华荟萃，终朝可定，于是无变法之名而有变法之实"③。短短几年，他先后参与创办了南学会、农学会、矿学会、测量会、群萌学会、延年会等。梁启超亦以学会为"广求同志开倡风气"的组织工具，称"欲兴民权，宜先兴绅权；欲兴绅权，宜以学会为之起点"④，积极参与强学会、保国会、南学会的组织工作。

谭嗣同把书称为"已往之陈迹"，而称报纸"日一出之，其于日新之义庶合也"。报纸不仅传播消息、学问的速度快，而且所影响的范围广，于一省、数省乃至全国之人，"予之耳，而授以目，而通其心与力，而一切新政新学，皆可以弥纶贯午于其间而无憾矣"⑤。他参加了《时务报》、《湘学报》、《湘报》的工作，支持过《算学报》，还一度筹划在南京办《矿报》，在武汉办《民听报》。梁启超则认为"去塞求通，厥道非一，而报馆其导端也"，报纸"可以奋厉新学"，"旁载政治学艺要书，则阅者知一切实学源流

---

① 梁启超：《论近世国民竞争之大势及中国之前途》，见《饮冰室合集》，文集之四，中华书局，1989年，第56页。

② 梁启超：《爱国论》，见《饮冰室合集》，文集之三，中华书局，1989年，第76页。

③ 谭嗣同：《壮飞楼治事篇第三·学会》，见《谭嗣同全集》，中华书局，1981年，第437页。

④ 梁启超：《上陈宝箴书论湖南应办之事》，见《中国近代史资料丛刊·戊戌变法》（二），上海神州国光社，1953年，第553页。

⑤ 谭嗣同：《湘学报后叙》（上、下），见《谭嗣同全集》，中华书局，1981年，第417～418页。

门径，与其日新月异之迹，而不致抱八股八韵考据词章之学，枵然而自大矣"①。他在维新运动期间办过《中外纪闻》、《时务报》，协助办了《知新报》，变法失败后流亡到日本的第一件事就是办《清议报》。梁启超不仅爱办报，也爱在报纸上撰文。他的文字流畅，笔锋常带感情，形成一种浅近的文言文体，时人所称的"报馆体"或"报章体"，实际上是以梁启超的文章为代表。

---

① 梁启超：《论报馆有益于国事》，见《饮冰室合集》，文集之一，中华书局，1989年，第100、102页。

第二章　传统文化的主流、非主流与西学

一　主流文化的自救与困守

清代的主流文化是传统的儒学，具体而言则包括程朱理学（宋学）和乾嘉汉学。理学最先得势。康熙帝主持编写了《性理精义》，又下令重刊《性理大全》，颁行全国。此后历朝皇帝多次以"御诏"肯定程朱之学为"正学"，且以朱熹配享孔庙，八股试帖用"四书"朱注，排斥异学，划一思想。清代理学名儒陆陇其说："今之论学者无他，亦宗朱子而已。宗朱子为正学，不宗朱子即非正学。董子云：诸不在六艺之科，孔子之术者，皆绝其道，勿使并进，然后统纪可一，而法度可明。今有不宗朱子者，亦当绝其道，勿使并进。"① 这就把西汉董仲舒"罢黜百家，独尊儒术"的文化专制原则，进一步用于儒学内部，排斥他儒，独尊程朱。理学家如孙奇逢、魏裔介、陆世仪、陆陇其、汤斌、张履祥、李光地、熊赐履等大受恩宠，师友门生足成体系。直到晚清的唐鉴、倭仁、曾国藩等，均以维护理学的正统地位为己任。

清代的汉学，本来是在黄宗羲、顾炎武所提倡的"经世致用"、"实事求是"的学风下发展起来的，起初很有生气，能够摆脱程朱理学和陆王心学的羁绊，具有求实和独立思考的精神，在经学、史学、文学、音韵、舆地、历算等方面均有可观的成就。例如，毛奇龄作《四书改错》，专挑"四书"朱注的毛病；阎若璩经过周密疏

---

① 唐鉴：《国朝学案小识》卷 1 "平湖陆先生"，上海中华书局，1920 年。

证，找出 128 条证据，证明古文《尚书》乃东晋人所伪造；胡渭著《易图明辨》，证明河图洛书是道士陈抟的创作。这些对于津津乐道"人心惟危，道心惟微，惟精惟一，允执厥中"十六字真言和河图（即太极图）洛书的宋学是一个沉重的打击。

汉学到乾嘉时期形成极盛的"显学"，也就开始走向反面，不可避免地产生了教条主义和烦琐主义。汉学家的"墨守汉人家法，定从一师"，就如梁启超所批评的"凡古必真，凡汉皆好"[①]，不仅厚古薄今，而且惟汉人古训是从，已经没有怀疑和探索精神，可谓之教条主义。在治学方法上，汉学家标榜读经从认字开始，由字以通辞，由辞以通道，为了一个字的古义，找出上百条证据，写成数千数万言；于典章制度又毛举细故，什么宫室、车制、冕服、禄田、丧礼等等，于现实毫无意义，毕生难通"六经"，可谓琐屑至极。乾嘉时期，除了戴震、汪中等少数汉学家能关注国计民生，对宋学助成专制加以批判外，绝大多数汉学家亦被朝廷网罗利用。乾隆时的纪昀、道光时的阮元，还是著名的大官僚。

同属主流文化的宋学和汉学，有时还互相攻讦。最著名的一场争论发生于嘉道年间。先是江藩写出《汉学师承记》。为了给汉学争正统，该书有意贬抑实为汉学开创者，但曾经参与抗清的顾炎武、黄宗羲，对戴震的"体民之情，遂民之欲"的进步思想和批判程朱"以理杀人"的名论一字不提，以此向专制王朝献媚。而在详列汉学家的著述和学术成就时，该书夸大训诂考据的意义，以为天下学问唯此为大，同时又持强烈的门户之见，视东汉之后直到清代汉学产生之前一千多年间的学术文化为一堆谬误，一片漆黑，尤其指责宋明理学是禅宗余孽，空疏无用。

《汉学师承记》问世不久，宋学家方东树写了《汉学商兑》，对汉学营垒全面反击。该书批评汉学家埋头考求先王的典章制度，以为可用于今世，不过是欺人之谈；指出汉学家的"实事求是"实为"弃本贵末"，"只向纸上与古人争训诂、形声、传注……推之民人家国，了无益处"，汉学末流更是"虚之至也"，故"其害于世教学术，百信于禅与心学"。该书极力为程朱辩护，

---

① 梁启超：《清代学术概论》，见《饮冰室合集》，专集之三十四，中华书局，1989 年，第 24 页。

称宋学（甚至陆王心学）才是"实事求是"的，"言理则是实理，言事则是实事，德则实德，行则实行"。又特别抓住戴震不放，攻击戴震"谓不当以义理为教，而第惟民之欲是从，是率天下而乱也。不知何代何王有此治法？"判定戴震的进步观点为"亘古未有之异端邪说"。

这一场汉宋之争虽然也有一些歪打正着之处，如江藩批评宋学空疏，指明宋学与禅学的关系，方东树批评汉学脱离现实，惟古是求及见小弃大等，但是双方都以己短为优长，即一方仍要坚持无用的名物训诂，一方仍要谈有害的义理心性；同时汉学有意淡化某些汉学家的战斗性和先进性，宋学则极力攻剿已被淡化的某些汉学家的战斗性和先进性，使它们各自的落后性暴露得更充分更彻底，以致魏源能够有力地对双方加以否定，批评宋学空谈心性，"上不足制国用，外不足靖疆圉，下不足苏民困"①，批评汉学沉迷于烦琐考据，让人"毕生治经，无一言益己，无一事可验诸治"②。到鸦片战争前后，无论宋学还是汉学，都像清王朝的气势一样，已经相当衰落了。

清王朝及其文化代表人物为了维护其主流文化的固有地位，作了种种努力。在晚清的最后半个世纪中，有三种方式的调整是值得一书的。

其一，曾国藩力图在中国固有文化的范围内，把主流文化的内涵加以扩充。他说："盖自西汉以至于今，识字之儒约有三途，曰义理之学，曰考据之学，曰词章之学，各执一途，互相诋毁。兄之私意，以为义理之学最大，义理明则躬行有要，而经济有本；词章之学，亦所以发挥义理者也；考据之学，吾无取焉矣。"③ 曾国藩受程朱理学影响，坚持以义理之学为根本，但突出强调了"躬行"和"经济"。所谓"经济"，是中国传统的"经世济民"的概括，其内容犹如晚清盛行的"经世文编"的范围一样，广泛涉及政治、军

---

① 魏源：《默觚下·治篇一》，见《魏源集》上册，中华书局，1976年，第36页。

② 魏源：《默觚上·学篇九》，见《魏源集》上册，中华书局，1976年，第24页。

③ 曾国藩：《与弟书》，见《曾国藩家书》，湖南大学出版社，1989年，第115页。

事、理财、农工、文教等。曾国藩整军经武，镇压太平军，办洋务，开工厂等，即他之所谓"经济"，即是学问之一，也唯有有学问者才能担当，目的是倡导"经世实学"，以转变人们认为讲义理的理学空疏无用的看法。

另一方面，曾国藩虽然主要信奉程朱理学，但反对治学先存门户之见，自称"于汉、宋二家构讼之端，皆不能左袒以附一哄"，而"欲兼取二者之长"①。事实上，他不仅想融合汉、宋之学，而且还想使词章之学（具体说是桐城派）也与汉、宋之学结合。又据曾纪泽说，乃父曾国藩"笃守程朱，不弃陆王"②，即是对陆王心学亦不排斥。反之，承阮元余绪宗汉学的张之洞，也不反对宋学，曾说"读书宗汉学，制行宗宋学。汉学岂无所失，然宗之则空疏蔑古之弊除矣。宋学非无所病，然宗之则可以寡过矣"③，主张汉宋兼采以避免不足。

不仅曾国藩、张之洞等高官主张调和儒学的内部矛盾，彼此会通，晚清的一些学者也是如此。同光之际的陈澧，著述以训诂考据为多，但又深服义理之学。朱次琦认为"学孔子之学，无汉学无宋学"。长于治"三礼"的汉学家黄式三、黄以周父子，反对存分门别户之见。在信奉古文经学和今文经学的学者中，除了章太炎和康有为既在政治上对立，又在学派上冲突之外，多数学者仍能兼采兼治。今文派的邵懿辰、皮锡瑞都仍然重视古文经，古文派的刘师培则只批评康有为的今文经学，而不排斥别的今文经学家。这一现象，正如后来的《清儒学案》所说："道咸以来，儒者多知义理、考据二者不可偏废，于是兼综汉、宋学者不乏其人。"④ 但其原因显然不只是儒者们此时才知义理、考据不可偏废，实质是由于反主流文化的挑战和西学的冲击，以及主流文化自身因为停滞、僵化、

① 曾国藩：《致刘孟容》，见《曾文正公全集·书札》第1卷，光绪二年（1876年）传忠书局编刻，第4～5页。

② 曾纪泽：《祭文正公文》，见《曾纪泽遗集》，岳麓书社，1983年，第156页。

③ 张之洞：《创建尊经书院记》，见《张之洞全集》第12册，河北人民出版社，1998年，第10077页。

④ 徐世昌：《清儒学案》卷180"心巢学案"，第86册，中国书店，1990年印本。

内讧而岌岌可危，需要协调内部关系，共同对付危机，维持其"学统"或"道统"的尊位。

第二种自救性的调整以张之洞在文化教育上的"中体西用"为主要内容。自从19世纪60年代冯桂芬最先提出"以中国之伦常名教"为基础，"辅以诸国富强之术"之后，类似的思路一直未断。如王韬主张"器则取诸西国，道则备自当躬"；薛福成建议"取西人器数之学，以卫吾尧舜禹汤文武周公之道"。进入19世纪90年代，此类呼声最高。郑观应说："中学其体也，西学其末也。主以中学，辅以西学。"沈寿康说："中西学问本自互有得失，为华人计，宜以中学为体，西学为用。"1896年，孙家鼐为筹办京师大学堂，曾评论中西学之关系。他说："今中国创立京师大学堂，自应以中学为主，西学为辅；中学为体，西学为用。中学有未备者，以西学补之；中学有失传者，以西学还之。以中学包罗西学，不能以西学凌驾中学。"① 可见，"中体西用"并非张之洞个人的奇想或发明，只不过他在1898年撰成《劝学篇》时把这一主张上升成为纲领，而且更系统更全面罢了。

张之洞首先在《劝学篇》中强调儒学的正宗地位和"经世致用"传统，称"圣人之道大而能博，因材因时，言非一端，而要归于中正。故九流之精，皆圣学之所有也；九流之病，皆圣学之所黜也"②。他特别突出儒学的兴教化、正人心的政治功能，说"圣教行于中土数千年而无改者，五帝三王，明道垂法，以君兼师，汉唐及明，宗尚儒术，以教为政"，效验可睹，故今日"惟以激发忠爱，讲求富强，尊朝廷，卫社稷为第一义"，即只有宗奉儒学，才能拒"邪说暴行"而"正人心"③。

其次，《劝学篇》归纳了"西学"的内容，限制了"西学"为用的界限。他概括"西学"为"西政、西艺、西史"，具体而言，"学校、地理、度支、赋税、武备、律例、劝工、通商，西政也。

---

① 孙家鼐：《遵议开办京师大学堂折》，见《中国近代史资料丛刊·戊戌变法》（二），上海神州国光社，1953年，第426页。

② 张之洞：《劝学篇·内篇·宗经第五》，见《张之洞全集》第12册，河北人民出版社，1998年，第9719页。

③ 张之洞：《劝学篇·内篇·同心第一》，见《张之洞全集》第12册，河北人民出版社，1998年，第9708～9709页。

算、绘、矿、医、声、光、化、电，西艺也"①，包括教育、科技、军事、法律、经济和行政措施，范围不可谓不大，但是恰恰排斥了西方的自由、民主学说和兴民权、开议院的制度措施。张之洞选取了他认为不致危害中国专制制度的西学内容，并将其限于"用"的地位，目的是借西学、西法来巩固中国旧传统旧制度之本。

如果仅从字面上看，把"中学为体"理解为强调以中华固有传统文化为根基，可说并无错误；把"西学为用"理解为以西学之长补中学之短，似乎更属开明，至少它比对一切异质文化采取深闭固拒的极端守旧态度是一种进步，但问题是并不能如此望文生义。张之洞的"中体西用"思想，有两个根本问题。一是割裂体用的关系，诚如严复所批评的："体用者，即一物而言之也。……故中学有中学之体用，西学有西学之体用，分之则并立，合之则两亡。议者必欲合之而以为一物，且一体而一用之，斯其文义违舛，固已名之不可言矣，乌望言之而可行乎？"② 简言之，中学不能有体无用，西学不能有用无体，沿袭中国传统中的落后、腐朽的观念、制度不改，简单嫁接西方的科技和管理制度，必不可行。其二，"中学"是一个概念模糊的整体。先秦百家争鸣是不是中学？黄宗羲、唐甄激烈地非难专制君主是不是中学？当然也是。张之洞不取"中学"中的百家争鸣，不取"中学"中"非君"、"无神"、"戡天"、"重民"等进步思想，只取"三纲五常"、"孝悌忠信"、"尊朝廷、卫社稷"，正是取其糟粕而遗其精华，固守这样的"中学"，中国还有什么前途可言？所以同样是讲"中学为体"，张之洞与当时的进步人士所指不同。

张之洞的《劝学篇》得到了朝廷的赞赏。他以封疆大吏和文化领袖的身份，在其洋务活动尤其是办学堂、派留学、设报馆、练新军的过程中，推行实践其"中体西用"的方针，维护主流文化，又以主流文化来维护专制王权，但这种努力不久仍归于失败。

第三种自救性的调整是废科举、兴学堂。中国的科举制度起于

---

① 张之洞：《劝学篇·外篇·设学第三》，见《张之洞全集》第12册，河北人民出版社，1998年，第9740页。

② 严复：《与外交报主人书》，见《严复集》第3册，中华书局，1986年，第558~559页。

隋、唐，宋、元、明、清一直沿用。而且，明清两代规定考试内容全在"四书五经"，尤其以朱熹所注"四书"为根本；文章形式则用八股，内容空洞无物，格式拘束僵化，所以不断有人提出批评。近代反对科举、八股的呼声更高。到维新运动时期，严复、康有为、张之洞、宋伯鲁、孙家鼐、于式枚等人无不主张立即对科举考试加以改革。严复说："天下理之最明而势所必至者，如今日中国不变法则必亡是已。然则变将何先？曰莫亟于废八股。夫八股非自能害国也，害在使天下无人才。"认为"痛除八股而大讲西学，则庶乎其有瘳耳"①。康有为在第一次觐见光绪帝时亦曾指出："民智不开之故，皆以八股试士为之。学八股者，不读秦汉以后之书，更不考地球各国之事，然可以通籍累致大官。今群臣济济，然无以任事变者，皆由八股至大位之故。"②张之洞在《劝学篇》中也指出了科举制的种种弊端，认为"救时必自变法始，变法必自变科举始"。

要求废科举形成了一股巨大压力，加上朝廷也深感人才缺乏，光绪帝终于在 1898 年 6、7 月间下令对科举进行改革，先是要求"生童岁科试，著各省学政奉到此次谕旨，即行一律改为策论，毋庸候至下届更改，将此通谕知之"。接着又根据张之洞、陈宝箴的建议，详细确定了各级考试的内容："乡会试仍定为三场。第一场试中国史事、国朝政治论五道。第二场试时务策五道，专问五洲各国之政、专门之艺。第三场试四书义两篇、五经义一篇。……其学政岁科两考生童亦以此例推之，先试经古一场，专以史论时务策命题，正场试以四书义、经义各一篇。礼部即通行各省一体遵照。"③这次科考改革，增加了"实学"、"实政"方面的内容，去掉了"诗赋"，用散文而不用八股，但是"四书五经"仍占相当比重，只能算是改革科举而不是废除科举。

在改革科举的同时，清政府下令大力开办新式学堂，除京师大学堂之外，各省亦要创办不同等级的新式学堂。1898 年 7 月 10 日

---

① 严复：《救亡决论》，见《严复集》第 1 册，中华书局，1986 年，第 40、43 页。

② 康有为：《康南海自编年谱》，见《中国近代史资料丛刊·戊戌变法》（四），上海神州国光社，1953 年，第 146 页。

③ 《上谕》第 67、99 条，见《中国近代史资料丛刊·戊戌变法》（二），上海神州国光社，1953 年，第 28、41 页。

上谕命令"即将各省府厅州县现有之大小书院,一律改为兼习中学西学之学校。至于学校等级,自应以省会之大书院为高等学,郡城之书院为中等学,州县之书院为小学。……其地方自行捐办之义学社学等,亦令一律中西兼习,以广造就"①。此后全国各地各种等级的兼习中西之学的新式学堂逐渐出现。

由于科举考试并未停止,一些读书人仍然抱着读书做官的希望,新式学堂开办数目不多,生源也受到影响。所以从1901年起,张之洞、刘坤一曾上疏建议"按科递减科举取士之额,移为学堂取士之额"。到1905年,张之洞又与袁世凯领衔奏请立停科举,大兴学堂,理由是"科举一日不停,士人皆有侥幸得第之心,以分其砥砺实修之志。民间更相率观望,私立学堂者绝少,又断非公家财力所能普及,学堂决无大兴之望","故欲补救时艰,必自推广学校始;而欲推广学校,必自先停科举始"②。朝廷采纳了这一建议,宣布"自丙午(1906年)科为始,所有乡、会试一律停止"。科举制度终于走到了历史的尽头。

在兴办学堂的过程中,张之洞与管学大臣张百熙重订学堂章程,制订《学务纲要》。《学务纲要》申述朝廷兴学的指导思想是"端正趋向,造就通才"。尽管在贯彻"西学为用"方面写上了诸如"必勤习洋文"、"参考西国政治法律宜看全文"、"科学相间讲授"、"经学课程简要并不妨碍西学"等条款,但仍然强调"中学"的至尊地位,如规定"无论何等学堂,均以忠孝为本,以中国经史之学为基,俾学生心术一归于纯正",故要求"从幼童入初等小学始……晓之以尊亲之义,纳之于规矩之中,一切邪说诐词,严拒力斥","中小学堂宜注重读经,以存圣教"。甚至危言耸听地说:"若学堂不读经书,则是尧舜禹汤文武周公孔子之道,所谓三纲五常者尽行废绝,中国必不能立国矣。"③ 民国政府成立后废止中小学堂的"读经"课,中国依然能够"立国",而且中国社会比晚清时期

① 《上谕》第82条,见《中国近代史资料丛刊·戊戌变法》(二),上海神州国光社,1953年,第34页。

② 张之洞:《会奏请立停科举推广学校并妥筹办法折》,见《张之洞全集》第3册,河北人民出版社,1998年,第1660~1661页。

③ 舒新城编:《中国近代教育史资料》下册,人民教育出版社,1962年,第8~12页。

取得了巨大的进步，足见封建统治者所谓"废止读经，中国将随之俱亡"之说不成立。

从中国固有文化内部的"不分汉宋"、"不分今文古文"，到"中体西用"的合法化并成为统治阶级的指导思想，再到终于废除八股文和科举，只在中小学堂保留"读经"，反映了传统主流文化的调整、自救和节节溃退。但是，无数历史过程证明，一切过时的事物和思想观念是无法挽救的，它们不自我改革就会消亡，改革也会趋于消亡。需要指出的是，传统主流文化的消亡并不就是"中学"即中国文化全体的消亡。在传统的主流文化崩溃的同时，一些传统的非主流文化得到了复兴，还有更多的新的文化因素得以增长。中国文化不仅没有枯竭和消失，而且得到了补偿和发展。随着时代、环境和人的思想变化，新的主流文化也将会逐渐形成。清末民初不仅是一个"礼崩乐坏"的"拆散"时代，通过下面的分析，还能发现那也是一个文化复兴并因有百家争鸣而生气勃勃的时代。

但是，作为传统主流文化的儒学在调整自救过程中却缺乏理论上的发展变化。卫道者和守旧之士所能坚守、并喋喋不休地重复强调的，只是儒学用以规范社会秩序和人们思想的"三纲五常"。尤其是在发生巨大的社会和思想变动的时候，他们舍去仁义道德的教条即再无别的"法宝"可用。太平天国革命运动时期，信奉理学的曾国藩在用武力镇压起义人民的时候，树立保卫"名教"的大旗，论证自己"嗜杀"的正当，说"自唐、虞、三代以来，历世圣人扶持名教，敦叙人伦，君臣父子，上下尊卑，秩序如冠履之不可倒置"，攻击太平天国使"士不能诵孔子之经……举中国数千年礼义人伦、诗书典则，一旦扫地荡尽"[1]，以此号召士人起而卫"道"。

维新运动时期，尽管康有为实际上并不否定君臣伦理，但由于他标举今文经学，称古文经为"伪经"，几乎要颠覆一千多年来奉为正统的名教经典，故招致卫道士的群起而攻。给事中余晋珊最先发难，攻击康有为"惑世诬民，非圣无法，同少正卯，圣世不容。请焚《新学伪经考》，而禁粤士从学"[2]。一度倾向于赞同维新的张

---

① 曾国藩：《讨粤匪檄》，见《曾国藩全集·诗文》，岳麓书社，1991年，第232页。

② 《康南海自编年谱》，见《中国近代史资料丛刊·戊戌变法》（四），上海神州国光社，1953年，第128页。

之洞，也因坚持认为"三纲五常"是万世不易之本，仇视"邪说暴行，横流天下"而撰《劝学篇》，以体现在尊君权、反民权的根本问题上与维新派划清界限。他说："夫不可变者，伦纪也，非法制也；圣道也，非器械也；心术也，非工艺也。"又说："五伦之要，百行之原，相传数千年更无异义。圣人所以为圣人，中国所以为中国，实在于此。故知君臣之纲，则民权之说不可行也；知父子之纲，则父子同罪、免丧、废祀之说不可行也；知夫妇之纲，则男女平权之说不可行也。"① 这表明张之洞允许在法制、器械、工艺等层面上弃旧从新，但在伦纪、圣道、心术等儒学的核心问题上决不通融退让。

到了辛亥革命酝酿阶段，由于废科举、兴学堂和派遣留学，传统主流文化独占的空间越来越小，卫道者也越来越焦虑，想方设法维护纲常伦纪的神圣地位，阻止人们尤其是青年学生的思想行动越出"范围"。1903年，张之洞鉴于"游学日本学生，年少无识，惑于邪说，言动嚣张者固属不少"，向朝廷提出议定"约束章程"和"鼓励章程"，"上以示朝廷彰瘅之公，下以昭学术邪正之辨，庶足挽横流而宏造就"。"章程"秉承古人的"为学学礼而已"，即以"德"代"智"的传统，"首以品行为贵"，最关注的是学生"性质驯良"、"安本分"，不仅对"有紊纲纪害治安若不安分之事者"要"严加约束"，甚至"饬令回国"，而且对"妄发议论"，著作中"有妄为矫激之说、紊纲纪害治安之字句者"，亦要"从严禁阻"，"查实后仍行惩办"②。为了维护"纲纪"不惜罪及言者，正反映了专制统治的横暴。

20世纪初年，清王朝在改革教育的时候，始终不忘"惟以端正趋向为教育之源，一则曰敦崇正学，造就通才，再则曰庠序学校皆以明伦。圣训煌煌，无非以崇正黜邪为宗，以喜新忘本为戒。夫明伦必以忠孝为纲，正学必以圣经贤传为本。崇正学，明人伦，舍此奚由？"国内学堂虽然增加了一些自然科学知识和西方政法史地

① 张之洞：《劝学篇·内篇·明纲第三》，见《张之洞全集》第12册，河北人民出版社，1998年，第9715页。

② 张之洞：《筹议约束鼓励游学生章程折》，见《张之洞全集》第3册，河北人民出版社，1998年，第1580～1584页。

的教学内容，但朝廷仍旧认为崇正学、明人伦是教育的根本目的。

但是，青年学生和趋新求变的知识分子不满足于"中体西用"式的改革，他们不仅突破了清王朝设定的各种禁区，广泛涉猎"正学"之外的各种学说，还对充满纲常伦纪说教的"正学"加以攻击批评，使卫道之士痛心疾首。1907年，张之洞总结当时的情况说："近来学堂新进之士，蔑先正而喜新奇，急功利而忘道谊，种种恶风恶俗，令人不忍睹闻。至有议请废罢'四书五经'者，有中小学堂并无读经、讲经功课者……循是以往，各项学堂于经学一科，虽列其目，亦止视为具文，有名无实。"他担心"正学既衰，人伦亦废，为国家计，则必有乱臣贼子之祸；为世道计，则不啻有洪水猛兽之忧"，反复强调"中国之圣贤经传，阐明道德，维持世用，开启神智，尊显乡邦，固应与日月齐光，尊奉传习"，决不可"听其衰微，渐归泯灭"。但是，当时各学堂均普遍重视开设"外国历史、博物、理化、外国政治、法律、理财、警察、监狱、农、林、渔、牧、工、商各项实业"之学，张之洞深感时尚所趋，难以逆转，他的办法也只有重新设立存古学堂一类的学校，专门开设经学、史学、词章等类课程，选取35岁以下的举人、贡生、廪生、增生、附生，为旧学延续香火。他不再提什么"用夏变夷"，也未谈"中体西用"，而是低调地称为"宝爱护持，名曰国粹，专以保存为主"了[1]。然而，仅用"三纲五常"来概括儒学的核心精神，就把内容丰富的儒学化约成了非理性的说教公式。这个被扭曲的核心不仅与当时文化构成的众多部分相脱离相违背，而且极易招致误解和反感。所以，在辛亥革命及其后的新文化运动中，激进之士首先是因为痛恨"三纲五常"而全面否定儒学。维护者和否定者都同样犯了简单化的错误。

晚清半个世纪中统治阶级就主流文化所进行的各种改革和调适均归于失败的事实证明：完全由传统教育造就，并且始终以维护旧有主流文化的支配地位为目的的体制中人，是不可能深刻反思，真正改造旧有主流文化的。而且，在中国传统社会中，君主专制的政治制度、中世纪的农村自然经济和延续两千年之久的纲常伦理文

---

[1]　张之洞：《创立存古学堂折》，见《张之洞全集》第3册，河北人民出版社，1998年，第1762～1765页。

化，形成了一种高度的同质性和同构关系。这三者当中，经过半个多世纪的演进，尤其是到了 20 世纪初年，新的经济因素和新的文化形态已经不可遏止地成长起来，经济领域和文化领域中的非主流部分力图对原主流部分取而代之，社会的同质性和政治、经济、文化三者的同构关系逐渐消解。而旧统治阶级在政治上顽固地拒绝真正意义的改革，从而引发了政治危机和"政统"的溃败，于是和旧"政统"同质同构的旧有主流文化也就必然产生危机，出现"道统"的溃败，这就是清末旧有主流文化失去支配地位的根本原因。

二　国粹派与"古学复兴"

20 世纪初，在官方运用"中体西用"的口号，实则用西洋本领维护纲常名教，康有为利用今文经学，逐渐蜕化为反对变革的尊孔保皇，以及外有西学日益强劲的深入，内有少数人主张全盘"欧化"的文化氛围中，国粹派异军突起。他们办报刊，立学会，撰文著书，配合一日千里的民主革命浪潮，一时颇有声势和影响。

一提到国粹派，未作深入研究者即会误以为他们是反对学习西方文化，反对变革进步，食古不化的老古董。其实，这完全是无知的猜测和想象。国粹派具有较深厚扎实的旧学功底，这是事实但决非过错；他们并不反对向西方学习，只是反对盲目崇拜他人而自暴自弃，蔑视甚至抛弃固有的传统；他们多数赞同并积极投身辛亥革命，但是带有大汉族主义的错误观念。还有一点，他们当时都很年轻，属于国粹派而写有文章可考者不下二三十人。1905 年时，年龄最大的是章太炎，37 岁，多数人在 30 岁左右，刘师培才 21 岁，柳亚子仅 18 岁，他们都年轻而富有朝气。

国粹派在传统文化方面都有乾嘉汉学的渊源。当初乾嘉汉学最盛行的地区是江浙（包括安徽），流风余韵至清末衰而未竭。章太炎是浙江人，而浙江学派在近代有金鹗、黄式三、黄以周、孙诒让、俞樾，都远追顾炎武、戴震、王念孙、王引之、段玉裁之朴学，通治群经，长于典章制度和文字训诂。章太炎曾在杭州诂经精舍师从俞樾，并向黄以周问学，后又师从孙诒让，得诸家之长。刘师培是江苏扬州人，而扬州是乾嘉汉学中的吴、皖两派的汇聚之地。吴派的汪中、刘台拱、江藩，皖派的戴震及其弟子王念孙、王引之、焦循、任大椿均在扬州一带生活或讲学授徒。道光年间扬州阮元复倡汉学。刘师培一家自其曾祖父开始，到刘师培本人已经四代人世传经学。其他人如陈去病、高天梅、朱少屏、柳亚子、马叙伦、胡朴安等亦为江苏、浙江、安徽人。江南既是人文渊薮，又是清初发生"扬州十日"、"嘉定三屠"的"重灾区"，因而这里的文人较容易因种族之念而生反清思想。

除江浙地区之外，来自两广的有邓实、黄节和马君武。邓实、黄节均出自广东汉学家简朝亮之门，而简朝亮与康有为同学。康有为转向今文经学之后，简朝亮信守曾在广州办学海堂的阮元的师法，虽主张会通汉宋但实植基汉学。邓实、黄节初办《国粹学报》时，曾刊登今文经学派廖平、王闿运的文章，后受章太炎影响而拒今文经学。还有一个重要人物是湖北籍的黄侃。其父黄云鹄擅长经学，故黄侃从小即受传统文化熏陶，留学日本时师从章太炎，以后在语言文字之学上形成章黄学派。

国粹派具备较深厚的传统文化知识似无须详加论证，但要证明他们不仅掌握了一定的西学知识，而且其知识结构已成复合状态，则需详细说明。

国粹派中的章太炎、刘师培、邓实、黄节等人没有进过新式学堂，其西学新知主要是通过阅读新书新报所得。章太炎写于1893年的《膏兰室札记》，在诠释中国古籍时已引用了英国地理学家赖尔，英国天文学家赫舍尔，美国传教士赫士、韦廉臣，古希腊数学家欧几里得等人的著作。1897年后，他到上海从事维新运动，任职《时务报》，并参与了《经世报》、《实学报》、《译书公会报》的编撰，曾明确表示"欲绁五洲书藏之秘，以佐政法，以开民智，斯又夸父、精卫之续也"[1]，表明他要像夸父追日、精卫填海一样地追求新知。1902年，章太炎到日本，曾"日读各种社会学书"，7月回上海后为广智书局"藻饰译文"。1906年，他"出狱东走日本，尽瘁光复之业，鞅掌余闲，旁览彼土所译希腊、德意志哲人之书"[2]。他曾总结说："自从甲午以后，略看东西各国的书籍，才有

---

① 章太炎：《译书公会叙》，见《章太炎选集》，上海人民出版社，1981年，第35～36页。

② 章太炎：《菿汉微言》，见《章太炎政论选集》下册，中华书局，1977年，第734页。

学理收拾进来。"① 可见，章太炎在世纪之交的十余年间，曾主要通过借助日本译书，接受了不少西方的自然科学和社会科学知识，并由接受知识进入了讨论"学理"的阶段。而且，章太炎早在1895年就与曾广铨合译过《斯宾塞文集》，载于同年的《昌言报》第1~8册。1902年，他又翻译出版了日人岸本能武太的《社会学》，章太炎之能成为国学大师，并不是因其仅通国学。

刘师培虽主要依靠家学渊源，不是学堂出身，但博览群书，于"东西洋哲学，无不涉猎及之"②，并自认为"于社会学研究最深"。从他的《中国民约精义》一书可知他对西方的《民约论》等政治学著作也认真研读过。邓实在上海力购西书，还尽力抄录，"日手一纸，凡阅国内外月报、旬报、日报至百余种，抄辑成书"，达374卷之多③。黄节于1901年在广州创办群学书社，陈设中外报刊，供人阅览。1902年，邓实和黄节在上海创办《政艺通报》，无论是"政篇"还是"艺篇"，都大量涉及西学。如"西政丛钞"、"西艺丛钞"中，有关外国的立法行政、兴艺饬工、科技成就等，均占有相当篇幅。1905年，国学保存会成立，邓实、黄节又主办《国粹学报》。《国粹学报》和《政艺通报》两者并存。前者重在"发明国学，保存国粹"；后者仍然突出介绍西学新知，以示国粹与欧化并行不悖。从邓实和黄节在《政艺通报》上发表的政论文章看，他们对西方的史地之学和社会学相当熟悉，即是说邓实和黄节除掌握中国传统文化之外，对西学亦有所了解。

国粹派中更年轻的一群，如马叙伦、柳亚子、陈去病等，多为新式学堂出身，曾更多接受西学。马叙伦13岁进杭州养正书塾，习英文、日文、代数、微积分、三角等课程，阅读过《天演论》、《法意》、《民约论》、《泰西新史揽要》。柳亚子和陈去病一同加入上海中国教育会和爱国学社。1906年，柳亚子又入上海理化速成科，因读《天演论》和《民约论》，服膺二书的作者斯宾塞和卢梭，自号"亚庐"。1908年，柳亚子、陈去病、高天梅、林獬、宁调元等又组成南社，与邓实等人的国学保存会同声相应。上述诸人都曾留

① 章太炎：《东京留学生欢迎会演说辞》，见《章太炎政论选集》上册，中华书局，1977年，第269页。

② 冯自由：《革命逸史》第3集，中华书局，1981年重印本，第186页。

③ 《第七年政艺通报题记》，载《政艺通报》，1908年第1号。

学日本，马叙伦、林獬都翻译介绍过物理等"科学"。总之，国粹派中的大多数人均有一定的西学素养，说他们全都"学贯中西"未免过誉，但他们多能"以新理言旧学"则是事实。

国粹派在政治上同 20 世纪初所有的先进之士一样，深感中国因受帝国主义的压迫而面临空前的民族危机。邓实说："吁嗟，我老大之中国为其舞台之中心点，俄人侵占满洲矣，英人势力范围扬子江流域矣，德人经营山东矣，法人窥伺两广矣，皆挟其帝国主义政策，以集注于一隅。茫茫大地，旗影枪声，纷然鼎沸。"[①] 刘师培的《攘书》、《中国民族志》，邓实的《国学通论》，马叙伦的《政学通义》等，无不首先痛陈中国面临的种种危机，认为帝国主义对中国无论是"瓜分"还是"保全"，对中国而言，实质都是"惨祸悬于眉睫"，"今后之中国又将为欧种之奴隶矣"[②]。因此，他们也都强烈呼吁国人奋起"保国保种"。

康有为、梁启超等维新派虽然承认中国面临亡国灭种的危机，但坚持认为出路仍在"立宪""保皇"，国粹派却旗帜鲜明地主张"排满"革命。章太炎早在 1897 年就批判清政府"有兵实不练，有地藏不启，有学校不教，受侮邻国"[③]。到 1901 年，他更明确地提出"排满"，认为"满洲弗逐，欲士之爱国，民之敌忾，不可得也。（中国）浸微浸削，亦终为欧美之陪隶已矣"[④]。刘师培则指出，民族危机严重的一个重要原因，是清王朝统治者"为虎作伥"，"以市一姓之私恩"，故不推翻清王朝，"无以免欧族之侵陵"[⑤]。由于康有为、梁启超坚持"保皇""立宪"的主张，反对"排满"革命，所以国粹派对康、梁群起而攻之。章太炎质问康有为："向之崇拜《公羊》，诵法《繁露》，以为一字一句皆神圣不可侵犯者，今则并

① 邓实：《通论四》，见《壬寅政艺丛书·政治通论内篇》卷1。
② 刘师培：《中国民族志》第18章《白种之侵入》，见《刘申叔先生遗书》第17册，宁武南氏印本，1936年。
③ 章太炎：《论亚洲宜自为唇齿》，见《章太炎政论选集》上册，中华书局，1977年，第6页。
④ 章太炎：《訄书·前录·客帝匡谬》，见《章太炎全集》第3册，上海人民出版社，1984年，第120页。
⑤ 刘师培：《中国民族志》第18章"白种之侵入"，见《刘申叔先生遗书》第17册，宁武南氏印本，1936年。

其所谓复九世之仇而亦议之……必为满洲谋其帝王万世祈天永命之计，何长素之无人心一至如是也?"① 这是说康有为了消弭人民对清王朝的敌意，连他奉为经典的《公羊》、《春秋繁露》中的复仇之说也弃如敝屣了。《民报》上的文章也指斥康有为借《公羊》说"以为胡虏藏身之固"，又"附会春王正月之文，以阿虏廷所好，不悟革命二字即出于孔子《易传》，而尊周攘夷，《春秋》并著其义。周王可尊，未闻虏王之可尊也"②，尖锐地揭露康有为标揭《公羊》，抬高孔子，都是为了维护清王朝的统治。

如果说在对民族危机和"排满"的必要性两方面，国粹派和其他革命派具有共识的话，那么国粹派的深刻之处还在于，他们认识到民族危机不仅体现在对外抵抗失败、割地赔款、利权丧失、百业凋敝上，而且体现在文化上。他们惊呼"自外域之学输入，举世风靡"，"户肄大秦之书，家习幼户之字"，"国学之厄未有甚于今日"③，而列强"亡人国也，必也灭其语言，灭其文字，以次灭其种姓，务使其种如坠九渊，永永沉沦"④。所以，中国人要救亡，除了采取其他各种斗争手段外，还要"保存国粹"、"光大国学"。

正如前面所述，国粹派诸人对西学并非一无所知，其文化主张更不同于主张仅守"先王之道"的文化锁国主义。他们所反对的只是完全蔑视和抛弃中国固有文化，一味"舍己从人"。其中识见最高的章太炎甚至说："新学果何罪?而学者不知所以为学，至以亡人国。"就是说问题不全在新学本身，而在于人们引进和运用时采取何种态度和方法。一方面不能有民族文化虚无主义，把固有文化的优长一笔抹杀；另一方面不能实行文化锁国主义，虚骄自大，因为"处竞争之世，徒恃国学不足以立国"⑤。所以，国粹派仍然主张接受西学中的"新理精识"，"合中西之言以喻人"⑥。他们还以

① 章太炎：《驳康有为论革命书》，见《章太炎政论选集》上册，中华书局，1977 年，第 196~197 页。

② 无悝：《孔子非满洲之护符》，载《民报》，1906 年第 11 号。

③ 《拟设国粹学堂启》，载《国粹学报》，1907 年第 3 期。

④ 邓实：《鸡鸣风雨楼独立书·人种独立》，载《政艺通报》，1903 年第 23 号。

⑤ 章太炎：《国学讲习会序》，载《民报》，1906 年第 7 号。

⑥ 章太炎：《变法箴言》，见《章太炎政论选集》上册，中华书局，1977 年，第 23 页。

日本为例，强调"国粹无阻于欧化"。

国粹派弘扬国学或曰复兴古学的内容，最主要的仍是集中在诠释"六经"及"六经"与孔子的关系研究上面。

"六经"是什么？国粹派共同的结论是"六经皆史"。"六经皆史"前人已多有言之，章学诚言之尤详，但国粹派的研究和论述更深入有力。邓实认为，所谓经书就是某一人种演进的历史记录，因上古蒙昧，"其书每人神并载，政教不分。有英雄传记焉，有酋长号令律例焉，有教主言行焉，有种人旧俗遗语焉。数体相合，而成一书，则尊之曰经"，"六经皆史，岂不信哉？"① 章太炎则通过中外历史比较，对"六经皆史"论作了补充。他指出上古是"神权时代"，故各国祭司皆僧侣，掌天文历数和历史记录，犹太的《列王纪略》、《民数纪略》，印度的《富兰那》等皆史书而并列神圣。"六艺，史也。上古以史为天官，其记录有近如神话"，故《易》如同古希腊的披佗告拉斯家学派热衷于探求世界万物，《诗》如同《薄伽梵歌》，《书》如《富兰那》神话，《乐》则如吠陀歌诗《傞马》与《黑邪柔》；惟《礼》与《春秋》稍近人世，故其言雅驯②。他肯定章学诚的观点，称"言六经皆史者，贤于《春秋》制作之论，巧历所不能计"。指出古时的一切"教令符号"，如兵书、礼、律、图、舆，均曾被冠以"经"之名，所以"经不悉官书，官书亦不悉称经"③。刘师培进而分析，"经"起源甚古，如八卦起于伏羲，但"后圣有作，递有所增"，直至夏殷，代有损益，故其成篇，经历了漫长的历史岁月。"上古之六经，淆乱无序"④，因此，孔子出而加以整理。

由此自然涉及"六经"与孔子的关系，并要批驳康有为的孔子"作经"说和"改制"说。康有为的《孔子改制考》，核心是说孔子为一代教主，是有德无位的"素王"或"制法王"，所谓"六经"都是孔子为了给此后百世立法而作。而 20 世纪初康有为的这一种

① 邓实：《经学篇第一·六经皆史》，载《国粹学报》，1906 年第 7 期。

② 章太炎：《清儒》，见《章太炎全集》第 3 册，上海人民出版社，1984 年，第 154~155 页。

③ 章太炎：《原经》，载《国粹学报》，1909 年第 10 期。

④ 刘师培：《经学教科书》第 1 册第 2 课，见《刘申叔先生遗书》第 66 册，宁武南氏印本，1936 年。

历史解释，已经成了他政治上坚持君主立宪、反对革命的工具，站在"排满"革命立场上的国粹派必然要对此予以批驳。国粹派的共同观点是：孔子之前已有"六经"的原本，孔子只是以原本为基础进行编订。刘师培认为，"六经皆周公旧典"，孔子的"六经"之学，大抵《周易》、《春秋》得之鲁史，《诗》得之远祖正考父，《礼》、《乐》得之老聃和苌弘；并以此为基础，加以修订，遂使周代"未修之经"成为"孔门编定之六经"①。而"六经"之中，作为编年史的《春秋》，距离孔子的时代最近，经过了孔子的"笔削"，寄托了孔子的政治思想，也是孔子在学术上的最大成就。故章太炎说："孔子，古良史也。辅以丘明而次《春秋》，料比百家，若璇机玉斗。"他把孔子、左丘明乃至重新确立古文经学地位的刘歆，都看成历史学家，认为"孔子死，名实足以伉者，汉之刘歆"②。国粹派肯定孔了，基本的立足点是孔子存史有功。

国粹派的多数人原先虽治古文经学，但并无太大的门户之见，间或采用今文家言。康有为武断地判定古文经为伪经，违背了治学的"实事求是"原则；又用今文派《公羊传》的"进夷狄为中国"，来为清王朝统治的合法性辩护。故国粹派需要力证古文经并非刘歆伪篡，而且优于今文经。章太炎撰写了《今古文辨义》、《春秋左传读叙录》、《刘子政左氏说》等文，刘师培撰写了《汉代古文学辨诬》、《司马迁左传义序例》、《中古文考》、《六经残于秦火考》等文，证明汉武帝所立学官属于今文经，但"秦汉之间，古文之学，虽残缺失传，然未尝一日绝也"③。故河间献王所献，孔壁所获之古文经，不足为奇，古文经自然不是刘歆所编纂的伪经。他们还认为，今文经比古文经晚出，所以古文经更贴近孔子及其时代；今文经追求怪异妄诞，夹杂谶纬术数，而古文经"通故训详故事"，于史有征；今文经最早出自口授，而古文经有竹帛可据；今文经门户分歧，自杂己见而排斥他说，古文经不言章句义理，惟求字句之

① 刘师培：《经学教科书》第 1 册第 5 课，见《刘申叔先生遗书》第 66 册，宁武南氏印本，1936 年。

② 章太炎：《订孔》，见《章太炎全集》第 3 册，上海人民出版社，1984 年，第 135 页。

③ 刘师培：《汉代古文学辨诬》，载《国粹学报》，1907 年第 2 期。

通，"左右采获，征结尽解"①。故以为东汉古文经复兴之后，取代今文经而千余年不废，正是因为古文经有其长而今文经有其短。在晚清以后的学者看来，即使排除政治上康有为因反对革命而有过、国粹派力倡革命而有功这一因素，纯粹就学术的角度而言，国粹派的成果和观点也更接近真实，更具有科学性。

不仅如此，国粹派通过探讨孔子的历史地位和"六经"的本来面目及演变过程，还发挥了他们的鉴别态度和批判精神。章太炎在《今古文辨义》、《儒术真论》、《订孔》、《论诸子学》和《演说录》中，对孔子的政治观点、学术思想、个人品质及历史作用作了评说。他虽然高度肯定了孔子作为"良史"和大教育家的作用，但仍然批评孔子政治上"不敢去联合平民，推翻贵族政体"，而是湛心利禄，热衷于成为"帝师王佐"；其所传经书亦有不足，如《论语》"晻昧"，即多有模糊矛盾、模棱两可之处；作为最大成就的《春秋》，"上不如老聃、韩非，下不逮仲长统"。他还批评孔子的处世之道"中庸"，认为其"宗旨多在可否之间，论议止于函胡之地"，几可称之为"国愿"（最大的"乡愿"之意）。他还说孔子为人忌刻，便辞利口，长于投机。这些批评出自 20 世纪头几年章太炎思想最激进的时期，而且有时是影射康有为，未必完全允洽，所以在新文化运动之后，章太炎对自己当年说过的一些过头话表示后悔。

刘师培在《古政原始论》、《周末学术史序》等文中，对孔子也有所批评。他说孔子"讥世卿，乃抑臣权，伸君权；非抑君权，伸民权"；孔子"以德礼为本，以政刑为末"，而又大讲"君臣之义"，"人君既操统治之权，无法律以为之限，而徒欲责其爱民……是犹授刃与盗，而欲其不杀人也"，揭露了孔子"讥世卿"的实质和讲"德礼"的虚伪性。在《孔学真论》中，他的批判进一步系统化，对孔子思想在历史发展的宏观范围内的作用进行考察，得出"孔学四失"的结论："一曰信人事并信天事"，首倡"天变"之说，"浸淫至今，遂为民智进步之一大阻力"；"二曰重文科而不重实科"，以道为本，以艺为末，使得后儒"高谈性命，视科学为无足轻重"；"三曰有持论而无驳诘"，"开教育专制"、师道尊严风气之先；"四曰

---

① 刘师培：《汉代古文学辨诬》，载《国粹学报》，1907 年第 2 期；章太炎：《今古文辨义》，见《章太炎政论选集》上册，中华书局，1977 年，第 113 页。

执己见而排异说"，"攻乎异端"，戕害思想和言论自由，后人稍与孔学相左，即遭"非圣非法之诛"①。总之，中国人思想上的痼疾和所受种种痛苦，不能说同孔学无关。

国粹派认为，"六经"本身并非全无缺陷，如"六经""尊崇祭礼，不得不言及祀神"，而后儒变本加厉，"杂糅神术"，"侈言谶纬"，于是统治者"以鬼神愚其民，使君权几与神权并重"②。西汉今文家伪造出《王制》篇，内有"行伪而坚，言伪而辩，学非而博，顺非而泽，以疑罪杀"，"析言破律，乱名改作，执左道，以乱政杀"等杀气腾腾的条文，实为"学术专制"、"愚民政策"之滥觞③。因而历代君主"深明儒家之有益于专制政体"，通过附会、歪曲、伪纂，使"六艺遗文遂为君主藏身之窟"④。汉代儒学"竞言灾异"，以"天命"愚民；唐代"撰正义，作注疏"，乖离经义，"举一废百"，至"宋世科举之兴，明以八股取士"，同时又"空言性理"，"凌灭人欲"；而"清王朝的暴政，更是理学助成的"⑤。儒学成了"利君而不利民"，"对君言者十之七八，对民言者十之二三"的"君学"⑥，既阻碍了中国社会的进步，也造成了儒学的衰微，"六经"被人视为"刍狗"。

自儒学产生，尤其是汉武帝"独尊儒术"以来，历代都有人敢于向儒学和孔子发难。但应该看到，只有20世纪初的国粹派，才从学理上对"六经"、儒学和孔子作了初步清理。而且，他们在批判儒学的消极面时，没有受学派限制。因为从东汉以后直到康有为的今文经学盛行之前，儒学的文本就是古文经，所以国粹派称儒学为"君学"，实际上是包含了古文经学家在内的。他们既要清理、批判儒学的糟粕，又要发掘经典中的精华，于是把以经学为主干的传统文化区分为"君学"和"国学"两部分，批判"君学"而弘扬

①　刘师培：《孔学真论》，载《国粹学报》，1906 年第 5 期。
②　刘师培：《国学发微》，载《国粹学报》，1905 年第 3 期。
③　刘师培：《论孔子无改制之事》，载《国粹学报》，1906 年第 11 期。
④　刘师培：《国学发微》，载《国粹学报》，1905 年第 3 期。
⑤　章太炎：《东京留学生欢迎会演说辞》，见《章太炎政论选集》上册，中华书局，1977 年，第 279 页。
⑥　邓实：《国学真论》，载《国粹学报》，1907 年第 2 期；黄节：《孔学君学辨》，载《政艺通报》，1907 年第 3 号。

"国学"。

"君学"有害而"国学"有用，这是国粹派共同的看法。当然，对如何"致用"，他们各人的思路未必完全相同。邓实曾受今文派影响，肯定西汉儒者以《禹贡》治水，以《春秋》断狱，以《诗》三百篇为谏书为"通经致用"的典范。刘师培的《攘书》、《中国民约精义》，黄节的《黄史》、《春秋攘夷大义发微》，马叙伦的《孔氏政治学拾微》等著述，都难免有附会经文，按现实需要而发挥的倾向。章太炎偏重于乾嘉汉学的态度，强调治经的目的首在"求真"、"求是"，而不是"适今"、"尚用"。但他并不完全反对"致用"，他对康有为等立宪派的许多有力批驳，就是据经史立论。他的高明之处，在于"求是"与"致用"的结合，而反对牵强附会地"以古适今"。综观国粹派的"古为今用"，即把研究"国学"与服务于现实斗争需要所做工作的主要内容，大致有如下几点：

其一是唤起和发挥民族精神，用当时的说法就是陶铸"国魂"。国学即广义的中国历史文化，国粹则是其中的精华，国魂则是本国自尊、自信、自强的民族精神。没有健康的富有凝聚力的民族精神，就不会有真正的爱国主义。所以高旭（天梅）说："国有魂，则国存。国无魂，则国将从此亡矣。……然则国魂果何所寄？曰寄于国学。故存国魂，必自存国学始。"① 章太炎说得更明白："用国粹激励种性，增进爱国热肠。"② 应该说，在中国面临严重民族危机、文化危机的时刻，弘扬中国固有文化的精华，用以培植国人的民族精神和爱国主义，这样的思考和行动都是具有正面意义的。

其二是宣传反对民族压迫。国粹派是"严内夏外夷之大防"的笃信者，认为《春秋》大义首在"攘夷狄，捍族姓"。所谓反对民族压迫，包含两层意思。一是反对满族对汉族的统治。黄节说："吾国之国体，则外族专制之国体也……学者忘祖宗杀戮之惨，狃

---

① 高旭：《南社启》，引自郑师渠《晚清国粹派》，北京师范大学出版社，1993年，第117页。

② 章太炎：《东京留学生欢迎会演说辞》，见《章太炎政论选集》上册，中华书局，1977年，第272页。

君臣上下之分，习而安之，为之润饰乎经术，黼黻乎史裁，数百年于兹矣。"① 他们都认为，清朝代替明朝，就是中国的"亡国"，所以要"辨族姓"，推翻满人的统治，"逆胡羶虏，非我族类，不能变法当革，能变法亦当革"②。这其中自然体现了一种传统的大汉族主义，把满族人称为外国人更是错误。但是他们"排满"的原因决非仅因为他们不是汉族，更是因为满清王朝在中国实行"专制"，并且与帝国主义勾结，"无一事不足以丧吾大陆"。早在 1901 年，章太炎就说过："所谓革命者，固非涵淯清浊，而一概诛夷之（指满族人——笔者）也。"③ 1907 年更说过："排满洲者，排其皇室也，排其官吏也，排其士卒也"，不是排斥一切满人，革命也不限于只排满人，"若汉族为彼政府用，身为汉奸，则排之亦与满人等"。而且"排满"成功之后，"若政府已返于汉族，而有癸辛、桓灵之君，林甫、俊臣之吏……是亦革命而已"④。这就表明，国粹派的"种族之辨"并非全是陈腐的观念，而是带有丰富的民族、民主内涵。

反对民族压迫的第二层意思，是反对帝国主义。国粹派呼吁国人正视"神州陆沉"、"异邦虎视"的严峻形势，揭露列强的侵略罪行，说："至于帝国主义，则寝食不忘者，常在劫杀，虽磨牙吮血，赤地千里，而以为义所当然。""综观今世所谓文明之国，其屠戮异洲异色种人，盖有胜于桀纣。"⑤ 他们清醒地认识到："西人之祸吾族，其烈千万倍于满洲。"⑥ 所以，国粹派的反帝态度强烈，曾批评革命派中某些人"借援敌国，以冀自全"的幻想，主张依靠中国人自己，并联合亚洲一切被欺凌奴役的其他民族，"相互扶助，以各得独立自主为旨"⑦。

其三是批判封建专制，宣传民主、平等及建立共和国的思想。国粹派发掘"六经"和其他古籍中的记载，证明"上古无君"，"草

---

① 黄节：《国粹学报序》，载《国粹学报》，1905 年第 1 期。

② 章太炎：《狱中答新闻报》，见《章太炎政论选集》上册，中华书局，1977年，第 233 页。

③ 章太炎：《正仇满论》，载《国民报》，1901 年第 4 期。

④ 章太炎：《排满平议》，载《民报》，1907 年第 21 号。

⑤ 章太炎：《五无论》，载《民报》，1907 年第 16 号。

⑥ 章太炎：《革命军约法问答》，载《民报》，1908 年第 22 号。

⑦ 章太炎：《革命军约法问答》、《答祐民》，载《民报》，1908 年第 22 号。

昧之世，君由民立"①，"《周易》言君位无定"等②，说明君主制度并非与人类历史相始终，君权不是神授而是人立；进而发挥明末以来进步思想家处于萌芽状态的民主观念，并对照中国"专制之黑暗"与泰西"共和立宪之文明"，指出两者"相形之下，优劣之胜败立见"③。因而明确地指出，"夫欲拨乱而反诸正，其道必自捨专制而立共制始"④。而为了"合群力"以"去君主"而"保国家"，国粹派还引进西方的天赋人权说，称"人所秉于天者既同，则所得之权利当无不同"⑤，号召人们争取"财产自由"、"父子平等"和"男女平等"，甚至建议革命之后"必尽破贵贱之级，没豪富之田"，实行"农人革命"⑥。可见，国粹派的政治理想不仅与孙中山的民主革命方针相吻合，甚至还带上了激进的色彩。

除了经学研究之外，国粹派致力于"古学"的另一个内容是探讨先秦诸子学。前面已经说到，自汉武帝独尊儒术之后，先秦诸子学明显沦为传统文化中的非主流文化，两千年中研究先秦诸子者甚少。清代乾嘉学风兴起之后，才有学者把目光投至"六经"之外，卢文弨的《群书拾补》、王念孙的《读书杂志》，已经推广校勘及于诸子。接着有汪中、毕沅、孙星衍治荀子、墨子。到晚清，俞樾著《诸子平议》和《读书余录》，于管、晏、老、墨、荀、列、庄、商鞅、韩非诸子均有初步研究。孙诒让不仅博通诸子，尤精墨学，以十年之力著成《墨子闲诂》。此书出后，《墨子》才可以读通。《墨子》中的算学、光学、力学、逻辑学才引起人们的重视和研究。还有王先谦著《韩非子集释》，把历来研究韩非的资料搜罗完备，也便于人们深入研究。但是，上述诸子研究，一是仍被视为经学的附庸，二是没有超出校勘、注释、整理的范围。

康有为、梁启超也涉及先秦诸子。康有为提出先秦诸子"并起创教"、"创教改制"、"改制托古"、"争教互攻"等基本看法，只是从"政术"的角度附会诸子，为其孔子"创教"、"托古改制"说作

---

① 刘师培：《古政原始论》，载《国粹学报》，1905 年第 9 期。
② 刘师培：《读书随笔》，载《国粹学报》，1905 年第 10 期。
③ 黄节：《国粹学报叙》，载《国粹学报》，1905 年第 1 期。
④ 马叙伦：《孔氏政治学拾微》，载《国粹学报》，1906 年第 5 期。
⑤ 刘师培：《读书笔记》，载《国粹学报》，1906 年第 1 期。
⑥ 刘师培：《悲佃篇》，载《民报》，1907 年第 15 号。

陪衬，从根本上说不是实事求是的治学。梁启超在 1902 年—1903 年写的《新民说》和《中国学术思想变迁之大势》中也涉及诸子，但他一是对诸子缺乏研究，故只能简单地概括诸子的思想特点，如说墨子讲"平等"、老庄讲"放任"之类；二是出于尊孔的目的，称孔子"祖述尧舜，宪章文武"，富有前承渊源，而又"以用世为目的，以格君为手段"，"严等差，贵秩序，而措而施之者，归结于君权"，故"于帝王驭民，最为合适"，而称诸子"大率皆得一察焉以自好。承于前者既希，其传于后亦自不广"，而且都"不利于专制"，所以不能"用世"。梁启超对诸子学的认识有两重性，即一方面看到了诸子学与孔学的差异，承认诸子思想中某些可贵的特点；另一方面仍然视孔学的"崇古""尊君"为优长。这自然同他的"保皇""立宪"立场有关，但他在客观上也道出了一个事实，即孔学从一开始就具有可被统治阶级利用的因素。

国粹派之重视诸子学，有多重因素：一是表示他们反对西汉以后儒学独尊，而肯定春秋战国时期百家争鸣的开放局面。二是给孔子和儒学"降尊"。因为春秋战国时，本有"九流"、"百家"之说（九流、百家均为约数，以示众多），孔子及儒学本来是其中的一家一派，既然"六经皆史"，那么诸子也是"史"之一部分，故他们称"六经为古史之大宗"，"诸子为古史之小宗"。三是为了扩大"国学"的范围，丰富"国学"的内容，以同西学相抗或相接。"外学日进，而本国旧有之古学亦渐兴"，"故治西学者，无不兼治诸子之学"①。国粹派对先秦诸子的"兼爱"、"平等"、"放任"等学说以及算学、光学、力学和逻辑学特别注意，以补儒学"尚专制"及"不重实科"之不足。

章太炎的《訄书》、《论诸子学》，刘师培的《周末学术史序》、《古学出于史官论》等著述，是国粹派论及先秦诸子的代表作。他们都认为，先秦诸子同出于周代的史官（或称王官），不过各尊所闻、各异其趣而已。儒家亦为九流之一，与诸子并无尊卑之分。"秦汉以来，学者溺于成见，视儒教为甚重，而视九家为甚轻，此学者之第一大患也。"② 因此，他们的研究均特别注意发掘久被忽

---

① 邓实：《古学复兴论》，载《国粹学报》，1905 年第 9 期。
② 佚名：《论中国人重视儒家之观念》，载《警钟日报》，1904 年 11 月 15 日。

视的诸子学的价值。

章太炎在《訄书》和有关论文中，曾阐发荀子认识论方面朴素的反映论，"法后王"的进化观念，政治上主张"合群明分"，经济上主张"损有余，益不足"，道德上主张"欲不可绝，欲当为理"等学说。同时肯定了管仲、申不害、商鞅等前期法家的"富强之术"，称赞他们相当于西方的政治家，"不厌酷于刑，而厌歧于律"①。对于墨家，章太炎肯定其勤俭刻苦和"兼爱"说，并批驳孟子斥墨家"无父"，说"墨家宗祀严父，以孝视天下，孰曰无父?"② 到1906年，章太炎写了对此后影响极大的《论诸子学》，以深刻的批判精神系统地研究先秦诸子。他指出儒家虽"以致用为功"，但"湛心荣利"，因而容易与现实妥协，缺乏坚定的政治信念，中庸之道、矫言伪行、投机取巧、竞奔名利，给后人留下了极坏的先例。又指出老子"胆怯"、"事事以卑弱自持"。分析墨家的"崇俭"、"非乐"等说，不甚高明；视墨家为"宗教家"，称"墨子之说，其不应者甚多"，但认为"非命之说，为墨家所独胜"，"其道德则非孔、老所敢窥视也"。章太炎还猛烈抨击韩非力主思想专制的学说，高度肯定庄子放言无忌的"抨弹前哲"和遗世绝俗的人格理想③。此后，章太炎在《国故论衡》中，曾尝试运用西方的逻辑学、心理学，从新的角度探讨诸子思想；在《齐物论释》中，运用佛学阐述老庄的"道法自然"，不"强求齐一"的思想主张。

刘师培1905年在《国粹学报》上连载《周末学术史序》的长文，评析诸子各自的优长和不足。对于墨家，刘师培予以高度肯定，以为其优长有二：一是"学求实用，于名、数、质、力之学，咸略引其端"；二是"兼爱"论，"以众生平等为归"，"以君权为有限"，"较之儒家其说进矣"④。对于老子，则认为倡"平等"是其长，倡"无为"则是其短。又认为管、申、商、韩诸人"以法治

① 章太炎：《儒法》，见《章太炎全集》第3册，上海人民出版社，1984年，第138~139页。
② 章太炎：《儒墨》，见《章太炎全集》第3册，上海人民出版社，1984年，第137页。
③ 章太炎：《论诸子学》，见《章太炎选集》，上海人民出版社，1981年，第378~397页。
④ 刘师培：《周末学术史序》，载《国粹学报》，1905年第3期。

国"，深得"政治之本"，不避严刑峻法，"举君臣上下同受制于法律之中"，并非"偏于专制"①，如此等等。刘师培与章太炎的不同之处是：章太炎立论主要依据诸家学说的社会效果，而刘师培则侧重于讨论诸家的学说体系；章太炎简单地提到墨家如西方的宗教家，法家如西方的政治家等，刘师培则把先秦诸子分别划归伦理学、政法学、理科学、计学、宗教学、逻辑学等，进行衡量和讨论。虽然刘师培的做法多少有些牵强，但是体现了他把中国传统学术向近代知识系统转化，并与新学科的建立努力结合的正确方向。

国粹派在 20 世纪初年弘扬"国学"的努力，具有"藉中国的历史文化为时代和革命酿造了爱国主义的激情"，"俗化、历史化孔子与'六经'于解放思想"的重大意义，"开创了近代'国故研究之新运动'的先河"，还提出了"关于中西文化问题的新思路"②。在当时革命派与顽固派、立宪派的理论交锋中，国粹派的历史文化知识发挥了重要作用。在学术上，此后思想界反对"读经尊孔"，尤其是新文化运动中"打倒孔家店"的提出，实以国粹派给孔子和"六经"降尊为先导。章太炎对先秦诸子的研究，明显影响到胡适的《中国哲学史大纲》（上卷）和郭沫若的《十批判书》。国粹派对如何研究固有文化、如何使中西文化相结合、如何建设民族新文化的一些主张和设想，对后人均有一定的启示意义。

当然，国粹派久受传统文化熏陶，对西学的了解吸收有限，因而其研究中仍有不少曲解、附会，认识上也常有动摇。辛亥革命之后，时代和人们的思想均在继续发展，而他们对传统文化的态度却停留在原处不变。于是，他们多数人成了文化进一步变革的反对者和旁观者。这虽然是历史上常见的现象，但也值得人们深思。

国粹派除了探讨经学、诸子学之外，对史学也有所涉及。但"新史学"可以说是国粹派和改良派共同建立的，故放在下一节论述。

三　固有学科和文化门类的转型

中国固有的学科门类，除经学、诸子学以外，最主要的还有史

---

① 刘师培：《周末学术史序》，载《国粹学报》，1905 年第 2 期。
② 郑师渠：《晚清国粹派》，北京师范大学出版社，1993 年，第316～322页。

学（包括金石学和古器物学）和文学（包括诗歌、戏剧和语言文字之学）。在辛亥革命酝酿时期，这些学科已经出现从传统向现代的转化。

先看史学方面。19世纪末20世纪初，由于进化论的广泛影响，加上西方和日本的一些新型史学著作，如《泰西新史揽要》、《英国文明史》、《支那文明史论》、《支那文明史》和《中国文明小史》，先后被译成中文，使人耳目一新。而且，新的史学理论亦逐渐流行。1902年，留日学生汪荣宝在《译书汇编》上发表《史学概论》，称"所采皆（国外）最近史学界之学说，与本邦从来之习惯，大异其趣，聊（介）绍于吾同嗜者，以为他日新史学界之先河焉"①。翌年，留日学生李浩生又翻译出版了日本著名史学家浮田和民的《史学通论》。该书更详尽地介绍了西方新史学的理论和方法，强调历史研究是借"过去事实之痕迹以发现其理，以说明现在，以预察将来，以知社会之起源进化之目的"②。在这种学术气氛下，反思传统史学之不足，讨论新史学的构建，曾形成一个小小的热潮。其中贡献最大者，当数章太炎、梁启超、夏曾佑、刘师培等人。

章太炎在世纪之交完成的《訄书》重刊本中，最后一组文章《尊史》、《征七略》、《哀焚书》、《哀清史》、《杂志》、《别录甲》、《别录乙》等都是史论。这组史论的一个重要内容，就是总结批判旧史学的不"当意"处。一是旧史学著作"皆具体之记述，非抽象之原论"，无论是纪传体、编年体、纪事本末体著作，还是记述典章制度的汇纂以及各种史学批评，都缺乏理论性，有的缺乏"归纳"，有的缺乏"分析"，更都缺乏"演绎"，难以推求"社会政法盛衰蕃变之所原"③。二是中国史书"贵其记事，而文明史不详"。章太炎认为，历史应该彰显群体进化，文明程度不断提高的过程和某些规律，而文明史则应包括物质和精神两个方面的进化，但中国旧史书"徒知记事"，"纪传泛滥，书志则不能言物始。苟务编缀，

---

① 汪荣宝：《史学概论》，载《游学译编》，1902年第9期。

② 转引自郑师渠《晚清国粹派》，北京师范大学出版社，1993年，第167页。

③ 章太炎：《哀清史》，见《章太炎全集》第3册，上海人民出版社，1984年，第329页。

而无所于期赴",或堆砌史迹,或记录零碎的知识,均不足称为科学。所以,他强调:"非通于物化,知万物之皆出于几,小大无章,则弗能为文明史。"① 所谓"物化",可以理解为事物变化;所谓"万物之皆出于几",即万事万物出现之初,尽在不易觉察的运动之中。没有识见,就难以写出文明进步的历史。三是缺乏真实性。历史被帝王视为家谱,禁网日密,公论尽失。尤其是有清一代,"焚史隐恶",文字狱不断,结果使得"掌故之守,五史之录,崇其谀佞",曲笔逢迎,于史无所征信。且清廷布政,不综名实,奏记文牍"是非贞伪,成于贿赂"②。故不仅已成之各种"实录"不实,以后虽有良史亦难以考辨。

梁启超于1901年撰写了《中国史叙论》,翌年又写成《新史学》,对旧史学作了激烈批判。他指出旧史学有"四蔽",即"知有朝廷而不知有国家","知有个人而不知有群体","知有陈迹而不知有今务","知有事实而不知有理想";还有"二弊",即"能铺叙而不能别裁","能因袭而不能创作",因而阅者"难读"、"难别择"、"无感触",史书"无有足以激励其爱国之心,团结其合群之力,以应今日之时势而立于万国者"。他批评二十四史犹如"二十四姓之家谱",只记述"有权者兴亡隆替之事",成了"相斫书",看不到人群进化之迹,成了无数个人"墓志铭"的汇集,或是"蜡人院"的偶像排列,故不能"益民智",反而"耗民智";不能"经世致用",反而令人迷信往古。因此,他号召国人"提倡民族主义",进行"史界革命"③。

除了章太炎之外的国粹派,对于旧史学的批判虽未曾超出章、梁的大致范围,但言辞却更深刻尖锐。他们就像区别"国学"和"君学"一样,提出区别"君史"和"民史",认为王者把天下看作一己之私,故一言一语都成为"诏令"、"制诰"、"宝训",一举一动则有"起居注"、"实录",祭祀有"郊祀志",征讨有"方略"

① 章太炎:《尊史》,见《章太炎全集》第3册,上海人民出版社,1984年,第313页。
② 章太炎:《哀清史》,见《章太炎全集》第3册,上海人民出版社,1984年,第325~327页。
③ 梁启超:《新史学》,见《饮冰室合集》,文集之九,中华书局,1989年,第5~7页。

等，称旧史家"其脑坏中所有仅一帝王耳，舍帝王以外无日月，舍帝王以外无风云"①，而关于"人群之事功"、"群治之进退"以及科技、教育、风俗、财政等，均湮没无闻，所以二十四史无非记录"中国专制政体之进化"和"一人一家之利益"②，因而也可以认为，"中国无史矣。非无史，无史家也；非无史家，无史识也"③。刘师培也激烈地批评清王朝对待历史的态度，认为中国史书本有帝王家谱之讥，"若满清所有之史，则并其所谓一家一姓者，亦且文过饰非"，"以助愚民之用而已"④。他们都强调历史应能反映社会的演变和群体的全部生存生活状况。

再看 20 世纪初学术界关于建立新史学的种种见解。

梁启超的意见有如下几点。其一是应该以进化论为理论基础，探讨人群的进化和历史事件的因果关系。他说，"史也者，记述人间过去之事实"，"说明其事实之关系，与其原因结果"，"探察人间全体之运动进步"，"及其相互之关系"。总之，"历史者，叙述人群进化之现象而求得公理公例"，"使后人循其理率其例以增幸福于无疆"。他批评旧史学"一治一乱，治乱相循"的历史循环论是"误会历史真相"，但指出历史的进化"非一直线，或尺进而寸退，或大涨而小落，其象如一螺线"。其二是把研究视野从帝王将相扩大到全体人群，从争权夺利的"相斫"扩大到社会的经济、政治、文化、思想，从一国的历史扩大到全世界。而在这种转变中，尤其要注意历史的前进运动，注意当代事变的研究，从而"叙述人种之发达与其竞争"，"叙述数千年来各种族所以盛衰兴亡之故"⑤。可知梁启超史学理论的核心，就是"进化"和"竞争"的思想。

此外，梁启超的史学思想还包括地理环境决定论。他说，"地理人民二者常相持，文明以起，历史以成"，认为地理环境影响到民族的特性和发展过程。他曾总结说："寒带之民擅长战争，温带

---

① 邓实：《史学通论》，见《壬寅政艺丛书》，史学文编卷 1。

② 邓实：《论中国民治进退之大势》，载《政艺通报》，1903 年第 8 号。

③ 邓实：《史学通论》，见《壬寅政艺丛书》，史学文编卷 1。

④ 刘师培：《陈去病清秘史序》，转引自郑师渠《晚清国粹派》，北京师范大学出版社，1993 年，第 164 页。

⑤ 梁启超：《新史学》，见《饮冰室合集》，文集之九，中华书局，1989 年，第 10～11 页。

之民能生文明，凡此皆地理历史之公例也。"① 这显然有些陷入了绝对化。他批判了以帝王将相为内容的地主阶级的英雄史观，又引进了西方资产阶级的英雄史观，说"世界之历史，即英雄之传记"。不过，他也强调了"时势"和"无名英雄"的作用，称"英雄固能造时势，时势也能造英雄，二者为形影之相随，未尝少离"。又说："无名英雄，是造英雄之英雄。"他还对中国的现实发表看法："今日中国之所以不振，患在无英雄……而所以无英雄之故，患在无无名之英雄。"② 在这个问题上，梁启超表现出了调和论和依旧轻视人民群众的历史观。还有，梁启超在《论学术之势力左右世界》一文中，宣传了文化决定论，在《新民说》、《中国历史上革命之研究》等文中，抹杀历史上革命斗争对推动社会发展的作用，说中国革命有"七大恶特色"，并容易引起长期内乱和外族入侵，这与他在现实中的主张改良、反对革命的态度如出一辙。

章太炎关于建立新史学的主张，首先集中表现在"镕冶哲理，以祛逐末之陋；钩汲眢沉，以振墨守之惑"的要求方面。所谓"镕冶哲理"，就是要在治史中贯穿思想理论。而他当时所指的思想理论，也是西方的"心理、社会、宗教各论"③。不过，他认为借鉴西方学说，仍要依赖通过中国固有文化中的思想资料作为津梁。所以，他说："今世求史，固当于道家求之。管、庄、韩三子，皆深识进化之理，是乃所谓良史也。因是求之，则达于廓氏、斯氏、葛氏之说，庶几不远矣。"④ 章太炎的史论涉及西方心理学、地理学、政治学，但主要还是讲进化论的社会学。所谓"钩汲眢沉"，即广泛利用各种史料。章太炎是继承乾嘉学风的古文经学家，强调"无征不信"，即崇尚实证，反对猜测、附会，尽其"考索之功"。但他又与乾嘉学派有所不同，即重视理论和观点，批评"后世经说，古

① 梁启超：《中国史叙论》，见《饮冰室合集》，文集之六，中华书局，1989年，第4～5页。

② 梁启超：《自由书·英雄与时势》，见《饮冰室合集》，专集之二，中华书局，1989年，第9～10页。

③ 章太炎：《哀清史》，见《章太炎全集》第3册，上海人民出版社，1984年，第329～331页。

④ 章太炎：《致吴君遂书》，见《章太炎政论选集》上册，中华书局，1977年，第165～166页。

义既失其真，凡百典常莫知所始……而无新理敍彻之，宜其肤末茸陋也"，主张"必以古经说为客体，新思想为主观"①，即把重视史料和运用新理结合起来。

章太炎的新史学主张，其次体现在他对新史学规定的基本目标上，这就是"一方以发明社会政治进化衰微之原理为主"，"一方以鼓舞民气，启导方来为主"②。章太炎重视历史对人们的爱国精神的巨大作用，认为民族主义"如稼穑然，要以史籍所载人物制度、地理风俗之类，为之灌溉，则蔚然以兴矣。不然徒知主义之可贵，而不知民族之可爱，吾恐其渐就萎黄也"③。历史要发挥爱国的教育作用，要体现社会进化衰微之理，这种认识与梁启超相同，但其"鼓舞民气，启导方来"的目标却不是梁启超的立宪改良，而是革命。《訄书》中从《通法》到《消极》共25篇文章，在政治、经济、军事、法律、官制、文化教育等各方面，从历史上汲取思想资料，讨论革命后的政权建设方案，如他自称的"吾言变革，布新法，皆为后王立制"④。在反驳康有为的中国只能行立宪、不能行革命的谬论时，他更鲜明地指出："公理之未明，即以革命明之；旧俗之俱在，即以革命去之。革命非天雄大黄之猛剂，而实补泄兼备之良药矣。"⑤ 所以，他在自己计划撰写的《中国通史》中，就列入了"革命记"、"光复记"、"洪秀全考纪"等部分，对革命加以肯定。

章太炎的新史学主张的第三点是治史应该扩大视野。这一主张包含三个层次的内容。一是"今日治史，不专赖域中典籍"。为此，既要借鉴西方的各种学说，还要了解外国的历史以及外国人对中国历史的研究，以作为治中国史的补充、比较和借鉴。二是治史不能

① 章太炎：《哀清史》，见《章太炎全集》第 3 册，上海人民出版社，1984年，第 330～331 页。

② 章太炎：《致梁启超书》，见《章太炎政论选集》上册，中华书局，1977年，第 167 页。

③ 章太炎：《答铁铮》，见《章太炎全集》第 4 册，上海人民出版社，1984年，第 371 页。

④ 章太炎：《消极》，见《章太炎全集》第 3 册，上海人民出版社，1984 年，第 310 页。

⑤ 章太炎：《驳康有为论革命书》，见《章太炎选集》，上海人民出版社，1981 年，第 178 页。

仅围绕帝王将相、历朝兴衰更替转，尤重要者"第一是制度的变迁，第二是形势的变迁，第三是生计的变迁，第四是礼俗的变迁，第五是学术的变迁，第六是文化的变迁"，这些"要件"均应组织到史书之中①，写成全面的动态的历史。三是眼光不应只盯着上层人物或英雄人物，还应关注族群的全体，尤其是人民的生存生活状况。章太炎拟订的《中国通史》目录，除帝王、师相、职官、文儒之外，还有方舆、种族、民宅、浚筑、工艺、食货、宗教、礼俗、章服等②，表现出对"群体"和"民生"的高度重视。

关于史书体例，当时也展开过一场讨论。梁启超尽量吸收外国史学著作的形式，主张按种族和民族发展状况来划分历史时期，突破旧史学按朝代分期的框架，打破中国传统的编年、纪传等体裁的束缚，采用外国史书的章节结构，对事件和人物的各个有关方面和全部过程，都要尽可能完整、详尽。他在世纪之交写成的属于当代史的两本小书，即《戊戌政变记》和《南海康先生传》，就采用了这种别开生面的体裁。

章太炎对史书体例也有自己的看法。一是认识到史书体例会随内容的扩大、时代的发展而发生变化，"史职范围，今昔各异。以是史体变迁，亦各殊状"。二是可以借鉴西方以时代为经的治史方法，并将其与中国分门别类的方法相结合。他说："西方作史，多分时代。中国则惟书志为贵，分析事类不以时代封画。二者亦互为经纬也。"③ 三是史书体例变革不在名而在实，即关键在"审端径隧，决导神思"的"独裁"。他计划撰写的百卷本《中国通史》，以表、典、记、考纪、别录为五大纲目，形式上与旧史无大差异，但内容和取舍"详略自异"。他把"分析事类，各详原理"的典志和"开浚民智，激扬士气"的纪传作为全书重点，有意与旧史书的"褒贬人物、胪列事状"划清界限。选撰纪传，又打破为帝王将相"开明履历"的旧体例，只选取"利害关系有影响于今日社会"的

① 章太炎：《社说》，载《教育今语杂志》，1909 年第 2 册。
② 章太炎：《哀清史》附录《中国通史目录》，见《章太炎全集》第 3 册，上海人民出版社，1984 年，第 332 页。
③ 章太炎：《哀清史》，见《章太炎全集》第 3 册，上海人民出版社，1984 年，第 330、329 页。

历史人物，其余只在"表"中简单列举①。可知章太炎对史书体例的看法不完全同于梁启超所主张的仿西式的章节结构。当然，他不是绝对反对用章节来分时代的写法，但认为那只适用于学校教科书，专门研究仍以中国书志体例为佳。

国粹派中许之衡不以章太炎的通史体例为然，批评其未脱《史记》的窠臼，指出章太炎因袭多于创获的缺陷。但许之衡批评章太炎"挂一漏万"，却是无的放矢，忽视了章太炎力求简括而又突出重点的用意。许之衡以为只有采用上古、中古、近古之类的西式断代法，才能彰显社会历史的进化，而中国式的以王朝断代必使史书成为君主易姓的符号。这种看法也过于绝对化。刘师培的看法则比较全面公允。他说："西国史书多区分时代，而所作文明史复多分析事类。盖区分时代，近于中史编年体；而分析事类，则近于中国三通体也。"即分时与分类原本是中西史书都使用过的方法，只是具体表现形式不同而已。他主张通史教科书必然以时代区分先后，而涉及制度文物又不能不用分类，但在分类之中又"隐寓分时之意，庶观者易于瞭然"②。他把分时与分类交相结合，贯彻了章太炎提出而未讲清的中西方法"互为经纬"的思想。

辛亥革命酝酿时期，属于新史学的成果相当丰富。

通史方面，虽然章太炎和梁启超各自计划撰写的《中国通史》均未完成，但1904年—1906年有两本通史著作问世，一是夏曾佑的《最新中学中国历史教科书》（后改名《中国古代史》重版）三册，一是刘师培的《中国历史教科书》三册。

夏曾佑是实践梁启超"新史学"理论的史学家，也是倾向今文经学的改良派。他在该书序中称研究古代史是为了"知来"，"以供社会之需"，并以"文简于古人而理富于往籍"自勉。该书体现作者信仰进化论，也采用了甄克斯《社会通诠》的观点，把中国古代史划分为上古、中古、近古三大时期，传疑、化成、极盛、中衰、

---

① 章太炎：《哀清史》附录《中国通史略例》，见《章太炎全集》第3册，上海人民出版社，1984年，第329～332页。

② 刘师培：《中国历史教科书·凡例》，见《刘申叔先生遗书》第69册，宁武南氏印本，1936年。

复盛、退化、更化七个时代，打破了旧史学不分发展阶段的传统做法。在对上古史特别是神话传说的具体解释上，他把渔猎、游牧、农耕视为依次递进的发展，把母系到父系看作是家庭关系的进化，把由图腾而宗法、由宗法而国家、酋长由公选到世袭等看作是历史的进步。作者又在该书《凡例》中指出，该书的纲领有三条："一为关乎皇室者……为一代兴亡之所及者"，"二为中国境内周边各族"，"三为关乎社会者，如宗教风俗之类"；并表示对"一代兴亡所系者加详"，"一人一家之事无不从略"，改变了史书为帝王将相家谱的陈旧格局，详略取舍有自己的特色。体例上采用篇、章、节结构，以时间为经，以重大事件为纬，把本纪、列传、纪事本末作综合处理，因而其线索和轮廓比断代为史和编年通史都明晰完整。

该书问世后，与作者同属改良派的严复称赞其为"旷世之作"。而属于革命派的古文经学大师章太炎也肯定其在阐发宗教和学术方面所作的努力，但批评作者于地理不甚分明，对小学和典章制度则全然未曾涉及。客观地说，该书在体例上属首创，内容属尝试探索，必然有得有失。如该书多写"宫廷之变，群雄之战"，与作者自言的纲领第一条并不吻合；注意了周边民族问题，但仍有大汉族主义情结；详写了宗教、文化和学术，但忽略了生产、经济和财政方面，陷入了"民智"决定论和文化史观。凡此证明，进化论指导下的通史写作仍难以说明历史变迁的本质，也难以揭示社会发展的根本规律。

刘师培的《中国历史教科书》也是新史学通史类的代表作。作者在该书序言中指出，中国"上古之史多荒渺，而纪事互相歧；后世之史咸浩繁，而纪事多相袭"，"欲治中史，非编一繁简适当之中国历史莫由"。他强调通史要以关系国民的重大历史事实为中心，并兼及社会、宗教等各方面，要参考西方史学的成果，还应有一系统的哲学思想为之连贯，"庶人群进化之理可以稍明"。《国粹学报》第 4 年第 1 期刊有介绍此书的广告，称是书"举古代之种族、地理、风俗、政体、典章制度、学术、技艺言之甚详"，"其所注意之点，则一在历代政体之异同，一在种族竞争之始末，一在制度改革之大纲，一在社会进化之阶级，一在学术进退之大势。不专重君朝而兼重民事，不专详事迹而兼详典制"。该书以西方社会学理论为指导，发挥了古文经学家之长，对中国古代社会的进程作了较全面的探讨。在体例上，该书仿照西方近代史书，在区分时代之后以专题形式展开内容，如"夏代之兴亡"、"商代之兴亡"、"古代之宗教"、"古代之学术"、"古代之官制"、"古代之工艺"、"古代衣服之述略"等，将分时与分类两者很好地结合起来。遗憾的是，该书三册72课还未把古代部分写完，可说有头无尾。

据研究者统计，20世纪初除夏曾佑、刘师培的两本通史之外，还有也是以教科书形式出现的多种中国通史著作，如普通学书室编写的《普通新历史》（1901年）、商务印书馆编写的《中国历史教科书》（1903年）、陈庆年编写的《中国历史教科书》（1903年—1904年）、横阳翼天氏编写的《中国历史》（1903年—1904年）等①。

除通史教科书之外，当时的新史学著作也呈现出初度的繁荣，作品主要集中在如下几类。

一是属于学术史类的。主要有章太炎的《訄书》中从《原学》到《学隐》共十余篇文章、《论诸子学》和《国故论衡》，刘师培的《经学教科书》、《周末学术史序》、《国学发微》、《两汉学术发微》、《论古学出于史官》等，邓实的《史学通论》、《国学通论》、《国学微论》、《国学今论》等，马叙伦的《歠天庐政学通义》、《歠天庐古政通志》、《古政述微》等。可见，国粹派在此类研究中贡献最大。其他著作可注意者，只有梁启超的《论中国学术思想变迁之大势》。

二是研究民族史和宣传历史上反清斗争的人物事迹。主要有刘师培的《中国民族志》、《攘书》，黄节的《黄史》，陶成章的《中国民族权力消长史》，刘成禺的《太平天国战史》，陈去病撰写的《清秘史》和主编的《陆沉丛书》，田桐辑录的《亡国惨记》，乐天居士辑录的《痛史》，苏民撰写的《满夷滑夏始末记》，陈沂揭露清王朝丧权失地的《满清二百年来失地记》等。

三是迅速反映20世纪初年民族民主革命斗争事件和人物事迹。主要有章士钊的《苏报案纪事》、苏绍柄编的《山钟集》（反映1905年的抵制美货运动）、陶成章的《浙案记略》、佚名编辑的《荡虏丛书》（包括人物传记《孙中山》、《沈荩》、《吴樾》）。辛亥革命发生当年就写成反映这场革命斗争的有苏生的《中国革命史》

———————————

① 周朝民：《戊戌变法后的中国历史教科书》，载《史学史研究》，1983年第4期。

（1911年出版）、郭孝成的《中国革命纪事本末》（1912年出版）。

可见，新史学不仅突破了旧史学的体例，其内容更与旧史学不同。它关注的是学术文化、民族斗争和现实的革命，指导思想则是进化论和革命斗争学说。而且，作者大多属于革命派人士（包括国粹派），改良派只有梁启超和夏曾佑，其他改良派和守旧的文人学士在这方面几乎无所作为。

最后略谈考古学的转变。传统的考古限于鉴别和考订古器物，如考金（实指铜）、考玉、考石刻、考陶器、考印玺，称为金石之学，重点在器物上的文字。1898年，在河南安阳小屯村殷墟发现殷人求卜用的大量甲骨。从1900年起，敦煌莫高窟发现数万卷写经和古书抄本。从1907年起，甘肃的张掖和新疆的吐鲁番又从地下掘出大批古物（以木简为多）。殷墟甲骨、敦煌石窟古书和流沙坠简的发现，便中国文物大量流失，但同时引发了考古的热潮。

殷墟甲骨在庚子之役曾一度归于刘鹗，刘鹗加以初步研究后于1902年出版《铁云藏龟》。孙诒让运用此书写成《契文举例》，是考释甲骨文的最早著作。稍后，他又根据甲骨、金文中考出的文字，写了《古籀拾遗》。上述古物的发现，极大地丰富了中国的古史资料。罗振玉、王国维率先开始此类研究，证明了《史记》中《殷本纪》、《三代世表》中所载商王世系的正确可靠，证明了殷周史的信而有征，也证明了《书经》中的一些篇章及《山海经》、《竹书纪年》、《楚辞·天问》、《吕氏春秋》等古书古文记载的一些事实有很大的可靠性。这对清中叶以来的疑古思潮，是一种否定之否定的发展。

此后，王国维形成了历史研究的"二重证据法"，即取地下实物与书中文字互相释证，取异域故书与我国旧籍互相补证，取外来观点、方法与固有研究参互考证，并认为古文字学、古器物之学与现有的经史之学实相为表里。这与囿于经书、稽古钩沉、由字通辞、由辞通道的乾嘉研究法相比，显然是一大进步，由此也引发了稍后中国田野考古的迅速发展。

再谈文学（包括散文、小说、诗歌、戏剧）的情况。

狭义的文学在洋务运动和维新运动期间是相对不振的，因为传统的文学词章形式陈腐，脱离群众，只在小圈子中流行。更主要的是从 19 世纪 60 年代起，官府、社会和有意革新之士重视的均是科技实业，诚如王韬所说："其谈富国之效者，则曰开矿也，铸币也，因土之宜，尽地之利，一若裕民而足国，非此不可。至于学问一端，亦以西人为尚。化学、光学、重学、医学、植物之学，皆有专门名家，辨析毫芒，几若非此不足以言学，而凡一切文学词章无不悉废。"[①] 谭嗣同在 1895 年称当时"中外虎争"，因而是"文无所用"的时代。梁启超在 1897 年的《万木草堂小学学记》中说："词章不能谓之学也。……偶一为之，毋令溺志。"严复在《原强》和《救亡决论》中也否定文学词章，认为西方强盛是因为其"先物理而后文词，重达用而薄藻饰"，中国贫弱的原因之一就是"其学最尚词章"。康有为在维新时期重视的是制度问题。1895 年，他在《上清帝第四书》中论及人才不足的原因时说："士知诗文而不通中外，故锢聪塞明，而才用不足。"直到 1905 年，他还认为"物质之学，乃一切事理之托命"，"美国人不尚文学，惟工艺致富"，"大地之尚文学无若中国者，而却贫弱"[②]。

当然，上述诸人所贬低的是纯文学，并非泛指一切应用文学。相反，他们重视文字宣传，如康有为以实用主义态度对待经史，梁启超宣传维新变法的多种时论，严复为开民智而翻译西方的社会科学著作，谭嗣同著《仁学》以开创"冲决网罗之学"等，但这些当然不是狭义的文学。1896 年—1897 年，梁启超、夏曾佑、谭嗣同、黄遵宪等人虽然一度有意创作"以旧风格含新意境"即"间杂一二新名词"的"新诗"，但他们自己均不甚满意。加上当时都忙于实际的政治活动，于"新诗"并未着力。只有梁启超因为要开民智而注意到了文艺的作用，在《蒙学报演义报合叙》中说"日本之变法，赖俚歌与小说之力"，但此时仍未真正考虑文学问题。

只是在现实的政治斗争、军事斗争失败之后，才有一部分人从精神上、从群众方面寻找原因，于是文艺对"民智"、"民心"、"民

[①] 王韬：《上当路论时务书》，见《中国近代史资料丛刊·戊戌变法》（一），上海神州国光社，1953 年，第 148 页。

[②] 康有为：《物质救国论》，见《康有为政论集》上册，中华书局，1981 年，第 566、567 页。

气"的作用才突显出来。敏感多变的梁启超就是如此。1898 年维新运动失败后,他逃往海外,同年底发出"诗界革命"的号召,称中国"非有诗界革命,诗运殆将绝",认为"若作诗,必为诗界之哥伦布、玛赛郎(麦哲伦)然后可"①。1902 年初,他说:"夫文界之宜革命久矣。欧美、日本诸国文体之变化,常与其文明程度成比例。"② 1903 年,梁启超又发表《论小说与群治之关系》一文,认为"欲改良群治,必自小说界革命始;欲新民,必自新小说始"③。三年时间,梁启超先后提出了"诗界革命"、"文界革命"和"小说界革命",此后他又提到"戏剧革命",表现出他对文学(艺)的重视。改良派中除康有为、严复仍坚持轻视纯文学之外,其他人大多受到梁启超的影响。

梁启超的"小说界革命"最能引起人们共鸣。狄葆贤认为"小说者,实文学之最上乘也",具有"支配人道、左右群治"的力量,并说:"吾以为今日中国之文界,得百司马子长、班孟坚,不如得一施耐庵、金圣叹;得百李太白、杜少陵,不如得一汤临川、孔云亭。"④ 即以为史学、诗歌的社会作用不及小说、戏剧大。

改良派的"文界革命"并没有对中国旧文学多加批判,而是强调学习外国。梁启超在《夏威夷游记》中认为,"新诗"必须具备"繁富而玮异"的"欧洲之意境语句",得"欧洲之真精神、真思想",还应使用"日本语句"。其他人也说,"欲开中国之民智,道在迻译有关政治思想之小说始"⑤,"合中西二文熔为一片","以彼新理,助我行文"⑥。他们强调文学的政治教化功能,即梁启超所谓"播文明思想于国民",亦即白葭所说的西方人

---

① 梁启超:《夏威夷游记》,见《饮冰室合集》,专集之二十二,中华书局,1989 年,第 189 页。

② 梁启超:《绍介新著·原富》,载《新民丛报》,1902 年第 1 号。

③ 梁启超:《论小说与群治之关系》,见《饮冰室合集》,文集之十,中华书局,1989 年,第 10 页。

④ 狄葆贤:《论文学上小说之位置》,见《中国近代文论选》上册,人民文学出版社,1981 年,第 234～237 页。

⑤ 邱菽园:《客云庐小说话》,见《晚清文学丛钞·小说戏曲研究卷》,中华书局,1980 年,第 408 页。

⑥ 林纾:《洪罕女郎传跋语》,见《晚清文学丛钞·小说戏曲研究卷》,中华书局,1980 年,第 225 页。

"有独立之性质，有冒险之精神，而又有自治能力"，此皆中国人所缺乏，应当"吸彼欧美之灵魂，淬我国民之心志"①。他们的"文界革命"仍然服从于改良和保皇，反对革命，因而改良派所作的诗文、小说、戏剧作品虽然也属"启蒙"之作，但其"启蒙"程度并不彻底。

革命派从一开始就重视文学对"国民教育"（包括民主教育和民族精神教育）的作用，赋予文学作品反帝、反清、反封建的政治内容。当然，由于他们人数、派别众多，或对文学的广狭范围有不同理解，或对诗文、小说、戏剧各有偏爱，或对文学的本质、社会效果有不同的看法，他们的文学理论在大方向相同的基础上又有许多不同观点。

陈天华、邹容、秋瑾是一种类型。他们主要是革命活动家和宣传家，没有系统论述文学问题，而《革命军》、《警世钟》、《猛回头》、《狮子吼》也不是纯文学而是应用文学作品。但是邹容对汉学、宋学、桐城、阳湖等学术和文学派别作了否定，力倡"辞多恣肆，无所回避"的勇猛文风。陈天华在小说《狮子吼》中借书中人物之口，主张用有新理想的新小说去开通民智，否则纵有千百个华盛顿、拿破仑也无济于事，以中国人口之多，每年应当有十倍于英美的小说出版。秋瑾不仅创办《白话》杂志和《中国女报》，还写了不少诗，创作弹词《精卫石》。这些表明他们都重视用通俗文字去进行社会教育。

国粹派和南社诸人是革命派中受传统文化影响最深的，他们对文学及文学改革的看法仍然存在差异。章太炎主张"大文学"观。"何以谓之文学？以有文字著于竹帛，故谓之文；论其法式，谓之文学"，"文之为名，包举一切"。他把所有的文字分为"有句读文"和"无句读文"两大类。有句读文又分为"有韵文"和"无韵文"两类。无韵文之下包括学说、历史、公牍、典章、杂文、小说六项，一概称为文学②。他关于小说的见解大体本诸《汉书·艺文志》，以为"小说者列在九流十家"，"不能妄作"，因而否定唐代以

---

① 白葭：《十五小豪杰序》，见《中国近代文论选》上册，人民文学出版社，1981年，第238页。

② 章太炎：《文学论略》，载《国粹学报》，1906年第9～10期。

后的小说①。他重视诗、文。他的"文"主要是指学术论文和政论，文崇魏晋，诗崇五古，倾向于保守。不过，他不完全排斥白话文，甚至写了不少白话文。

刘师培则坚守"文笔之辨"的古老信条，以"有韵偶行者为文，无韵单行者为笔"。他崇尚魏晋六朝骈文，鄙视唐宋以来的散文，称其为"杂著"，认为唐宋元明的小说尤不足齿数。他看到了元明以来小说、戏曲的语言通俗化趋势，但主张区别使用，"近日文词宜分二派：一修俗语以启瀹齐民，一用古文以保存国学"②。在文学改革上他可说是最保守的，但仍然不敢完全排斥"俗语"。

国粹派的共同之处，是要维护"国文"的纯正和特色。"本报撰述，其文体纯用国文，风格务求渊懿精实，一洗近日东瀛文体粗浅之恶习"③，通过"研求古学，刷垢磨光，钩玄提要，以发现种种新事理而大增吾神州古代文学之声价"④。这里所谓"文学"，也是指"大文学"。南社诸人的"文学"是近乎狭义的文学，但他们也认为中国文学优美可贵，反对舍己从人。高旭说："中国国学中之尤可贵者，断推文学。盖中国文学为世界各国冠，泰西远不逮也。而今之醉心欧风者，乃奴此而主彼，何哉？……伊吕倭音，迷漫大陆；蟹行文字，横扫神州，此果黄民之福乎？"⑤ 林獬亦说："吾国文章实足称雄世界，日本固无文字，故国势盛至今日，而彼中学子谈文学者犹当事事乞于汉土。今我顾自弃国粹，而规仿文辞最简单之东籍，单词片语，奉若邱索，此真可异者矣。"⑥ 冯平则对欧洲文学输入感到忧虑。他说："慨自欧风东渐以来，文人学子咸从事于左行文字，心醉白（拜）伦之诗，莎士比（亚）之歌，福禄特（拜）儿之词曲，以谓我祖国莫有比伦者。呜呼，陋矣！以言科学，诚相形见绌；若以文学论，未必不足以称伯五洲。彼白伦、

① 章太炎：《与人论文书》，见《中国近代文论选》下册，人民文学出版社，1981年，第499页。

② 刘师培：《论文杂记》，载《国粹学报》，1905年第5期。

③ 《国粹学报略例》，载《国粹学报》，1905年第1期。

④ 邓实：《古学复兴论》，载《国粹学报》，1905年第9期。

⑤ 高旭：《南社启》，载《南社》，1909年第1集。

⑥ 林獬：《致高天梅书》，载《南社》，1909年第1集。

莎士比、福禄特儿辈固不逮我少陵、太白、稼轩、白石诸先哲远甚也，奈何尽弃其国学而学于人?"① 可知南社中有部分人是反对梁启超的主张的，对抬高欧洲文学、运用日本词汇持否定态度。

这种国粹主义的文学观，使得他们即使是在表达新的思想理念时，也要使其尽量合乎传统的文学之道。高旭说："如鼓吹人权，排斥专制，唤起人民独立思想，增进人民种族观念，皆所谓止乎礼义而未尝过也。若此者，正合温柔敦厚之旨。"又说，"新意境、新理想、新感情的诗词，终不若守国粹的用陈旧语句为愈有味也"，故"诗文贵乎复古"②。

当然，也不是所有南社同仁都反对将外来名词、语汇入诗，都主张"复古"。马君武曾主张"唐宋元明都不管，自成模范铸诗才，须从旧锦翻新样，勿以今魂脱古胎"③。柳亚子的诗文反复写到"人权"、"天演"、"革命"、"自由"，就是高旭自己也有诗句"娶妻当娶苏菲亚，嫁夫当嫁马志尼"，陈旧的文学形式毕竟为新的思想内容所冲破。南社成员有的介绍过外国文学，有的从事过小说创作，有的从事过戏曲改革和话剧运动，并非全都以所有精力来写旧体诗。

1904年，柳亚子、陈去病等人创办了戏曲半月刊《二十世纪大舞台》，致力于戏剧改革和提倡新剧。陈去病称戏剧对观众有"入之易和出之神"的效果，且"其奏效之捷，必有过于劳心焦思、孜孜矻矻以作《革命军》、《驳康书》、《黄帝魂》、《落花梦》、《自由血》者殆千百倍"④。陈独秀则撰文强调演戏并不是"贱业"，演戏和"一国的风俗教化极有关系"，应该"把戏子和文人学士一样看待"⑤，主张改变社会轻视戏剧和戏剧艺人的旧观念。

鲁迅、黄摩西（黄人）和徐念慈的文学见解又走在当时绝大多数人的前面。青年鲁迅也是相信文学救国的。《摩罗诗力说》、《文化偏至论》和《破恶声论》都是用典雅的文言写成的文学研究论文，其核心是"尊个性而张精神"，从根本上铸造人的新魂。鲁迅

---

① 冯平：《梦罗浮馆词集序》，载《南社》，1911 年第 21 集。
② 高旭：《愿无尽斋诗话》，载《南社》，1909 年第 1 集。
③ 马君武：《寄南社同人》，见《南社诗集》第 3 册。
④ 陈去病：《论戏剧之有益》，载《二十世纪大舞台》，1904 年第 1 期。
⑤ 陈独秀：《论戏曲》，转引自龚书铎《辛亥革命与戏剧》，载《北京师范大学学报》，1981 年第 5 期。

不否定文学为革命服务，但以为文学的根本功能仍是"涵养人之神思"、"兴感怡悦"，因此批评传统的"诗言志"、"思无邪"之说仍是"鞭策羁縻之下的自由"。鲁迅不否定但也不满足于中国已有的文学，提出"别求新声于异邦"，但对于外国文学多取"立意在反抗"、"旨归在动作"的文学作品。当时他最欣赏拜伦、裴多菲等人，认为他们的作品"无不刚健不挠，抱诚守真；不取媚于群，以随顺旧俗；发为雄声，以起其国人之新生，而大其国于天下"①。

黄摩西和徐念慈则主张正确对待小说，批评"昔之视小说也太轻，而今之视小说又太重"，认为小说诚然可以传播文明，影响社会，但毕竟只是"文学之倾于美的方面之一种也"②。他们强调小说的娱乐功能在前，"小说者，文学中之以娱乐的，促社会之发展，深性情之刺戟者也"，并突出小说必有的特征，"殆合理想美学、感情美学"③，涉及文学的本质，即形象性、理想性和审美作用等问题。但鲁迅的真知灼见，黄摩西、徐念慈等重视文学自身内在特征的理论探讨，当时都没有引起人们的重视，直到五四运动时期，才被人们接受。

20世纪初有关文学问题的各种争鸣，不仅促进了当时文学的发展，也改变了士大夫和新式知识分子或重经史或重科技而均轻文学的观念，尤其是文学中的小说、戏曲的地位在中国首次得到提高。同盟会的机关刊物《民报》也刊载小说，梁启超也写过剧本《新罗马传奇》，俞樾的《春在堂随笔》和《茶香室丛钞》搜罗了许多文学史资料，又重视小说和戏剧，曾改编《三侠五义》为《七侠五义》。吴梅、刘鹗、王国维等人，或参加戏曲、评话、小说的创作，或投入其理论研究。文学上的这些变化，也同样反映出传统主流文化地位的失落，非主流文化的地位上升。

20世纪初年的文学成就是很可观的。散文方面以梁启超的影响最大。桐城派古文层次分明但难免空疏，魏晋派古文陡峭谨严但

---

① 鲁迅：《摩罗诗力说》，见《鲁迅全集》第1卷，人民文学出版社，1981年，第71、99页。

② 黄人：《小说林发刊词》，见《中国近代文论选》下册，人民文学出版社，1981年，第498～499页。

③ 徐念慈：《余之小说观》、《小说林缘起》，见《中国近代文论选》下册，人民文学出版社，1981年，第501～505页。

较难解读，且两者共同的弱点是矜持而不能尽情。梁启超视野开阔，凡论证事理必作古今中外对比，又从各个角度条分缕析，行文自求解放，务求平易畅达透彻，宁失其繁，不失其简；语言活泼，或奇或偶，或中或外，或文或白，笔锋常带感情，对读者别具一种魔力。他作于1900年的《少年中国说》，就是这种典型作品，一时脍炙人口。梁启超的散文，是前段冯桂芬、王韬以来进步散文的发展，也为晚清的文体解放和五四白话文运动开辟了道路。不过，正如当时革命派人士所批评的，缺点是重叠过甚因而不免累赘。

章太炎的散文亦以感情强烈、思想敏锐、组织严密、内容充实著称，尤其是因其学力扎实而含意独厚。他以广博学问为基础而结合革命思想所写的政论或学术文章，"所向披靡，令人神往"。由于章氏取法魏晋古文，又好用古字，在一定程度上影响了文章的宣传效果，但也因此为魏晋古文增添了光彩，对黄侃、鲁迅等人产生了很大影响。还有秋瑾、邹容、陈天华等一大批革命志士的散文，都是思想解放、情感充沛、行文汪洋恣肆而又通俗易懂的作品，读时使人感到一种亢进激越的时代精神扑面而来。

诗歌方面，晚年的黄遵宪、丘逢甲依然"苍凉慷慨"、"激烈铿锵"，坚持"旧风格新意境"。而南社诗人柳亚子、高旭、周实等，更是豪情盖世，"绝足奔放"。柳亚子在十六七岁时就写出《放歌》，强烈地反对专制，反对外来奴役，鼓吹平等自由、人权和抗争，风格悲壮雄浑，郭沫若后来称他为"时代歌手"。高旭的优秀作品境界开阔，神采飞扬，动人心魂，被时人称为"奇气横溢，一时无与抗手"。周实本是"缠绵悱恻多情人"，激昂的时代精神使他"一振柔软卑下之气"，写下了多篇"淋漓慷慨之音"。当时无论是梁启超、丘逢甲，还是南社诗人，诗作都洋溢着一种奔放浩莽、洪涛翻涌的气势，充满着"热"和"力"。

原本处于主流地位的守旧派当然也不甘心退出文坛，他们力图有所表现和作为。张之洞曾强调："若中国之经史废，则中国之道德废，中国之文理词章废，则中国之经史废。国文既无，而欲望国势之强、人才之盛，不其难乎?"① 1907年，为了振衰续绝，守旧

①　张之洞：《创立存古学堂折》，见《张之洞全集》第3册，河北人民出版社，1998年，第1764页。

派的孙雄曾编辑了《道咸同光四朝诗史一斑录》，收录高官和诗坛守旧耆宿的诗作自壮声势。同年，张之洞到北京兼管学部，陈衍、樊增祥、易顺鼎、陈宝琛、郑孝胥等一班能诗文者也先后到京。南社成立的第二年，即 1910 年，这班人在北京也设立了诗社，鼓吹所谓"同光体"和"宋诗"，为清王朝粉饰太平，与革命派、改良派的新诗相抗衡。尽管他们的诗作技巧高超，但因观念陈旧、内容褊狭，同时代潮流、社会脉搏格格不入，所以仍为人们所唾弃。他们以诗古文辞为正宗，鄙视小说、戏剧而不为，让改良派和革命派占有了更大的文学空间。

如果说在辛亥革命酝酿时期，散文和诗歌领域是革命派和改良派平分秋色，那么在小说界则是改良派的作品占优势，戏剧界则由革命派领先。

1900 年前后至 1910 年间，出现了大批反映改良主义政治要求、谴责现实黑暗的小说作品，它们大都发表在当时创办的《新小说》、《绣像小说》、《月月小说》、《小说林》等文学刊物上。谴责小说的代表作家李伯元，先后写了《官场现形记》、《文明小史》、《活地狱》等长篇小说。作品运用讽刺和夸张的艺术手法，塑造了形形色色的官僚群像，着力描写了他们贪污腐败和媚外卖国的丑态以及对人民的残酷迫害，有力地抨击了封建社会末期的官僚制度。另一个谴责小说作家吴趼人，一生撰写小说 30 余种，代表作品《二十年目睹之怪现状》内容广泛，重点写了大大小小的文武官僚的肮脏龌龊、贪婪无耻以及对洋人的奴颜婢膝，还广泛涉及医卜星相、三教九流、洋场才子、斗方名士，全面揭发批判了封建道德的虚伪和社会风尚的败坏，可说是描绘了一幅行将崩溃的清帝国的社会长卷。刘鹗的《老残游记》以两个酷吏的行为为主要内容，深刻地揭露了旧官僚的罪恶和现实社会的黑暗。无名氏的《官场维新记》揭露官僚们假冒"维新"之名以图升官发财之实的可耻行径；无名氏的《苦社会》反映华工华商在美国的艰苦遭遇，都是有一定现实意义的作品。曾朴的《孽海花》，通过描写清末京城内外官僚名士、封建文人的生活状况，展现了当时政治、经济、外交和社会生活的种种畸形状况，在一定程度上对封建统治阶级的腐朽、窳败及帝国主义的侵略罪行进行了批判。

上述以揭露、谴责为目的的小说，虽然内容广泛，对腐朽反动的势力也有所鞭挞，但缺乏深度和思想高度，更没有理想光彩。多数作者虽然没有直接参加改良主义的政治活动，但思想倾向于改良主义，如对最高统治者抱有幻想，甚至诅咒"北拳（指义和团）南革（革命党）"，表明他们不赞同人民群众的反抗斗争和革命党人的激进做法。而革命派人士虽然在他们的刊物上也登载了一些小说，但大多是图解政治理念甚至直接作革命的呐喊，缺乏小说所必须具备的艺术技巧，很难在文学史、文化史上有什么地位。此外，这一时期还出现了大批"鸳鸯蝴蝶派"小说和"黑幕"小说。前者主要写婚姻问题，但是总的旨趣在狎邪，并非批判旧的婚姻制度；后者则不加批判地反映各种社会犯罪，是谴责小说的堕落。

革命派当时更重视戏剧，他们主办的刊物如《江苏》、《汉声》，甚至同盟会机关刊物《民报》，都刊载有各类剧本和传奇。尤其是柳亚子、陈去病等人合办的《二十世纪大舞台》，更集中发表剧本和有关戏剧的理论文章。"从1903年到1912年，在革命派报刊上发表的杂剧、传奇、京剧和其他地方戏等种类戏曲剧本不下六七十种。"① 题材既涉及中国的历史和现实生活，也有借鉴外国戏剧和反映世界近事的作品。

革命派的剧本创作，有反对帝国主义侵略，揭露其残暴罪行，歌颂中国人民抗争精神的，如《黑龙江》、《俄占奉天》、《三百少年》等；有宣传反满的民族主义思想，歌颂历史上的抗清英雄，谴责失节者觍颜事清的，如《扬州梦》、《崖山哀》、《指南公》、《爱国魂》、《陆沉痛》、《风洞山》、《海国英雄记》、《长老乐》、《安乐窝》、《鬼磷寒》等；有反对君主专制，鼓吹自由平等思想的，如《游侠传》、《博浪椎》、《摘星楼》、《断头台》、《女中华》、《女英雄》等。尤其可贵的是，他们对现实中的革命斗争都通过戏剧作了迅速的艺术反映，如1903年发生了《苏报》案，同年《江苏》杂志第6期就刊出了《革命军传奇》；1907年女革命家秋瑾就义后，就出现了剧本《轩亭冤》、《六月霜》；徐锡麟在安庆起义中英勇牺牲，亦出现了剧本《苍鹰击》和《皖南血》；1911年武昌起义发生，很快就有歌颂这场起义的话剧《黄鹤楼》、《共和万岁》出现在舞台上。

戏剧界的巨大进步还有两点突出的反映，一是有一批京剧艺人

---

① 龚书铎：《辛亥革命与戏剧》，载《北京师范大学学报》，1981年第5期。

发起了京剧改革。如汪笑侬、夏月珊、夏月润等人，都编演了一批历史新剧和时事新剧。历史新剧如《哭祖庙》、《将相和》、《党人碑》、《博浪椎》、《受禅台》等，都取材于历史而富有现实意义。时事新剧则有《波兰亡国惨》、《瓜种兰因》、《立宪镜》、《博览会》、《桃花扇》、《长老乐》、《缕金箱》、《獬豸梦》等，这些戏剧都直接抨击时政，讽刺清政府或立宪派。

二是话剧开始登上中国舞台。1907年，留日学生曾孝谷、李叔同、欧阳予倩等组成中国第一个话剧团体春柳社，在东京演出了话剧《茶花女》和《黑奴吁天录》，1909年又以申西会的名义在上海演出《热血》（亦有记为《热泪》）。这些剧目都取材于外国文学作品。《黑奴吁天录》在东京演出之后，王钟声在上海组织春阳社，重新改编并用分幕的方法重演该剧，开舞台布景和分幕演出之先河。此后，王钟声等还演出过取材于中国现实的《秋瑾》、《徐锡麟》、《官场现形记》等宣传革命、揭露官场黑暗的话剧。1908年5月以后，王钟声、刘艺舟等又到北京、天津演出，曾遭到清政府的禁止和迫害。还有任天知曾组织名为"进化团"的剧团，1908年在上海演出《迦因小传》，接着又到南京、芜湖、汉口、宁波等地演出，剧目大多是反映当时的政治问题，抨击清政府，宣传爱国和革命的作品。前述《黄鹤楼》、《共和万岁》就是任天知的进化团创作并演出的。

在辛亥革命酝酿时期，旧统治阶级在包括诗歌、散文在内的文学领域均乏善可陈，而对小说、戏剧又以其"卑下"而不屑过问，可说他们在文学中的主流地位已完全丧失。改良派虽说在散文、诗歌、小说领域取得了一些成绩，但政治上不彻底的改革主张影响了其作品的思想深度，尤其是在小说创作中只能暴露黑暗，不能让读者看到前途和光明。革命派满怀政治激情，运用文学进行思想启蒙和革命的理论宣传，取得了显著的政治效果。但是，这些文学作品忽视了文学自身的规律和艺术的特殊要求，公式化概念化的缺陷很严重。辛亥革命时期的革命文学，强调把人从封建的君民关系、家庭伦理中解放出来，使他们成为对国家民族负责的"国民"，但还没有表现出个体的人的意识的觉醒，因而文学作品中只有群体而无个人，只有责任而无权利，只有民主而无自由。作品中的正面人物一个个都充满热烈兴奋的激情、豪迈尚武的气概、复仇和献身的精神，连女子形象也无一例外，从而泯灭了个体的特征，把丰富多样的人物内心世界作了非好即坏的简化，所以鲜有成功的典型形象出现在这一段文学史上。这个重大缺陷直到"五四"新文学出现才有所改变。

四　新型的社会科学萌芽

20世纪初年中国精英文化的发展，一个突出的表现是众多的新型社会科学学科的出现。

在漫长的封建社会，中国从生产方式到社会经济结构，从政治制度到人们的思想观念，都处于稳定少变的状态之中。传统士人的思维方式是模糊综合而非缜密分析，因而中国文化的部门分类简单粗糙，"诗古文辞"即前面所说的"文学"的总称，或称"词章"，远不及"义理"、"考据"之学受人重视，而占据最显赫地位的是经史之学，尤其是经学。经学长期被视为无所不包的学问，因为读经必先通文字语言，故首先就涉及文字语言之学；经书中包含历史事件、人物、典章制度，于是涉及史学、考据；历代王朝尊崇经书，是为了宣传和维护"三纲五常"这"天人合一"之大道，因此又包括政治学、伦理学、义理之学（可视为哲学）；经书中的内容还有各种"考工"、天文历算乃至草木鱼虫，于是经学又涉及一些工艺、科技、天文、数学，以及动植物学（20世纪初有人称之为博物学）。由于经学范围广大，所以人们相信通经即足以致用，而且自炫以"一物不知，儒者之耻"，以为经学足以包举一切学问。这种认识既不利于各种学科的发展，也妨碍了士人治学的专精。

鸦片战争之后，首先是西方传教士零星地、不系统地带入了西方各种自然科学和社会科学的知识，随后中国人自己走出国门，逐渐接触到西方各种专门之学。尤其是从19世纪末开始，大批留学生进入欧洲和日本的各类学校，接受各种普通或专门教育，一些新的知识和新的学科名称开始在中国广泛传播。20世纪初严复的翻译著作风行一时，这些译著即分别属于社会学、政治学、经济学、逻辑学等学科的范围。有的学者和留学生或者翻译（主要是从日本），或者撰写了诸如社会学、政治学、哲学、伦理学、教育学等名目的著作或教科书，因而建立新型社会科学学科的问题，引起社会和学校的普遍注意。当时，国粹派诸人由于最熟悉中国的传统学问，因而一致主张运用社会学、政治学、哲学、伦理学、教育学等方法，对经学加以分门别类的研究。

1906年清政府学部制定的《经学科大学文学科大学章程》，虽然仍然以传统的"经学"、"文学"来包举一切社会科学学科，但所教科目已经包括哲学、心理学、伦理学、名学（逻辑学）、社会学、教育学、语言学，以及各种中外文学和中外史学。王国维曾对此发表评论，提出两点重大意见，一是"经学科大学与文学科大学之不可分而为二"，二是"根本之误在缺哲学一科"。他批评学部仍持"六经天下之至文"的陈旧观念，别立所谓"经学科"，并把群经再加以分科。他认为"六经""若自其思想言之，则又纯粹之哲学也"，"六经"、诸子"自文辞上观之"，亦可视为"有价值"的"文学"。所以他主张"合经学科大学于文学科大学中"，而在"文学科大学"中分为五科，分别为经学科、理学科、史学科、中国文学科和外国文学科。王国维在"理学科"之下所设的科目有哲学概论、中国哲学史、印度哲学史、西洋哲学史、心理学、名学、伦理学、美学、社会学、教育学、外国文，可知他所谓"理学"即是"哲学"。不仅理学科以哲学为主，其他经学科、史学科、中外文学科也都建议设置哲学概论和中外哲学史课程①。由于另有政法学堂的章程，所以政治、法律等科不在王国维文章的讨论范围之内。

这些情况说明，到20世纪初年，尽管还有今文经学派和古文经学派在从不同的立场和角度研究、解释经学，使古老的经学在清末散发出一抹余晖，但经学仍然无法避免没落的命运，它不仅不再是被定为一尊的显学，而且由于众多新兴社会科学在形成和发展过程中，相继分割去了原属于经学的一些相关内容，经学已难以独立存在了。

除了王国维高度重视哲学之外，当时凡注重新理新识的知识分子无不强调哲学的作用。章太炎称新史学著作必须"熔冶哲理"，又说自己"自从甲午以后，略看东西各国的书籍，才有学理收拾进来"②。他所说的哲理、学理，当然不尽是指哲学，但无疑包括哲

---

① 王国维：《奏定经学科大学文学科大学章程书后》，载《东方杂志》，1906年，第3年第6期，第109～117页。

② 章太炎：《东京留学生欢迎会演说辞》，见《章太炎政论选集》上册，中华书局，1977年，第269页。

学。刘师培称赞"培根主实验，笛卡尔（儿）主穷理"，承认"中国科学不兴，故哲学与工艺无进步"①，认为当务之急就是通过讲科学来发展中国的哲学和工艺。于是，进化论的哲学，尼采、叔本华、康德等人的哲学，陆续在中国传播。除了介绍西方哲学史之外，侯生在辛亥革命前编撰《哲学概论》，引入"认识论"、"实在论"等概念，探讨了一些重要哲学原理，是我国第一本哲学通论著作。尽管《哲学概论》很肤浅，甚至存在许多谬误，但它的问世仍然标志着哲学已成为独立的学科。

这一时期，康有为、严复、梁启超仍在继续构建他们各自的哲学体系，章太炎更形成了丰富的哲学思想。

康有为的自然观是"元者为万物之本，而人之元在焉"②。他把"元"与"道"、"太极"一样作为超时空的精神性实体，是宇宙万物的总源；又把"元"等于"仁"，称"仁"为"万化之海，为一切根，为一切源。……人道之仁爱，人道之文明，人道之进化，至于太平大同，皆从此出"③。物我相与、天人相通，亦全在于"仁"。所以他与孟子的"万物皆备于我"，陆九渊的"宇宙便是吾心，吾心即是宇宙"如出一辙。尽管康有为接触过西学，对自然科学加以高度肯定，但他把"气"、"电"、"以太"都看成和"元"、"仁"、"不忍人之心"一样的精神性实体，所以说他的自然观仍属中国传统类型。

在历史观方面，康有为最突出之点是"变易"主义和庸俗进化论。他借《公羊传》的"三世"说（据乱世、升平世、太平世），宣传"物新则壮，旧则老；新则鲜，旧则腐；新则活，旧则板；新则通，旧则滞"④ 的进化观念。尽管他的历史哲学是循环论和庸俗进化论，只有循序的渐变，没有飞跃的突变，"不能躐等"，而且带有命定论的神秘主义色彩，"据乱世、升平世、太平世，有时命运

---

① 刘师培：《孔学真论》，载《国粹学报》，1906 年第 5 期。

② 康有为：《春秋董氏学卷六上·元》，见《康有为全集》第 2 集，上海古籍出版社，1990 年，第 795 页。

③ 康有为：《春秋笔削大义微言考序》，见《康有为政论集》上册，中华书局，1981 年，第 468 页。

④ 康有为：《上清帝第六书》，见《康有为政论集》上册，中华书局，1981 年，第 212 页。

遇，不可强致"①，但仍与传统的信古、崇古、复古思想对立，具有进步的意义。

严复的哲学思想来自与进化论相联系的西方自然科学主义，以及与之有关的经验归纳法。他认为"大宇之内，质力相推。非质无以见力，非力无以呈质"②，运用自然科学概念描述世界万物的存在及相互关系。严复还看到了宗教和科学的对立，站在科学方面反对宗教的唯心主义，称"自达尔文出，知人为天演中一境，且演且进，来者方将，而教宗抟土之说，必不可信"③。这两点是严复哲学思想的进步之处。

但严复在宣传进化论时，无视人类社会发展有与生物进化不同的规律，否定社会的质变，信奉社会改良论，认为变革"不可期之以骤"，反对废除君主，称"其时未至，其俗未成，其民不足以自治"④。20世纪初，他翻译《群学肄言》和《群己权界论》，都曾强调无过无不及的折中主义。严复还受到笛卡儿、康德的二元论以及实证主义的影响，宣称对于经验之外的一切只能存而不论，并说"理至见极，必将不可思议"⑤，视事物和现象的本质为不可知。

梁启超在1902年以后曾介绍斯宾诺沙、培根、笛卡儿和康德的哲学，与其儒学、佛学相糅合，对世界的本原问题持"境由心造"的观点，称"天下岂有物境哉？但有心境而已"⑥。1906年，他通过日本学界接受了马赫主义哲学，称"盖言宇宙一切事物，其真有真无不可知，不过我见之为有故耳。若无我，则一切现象或竟不可得见。是与我相缘也，相缘故不能为绝对的存在，而只能为相

① 康有为：《孟子微序》，见《康有为政论集》上册，中华书局，1981年，第472页。

② 严复：《译〈天演论〉自序》，见《严译名著丛刊·天演论》，商务印书馆，1981年，第9页。

③ 严复：《天演论（上）导言——察变》案语，见《严译名著丛刊·天演论》，商务印书馆，1981年，第4页。

④ 严复：《辟韩》，见《严复集》第1册，中华书局，1986年，第34～35页。

⑤ 严复：《穆勒名学》案语（十六），见《严复集》第4册，中华书局，1986年，第1040页。

⑥ 梁启超：《自由书·惟心》，见《饮冰室合集》，专集之二，中华书局，1989年，第45页。

对的存在也"①。把客观事物说是"我"的感觉的产物，就是马赫主义最纯粹的唯我论。

在认识论方面，梁启超否认实践第一的观点，认为先有思想和理论，然后才有"事实"和"实事"。他说："思想者，事实之母也。欲建造何等之事实，必先养成何等之思想。"又说："天下必先有理论然后有事实。理论者实事之母也。凡理论皆以造实事。"②这完全颠倒了理论和实际的关系。因此，他赞赏王阳明的"致良知"说和康德的先验论，认为"阳明之良知，即康德之真我，其学说之基础全同"。康德的"真我"，就是先验的道德律令。梁启超将其与"良知"的纲常伦理观念相沟通，批评"小人无忌惮之自由，良知为人欲所制，真我为躯壳之我所制"③，实质是反对革命派所宣传的民主、自由。

章太炎的哲学思想可分为前后两期。前期以《訄书》、《菌说》和《视天论》为代表，在继承中国古代朴素唯物论的基础上，吸收西方近代自然科学知识，形成了唯物主义的自然观和认识论，进而他又在中国传统"名学"的基础上，摄取西方形式逻辑和印度因明术，丰富了哲学理论的逻辑性。

首先，章太炎肯定世界由物质构成，"空不足持世，惟实乃可以持世"④。在宏观上他肯定各个天体因"摄力"和"斥力"的相互作用而"浮行太空"，而"以己力绕重心"⑤；微观上则认为物质由原子构成，且原子由于内部引力和斥力的相互作用，始终处于"相易相生相摩"的运动状态。他据此对康有为、谭嗣同把精神性的"以太"、"仁"、"性海"、"不忍人之心"等作为世界本原的自然观作了批评⑥，坚持其世界是运动着的物质的见解。

---

① 梁启超：《饮冰译小野冢〈国家原论〉》注（1），载《新民丛报》，1906年第74期。

② 梁启超：《国家思想变迁异同论》，见《饮冰室合集》，文集之六，中华书局，1989年，第12页。

③ 梁启超：《近世第一大哲康德之学说》，见《饮冰室合集》，文集之十三，中华书局，1989年，第63页。

④ 章太炎：《实学报叙》，见《章太炎政论选集》上册，中华书局，1977年，第28页。

⑤ 章太炎：《视天论》，见《章太炎选集》，上海人民出版社，1981年，第43页。

⑥ 章太炎：《菌说》，见《章太炎选集》，上海人民出版社，1981年，第62、69页。

在认识论方面，章太炎信仰感觉来源于物质的反映论，说"知识之全体，亦不能出乎官骸之外"①。他把荀子的以目辨色、以耳辨声、以舌辨味等"缘天官"的认识论称为"天下之公言"，而把视客观事物为主观幻化的观点称为"一人之私言"②。到写作《訄书》时，章太炎又进而强调认识不能仅停留于感觉，指出颜元经验论哲学的局限在"概念抽象之用少"③，忽视了逻辑的作用。他强调"名家契于论理"，"为演说之法程"④，并认为中国文化虽然悠久，但由于士人不能"以法为分，以名为表，以参为验，以稽为决……言无分域，则中夏之科学衰"⑤。他于是以荀子、墨子的逻辑学理论为基础，结合西方和印度的逻辑学，逐步构建自己的逻辑学体系，以克服颜元的经验论和王阳明"致良知"的唯心论的失误。

章太炎否认鬼神，反对宗教神学。他运用近代的自然科学知识，说明"人死而为枯骼，其血之转磷或为茅搜，其炭其盐，或流于草木，其铁在矿，其肌肉或为虫蛾蛰豸"⑥，批驳人死为鬼的迷信。他还以达尔文的生物进化论来说明人体的形成，用拉马克的"用进废退"论来解释动物器官的变化，告诫中国人应重视科学，开动大脑机器，不断争取进步。为了反对帝国主义的精神奴役，他还写了《无神论》，运用形式逻辑证明上帝创世说、上帝全知全能说的谬误。

1906 年前后，章太炎的哲学思想进入后期，主要标志是他提倡建立法相唯识宗的新宗教。他说："今之立教，唯以自识为宗。

---

① 章太炎：《菌说》，见《章太炎选集》，上海人民出版社，1981 年，第70 页。

② 章太炎：《后圣》，见《章太炎政论选集》上册，中华书局，1977 年，第37 页。

③ 章太炎：《颜学》，见《章太炎全集》第 3 册，上海人民出版社，1984 年，第 151 页。

④ 章太炎：《正名杂义》，见《章太炎全集》第 3 册，上海人民出版社，1984 年，第 227 页。

⑤ 章太炎：《王学》，见《章太炎全集》第 3 册，上海人民出版社，1984 年，第 148 页。

⑥ 章太炎：《菌说》，见《章太炎选集》，上海人民出版社，1981 年，第68 页。

识者云何？真如即是唯识实性，所谓圆成实也。"[1] 他把"识"（仍是一种精神、观念）看成唯一真实的存在，把物质世界说成是"识"变现出来的假象，主张"一切唯心，一切唯识"。他还引证费希特的主观唯心主义哲学，把"自我"看作一切的发端。这种精致的唯心主义与形式粗鄙的有神论具有同样的本质。此后，章太炎又从"一切唯识"出发，取消主观和客观的对立，化解一切差别和矛盾，终归于"万物齐一"的相对主义。他在《齐物论释》中提出"物亦非境，识亦非境，则有无之争自绝"，主张从观念领域着手，消弭一切彼此、是非、大小、文明野蛮的界限，而且将其称为"一往平等"。这只能说是一个曾经激烈抗争过的先进知识分子，此时已经趋于消沉，从而转向在精神世界中通过淡化矛盾、自我宽慰，来求得虚幻的想象中的自由平等之境。

比较而言，社会学在当时比哲学更受人重视，也产生了更大的影响。西方社会学传入中国，实可追溯到维新运动乃至更早。1895年，章太炎曾与曾广铨合译《斯宾塞文集》，在同年的《昌言报》第一至八册连载。1898年，严复开始翻译斯宾塞的《社会学研究》一书，同年已将首二章在《国闻报》上发表。不过，当时他们都把社会学取名群学。

1902年，章太炎翻译了日本学者岸本能武太的《社会学》，全书5万余言，由广智书局出版。同年，日本人有贺长雄《社会学》的第三部分"族制进化论"亦由广智书局出版（未署译者姓名）。梁启超撰写了《乐利主义泰斗边沁之学说》、《进化论革命者颉德之学说》等文，亦是介绍社会学，不过他仍把社会学称为群学或人群学。

1903年，严复译完斯宾塞《社会学研究》全书，定名《群学肄言》出版。同年，斯宾塞的另一本书《社会学原理》之第二编《社会学引论》，由马君武译出并出版。美国社会学家吉丁斯（又译作季廷史或葛通哥斯）的《社会学原理》之提纲《社会化理论》，亦在这年由吴建常翻译出版。同年，上海作新社也出版了一本未署译著者姓名的《社会学》。

1904年，严复翻译出版了甄克思的《社会通诠》。同年6月17

---

[1] 章太炎：《建立宗教论》，载《民报》，1906年第9期。

日，《国民日日报》刊载了一本新出的《社会学原理》的广告（不载著者或译者姓名），可知当年又有两本社会学译著出版。此后到1911年，还有欧阳钧编译的日本人远藤隆吉的《社会学》出版。

除了上述译著者均肯定、宣传、运用社会学之外，邓实、刘师培、邹容、柳亚子等也是社会学的热心接受者。邓实在1904年的《政艺通报》上连载他撰写的《法群》、《鸡鸣风雨楼民书》等长文，自称"著者是时方治群学诸书，而于政治之原理有所冥悟，故其言之曲尽而密至，理深而文明也"[①]。刘师培称"斯宾塞尔氏、因格尔斯（即甄克思）氏之书为最精"，并说自己"于社会学研究最深"[②]。柳亚子亦称斯宾塞为"圣人"，有"少诵斯宾塞尔篇"的诗句。邹容的《革命军》曾大段引用斯宾塞书的文义和文句。

社会学是19世纪才在西方兴起的学科，当时并未如后来发展分化为结构派、功能派、批评派、社区研究派等众多分支，主流就是所谓演化派，主要讨论社会、人群的演进问题及与历史、政治、文化风俗的联系。诚如《政艺通报》上的一篇文章所说："自达尔文《物源记》出现，为生物学开一新纪元，而斯宾塞尔开崭新思想，网罗生物世界外之世界，由是天演之窍、进化之理，斠然放一异彩。"[③] 这样一种学说自然会引起人们重视，所以1906年以后，京师大学堂和京师法政学堂均开设了社会学课程。

社会学的传入推动了中国的有关学术研究。刘师培的《中国古用石器考》运用社会学的历史分期说，论证了古代石器用具的进化。他的《古政原论》也是用社会学理论分析古代有关制度的起源和发展情形。而《论小学与社会学之关系》，用古代音浊音少、后代音清音多，古代字数少而笔画简、后代字数多而笔画繁，来验证进化之理，为语言文字的研究提供了一个新的理论系统。章太炎在《订文》中不仅引用了斯宾塞"有语言然后有文字"作为自己"文因于言"的根据，并说"夫语言文字之繁简，从于社会质文"，即认为原始和上古社会语言文字粗简，后世语言文字繁富。需要说明的是，章太炎的《订文》早于刘师培的《论小学与社会学之关系》

①　邓实：《第七年政艺通报题记》，载《政艺通报》，1907年第1号。
②　刘师培：《甲辰年自述诗》自注，载《警钟日报》，1904年9月11日。
③　高亚宾：《知舆·庄子篇》，载《政艺通报》，1907年第21号。

六七年，所以章太炎的研究不及刘师培深入。此后，章太炎又在《易论》和《自述学术次第》两文中应用社会学理论来解释《易》，认为《易》从婚姻、刑讼、生产、社会组织、宗教和律令制度等方面反映了上古的"质文之变"，应该说是富有科学意义的尝试。

政治学的发展体现在三个方面。一是西方各种政治学说的大量传入，如卢梭的"社会契约"论、孟德斯鸠的"三权分立"说，当时对中国人影响最大。立宪派的梁启超曾大力宣传德国政治学家伯伦知理的国家学说，而革命派则着力介绍法国大革命时期的罗伯斯庇尔和领导美国独立的华盛顿。国家、民族、政体、宪政、地方自治等西方政治学中的一系列问题，都有不少人加以热心探讨。1906年，商务印书馆出版了严复的《政治讲义》，这是中国人自编的第一部政治学理论著作。

二是研究历史上的政治问题，即关于政治史的探讨。章太炎《訄书》中的《通法》、《官统》、《刑官》、《定律》、《商鞅》等，均属此类。国粹派尤长于此类研究，邓实的《原政》，刘师培的《古政原论》、《中国民约精义》，良史的《中国政治史略论》，马叙伦的《古政述微》、《古政通志》、《政治学通义》、《孔氏政治学拾微》等，亦属此类。此外，明末清初黄宗羲的《明夷待访录》更是各派都加以注意的重点。当时人们研究政治史或政治思想史，一是为了认识历史并获取思想资料，二是试图给现实的政治变革提供根据和正反两方面的经验。

三是针对现实问题而提出的各种政治方案多种多样。辛亥革命酝酿时期的政治主张，从大体上说，有以孙中山先生三民主义为代表的民主革命思想，有以康有为、梁启超为代表的君主立宪思想，还有无政府主义和早期社会主义。如果细分，则还有军国民主义、地方自治主义、女权主义等，更有针对某些现实问题和具体事件而发的时论。有关这些政治见解和主张，包括孙中山先生的三民主义，尽管此时还没有形成系统的著作，而只有或长或短的文章问世，但其中不乏有思想理论、有独创见解，且与实际情形紧密结合的经典之作，在当时和后来的历史上均产生了巨大影响，如邹容的《革命军》，章太炎的《驳康有为论革命书》、《中华民国解》、《代议然否论》等。孙中山在中华民国成立前的《在东京中国留学生欢迎大会的演说》和《在东京〈民报〉创刊周年庆祝大会的演说》，更具有历史文献的意义。前者分析了当时世界和中国的形势，指明了中国革命的道路和前途；后者提出并初步阐述了他的三民主义和五权宪法，完整地体现了他当时的政治理念。

在法学和法律方面，清末各地开办政法学堂或法政学堂甚多，官派留日学生中习法政者亦不少。在民权、平等等学说的影响下，留日学生办起了《法政杂志》和《政法学报》，介绍欧美、日本的法学和法律，并对法学源流、法律定义、世界五大法系以及宪法、国际法、刑法、民法、商法、行政法等，均有所探讨。

清政府方面，从 1902 年开始酝酿修订法律，以沈家本为修订法律大臣，此后又聘请多名日本法律学者参与其事。沈家本是对中国法系和欧美、日本法律均有深刻了解的法学专家，是中国近代法理学的启蒙者，著有《沈寄簃先生遗书》、《寄簃文存》，还有《刑律汇览》三编一百卷。沈家本在修订刑律时，"提议废除凌迟、枭首、戮尸等野蛮刑名及缘坐、刺字，死罪的虚拟，买卖人口，旗籍与民人轻重互异的规定等"。到 1909 年，他完成了一部总数为 1 327 条的《大清现行刑律》。由于遭到守旧大臣的激烈反对，这部刑律未能实行。沈家本辞去了修律大臣之职。杨鸿烈称此事体现了"礼教与法治"、"国家主义与家族主义的思想区别"[①]，其实更可以说是传统的法律思想与近代人权、平等思想的冲突。

在革命者方面，章太炎撰有《五朝法律索隐》等法制史论文，论证法律随世变而进化的原理。宋教仁留日时，尤其关心国家体制和法律建设的问题。1906 年后，他先后翻译过《日本宪法》、《国际司法讲义》、《各国警察制度》等书，初步形成了他的法制思想。这为他在 1911 年—1912 年起草著名的《鄂州约法》，制定《中华民国临时约法》，作了某些必要的准备。

教育科学在 20 世纪初有较大的发展。由于当时实行废科举，各地普遍开办新式学堂，因此各种各样的教育主张纷纷登场。管学大臣张百熙和张之洞主人才教育，梁启超主国民教育，革命派中有一部分人主军国民教育，还有人分别提倡实利教育、职业教育、女子教育、美感教育等，而且根据各自的教育宗旨设计了教学内容。当时各种教育刊物也应运而生，其中以王国维、罗振玉主编的《教

---

① 杨鸿烈：《中国法律思想史》，商务印书馆，1937 年，第 321 页。

育世界》(1901年—1908年)影响最大。除王、罗二人外，还有张元济、高凤谦、樊炳清等人，经常撰文发表对教育的意见。1907年，学者孙诒让撰《学务平议》，对当时的教育和学制改革提出了一系列具体详尽的建议。

当时从国外传入的各种教育学理论书籍甚多，其中流传较广的，同名为"教育论"的就有英国斯宾塞的、法国卢梭的、美国安诺的等数种，同名为"教育学"的就有日本汤武比古的、立花铣三郎的等数种。此外，还有《实用教育学》、《实业教育》、《社会教育法》等多种教育理论书籍。夸美纽斯、福禄倍尔、赫尔巴特等欧洲著名教育家的有关著作，也有介绍和翻译。

中国人自己编著的《教育学》、《教育通论》之类的书也不少。1906年—1910年，仅《教育学》就有7种，其中以蒋维乔编写的《教育学》最受欢迎，9年中再版7次。蒋维乔与白作霖编写的《各科教授法精义》，总结了开办新式学堂以来一些新学科教学的得失，被人称为"近今教授法最完善之本"。由于新式教育的发展，商务印书馆编印的各级各类教科书风行国内十余年，行销达数百万册。

伦理学也初步形成。在这期间，《教育世界》连续刊载了《西洋伦理学说史》和《东西洋伦理学》，介绍外国的伦理学。刘师培撰有《伦理教科书》，认为"使非改良家族伦理，则平等之制难期实行，而国民公共之观念，亦永无进步之期"，主张伦理教育既要提倡"群重己轻，舍私为共"的新道德，还要造就国民的"完全人格"，建立"权利和义务"一致的"人人自由，人人平等"的新型社会伦理关系①。蔡元培亦在1910年出版了《中国伦理学史》，他在该书《序例》中说："我国以儒家为伦理学之大宗，而儒家则一切精神界科学悉以伦理为范围"，"然以范围太广，而我国伦理学者之著述，多杂糅他科学说，其尤甚者为哲学及政治学，欲得一纯粹伦理学之著作，殆不可得"②。这番话表明他认为中国传统儒学杂

---

① 刘师培：《伦理教科书》第2册第18课、第1册第31课，见《刘申叔先生遗书》第65、64册，宁武南氏印本，1936年。

② 蔡元培：《中国伦理学史·序例》，重印本，商务印书馆，1937年，第2页。

糅多种学科，不利于学术进步，因而要使伦理、哲学、政治诸学得到独立发展的主张。

经济学因其包含范围广泛，而中国对此向来缺乏系统研究，所以在19世纪末20世纪初的中国，经济学仍然相对落后。1902年，严复把亚当·斯密的《国富论》译作《原富》，把西方经济学介绍到中国，极受中国各界欢迎。严复当时对此学颇不以日本人译作"经济"为然，拟定为"计学"，梁启超则多称为"理财学"和"生计学"。马寅初1907年已获美国耶鲁大学经济学硕士学位，他常把"经济学"表述为"会计学"。"经济学"这一名称迟至民国初年才被多数人认同。所以直到辛亥革命发生之前，中国还没有系统全面的通论性经济学著作。

但这并不等于当时中国完全没有经济学，因为有关经济问题的各个方面，还是有人在研究，在探索。这种探讨可分为几种类型。

第一类是针对当时中国的经济问题，或从自己所管理的政府部门、自己所经营的企业的需要和体会出发，得出的有关经济主张或经济理论。前者如郑观应，他在1900年增订新编的八卷本《盛世危言》中，曾就"商务"、"商战"、"银行"、"铸银"等问题表达自己的主张。盛宣怀既是朝廷大员，又管有几家大企业，其奏稿、公文、电牍、书信涉及不少经济问题。著名绅商张謇、徐润、周学熙，各自经营多家新式企业，其有关文字也包含一些经济思想。梁启超的《论审计院》、《敬告国中之谈实业者》、《外资输入问题》等文是专谈经济的，其《新民说》也涉及一些经济理论。

第二类是从历史资料入手讨论经济问题。如章太炎的《读〈管子〉书后》、《定版籍》，梁启超的《史记货殖列传今义》，刘师培的《论中国田主之罪恶》等文章，虽然谈的是历史，也有古为今用的目的在内。

第三类是为未来建立政权后作政策设计。孙中山先生的"土地国有"、"平均地权"，汲取了亨利·乔治等土地国有论者的单一税主张，将其作为民生主义的核心内容。朱执信的《土地国有与财政》是解释孙中山上述经济主张的，他的《北美合众国之相续税》则是介绍美国的遗产税税法，表明他倾向于在中国实行遗产税。而康有为这时正在撰写《大同书》，主张废除国家和家庭，实行共产、公妻、儿童公育、老病公养等，当然也包含废除私产的经济主张，但这显然是难以实现的乌托邦理论。

财政问题是当时经济学中的热点，但多为对现实的盐斤加价、裁厘认捐、新增税目的讨论，很少涉及经济学理论。王绂炜著有《中国财政论》，但宋教仁指出全为翻译日本《时事新报》之连载文章，不过所论中国财政问题却全面而中肯。宋教仁自己曾从日文译出《比较财政学》和《比利时奥匈国财政制度》。刘师培则撰有《论中国古代财政国有之弊》等文。

由此可知，在20世纪头十年，由于外国各种社会科学传入的影响，由于中国社会发展的实际需求和从传统学科科目范围挣脱出来的知识分子的探索努力，主要的新兴社会科学学科已具雏形，至少已萌芽，从而为其在民国时期的发展和丰富奠定了基础。

五 自然科学和技术的奠基

中国古代曾有辉煌的科学发明和技术创新，但由于生产方式的变化缓慢，封建专制的束缚和中国人重形而上而轻形而下的观念影响，科学技术缺乏发展应用的市场和空间。到近代前夕，中国的科学技术已远远落在西方先进国家之后。

19世纪60年代出现的洋务运动，主要着眼于学习西方的坚船利炮及工艺制造，同时西方传教士给中国输入了若干科学知识和相关理论。从此，中国的工艺制造开始与近代自然科学知识相联系。19世纪60年代—90年代，中国有李善兰、徐寿、华蘅芳等人在科学技术领域作出了若干贡献。他们的成长之路是先掌握了数学、理化等较全面的基础知识，再在与来华传教士共译西书的过程中得到补充和提高，进而进入洋务部门加以实践。20世纪以前中国翻译西方的数百种数学、理化、工艺制造书籍，大多出自西方传教士、京师同文馆和江南制造局译书局，其中李善兰、华蘅芳于数学，赵元益于物理诸学，徐寿、徐建寅父子于化学诸科的译著，影响最大。他们知识广博，可视为自然科学方面百科全书式的人物。

20世纪初年可说是中国自然科学的转型期或重建基础的时期。之所以这样说，有如下几点理由：一是上述老一代科技知识分子陆续去世。李善兰逝世于1882年，徐寿逝世于1884年，徐建寅1901年在汉阳兵工厂试制无烟火药时因发生事故殉职，华蘅芳和赵元益同时逝世于1902年。二是中国人接受西学，此时已经不再主要依靠西方传教士和洋务学堂，而是通过进入新式学堂和直接到外国留学；所用的教科书亦不再是 19 世纪传教士和华人的合译本，而是采用各学科的新式教科书。尤其是 1905 年废科举之后，数学、物理、化学、天文、地理、地质等教科书大量出现，而且多译自日文。到国外留学者则直接应用外文。三是由于大多数洋务企业此时已经破产或奄奄待毙，除了钢铁、铁路部门外，其他自然科学的试验和工艺技术的应用只能另辟蹊径，如转向民营企业，科技人员自办各种小型试验所等。故从总体来说，清末十年中国的自然科学属于重建基础和培养人才的时期。

西学传入中国半个世纪，中国人一直把科学、技术、工艺统称为"格致"，范围相当宽泛，但以物理学为主。直到 1901 年—1903 年，江南制造局翻译出版了日本饭盛挺造的《物理学》上、中、下三编，"物理学"的名称才在中国出现。初期致力于物理学研究的中国学者，很关心国外物理学的发展。德国科学家伦琴于 1895 年发现 X 射线，两年后就为中国人所知，称为"通物电光"、"然根光"、"照骨之法"、"曷格斯光镜"等。1898 年，居里夫人发现放射元素镭，《亚泉杂志》1900 年第 3 期就作了介绍。鲁迅在 1903 年写了《说钷》一文，即指镭的发现。1905 年前后，我国有李赋基、何育杰、夏元瑮、李耀邦、张贻惠、吴南薰等人出国学习物理。他们约在清末民初回国，成为我国近代物理学的拓荒者和奠基人。

地质学和地理学是当时发展较快的学科。1902 年—1906 年，有日本人编著的几种《地质学教科书》被译成中文出版。1903 年，鲁迅著《中国地质略论》，又与顾琅合著《中国矿产志》。张相文在 1905 年编成《最新地质学教科书》，1908 年又著成《地文学》。邝荣光在 1910 年著《直隶地质图·直隶矿产图·直隶石层古迹》。章鸿钊在 1911 年撰《浙江杭属一带地质》。

尤值一提的是丁文江。他于 1902 年赴日本留学，两年后转往美国，攻读拉丁文、法文、数学、化学、物理、历史、文学、地理等，重点在地质学和动物学。1911 年，他获剑桥大学地质学和动物学双学士学位，回国后以主要精力从事地质学研究。1913 年，他在北京创建了中国第一个地质研究所，是我国近代地质学的奠基人。

从 1908 年开始，清政府学部"游美学务处"在全国举行了3 次留美学生选拔考试，共派出 180 人赴美留学。1909 年，清华学堂作为留美预备学校，也开始派遣留美学生。清末留美学生已达600 余人。除前述早几年留美的李赋基等人外，清末留美的还有胡刚复（研究 X 光和光电子）、颜任光（研究气体离子）、丁燮林（研究电子发射）、叶企孙、梅贻琦等，他们以后成为著名的物理学家。这期间派出的留美留欧学生中，后来也有成为化学家、生物学家、地质地理学家和其他门类科学家的，如竺可桢 1910 年留美，后来成为气象学家。所以说，这一时期是中国自然科学准备人才的时期。

在自然科学的实际应用方面，詹天佑对铁道工程的贡献首屈一指。其主要贡献是 1905 年—1909 年筑成京张铁路，在此过程中他采用的"人"字形爬坡路线和打隧道的方法在铁道建筑史上属空前的创造。还有徐建寅在汉阳兵工厂研制无烟火药，也取得了成功。一些国内工业学堂的毕业生和学成归来的留学生，纷纷进行染色、造纸、制酸制碱、制药等生产试验。当时《东方杂志》上颇多这类报道，可见学科学、用科学之受人重视。

一些从事自然科学和应用技术的人，还组织了学会。1907 年，留欧的李景镐、曹志在巴黎组织了中国化学会欧洲支部（由此名称推测国内应有中国化学会，但笔者尚未见到有关记载）。1909 年，陆辛农在国内发起成立生物研究会。同年，张相文在天津成立中国地学会。更早的还有 20 世纪初年在上海成立的农学会和中西医学研究会（具体时间不详）。这些学会不同于 19 世纪的一些名为研求科学而实际从事社会政治活动的农学会、金陵测量会之类的组织，是真正从事科学研究，而且实际开展了工作的学术团体。

中国在 19 世纪中叶被西方列强打开国门之后，屡遭掠夺侵凌而日贫日弱，因而逐渐畏服外国的坚船利炮。起初，国人以为列强武器先进之原不过在工艺制造，到 19 世纪 80 年代才知道西方的"格致之学"有本有源，工艺制造实以数学、物理、化学、天文、地理、生物等诸多学科为根基。但直到维新运动前，中国的统治阶级和绝大多数士人仍然认为中国所欠缺的只是形下之学，而形上之学非西方所能及。通过维新运动时期西方哲学、社会科学的启蒙，到20 世纪初多数有识之士已认识到：中国不仅在形下之学即科学技术方面落后于人，即使在形上之学即人文社会科学方面，也需要向他人学习。但在学习西方的自然科学和社会科学的时候，又产生了一些偏向。于是，20世纪初有一些思想深刻的人士对若干主要问题发表了自己的见解。

他们简要回顾了中国人对西学的认识过程和学习态度，"其始以为天下之学尽在中国，而他国非其伦也；其继以为我得形上之学，彼得形下之学，而优劣非其比也；其后知己国既无文学（实指一切人文社会科学）更无科学"①，两者都需要向他人学习，不可偏废。但在整个19世纪，中国的洋务学堂和官派留学生均只偏重于学习外国的语言文字、工艺制造和自然科学，而很少涉及外国的人文社会科学。20世纪初，留学生大量增加，但他们或者因各自原有知识结构所限，或者畏惧学习自然科学之难，而误以为学习人文社会科学容易，于是"就虚而避实，畏难而乐易"，而学习文科又不过是给自己"加新学之虚衔"，"剽窃东籍中一二空论，庞然自豪于众"，"高谈政理者有之矣，即放言教育者亦有之矣，而欲于其中求有根底之学，则亦寥寥不数觏焉"。故学新学者不少，中国仍然缺乏科学人才，"今日为学堂求教习，则教修身、教历史者必奔走相赴，而教理、化、动、植则阙如焉。又试为报馆求主笔，则谈时事、工讽刺者必下笔千言，而谈科学之理则搁笔焉"②。认为这种人再多，也无助于中国问题的解决。

另一方面，单学自然科学、工程制造之类，不仅难以达到一定的科学高度，而且会无形中丧失社会和人文的理性要素。"多养数千百工程师、矿学师，供厂主之奔走，听外人之役用，固不足道也"；对于"政教之衰颓，公德之扫地，人权之放失，通科学者或熟视而无睹，甚且有深入其中而不自觉者，此固可太息而流涕者也"③。认为学自然科学的人不懂社会科学，不关心社会问题，失去了知识分子作为社会良心的责任，也是很可悲的事情。

这一时期，有许多人理解了自然科学与人文社会科学密不可分的相互关系，认识到自然科学不发达，不仅会使生产、工艺落后，

---

① 佚名：《论文学与科学不可偏废》，载《大陆》，1903年第3期。
② 佚名：《论文学与科学不可偏废》，载《大陆》，1903年第3期。
③ 佚名：《论文学与科学不可偏废》，载《大陆》，1903年第3期。

也会影响到人文社会科学的进步。刘师培说："中国科学不兴，故哲学与工艺无进步。"① 蔡元培则认为，"无自然科学以为之基础"，"无论理学（逻辑学）以为思想言论之规则"，"政治宗教学问之结合"，"无异国之学说以相比较"四个条件，是中国"历二千年，而学说之进步仅仅也"之原因②，其中自然科学不发达被列在首位。

　　至于为什么自然科学不发达会影响到人文社会科学难以进步，《论文学与科学不能偏废》的作者是通过举例来说明的。古希腊的苏格拉底、柏拉图、亚里士多德等，既是哲学家，也是科学家。至近代，"自培根、路勒斯以来，倡为内籀（分析）哲学，其学尚实验而不尚推理，苟不通科学，何以效培根、路勒斯之实验乎？自奈端（牛顿）发明重学（力学）之理，其影响及于康德之哲学，苟不通物理学，何以读康德之哲学乎？自达尔文发明自然淘汰之理，斯宾塞尔、赫胥黎取其说以言天演，苟不通生物学，何以读斯宾塞尔、赫胥黎之哲学乎？"作者还认为，西方强国均是"文学盛而科学尤盛，即科学盛而文学益精，两者互相调和，互相发明"，"由此观之，则西人形而上学之进步，皆形而下学之进步有以致之也。今欲学其形上之学，而舍其形下之学，是无本之学也，而何学之与有！而何文学之与有！"③

　　这里，作者认为自然科学与人文社会科学互相促进的总体看法是深刻的，批评20世纪初年一些知识分子因畏难而不肯学习西方自然科学，误以为人文社会科学易学而一窝蜂抢着学文科（况且只学了一点皮毛）也是有针对性的。但他只讲了人文社会科学对自然科学的依赖，却没有讲自然科学对人文社会科学的依赖，而且他似乎忘记了不久前的历史，19世纪后三四十年，中国人恰恰是只学了西方的工艺制造和一些自然科学，很少学习西方的人文社会科学，而中国的学术和社会并无大的进步。不过，作者的基本观点是认为两者不能偏废，所以其意见是可取的。

　　杜亚泉对于当时已有的众多自然科学学科和人文社会科学学科，则有更系统的分类方法，并能更确切地理解其相互关系。他认

---

①　刘师培：《孔学真论》，载《国粹学报》，1906年第5期。

②　蔡元培：《中国伦理学史》，重印本，商务印书馆，1937年，第151页。

③　佚名：《论文学与科学不可偏废》，载《大陆》，1903年第3期。

为宇宙间的一切现象，可"类别之为三：曰物质，曰生命，曰心灵"。关于物质的研究，"凡化学、物理学所讲论者皆是也"；生命的现象为"生长、生殖"，"凡生物学中所讲论者皆是也"；"心灵的现象，曰智、曰情、曰意，凡心理学中所讲论者皆是也"。他所谓心灵，指的是精神。他进而说："宇宙间种种现象，既不出此三者之外，则一切学术，虽科目甚繁，皆可以此统之。""故此三象者，一切学术之根据。其直接研究之、记载之者，为物理学（包括化学、博物学——原注）、生理学（包括生物学——原注）、心理学。以此三科为根据地，应用其材料，而有种种工艺、航海、机械之学，医药、卫生、农林、畜牧之学，伦理、论理、宗教、教育、政法、经济之学。又统合三科，研究其具此现象之实体，而有哲学。"

杜亚泉进而指出，"然此三者，虽各具特别性能，而又不可分离。盖必有物质而后有生命，有生命而后有心灵"。"三象之不能分离，论证甚多，且其关系甚为切密"①，因而由此三象产生的三个层次的学术及统合三科学术的哲学，也就具有不可分离的联系。

可见，当时新式知识分子虽然有攻读研究自然科学和人文社会科学的区别，但从理论上他们大多知道和承认这两类学科的内在联系。因此，颇有一些人兼攻文理两类，两类学科之中的研究者也有双向流动。鲁迅写过《说钿》、《中国地质略论》、《中国矿产志》、《中国科技史篇》等文，也写过《文化偏至论》、《摩罗诗力说》和《破恶声论》。他学过采矿、医学，同时也学文。胡适留美时先学农科，后亦转而学文。杜亚泉、丁文江于自然科学相当了解，对哲学、社会科学亦有研究。稍后的杨铨（杏佛）曾习物理学，但对政治问题亦研究有素。胡先骕研究植物学，但对文化问题钻研甚有心得。总之，那时的一代学人，虽不能说是百科全书式的学者，但极少以专门之学自囿。

国学大师章太炎自幼攻习传统的稽古之学，19世纪末曾对西方的古地质学和古生物学感兴趣，接受了宇宙和地球不断变化、生物不断进化的科学观念，写下了《视天论》、《菌说》等文章。20世纪初，他又系统研究过西方和日本的社会学和中印佛学，可说是对中西华梵、自然科学和人文社会科学均有一定了解的博学之

---

① 杜亚泉：《物质进化论》，载《东方杂志》，1905年，第2年第4期。

士。他对有关科学的问题提出了两点值得注意的看法。

一是章太炎在批评严复完全依据西方的社会学来判定中国社会的演变阶段时，曾说："社会之学，与言质学者殊科，几何之方面，重力之形式，声光之激射，物质之化分，验于彼土者然，即验于此土得亦无不然。若夫心能流衍，人事万端，则不能据一方以为权概，断可知矣。"① 即是认为自然科学没有国界、种界之分，学习和信从他人之说不会有多少谬误；但是"社会之学"（实指社会科学）却不会与自然科学的情形一样，环境、历史、民族性格和精神所造就的一切精神方面的学术，总会有各种差异，因而不能完全套用西方的观念和尺度。20 世纪初年是中国刚开始接受西方人文社会科学的时期，章太炎就能尖锐地指出这一根本要素，应该说是很有见地的。

其二，20 世纪初年，中国社会刚刚输入西方的"进化"、"自然"、"惟物"、"公理"和"科学"等概念和知识，一时奉为至宝，以其为万能而足以解决中国乃至人类一切问题。而章太炎却以其人文精神和深邃的思虑，表达了自己的困惑。他称"进化"、"自然"、"惟物"、"公理"为"四惑"，对与四者有关的"科学"也表达了独到的见解。他认为，进化"非由一方直进，而必由双方并进。专举一方惟言知识进化可尔，若以道德言，则善亦进化，恶亦进化；若以生计言，则乐亦进化，苦亦进化。双方并进，如影之随形"。无论知识和科学发展到什么高度，其客观效用总是利弊并存，"虽欲举一废一，而不可得"。意思是不可能只有利而无害。他举例说，当时机器生产普遍使用蒸汽机，为此就必须深入地下采煤，这就是"乐亦进化，苦亦进化"。再如，古代战争用冷兵器，"其杀伤犹不能甚大"。近代由于科技的威力，"浸为火器矣，一战而伏尸百万，喋血千里"。当然科技也为人造福，但归根结底是既能为善，亦能为恶，且"曩时之善恶为小，而今之善恶为大"。

章太炎还说："世人之矜言物质文明者，皆以科学揭橥，而妄托其名为惟物，何其远哉。"当时有人把自然科学与唯物主义联系在一起讨论，且又误以为"惟物"就是物质至上，排除人和人文的作用。章太炎则强调"科学之研究物质者"，"不能舍因果律。因果

---

① 章太炎：《〈社会通诠〉商兑》，载《民报》，1906 年第 12 号。

非物，乃原型观念之一端"，就是说研究科学的方法还是取决于人的先验结构。至于"应用科学者，非即科学自体"，更是要依靠人来运用科学。所以他反对人"隶于物"，即人不应成为物的奴隶。章太炎还看到，"主持进化者，恶人异己，则以违背自然规则弹人"。"公理"（有时亦称"公法"）也成了西方发达国家指责、干涉甚至侵犯他人的冠冕堂皇的借口①，这也是他提"四惑"的理由。

章太炎的这些看法，自然存在一些谬误，如以为"惟物"就是排除人的一切能动作用，就是使人"隶于物"；他所说的科学技术给人带来的痛苦和危害，并不是科学技术本身的性质而是科学技术被不当地使用时产生的作用。但是，他以人为本，指出以科学、进化为万能的思想观念的缺陷，是具有合理因素的。尤其是在"公理"、"自然规则"成为西方列强维护自己的利益，推行其价值观的世界背景之下，他的忧患意识显然具有更深层的意义。他的困惑或许有些悲观，但困惑促发思虑，有思虑才有进步。对比新文化运动前后一些中国人因为发生第一次世界大战而产生了对西方文明的怀疑，联系20世纪20年代发生的"科学与人生观"论战，我们不能不承认章太炎在20世纪初的思想之独特敏锐。

---

① 章太炎：《俱分进化论》，载《民报》，1906年第7号；《四惑论》，载《民报》，1907年第22号。

第三章 政治文化：时论与社会思潮

一 铸国魂，造国民

美国著名的政治学家加布里埃尔·阿尔蒙德对政治文化下了如下定义："政治文化是一个民族在特定时期流行的一套政治态度、信仰和感情。这个政治文化是本民族的历史和现在社会、经济、政治活动的进程所形成。"[①] 政治文化不是社会总体文化，但作为社会总体文化包容下的一部分，可以把它看作是社会群体对政治的一种情感和态度的集中表达。知识分子作为民族群体的一部分，不仅会受到政治文化的影响，而且由于他们思想敏锐，一般对公共事务的参与抱有热情，所以往往更是政治文化的生产者。即使是从事专门学术活动和科学技术活动的知识分子，其社会思想也很难与时事政治分离开来，就像本书前面已经谈到的国粹派"学究"和最早的自然科学家及技术工作者那样，他们的言行虽不全属于政治文化，但仍然多少不等地受到政治文化的影响，或者包含了政治文化的内容。而另外更有一大批投入政治活动和社会活动的知识分子，其言行所创造的文化全然属于政治文化。

中国的传统文化被称为"伦理—政治文化"，体现了伦理与政治的相互支持，或者可以说是在和平安定的时候，伦理凸显而政治隐淡，但社会剧烈动荡或发生鼎革变迁时，则政治凸显而伦理隐淡。20世纪初年正是中国发生剧烈变革且社会从传统向现代转型

---

① ［美］阿尔蒙德·鲍威尔：《比较政治学：体系、过程和政策》，曹沛林等译，上海译文出版社，1987年，第29页。

的时代，旧的伦理观念被先进之士怀疑抛弃，政治变革成为人们关注的"公共事务"，于是无论是温和的改良派还是持激进主张的革命派，都不约而同地提出了改造民族精神、塑造国民形象和性格的问题。显然，这也是民族危机进一步加深，同时西方政治学说迅速扩大传播所致。

1900年，八国联军侵华，沙俄军队大举侵入东北，联军占领并蹂躏了京、津地区。清王朝的军队不堪一击，朝廷仓皇西迁至西安，君臣诚惶诚恐地静待洋人的发落。帝国主义列强先是倡议直接瓜分中国，但鉴于中国人民潜在的巨大反抗力量，同时也考虑到瓜分中国必然引起列强之间的矛盾和争夺，遂采取所谓"保全主义"，即仍然维持战前瓜分中国的均势，保持清王朝的存在形式，通过控制清王朝来实现其对中国的统治和掠夺。苟延残喘的清王朝对洋主子感激涕零，表示愿"量中华之物力，结与国之欢心"，甘心充当列强的傀儡和走狗。中华民族的危机日益加深。

忧国之士对当时中国面临的危局认识得十分清楚，他们说："今日之中国，其世界列强竞争角逐之烧点（焦点）哉！英也，俄也，法也，德也，咸眈眈焉孜孜焉，蓄神出鬼没之阴谋，施巧偷豪夺之手段，思逞其大欲于我者，无时而或已也。"而中国"则如庞然一巨象，横卧于亚东广漠之野。有悍鹫焉，来而攫其首吸其髓；有强狮焉，来而裂其腹抓其脏；有饿狼焉，伺其旁而啮其足；又有猛虎焉，乘其窘而啗其肩。彼庞然巨物者方奄奄一息，仅余残喘，以待命于噬者之果腹焉。……分割之惨，灭亡之祸，悬于眉睫，岂我四万万黄帝神农之遗裔，遂穷补救之术乎?! 岂数千年文明祖国，遂沉于天演大圈，所谓万劫不复者乎?!"[1] 他们又从理论上加以分析，指出中国当时的敌人就是帝国主义，帝国主义就是"强盗主义"、"膨胀主义"、"侵略主义"或者"军国主义"，"列强所以施行此帝国主义之方针，则以殖民政略为主脑，而以租界政略、铁道政略、矿产政略、传教政略、工商政略为眉目，用以组织此殖民政略，使达于周密完全之地"[2]。中国所遭受的侵略，是众多帝国主

---

① 佚名：《中国之改造》，载《大陆》，1903年第3期。

② 杨笃生：《新湖南》，见《辛亥革命前十年间时论选集》第1卷下册，三联书店，1978年，第624页。

义的全面侵略，因而危机空前严重，传统的认识、过时的方式方法，是不能应对和解决这种巨大危机的。

当时的有识之士有两个共同的认识，并认为这两点是救亡保国的探本之论：一是铸造国魂，即提倡民族主义，或曰宣传民族建国主义和爱国主义；一是造就国民人格，使其脱去种种奴隶思想的羁绊，养成一种新的民族精神和独立的思想性格。铸造国魂和造就国民其实也是同一思路的两个层次，因为国魂必须落实到国民的认识和行为之中。

1901年，梁启超在《清议报》上发表《过渡时代论》一文，其中有"过渡时代之人物与其必要之德性"一节，强调冒险、忍耐、别择三种德性。1902年，他又在《新民丛报》上发表《新民说》一文，再次提出新民德、开民智、鼓民力的造就国民之法，并从独立与合群、自由与制裁、自信与虚心、利己与爱他、破坏与成立等方面，讨论了道德养成中的有关对立统一关系，还从公德、权利思想、自由、进步等方面具体论证了新的国民精神。梁启超认为："凡一国之能立于世界，必有其国民独具之特质，上自道德法律，下至风俗习惯、文学美术，皆有一种独立之精神。祖父传之，子孙继之，然后群乃结，国乃成，斯实民族主义之根柢源泉也。"他强调一方面要保持、发扬这种民族的固有"特质"；另一方面还要"博考各国民族所以自立之道，汇择其长者而取之，以补我之所未及"[①]，从而为政治、学术、技艺的更新发展打下基础。

但是，梁启超的新民说重在教人通过内省式的修身养性来除去"心中之奴隶"，不是明确地把中国的危亡归咎于帝国主义和腐败的清王朝，而是归咎于中国的守旧官绅，甚至责怪人民群众。他对清王朝尤其是对光绪帝还充满温情和幻想。与此相一致，他在宣传破坏、自由、独立等新思想新道德时，总不忘记强调"破坏而不危险"、"自由而不乱暴"、"独立而不轧轹"，即反对用激进的手段推翻清王朝。所以，具有革命倾向的人士起而驳斥，认为探本溯源，是腐败的清朝政府和不肖官吏不许"民间有所改革，有所兴起"，指出"自理论上言，则有新民固何患无新政府；而自事实上言，则

----

① 《新民说》，见《饮冰室合集》，专集之四，中华书局，1989年，第6页。

必有新政府而后可得新民也"①，强调不能空谈"新民"而刻意维护清王朝的统治。

革命派宣传民族主义的目的，不仅是在救亡图存，更在"建民族之国家，立共和之宪章"，故曰"欲达此莫大之目的，必先合莫大之群；而欲合大群，必有可以统一大群之主义，使临事无涣散之忧，事成有可久之势。吾向欲觅一主义而不得，今则得一最宜吾国人性质之主义焉。无他，即所谓民族主义是也"②。革命派的民族主义由于视满族人为"异族"，带上了大汉族主义的色彩，较之梁启超认为满族人亦是中国人的认识，前者显然存有偏颇失误；但梁启超之所以称满族人亦为中国人，却又是为了用来反对对清王朝进行革命。革命派的民族主义具有更鲜明的民主主义内容，他们说："民族主义与专制政体不相容者也。民族主义之大目的，在统一全族以立国。然兹所谓统一云者，志意的统一，非腕力的统一也；共同的统一，非服从的统一也。……若专制政体，则何有矣！"③ 所以说，革命派的"国魂"云云，实际上是包括反对外来侵略、反对国内专制政体的民族民主革命精神。梁启超谈"新民"，要"启蒙"，但反对革命，而革命派则做到了启蒙和革命的统一。

革命派在谴责帝国主义的罪行、揭露清王朝的罪恶的同时，并不否认中国人的思想、精神、性格存在着严重的缺陷。他们描绘说，当时弥漫于中国大地的，实是种种贪鄙、愚昧、怯弱的旧灵魂，"梦餍于官，辞吃于财，病缠于烟，魔着于色，寒噤于鬼，热狂于博，涕縻于游，阽作于战，种种灵魂，不可思议。而于是国力骤缩，民气不扬，投间抵罅，外族入之，铁鞭一击，无敢抗者，乃为奴隶魂，为仆妾魂，为囚虏魂，为倡优魂，为饿殍待毙一息之魂，为犬马豢养摇尾乞食之魂。而籀其府，而徘徊其都市，则商黯其色，工悴其容，农喘其息，士淹其气。悲风吹来，四山落叶，晚景袭人，灯烛无光，暮气入床，沉冥石室，乃魂之房。耗矣哀哉！中国魂，中国魂！"④ 可以说，这也是因为对祖国和同胞由爱之深

① 飞生：《近时二大学说之评论》，载《浙江潮》，1903年第8期。
② 竞庵：《政体进化论》，载《江苏》，1903年第3期。
③ 佚名：《民族主义论》，载《浙江潮》，1903年第2期。
④ 壮游：《国民新灵魂》，载《江苏》，1903年第5期。

而责之切才发出的浩叹。

但是，革命人士对中国人的民族精神的欠缺，没有停留于低调的描述和置身事外的责备，而是多方面探讨其成因。他们有的认为这是因为中国所处的独特环境所致。中国位于东亚大陆，地域广袤，气候温和，生产生活条件优越，人口众多，而周边国家和民族在多数时候比中国弱小落后，因而中国尤其是汉族长期处于"独优"地位。"独优则无竞争，于是乎二因出焉：争不烈则智不进，而嚣然自大之习于以深，则民智不开之说也；种竞愈烈，国民之力愈张，彼君之心既不必虑外祸之来，于是惟家贼之是虑，则君权日张之说也。"① 他们着重分析批判了君权专制对民族精神的危害："赢秦暴兴以降，独夫民贼无代不作，率皆敝屣公理，私土地人民为己有，使天下之人知有朝廷不知有国家；又恐其民之秀杰者，不满于己之所为，乃施以种种牢笼、束缚、压制、威胁之术，以便其私图。"于是，"中国之学术，为一人矣，而中国无学术"；"中国之政治，为一人矣，而中国无政治"；"中国之法律，为一人矣，而中国无法律"。长期的专制统治使得"中国之民驯伏柔顺，安之若素……能制我者，我服事之，人人自以为定分"，这是国民精神不振的远因。

近代海禁洞开，列强势力日益深入，各种政治、军事、经济、文化、科学技术的示范随同侵略扩张而来，中国也有"外交之官"、"游学之士"，多少接触了解到一些西方所长。但是，由于朝廷之意本在借西方器物之长维护祖宗之制，故半个多世纪的师夷长技，"船械之坚利而已，制造之精巧而已，举物质之文明而津津道之，于精神之文明固未尝梦见也。即有一二能知国强之由民权者，偶一语及……而攻之者千百亿万，久之而热力潜消，亦遂灰心缄口"，故中国人对于国家大事，多"置身事外，坐视旁观"。这是国民精神不振的近因。

先进之士纵览古今中外，得出结论说："世界万国，以有民权而兴，无民权而亡者，踵相接，背相望"，因而他们明确地指出，要挽救中国，不能抱幻想于朝廷，不能寄希望于官吏，"当知一国

---

① 佚名：《亡国篇》，载《国民报》，1901 年第 4 期。

之兴亡，其责任专在于国民"①。

国民观念之自觉，首在厘清国家与朝廷的关系。革命人士认为，中国历代君主，或是"霸王"，或是"盗贼"，或是"权奸"，或是"胡虏"，总之不是用武力就是用奸计，建立起他们的王朝，"然所谓秦、汉、唐、宋、元、明者，一家之谓也；其争夺相杀，循环无已，皆一家之私事也"，因而"是所谓朝代也，非国也"。认为实行"家天下"的专制朝廷不能视之为国，它只有传统的合法性而没有近现代的合法性。

国家由领土、国民、政府为主要元素，而突出特征在"主权"，有主权者则国存，"失其主权者则国亡"。而"中国之主权，外人之主权也"，这是对外而言。中国要成为真正独立的国家，一定要收回主权。对内而言，国家不应是君主一人或王朝一姓的国家，也不是大吏疆臣的国家，而应该是全体国民的国家。"人人有之，即與夫走卒亦得而有之；人人不能有之，即帝王君主亦不得而有之。人人有之者，谓人人对国家有应尽之义务，既为一国之人，即无所逃于一国之中也；人人不能有之者，谓人人于国有应得之权利，苟以一人而用其专制之权，是一国之所不容也。"② 当时先进之士围绕国家和国民所发的这些议论，如果就唯物史观和现代法律定义来衡量，的确存在肤浅乃至错误之处。但清末的这些议论，不是学术研究，而是对群众的通俗宣传，文中强调的从帝国主义手中夺回主权、朝廷不等于国家、爱国不是爱反动王朝、国家主权为全体国民所共有等观点，无疑具有空前的革命意义。

为了让人民大众形成健全向上的国民意识，有识之士曾把他们从西方学来的有关理论系统地向大众进行宣传教育。他们说："民也者，纳其财以为国养，输其力以为国防，一国无民则一国为丘墟"，"以一国之民而治一国之事，则事无不治；以一国之民而享一国之权，则权无越限"，因而"天下之至尊至贵不可侵犯者，固未有如民者也"。与传统社会的尊君贱民相反，20世纪初的社会舆论是隆民颂民，但这又并不意味着民可以自然成为合格国民，国民需要明确"权利"、"责任"、"自由"、"平等"、"独立"等要义，并尽

---

① 佚名：《二十世纪之中国》，载《国民报》，1901年第1期。
② 佚名：《原国》，载《国民报》，1901年第1期。

全力去争取和捍卫它。

"权利"包括"身体自由之权利"、"参预国政之权利"、"过问行政之权利"、"干涉立法之权利"、"管理司法之权利"等。而且，"权利者，暴君不能压，酷吏不能侵，父母不能夺，朋友不能僭，夫然后乃谓之国民之真权利"。如果甘愿或在不自知中丧失了上述权利，不敢抗争，不能夺回权利，就不是国民。

"责任"即是"国民所顾者为同国同种之事"，"一国之事即一人之事，一人之事即一国之事，是率一国之人而皆任事也"。对于国家的"理乱不知"，对于官吏的"黜陟不闻"，"视国家之利害休戚如秦越之相肥瘠，孳孳焉汲汲焉求保其身家妻子，以偷生苟活于斯世者"。放弃责任，亦不是国民。

"自由"即"不受压制"，主要指"脱君权之压制"和"脱外权之压制"。而且，"欲脱君权、外权之压制，则必先脱数千年来牢不可破之风俗、思想、教化、学术之压制"。脱离了君权、外权之压制者，"犹所谓自由之形体"；脱离了数千年风俗、思想、教化、学术之压制者，"乃所谓自由之精神"。没有自由之形体和自由之精神者，不是国民。

"平等"指没有"尊卑上下"、"贵贱"、"主奴"之分。要"冲决治人者与被治者之网罗，则人人皆治人者，即人人皆被治者"，"一国之内无一人不得其平，举国之人无一人不得其所，有平等之民斯为平等之国"。不是生活在平等国家的人，也不是国民。

"独立"则不惧他人之憎爱，不依赖他人"庇我拳我"，不对君相"奴颜婢膝唯唯听命"，不对外人"摇尾乞怜"，不求外人"保我护我"。无论君相、官吏、学士、贤者、外人是"誉我敬我富我贵我"，还是"毁我贱我杀我戮我"，均不为之所动，"倡权利、责任、自由、平等者如故"。没有这种独立精神和气概者，不是国民。

处在外人欺凌、君权压制之下的中国，可以说是"无国民"。文章简要概括了中国各种主要群体的生活与精神状态，指出当时"不论上下，不论贵贱，其不为奴隶者盖鲜"。

士人"抱其八股试帖以应科举"，"行同妾妇而不以为贱"，一心只求"功名利禄"，"国家之事则掩耳不欲闻"，"有告以国权之放失、异族之朘削、政府之压制、种族之灭亡者，则瞠目结舌以为妖言，其稍黠者则曰吾辈学者，唯讲学问而已，国事者君相之事，吾辈可无与也"。这样的士人当然不是国民。

农人"终日劳劳无时或息","虐之以田主，虐之以官长，虐之以吏胥，虐之以土棍，务使之鬻其妻典其子而后已"。所谓"参政权"、"选举权"，他们闻所未闻；穷苦受压，一切"诿之于命"。所以当时的农民不是国民。

工人的情况："外国工人有立会、演说、开报馆、倡社会（主义）之说者"，而我国"无有"。外国工人"有议定各法以保护工人者"，"有干涉国政，倡自由之说，以设立民主国为宗旨者"，而我国"无有"。其工资之低，工作之苦，缺少人身自由，"与向之黑奴无异"。所以当时的工人也不是国民。

商人的情况："外国之富商大贾，皆为议员，执政权。而中国则贬之曰末务，贱之曰市井，不得与士大夫为伍。"一旦要"偿兵费赔教案，甚至供玩好养国蠹者，皆莫不取资丁商人"，"中国之商人，不过一供给财用之奴隶而已"。所以当时的商人也不是国民。

至于官吏，虽然自以为"至贵"，其实"中国之官，愈贵而愈贱"。他们"逢迎于上官之前则如妓女，奔走于上官之门则如仆隶，其畏之也如虎狼，其敬之也如鬼神……即位至督抚、尚书，其卑污垢贱，屈膝逢迎者，曾不少减焉"。官吏于国事并无主见，"俄而朝廷维新矣，则拾人余唾以谈新政"，"不过听外人之所为，为外人之奴隶而已"；"俄而朝廷守旧矣，则力攻新党以避新名"，"不过听一人之所为，为一人之奴隶而已"。所以当时的官吏更没有国民资格。

作者还强调，美化上古者以为"三代以前有国民"，其实不对。"所谓国民者，有参政权之谓也"，"国民之权利，须经宪法法律所定者，然后谓之权，不然则否"。中国古代虽偶有"贤君"能"谋及庶人、询及刍荛者，不过贤君之令德，而要非国民之公权"。所以作者认为"中国自开国以来，未尝有国民也"。到了清末，君权统治更登峰造极，"报馆有禁，出版有禁，立会演说又有禁。倡公理则目为邪说，开民智则诬为惑人"，高压之下，"父以戒子，师以率徒，兄以诏弟，夫妇朋友之相期望，莫不曰安分、曰韬晦、曰柔顺、曰服从、曰做官、曰发财。是数者皆奴隶之根本，国民之仇敌"。"坐是种种，而中国国民之种子绝，即中国人求为国民之心死"。因而作者明确表示要以欧洲"十八世纪诸学士为国民之农夫，以自由平等之说为国民之种子"①。

先进之士认为，国民的对立物是奴隶，中国人"不为国民，即为奴隶，断不容于两者之间，产出若国民非国民，若奴隶非奴隶，一种东倾西倒不可思议之怪物"。他们认为，中国人之所以成为奴隶，是有原因的。

一是"感受三千年奴隶之历史"。数千年来统治中国的"独夫民贼，视天下人皆草芥牛马也，乃专务抹煞一切奴隶之权利，而唯以保其私产之是图，用悬一一丝不溢之奴隶格式，号召天下"，又按君权专制的需要作史，"设局以编之，置官以掌之"，"入此格式者为忠为良，出此格式者为僇为辱"。如此"胎孕既久，而奴隶二字，遂制成吾国人一般之公脑，驯伏数千年来专制政体之下，相率而不敢动"。作者如此大而化之地看待中国历史，所持观点未必全然正确。君主制度是各国历史发展过程中共同具有的阶段，不是中国所特有，也不是任何君主都等于独夫民贼，中国人更不是从来只知道逆来顺受而没有反抗。但是，作者站在被统治者的立场，谴责专制制度"牢笼奴隶"，无疑是探本溯源之论。

二是"熏染数千载奴隶之风俗"。作者指出，"世界之所以有奴隶，不外强弱之相逼也。强者凌制弱者以为天则，弱者服从强者亦以为天则"，于是从"经书"到"会典"，从"官场"到"儒者"，通行一"神圣不可侵犯之纲常主义"。在"三纲五常"的名义下，"以君权之无限，虽日日杀人不为过；父之权固逊于君，而杀子之罪必减等"。同样，在"三纲五常"的名义下，"叩头也，请安也，长跪也，匍伏也，唱喏也，恳恩也，极人世可怜之状，不可告人之事，而吾各级社会中，居然行之大廷，视同典礼"。由于"风俗同化性质之力大"，故中国"奴隶出产益旺，而制造奴隶之术益神"。

三是"只领无数辈奴隶之教育"。家庭教育，"于儿童学语之初，即告以奴隶之口号；扶立之顷，即授以奴隶之跪拜……不曰金玉满堂，则曰三元及第"，从小灌输奴隶思想和名利观念。学堂教育，"先受其冬烘之教科，次受其豚笠之桎梏；时而扑责，时而唾骂，务使无一毫之廉耻，无一毫之感情，无一毫之竞争心，而后合此麻木不仁天然奴隶之格"。到了社会，"而一乡，而一国，而

---

① 以上均见佚名《说国民》，载《国民报》，1901年第2期。

名场，而利薮，无在不悬有奴隶之圈式"，这样"果安往而不得奴隶也"？

四是"揣摩若干种奴隶之学派"。作者认为，中国人除妇孺及特别无知者外，一般不受宗教影响，"转移社会，而学派殆其重心点矣"；但中国人"薄今爱古之性质最甚"，难以接受新的和外来的学说，于是周秦诸家、宋明儒者的学说深入士人之心。作者指出，"申韩商鞅惨核寡恩等学派"是为治人者的学派，其作用是"拣选"、"锻炼"奴隶。"老子知雄守雌知荣守辱之学派"，是"铸造"、"贩卖"奴隶的学派。儒学的孔子，"且不免微顷于奴隶"，宋儒发挥孔学，"无不逃于老（子）派"，如"静也，虚也，柔也，无为也，无动也，老派之玄妙也，即奴隶之教授法也；鄙夫也，乡愿也，学究也，伪君子也，老派之健将也，即奴隶之志望地也"。这种"伪孔"学"遂为养育各项奴隶之乳姆，生息而不尽"；而独夫民贼"正思利用之，以保守其产业，乃阳崇孔子……而阴以老氏之暗毒，吸人血而涸人脑。故孔派推尊一度，而奴隶沉没一度"，"伪孔之害，如此其甚"。这是指出中国传统的主流文化就是一种造成驯服奴隶的文化。

由于上述多种原因，中国人中"奴隶性之恶毒"深而且烈，有时对异族的奴役也无动于衷，甚至想方设法抢先寻求和投靠主子。作者引用日本某人的话说，中国人"向以服从强者为主义，北胡南越，无半毫亡国之感，惟先得主家为乐"，争相献上"劝进表"、"符令颂"。到了近代，西方列强"稍张威力以压制之"，朝廷"即烬金帛，献绘裘，割版舆，称君父，将圣神相传之一统大帝国拱手奉进"，完全"无羞耻，无血气，无骨节，无脑筋"，"欣欣然开门揖盗，卖祖宗栉风沐雨所开化之天府国，甘为人之羁扼，没齿无怨"，这更是奴隶性的集中体现。

文章还指出，"外国人不讳言奴隶"，所以奴隶本身知道自己的屈辱地位，觉醒者会起而反抗；统治者承认有奴隶问题，会寻找办法解决，如美国林肯之解放黑奴，俄国沙皇在1861年也下令解放农奴。但中国"举国之人，皆若奴隶；举国之人，皆若非奴隶"，而且"所谓奴隶若非奴隶者，一刹那间，可以尽无数之变化"。这是因为中国自唐代以后，已没有法定的贵族、平民、奴隶的身份区分，于是"皆沉酣于人己卑贱、权势强弱之间"，即"群视人之权势财力之所至，趋之奉之；群自视其权势财力之所至，践之踏之"，简言之，即有权势财力者犹如主子，无权势财力者犹如奴隶。但权势财力小者对于权势财力更大者而言又成了奴隶，可以说中国"举国皆奴隶"（尤其是在"君权"和"外权"面前），"而吾中国人则讳言奴隶"，不承认自己是奴隶。"讳言奴隶，则奴隶无界说，而潜势力愈大，遂至迷漫于全国"，"视奴隶为祖宗相传之秘诀，蝇营狗苟，鬼鬼祟祟，支离缪辍，不可弹诘"，不仅不承认自己是奴隶，而且把种种奴隶的思想、行为、态度看作人生诀窍，世代相传。

中国有没有不肯做奴隶的人呢？当然有。古代不论，作者认为："以今日之现势而论，则有不为奴隶之倾向者，惟强盗与社会党二者而已。""强盗"指敢于"不服王法"的造反者，"社会党"指主张"破坏"的带有社会主义倾向的激进革命派。"异日革除奴隶之中心点，非斯人殆无与归"，可知作者当时是受激进社会主义影响的人。作者也认为，"学生社会者，亦革除奴隶之大志望地也"，希望青年学生自己先不要甘当奴隶，进而唤醒全体奴隶，革除人人身上的奴隶性格，改造造成奴隶的社会环境，"冲决奴隶之网罗"①。

上引《说国民》和《箴奴隶》是 20 世纪初最有代表性的文章，它们显示出此后从文化上讨论国民性问题的开端，并且都从正反两面，有立有破地阐述了革除奴隶性、造就新国民的根本问题。这也应该是反帝反封建、挽救民族危机、拯救和再造祖国的起点。

围绕造就新国民、革除奴隶性的问题，当时许多报刊都发表了文章，归纳起来主要有如下几点：

一是不做天的奴隶。他们认为，中国传统的所谓"天命"、"天理"、"天网"以及"顺天者昌，逆天者亡"等说法，都是无稽之谈，天只是自然，并无意志。而"中国数千年来之学子，莫不以天为最大之指归，以便为其遁词之地"。于是，"一误以事之成为天命所归，而妄欲得天者，假符窃谶，以扰乱天下之安宁；一误以事之败为此天亡我，而失势者，遂任意丧志，一齐放倒，以沮败人群之进步"。即"天意"既能骗人吓人，更能让人放弃努力。什么是顺天，什么是逆天，可以人各有解释，因为"天道不可知"。至于所

---

① 佚名：《箴奴隶》，载《国民日日报汇编》，1903 年第 1 集。

谓"天网恢恢，疏而不漏"，更是教人对于恶者放弃斗争，"酿成疲软无气之人类"。

至于晚近把达尔文的进化论、赫胥黎的优胜劣败学说译为"天演"，亦很不恰当。生物界的物竞天择，可以归之为自然的现象，自然的产物；而人类社会的竞争生存，"与其言天演，吾毋宁言人演也"，"果天择耶？抑人择也"。把劣败之势归命于自然（即天），"则浸淫混入旧说之界"。

至于风俗影响，使人以为"谋事在人，成事在天"，或者因为"皇天不负苦心人"，乃至以雷鸣、飓风等各种自然现象或灾害使人"畏天"，于是竞相"供天香，进天灯，敬天神"等，更是无知的结果。故作者说："崇尚不可知之天道，而沮败当前即是之人道，天何言哉，则言天者不得辞其咎也"，即主张"革天"①，不做天的奴隶。

二是不做古人的奴隶。他们说："我们中国人，大半都拿古时候看得文明，拿后世倒反说什么'世风不古，人心日下'，没有古时候文明了。所以不论做什么事体都要照着古人的模范，不敢一点儿独断独行。唉，这真是岂有此理。"他们根据历史经验和进化理论，相信"世界是一天天的进步的，现今文明胜过古时"，所以说"古人的言行，不过是历史罢了。……并不是研究了历史，就要拿历史上的事体，桩桩照样去做"。如果一味效法古人，"自己必定一点儿没有言行了"。又说："外国人都说中国虽是现在的国度，但是仍守着几千年前的古法，一点儿也没有更换"，因此"现在的中国所以弄到如病夫，如死人这样"。他们号召不要"法古"，不要做古人的奴隶，"国家必定要常常有进步，然后才能兴旺"②。

他们同时指出，新胜旧，今胜古，并"非古人愚"、"非今人智也"，而是因为"时势更变，新理新学日现；人之见地亦日明"，"时运进化，不期然而然，随其所见而发挥之、显明之耳"。所以"新理新说有一二合于古说"也是常见的事情，但是决不能"每受一新理新学，必附会古人，妄用典故，乱引陈语"，以为一切"新理新学，皆吾中国古人所已道者也"，更不能把"悠久高明之新理

---

① 佚名：《革天》，载《国民日日报汇编》，1903 年第 1 集。
② 君衍：《法古》，载《童子世界》，1903 年第 31 期。

新学，而视之若异端异说"，以"数千年老大帝国之国粹……徒增阻力于青年之吸收新理新学也"。固有的传统文化，当然可以诵习，但"今人诵古人之学说，不过察往以知来，以考人类进化之迹耳。非崇拜其学说，羡慕其行事，为万世之标准也"。如果"食古不化，以致非古人言不敢言，非古人行不敢行"，"思想束缚，知识蒙蔽，而为古人之奴隶"，"则新理新学，终不能输入也"①。

三是不做圣贤的奴隶。《法古》一文的作者说，主张法古的人或者会辩称：法古"并不是法上古时候野蛮的人，我是法古时候的圣贤。圣贤的言行，哪里会有错呢？"作者指出，"世界是一天天进步的，现今文明胜过古时"，"就是现在有个圣贤，他的言行，也有好有不好。好的，我就依了他；不好的，我也不能依他。……况且从前的圣贤的言行，都是后人记出，是真是假，也不晓得呢，怎么可以说他一点儿没有错，桩桩要依了他的呀？"作者强调，即使古时圣贤的言行"也合现在的时候"，但仍然"古人是古人，我是我。我岂可以因为有了古人，拿我的能力丢去，不去发达他，我为什么又要读书呢？"②作者只是从进化论的角度提出不盲从古时圣贤，态度及语调还比较温和。

而《无圣篇》就显得相当激烈了。这篇署名"凡人"的作者，认为"圣人"是"不可思议之一怪物"，正因为有了"圣人"，"强权之患，由是始恣"；也正是有了"圣人"，中国"征之往史，既如彼其黑暗；按之近势，且奄奄垂亡，不可终日"。原因就在于有了"圣人"之后，"富贵者淫之，威武者屈之"，君主"利用之以钳制其下"，尚古者"利用之以慑服其徒"。于是，"中国所谓定于一尊者：政法，圣之政法也；理论，圣之理论也；伦理，圣之伦理也"，一切都"无不根源于圣，而惟圣是准"，从而使得中国"千万年如朝夕，未尝稍越其范围"，没有变化，没有发展，在世界上终于从先进沦为落后。

因此，作者鲜明地主张"辟圣"和"无圣"。他列举了三条理由：一是"破专制之恶魔，必自无圣始"。这是因为"圣王之义较圣人之害为尤甚"，而"圣王与圣人有亲密之关系，圣王非有圣人

①　民：《好古》，载《新世纪》，1907 年第 24 期。
②　君衍：《法古》，载《童子世界》，1903 年第 31 期。

不克施其术，圣人非赖圣王不能行其术"，二者结合，更能"奴隶臣民，事其君上之私衷"，"无圣"才"始有天日"。二是"谋人类之独立，必自无圣始"。人类必须不奴于圣王且不奴于圣人，才能"回复原有之地位"。作者看到欧美有些国家已经推翻了君主制度，没有圣王，但人的解放并未完成，圣人偶像未倒是原因之一。对照辛亥革命之后，帝王被推翻而圣人影响仍在的事实，我们不能不承认作者思想的预见性。三是"立学界前途之大本，必自无圣始"，这一点将在下面引述。

孔子是中国著名的圣人，人们"辟圣"必然会涉及孔子。《无圣篇》的作者就是这样。他认为后世褒扬孔子之说，如"德无不包"、"学无不至"等，均是"眩世盗世"之词，称"孔学见重于世，亦以其学圆滑，多有利用之处，以达常人目前之所求"。他还引用日本人远藤隆吉的话说："孔子之出于支那，实支那之祸本也。"[①] 孔子之祸中国，要害就在前面所说"圣王非有圣人不克施其术"，即孔子被历代王朝利用，成了为专制统治服务的工具。对这一点，前引《法古》一文的作者说得更清楚。他认为孔子的"'至圣'两个字，不过是历代的独夫民贼加给他的徽号。……因为孔子专门叫人忠君服从，这些话都很有益于君的。所以那些独夫民贼，喜欢他的了不得，叫老百姓都尊敬他，称他做'至圣'。……又立了诽谤圣人的刑法，使百姓不敢说他不好"[②]。这两篇文章批孔，侧重于指出孔子被帝王利用的事实，对孔子本身的缺陷尚未深究。

而署名"绝圣"的《排孔征言》则发出了对孔子进行全面声讨的号召。作者认为，恐惧和迷信是阻碍人类进步的两大原因。"支那者，政教混合之国也，亦恐惧，亦迷信"，而"为此厉阶者，非孔丘乎？""自政府之所利用，人民之所迷信之一方面观之，虽喙长三尺者，能辩其无宗教之现象乎？呜呼！孔丘砌专制政府之基，以荼毒吾同胞者，二千余年矣。今又凭依其大祀之牌位，以与同胞酬酢。……夫大祀之牌位一日不入火刹，政治革命一日不克奏功"，所以"欲支那人之进于幸福，必先以孔丘之革命"。那么，"孔丘之革命"如何进行呢？作者说："往者有取其片言只行而加戏谑斥驳

① 凡人：《无圣篇》，载《河南》，1908年第3期。
② 君衍：《法古》，载《童子世界》，1903年第31期。

者矣，顾杯水耳。以孔毒之入人深，非用刮骨破疽之术不能庆更生。鄙意尽集其一生之言行，分门著论。言则取类似者，仿《左氏博议》之例排比为题，痛加驳斥，行则或就身世，或以所言反诘，要勿稍留余地。"① 作者虽然设想了对孔子进行革命的途径，但除了指出孔子助成专制这个要害之外，还没有其他新论。不过，通览辛亥革命时期报刊上的文章，当时声讨孔子、批评孔学者确实不少，因此有理由说，讨论五四新文化运动时期"打倒孔家店"的文化讨论问题，必须溯源到 20 世纪初年。

四是不做一家一派学术的奴隶。这一条显然与上条不做圣人（尤其是孔子）的奴隶有关，因为中国最具显赫地位者就是孔子开创的儒家学派。《无圣》的作者认为，中国把儒学称为"圣学"、"圣道"是说不通的，"学"也好，"道"也好，均非圣人所能"独占"和穷尽；只以圣人所言所行为"圣学"、"圣道"，"何其偏倚若此，而不伦如彼也"。作者一针见血地指出："非以效法之说为圣学注脚，则圣无立足之地，而学之自由发达，将有千百出于诸圣之上者，儒者无术再以圣学诱人入奴隶籍矣。"就是说标榜"圣学"、"圣道"正是为了钳制后人，使其甘当"圣学"、"圣道"的奴隶。

作者强调，"有圣之后无圣"，因为"圣之一字乃上升九天，横亘四极，永为万世矜式，永为万世无能矜式者"，于是，后之学者永远只能对圣人顶礼膜拜，不越其范围而又永远承认不及圣人。因此，只有"不学圣而有圣可言"，学术须"自由发生，乃克有成"，"人克独立……以为学问，则人格日高，世风日美"②。就是说学术的发展，需要学者有独立自由的精神和态度，而亦步亦趋的"圣学"、"圣道"之徒是鲜有能独辟蹊径，使学术具有新气象的。

当然，不做学术上一家一派的奴隶，并不仅指不当儒家学派的奴隶，也包括其他学派。如前引《箴奴隶》一文，称"孔子于君民一关太看不破"，"不免微倾于奴隶"，"其他学派，除孟子为孔派之后劲，无不可谓奴隶之学派也。……法家主干涉，道家主放任。惟干涉也，律之于奴隶，则为收买者也；惟放任也，律之于奴隶，则为贩卖者也。收买奴隶者，申韩商鞅惨核寡恩等学派代表之；贩卖

---

① 绝圣：《排孔征言》，载《新世纪》，1908 年第 52 期。
② 凡人：《无圣篇》，载《河南》，1908 年第 3 期。

奴隶者，老子知雄守雌知荣守辱之学派代表之"。作者憎恶专主妥协退让的老子学派，超过批评其他学派，故称"宋儒以来之谈孔派者，无不逃于老派"①，于是，一代又一代的学者在君主面前，都成了软骨头的奴隶。

主张不做一家一派学术的奴隶问题也引起过争论。《好古》的作者批评国粹派甘为"数千年老大帝国之国粹"的奴隶。国粹派在反对当中国数千年"君学"的奴隶的同时，也反对中国人当西方文化的奴隶。他们批评少数中国人"醉心欧化，举一事革一弊，至于风俗习惯之各不相侔者，靡不惟东（指日本）西之学说是依"，因而可说"吾国固奴隶之国，而学固奴隶之学也。呜呼！不自主其国，而奴隶于人之国，谓之国奴；不自主其学，而奴隶于人之学，谓之学奴。奴于外族之专制固奴，奴于东西之学说，亦何得而非奴也"②。

很明显，学习西方文化是当时中国社会所必需，但这种学习不能以奴隶的态度，唯西学之马首是瞻；而在清理、发扬、改造民族固有文化的时候，又不能仅守国粹而故步自封。20世纪初年，多数人的认识还是比较正确的。他们主张"会通"或"开通"，不仅"诸子百家相会通"，"程朱陆王相会通"，"汉宋"相会通，"合数千年吾国国学之精粹，各取其长，进而参考东西各科之新理，以求其是"，不"株守一家之言"，"合今古、贯东西而熔铸于一炉"③，通过各种不同意见的讨论，新文化的发展方向已初露端倪。

五是不做纲常的奴隶。中国的学说、伦理、习惯乃至社会组织和政治制度，最后的旨归均为维护三纲五常。辛亥革命酝酿时期，激进之士提出了"三纲革命"的口号。他们指出"所谓三纲，出于狡者之创造，以伪道德之迷信保君父等之强权也"；批评中国社会习以为常的"君为臣纲"、"官为民之父母"、"父尊而子卑"、"夫尊而妻卑"等观念，"不合于人道"，不合"科学公理"，属于"迷信"、"野蛮"和"虚伪"；强调破除纲常谬说，实现"人人平等"，

---

① 佚名：《箴奴隶》，载《国民日日报汇编》，1903年第1集。
② 黄节：《国粹学报叙》，载《国粹学报》，1905年第1期。
③ 凡人：《开通学术议》，载《河南》，1908年第5期。

"一切平等"①。

不做纲常伦理的奴隶包括"祖宗革命"、"毁家"和"女子解放"。

《祖宗革命》的作者认为，"祖宗乃纯然一宗教上之迷信"。从"科学"和"进化"的观点看，"祖宗仅为传种之古生物耳，及其死则其功用已尽，复何神灵之有？"而且祖宗生前，由于时代和环境的局限，不可能是"祖宗胜于吾人"，而只能是"吾祖宗之程度，不及吾人"，所以迷信祖宗并无科学根据。中国人由于迷信祖宗，于是"修祠也，立碑也，祭祀也，厚葬也"，种种无实际价值的举措风行全国，"耗民力民财于无用之地"，"攘夺生民养命之源"，实为中国社会一大陋习。尤为难得的是，作者看到中国人"愈富贵者，崇拜祖宗愈隆"，这当中包含着富贵者以祖宗崇拜"为不平等不公道之事之护法"的意图。贫贱者只能埋怨祖宗无能，或责备自己"得罪祖宗"。这种"迷信通行，则贫者安之，富者固之，是以历代帝王相继，民无异词；贫富悬绝，民无怨语"。所以祖宗崇拜最不利于贫贱之人，"令其愚弱，乃易制服"，并"以缚束其子孙，压制其子孙者也"，"侵犯子孙自有之人权"。作者还指出，祖宗革命有具体的进行方法，如"平坟墓，火神牌"，或将"墓碑神位送入博物院"，每人"嘱其子孙，于其死后，勿以昔日待祖宗之法相待"②，这样才能达到破迷信、伸公理的目的。

比起谈"祖宗革命"的人来，20 世纪初年谈"家庭革命"的人更多。他们指出，"中国二千年来，家庭之制度太发达"，有关的各种"条理"、"关系"、"家法族制"、"丧礼祀典"、"明鬼教孝之说"不胜其繁，成为束缚人的思想的一大网罗，使人感到"家之外无事业，家之外无思虑，家之外无交际，家之外无社会"，"而读书，而入学，而登科，而升官发财，而经商，而求田问舍，而健讼私斗赌博窃盗，则皆由家族主义之脚根点而来"。于是，家庭、家族成为"国家之坚敌"，以为国亡不足惧，只要家还在；还是照样生活。人们"无国家思想"，虽孝子贤孙而不配称为"国民"和"公民"。

---

① 真：《三纲革命》，载《新世纪》，1907 年第 11 期。
② 真：《祖宗革命》，载《新世纪》，1907 年第 2、3 期。

由于家庭中存在父子、母子、兄弟、夫妻、子侄等种种关系，人们首先"皆受家庭之支配"，不关心社会"公德"，"爱身而不爱国，利己而不利群"。而且，家庭中父兄对子弟、丈夫对妻子"复增一重之压制"，"干涉牵制之流毒"，使得"奴隶宗旨、牛马人格之谬种日以蕃"，受"教育之不如法"、"经济之不自由"①，均阻碍人的成长和精神独立。作者的结论是必须进行家庭革命。

《毁家谭》的作者尖锐地指出："夫权、父权、君权，皆强权也。……然溯其始，则起于有家。故家者，实万恶之源也。"人因有家而需"奔走衣食"，有"悲欢离合"；亦因有家而有"富贵贫贱"，"阶级分矣"；亦因有家而不讲"自立"，"不知公益"，"求学而不进，为德而不终"。因此，他概括说，"去强权必自毁家始"，"欲得自由必自毁家始"，"必家毁而后平等可期"，"必家毁而后进化可期"。

如何才能不做家庭的奴隶呢？《家庭革命说》作者提出了"平和"的方法，诸如增强国家观念，淡化家庭观念；提倡社会公德，破除家庭之私；父兄、子弟、夫妻均实行权利平等、受教育平等、经济上自主自立，等等。而《毁家谭》的作者提出的却是激进的、空想的办法，即从根本上毁弃家庭，男女自由结合而不用婚姻之说，即不组成家庭；男女各自从业，互不依赖；"广设协助公会，多兴慈善事业"，"使老有所养，壮有所用，幼有所长"。他声称："夫毁家非无家也，不过昔日之家小，而今日之家大耳。"② 这种主张是中国大同思想和西方空想社会主义的奇异结合，在短期里显然无法实现。

另一篇带有空想色彩的《毁家论》的作者也认为："家也者，为万恶之首，自有家而后人各自私，自有家而后女子日受男人羁縻，自有家而后无益有损之琐事，因是丛生。"但作者主要是从"解放"女子的角度立论的，因此说"自有家而后世界公共之婴孩，乃使女子一人肩其任"，"然则家字之义，尚含有以女子喻畜之微意"，"男子之纵欲者，必聚女子于牢笼，而强之为妾媵，供其淫

---

① 家庭立宪者：《家庭革命说》，载《江苏》，1904 年第 7 期。
② 鞠普：《毁家谭》，载《新世纪》，1908 年第 49 期。

欲"，所以只有毁家，"而后男子无所凭借以欺凌女子"①。这种见识很难说有什么高明之处。

"女子解放"是20世纪初年谈论较多的话题。《哀女界》的作者说："居地球之上，其不幸者莫如我中国人，而中国女界，又不幸中之最不幸者。"那时的欧美妇女，固然没有"选举"、"议政"、"参政"等"公权"，"顾私权犹完全而无缺"。但是，两千多年来，中国女子"奴隶于礼法，奴隶于学说，奴隶于风俗，奴隶于社会，奴隶于宗教，奴隶于家庭，如饮狂泉，如入黑狱"，其中最集中的表现，一是所谓"三从"，即从父、从夫、从子，"禁锢女子之体魄"，将妇女的权利剥夺殆尽；二是女子"无才便是德"，剥夺了女子的受教育权，"遏绝女子之灵魂"。由于妇女处在社会最底层，"致全国女界皆成家中枯骨，绝无生气。变本加厉，有所谓穿耳刖足之俗，遂由奴隶而为玩物"②，完全不被当人看待。《论三从》一文也指出，中国社会对妇女"矫揉其官骸，锢蔽其知识，剥削其权利，奴之，物之，残之，贼之，不以人类相待。女诫女训，千条万理，无非为破坏其自立计"。所谓"三从"，"束缚女子"，"卑己尊人"，违背公理人道，我国人士千百年来却"奉之如金科玉律"，"从未一为驳正"③，这也是中国进步迟缓、未脱黑暗的表现和原因之一。

在讨论妇女解放的文章中，秋瑾、何震两位女性的见解别具特点。秋瑾是著名的女革命家，她明确地指出，"二万万女同胞，还依然黑暗沉沦在十八层地狱，一点也不想爬上来"，"男的占了主人的位子，女的处了奴隶的地位。为着要倚靠别人，自己没有一毫独立的性质"，所说当然是社会上的事实。但秋瑾生长于富有之家，她要"敬告"的女性，是"安富尊荣、家资广有的女同胞"，指出她们的生活状态，是"花儿朵儿好比玉的锁金的枷，那些绸缎好比锦的绳绣的带，将你束缚得紧紧的"；或者至少也是衣食不愁、终日无聊打扮的小康之家的妇女，"头儿梳得光光的，花儿朵儿扎的镶的戴着……身儿是柔柔顺顺的媚着，气虐儿是闷闷的受着，泪球

---

① 汉一：《毁家论》，载《天义报》，1907年第4期。
② 亚庐：《哀女界》，载《女子世界》，1904年第9期。
③ 佚名：《论三从》，载《女报》增刊《女论》，1909年9月。

儿是常常的滴着，生活儿是巴巴结结的做着，一世的囚徒，半生的牛马"。这些"幽禁闺中的囚犯"，当然也可以说未"曾受着些自由自在的幸福"，但她们无疑还只是二万万女同胞中极少的一部分人，更多妇女奴隶般的生活，还不是秋瑾所能了解和形容的。所以秋瑾劝告妇女的，只是"求一个自立的基础，自活的艺业"。她说："如今女学堂也多了，女工艺也兴了，但学得科学工艺，做教习，开工厂，何尝不可自己养活自己呢？也不致坐食累及父兄夫子了。一来呢可使家业兴隆，二来呢可使男子敬重。"显然，这种劝告和引导，对绝大多数的中国妇女是可望而不可即的。当然，秋瑾还有更高的期望，"如再志趣高的，思想好的，或受高等的名誉，或为伟大的功业，中外称扬，通国敬慕"①，这显然是指从事革命事业了。在秋瑾看来，妇女应该和男子一样，承担起救国救民的重责；而革命成功，妇女的解放就顺理成章了。

何震是国粹主义者兼无政府主义者刘师培的妻子，在20世纪初年曾是女界的风云人物。她关于女子解放的言论，颇有深刻之处。但最终谈到如何才叫实现了真正的妇女解放，她也不能明确回答。这是时代的限制。如果硬要人回答出世界上还没有的事物，那只能是猜测。

何震认为，中国几千年"以女子为奴隶"、"强女子以服从"，主要表现在女子毕生的责任"不外育子及治家二端"，再加上"所立政教，首重男女之防"，因而女子不能独立，失去了婚姻和社会活动的自由。她还认为，西方国家的妇女，尽管得到婚姻自由、家庭实行一夫一妻制、男女同受教育同入交际场所，但是其婚姻或出于经济目的，或出于政治需要。一夫一妻制也仅是法律形式，而非实质。男女同受教育，但军队、警察、律师、法官、官吏等职，"不复令女子与闻"，所以欧美女子仍"仅获伪自由、伪平等"，未获真自由、真平等。当时，欧洲尤其是北欧各国，妇女"联合团体，力争选举之权"，争取议政参政。何震以为这仍然不是根本的解决之道，因为"贫富阶级不除"，"安得不以贵妇人应其选？"而"女界之中，以贫民占多数，或为工女，或为雇婢"，只有少数女子"获参政之空名"，多数女子"别增一重之压抑"。就是说男女参政

---

① 秋瑾：《敬告姊妹们》，载《中国女报》，1907年第1期。

权平等仍只归于少数人。至于说"职业独立，则女子可以解放"，何震也以为不可能。这一是因为职业独立仍属个人，无关妇女全体；二是因为当时"少数富民垄断生产"，所谓职业独立，"即以职业供役于人之异名"，不过是当雇主的奴隶而已。所以，不仅男女婚姻自由、家庭实行一夫一妻、男女同受教育，还不能使妇女获得真自由真平等，就是女子参政、女子职业独立，也不是解放女子的"止境"。

那么妇女的真正解放何由？作者说，"必尽废人治，实行人类平等，使世界为男女共有之世界"。她具体说，就是要"废灭政府"，"实行共产"，"使世界无受制之女，亦无受制之男"①，才是做到了真正的解放妇女。何震的深刻之处，在于看到了西方妇女自由平等的有限性，也看到了在阶级社会中所谓"妇女参政"、所谓"妇女职业独立"实质上的不足，但她否认妇女解放和人的解放一样是一个漫长的过程，在这个过程中不仅有阶段的区别，而且自由、平等有程度多少之分，不能仅以"真"、"伪"相区别。她只承认"无政府"、"共产"的"最终"标准为"真"和"合理"，对其他一概否定，因而在实际行动上就无路可走，妇女解放就成了空谈。

在不做纲常的奴隶中，最重要的当然是不做君主的奴隶。20世纪初年，中国社会批判君权神圣、君权专制的文章多得不可胜数。综观当时先进之士批判君权的种种议论，要义不外如下几点。

其一，君主制度是历史的产物，也必然为民主制度所取代。他们考订历史，指出中国上古曾经历过"酋长时代"、"地方分权之时代"，至秦代始"变为君权专制之世"；君主之位，无非"由战争、由盗篡、由世袭"而来②，共同之处是"恃强权"强迫他人接受和服从。这样形成的权力，必然具有"野蛮"、"私有"、"黑暗"、"腐败"等特征。"君主专制，政敝而不能久存也。"欧美许多国家已废除君主专制，因而比中国"优胜百倍"。"中国舍改民主之外，其亦更有良策以自立乎？"③ 从历史进程证实君主可废，从现实需要更证明君主必废。

---

① 震述：《女子解放问题》，载《天义报》，1907年第7~10期。
② 遁园：《专制之结果》，载《扬子江》，1904年第4期。
③ 思黄：《论中国宜改创民主政体》，载《民报》，1905年第1期。

其二，君主制度可说罪恶累累，罄竹难书。综而言之，君主"以天下为一家一姓之私产，浸假而君主私有土地矣，浸假而君主独操赏罚矣，又浸假而君主干涉教育矣，举立法、行政、司法三大权，悉归之一人一姓"，"君主之权无限矣，而专制之祸萌芽"，"人民无权利而重负义务矣，贵贱之分严，上下之等立。民之于君，遂尊之如天，戴之如神，而不敢稍生其抗力"[①]，只能如奴隶，如牛马，长期处于禁锢、束缚之下，这最不合"人道"、"公理"。

具体言之，君主专制等于"野蛮"，君主可以"为所欲为，荼毒天下之肝脑，敲击万夫之膏髓，以殉独夫民贼而不稍悔吝者也"。君主专制等于"蒙蔽"，君主"恶人之干预"国事，"有中央集权之压抑"，上下隔绝。君主专制招致频繁改朝换代，无数"富有帝王思想"的人，"竞攘窃焉以为独一无二之家产"，此伏彼起，永无了期。君主专制易生内乱，如"亲藩倡乱"、"外戚擅权"、"权奸弑篡"等，使国无宁日，人民涂炭。到了近代，中国与西方列强相遇，以专制之国不敌民主之国，"其结果竟鱼肉糜烂，一似任人之铲我固有，以墟我地、奴我民、夷我国"。因此，"欲革专制之痼习，殆非伸民权抑君权不为功"[②]。

其三，分析中国君主专制长期延续的原因。论者对此主要归结为三点：一是君主利用圣人的"忠孝"学说。圣人提倡尊君，君主谓"非圣者无法"，两者互相为用，于是王统与道统合一，使人不敢怀疑和反抗君权。二是君主利用征辟、科举等各种"软手段，使天下有志之士，连袂并辔"，"家奴走狗之流充塞，而君主益如虎之添翼也"[③]。三是中国缺乏对君主的制衡力量。秦汉大一统建立，"地方分权之制"亡；从宋代开始，"臣权尽亡"；明末以后，"汉人之权尽亡"，于是"君权专制达于完全极点"[④]。他们的这类归纳，可商榷之处很多，尤其是未涉及经济和生产方式的问题，也未意识到制度的选择还有一个与外部比较和借鉴的因素（如明末清初的黄

---

① 佚名：《中国古代限抑君权之法》，载《国民日日报汇编》，1903 年第 2 集。

② 遯园：《专制之结果》，载《扬子江》，1904 年第 4 期。

③ 吴魂：《中国尊君之谬想》，载《复报》，1906 年第 1 期。

④ 佚名：《中国古代限抑君权之法》，载《国民日日报汇编》，1903 年第 2 集。

宗羲只知"非君"，却不能提出君主立宪或民主共和等西式方案）。至于还有人把中国"侠客"、"刺客"的灭绝也视为君主长期存在的原因，更是无稽之谈。

其四，如何革除君主专制，使人民不再当君权的奴隶？主张革命的人士说，只有"去数千年故有之旧阶级制度，以组织全国国民一新社会，俾国民自有新社会思想，以缔造全国国民一新国家"[①]。也就是当时多数进步之士向往的"改创民主政体"。所以当朝廷的《钦定宪法大纲》出台，并载有"君主神圣不可侵犯"的条文时，革命人士表示坚决不能接受。他们说，"君主与国民，同为平等人类，特因职务关系，而生治者与被治者之区别，非君主当然而贵，国民当然而贱"。"君主自组织方面观之，为一国之统治者；自职务方面观之，即一国之公仆。君主处公仆之地位，握统治之权柄，增进国民之幸福，排除国民之危害，即其责任"。"若因民所予职务上之势力，即以欺压国民，妄为神圣，妄求不可侵犯，自私甚矣，违背人道甚矣"，这时"举国方且痛恨之，诅詈之，甚则逐之，何见其神圣！何见其不可侵犯！"作者举例说，中国古代的夏桀、商纣，法国的路易十四和俄国的亚历山大，岂能以"不可侵犯"待之？所以称"君主神圣不可侵犯之断定，尤为误谬之误谬"[②]。当时立宪派责备革命派"激烈"、"激进"，殊不知中国人民正是因为受君权的极端压制太甚太久，所以一经接受民主思想，就不愿意再保留任何形式的君权。

《为外人之奴隶与为满洲政府之奴隶无别》一文，就怎样才不是奴隶作了最完全的表述。作者认为，奴隶最重要的是争得"自由"、"平等"。"所谓自由平等者，以其独立不羁完全无缺也。于一国之内，言论自由、出版自由、迁徙自由、集会自由、本身自主、家宅自主，下及诉求请愿、秘密书函、干涉行政之得失、选举议员之资格，无不有焉，此自由也。若夫上对君主，下对细民，均处一律之地位，无稍差异，此平等也。"但是，当时中国处在一种特殊的情况之下，即君主是少数民族的君主（时人错误地称其为"野蛮

---

① 遯园：《专制之结果》，载《扬子江》，1904年第4期。

② 莹：《论宪法上之君主神圣不可侵犯之谬说》，载《民心》，1911年第6期。

民族"），并受到西方列强的压迫欺凌，因此要不当奴隶，必须"外拒白种，内复满洲"，即"固不受野蛮君主之压制，并不受文明异族之驱使"。两者缺一不可，"若不受野蛮君主之压制，而受文明异族之驱使，是同一奴隶也。且以为文明异族人之奴隶而自豪，是奴隶犹足以自豪，天下无此可耻可悲之事也"。即主张不仅要"排满"，而且要"拒白种"。

作者强调，挣脱奴隶地位必须依靠自己，而关键在思想上精神上摆脱奴隶主义的束缚。"自人不能廓充其能力，乃不能保存其权利。于是奴隶其身而不平等，奴隶其心而不自由。心与身且不自由矣，妻子财产更何待问，鞭笞任人，刘艾任人，何乐之有？且古之灭人国也以形质，今之灭人国也以精神。故精神之亡，惨于形质之亡。"① 这篇文章除了对国内少数民族持有轻视态度的失误之外，所论全面而深刻。尤其是教人不要甘当所谓文明的西方人的奴隶的提法，大有深意，因为历史已经证明，推翻本国的君主专制制度并不太难，而要抵抗西方国家"形质"上、"精神"上的奴役，更是长期的艰巨任务。

当时，主张社会主义的人士还提出劳动者不要当资本家的奴隶。他们认为，18世纪以来欧洲各国的革命是"贵贱界之革命"，目标是"摧败君主贵族专制之政体"，"由君主专制国而变为民主共和国"或"君主立宪国"。可是其结果"但破贵贱界，而不破贫富界，则君主贵族之压制去，而资本家之压制方长"，"一国之人，富者少而贫者多，流无数鲜血，仅为少数之富民营一极乐国，尤属千古所最不平之事"，故20世纪应为"贫富界之革命"。而这种革命的核心是"均财"。"所谓均财者，非夺诸富者之手，而纳诸贫者之怀也。凡一国之矿产铁路田产之类，均归公家出卖，富者不得独多，贫者不得独少"，"统筹全局，非为一人一家计"。作者自称这种"平等主义"，"即社会主义，亦即大同主义也"②。但这显然是空想社会主义。

主张无政府主义的人士还要人们不当金钱的奴隶。作者称金钱

---

① 佚名：《为外人之奴隶与为满洲政府之奴隶无别》，载《童子世界》，1903年第24期。

② 漱铁和尚：《贫富革命》，载《复报》，1906年第4期。

"魔力大"，"罪恶亦大"，人人"为金钱所迷"，"大而牺牲性命，侵灭公理，以求一国一种族之强盛；小而丧尽良心，弃尽廉耻，以求一身一家之富隆"。而归根到底，人"总之直接为帝皇及总统及大资本家之奴隶，间接为金钱之奴隶"，于是"知有金钱而不知有公道，知有金钱而不知有真理，知有金钱而不知有科学，知有金钱而不知有性命"。金钱使社会入"黑暗之狱"，"为社会上万百悲惨罪恶之源"。作者总结说，世界上之所以存在人压迫人，人剥削人的现象，都是因为"经济上不平等"，故"非金钱消灭，则世道何有？"①显然，从经济入手分析剥削和压迫制度的形成，是一种溯源探本之论，教人不做金钱的奴隶，在道德修养上也有某种意义；但把一切罪恶归咎于金钱，是一种庸俗肤浅的认识。他们也不能正确指出取消金钱的必备条件和正确道路。所以取消金钱之说，只是一种激进盲目的空谈。

20世纪初年，中国社会思想解放的程度远超19世纪末，各种自由创办的报章杂志多如雨后春笋，就各种现实社会问题发表的议论可谓千头万绪。如围绕着庚子赔款、拒俄运动、《苏报》案、日俄战争、抵制美货、废科举办新学、五大臣出洋、预备立宪、地方自治、收回利权、各地民众的抗捐抗税抢米风潮、革命党发动的武装起义等重大事件，人们都发表了许多不同的意见；宣传改良立宪、民族民主革命、社会主义和无政府主义等各种政治主张，更成为时论的几大潮流（下文将有论述）。但笔者以为，通过分析围绕各种事件所发的议论和各种具体的政治主张，即可发现辛亥革命酝酿时期的文化底色，这就是反对形形色色的奴隶主义，造就新国民而铸成国魂。这是当时思想文化发展的大趋势。高扬"国民"大旗的非主流文化，行将取代19世纪及以前的"君臣"文化（即奴隶文化）的主流文化。就像五四前后出现"劳工神圣"的大旗一样，这时的大旗是"国民神圣"。

二　体制内改革的延续与探索

此处所说的体制内改革，指20世纪初年的君主立宪运动、地

---

① 民：《金钱》，载《新世纪》，1907年第3、4期。

方自治运动、实业救国、教育救国和科学救国等主张及实践活动。君主立宪作为一种政治主张，其他地方自治、实业救国、教育救国和科学救国等作为一种社会、文化思潮，近年已有较多研究。本书对上述思潮的出现和发展过程不拟多述，重在评论其文化的性质、特征和思想意义。

正如许多研究者所指出的，君主立宪思想萌芽于 19 世纪末的维新运动。康有为有感于中国在甲午战争中的惨败，以布衣之身上书言事。在上光绪帝的第二、四、五各书中，他先后提出"选议郎"、"设议院"、"国事付国会议行"、"定宪法公私之分"等建议，稍后又进一步要求实行三权分立。在专门论及议院的一份奏折中说："拟请设上下议院，无事讲求时务，有事集体会议，议妥由总理衙门代奏。事虽议于下，而可否之权仍操之自上，庶免泰西君民争权之弊。"① 显然，康有为此时所说的"上下议院"并不具有西方资产阶级权力机构的职能，仅是君主的咨询机构，"下"是不能与"上"争权的。及至戊戌年，维新从"言"的阶段进至"行"的阶段，"议院"和"国会"不再被提起。康有为所反复请求的，是开制度局于宫中，妙选天下通才数十人入值其中，参与新政。梁启超、严复在文章中都曾称赞过西方国家的议院，但也都认为中国设立议院尚非其时，若遽开议院将自取大乱，所以康有为在变法运动的高潮中曾斩钉截铁地表示："中国唯以君权治天下而已。"② 这表明君主立宪的思想在维新时期还处于似有似无的萌芽状态。

戊戌政变之后，梁启超流亡日本，于 1899 年开始研究宪法问题。1901 年 6 月 7 日，他在《清议报》上发表《立宪法议》一文，把当时各国的政体分为君主专制、君主立宪和民主立宪三种。在比较三种政体的同异得失之后，他得出结论说君主专制和民主立宪两者均有弊病，前者君民对立尖锐，民极苦而君臣亦极危；后者施政方略变易太多，总统选举竞争过于激烈，也于国不利，只有君主立

---

① 康有为（代阔普通武）：《为变法自强宜仿泰西设议院折》，见《戊戌变法档案史料》，中华书局，1958 年，第 172 页。

② 康有为：《答人论议院书》，载《国闻报》，光绪二十四年农历五月二十六日（1898 年 7 月 14 日）。

宪是"政体之最良者",中国采之可以"永绝乱萌"。他还指出,君主立宪与君主专制的根本区别在于有没有宪法,宪法乃"立万世不易之宪典,而一国之人,无论为君主为官吏为人民皆共守之者也,为国家一切法度之根源"。他强调专制必败,立宪必胜,"地球各国,必一切同归于立宪而后已",因而中国"采定政体,决行立宪,实维新开宗明义第一事,而不容稍缓者也"。他根据日本的先例,认为中国应"自下诏定政体之日始,以二十年为实行宪法之期"①。梁启超的这篇文章,应该说是 20 世纪初年中国宣传君主立宪的纲领和开端。

状元实业家张謇也在 1901 年开始宣传立宪,于当年著《变法平议》一文,主张中国应效法日本,置"议政院","设府县议会"。1902 年,康有为撰《公民自治篇》,宣称"今中国民智未开,虽未能遽立国会,而各省、府、州、县、乡、村之议会,则不可不立矣"②。他又上折批评朝廷的"新政"是"无其根本而从事枝叶,无其精神而从事于其形式",吁请"归政皇上,立定宪法,大予民权"③。但是,康有为的君主立宪理论具有对朝廷和革命派两面作战的性质,故稍后发表了给美洲华侨的公开信,提出"中国只可行君主立宪不可行革命"的政纲,遭到了主张革命的孙中山、章太炎的全面批驳。

《新民丛报》是宣传君主立宪的重要阵地。该报自 1902 年创刊后,梁启超连续在报上发表《各国立宪史论》,详细介绍各国的立宪历史,其中重点评介了日本人细川广世的《日本国会纪原》,称该书对明治初年政治变迁大势和国民要求之情形,至详至备。由于立宪派的鼓吹,人们开始研究立宪和宪法等问题。当时上海积山乔记书局出版的《新大学丛书》,收集了许多关于宪法的书籍,包括《宪法通义》、《宪法溯源》、《宪法论》、《各国宪法论略》、《日本宪法创始述》、《英国宪法沿革考》、《德意志宪法

---

① 梁启超:《立宪法议》,见《饮冰室合集》,文集之五,中华书局,1989 年,第 1～7 页。

② 明夷(康有为):《公民自治篇》,见《辛亥革命前十年间时论选集》第 1 卷上册,中华书局,1978 年,第 174、176 页。

③ 康有为:《请归政皇上立定宪法以救危亡折》,见《康有为与保皇会》,上海人民出版社,1982 年,第 8、19～20 页。

沿革考》、《法兰西宪法沿革考》等①。

20世纪初年，一些开明或伪装开明的封建官僚也开始提出立宪要求，如出使日本大臣李盛铎在奏折中有"请定政体以立大纲"之语，办理商务事务大臣盛宣怀奏称"英德日本之政体，可为效法"，两广总督陶模上奏"请立议院以除壅蔽"等。尤其是驻法公使孙宝琦，于1904年上书政务处，称立宪为各国富强之本，介绍欧洲各国上下议院及其组织情形，建议朝廷开设上下议院，"破除壅蔽之积习，冀决是非于公论"②。孙宝琦的上书一时轰动朝野，使立宪派人士大受鼓舞。张謇致书袁世凯，希望他效法日本明治维新时期的伊藤、板垣等重臣，主持立宪，"成尊主庇民之大绩"。张謇又代张之洞、魏光焘拟奏请求立宪，还与赵凤昌刻印《日本宪法》，上达朝廷，又复印《日本宪法义解》、《议会史》等送给侍郎铁良。立宪派的活动又反过来影响众多官员，如铁良、端方、载振、徐世昌、岑春煊、张之洞、袁世凯等，均先后奏请立宪。

1904年—1905年的日俄战争，以日胜俄败而告终。本来，这场战争的胜负是多种原因综合作用的结果。但中国舆论一致认为是立宪战胜专制的铁证，更使"立宪之声，洋洋遍全国矣"。1905年，因端方、袁世凯、张之洞再次奏请立宪和派大臣出国考察宪政，朝廷于9月间派载泽等五大臣出洋"考政"。五大臣分两批前往欧美日本，历时半年，至1906年7月分道回国。五大臣回国后，都极言立宪之利，要求朝廷"为立宪之预备"。

9月1日，朝廷发布上谕，宣布预备"仿行宪政"，"大权统于朝廷，庶政公诸舆论"，"从官制入手……次第更张"，立宪的时间"则视进步之迟速，定期限之远近"，"再行宣布天下"③。立宪派本来对此抱有极大希望，他们要求建立责任内阁，但朝廷仍以"军机处为行政总汇"，官制改革有名无实，立宪之期更在未定之中。朝廷的拖延敷衍迫使立宪派人士反求诸己，他们开始把注意力放在组

---

① 参见吴雁南《中国近代社会思潮》第1卷，湖南教育出版社，1998年，第367～368页。

② 《出使法国大臣孙上政务处书》，载《东方杂志》，1904年，第1年第7期。

③ 《宣示预备立宪先行厘定官制谕》，见《清末筹备立宪档案史料》上册，中华书局，1979年，第44页。

织社团、动员国民方面。1906 年—1908 年，以预备立宪为目标而结成的社会团体多达 51 个，其中以郑孝胥、张謇、汤寿潜等人在上海成立的预备立宪公会，以梁启超、蒋观云、徐佛苏、熊希龄等人在日本东京成立的政闻社，影响最大，稍后又出现了宪政讲习会、宪政公会等组织。

由于朝廷仅用换汤不换药的官制改革来代替国会和责任内阁等要害问题，立宪派深感失望。从 1907 年秋起，立宪派发动了一系列以召开国会为目标的请愿运动。其规模之大、范围之广、人数之多、影响之巨，在中国近代史上是空前的。

1907 年 10 月，百余名留日学生由湖南即用知县熊范舆、法部主事沈钧儒等领衔，向朝廷上《民选议院请愿书》。11、12 月间，郎中衔附贡生雷光宇、候选通判夏寿华等又递呈《湖南全体人民民选议院请愿书》。两份请愿书都要求在一二年内开设民选议院，实行预备立宪，成为国会请愿的开端。

1908 年 6 月，广东绅商派代表到京呈递国会请愿书，"各省人民请开国会相继而起"。预备立宪公会一方面连续致电朝廷，要求"决开国会，以二年为限"；另一方面联合政闻社、宪政讲习会等团体，组成国会期成会，并移书各省，约定于是年 7 月派代表到京请愿。十余省代表很快抵京，与京师及八旗代表会合。一些地方督抚、驻外使臣也先后电奏"速定年限"。朝廷一面于 8 月中旬发旨严拿政闻社社员；一面于 8 月下旬发布上谕，宣布以 9 年为限，逐年筹备立宪，同时警告立宪派安分守己，"如有不靖之徒附会名义，借端构煽，或躁妄生事，紊乱秩序，朝廷唯有执法惩儆，断不能任其妨害治安"①。立宪派对 9 年的筹备期限表示反对。但由于朝廷公布了《谘议局章程》和《议员选举章程》，规定明年各省一律设立谘议局，后年开设资政院，立宪派认为这也是谋求参政的良机，遂把注意力放到筹建谘议局和竞选议员的活动中去了。

到 1909 年 10 月中旬，除新疆之外，其余行省谘议局业已成立。立宪派在各省谘议局中举足轻重，同时在全国又建立了一些立宪团体，遂开始筹备更大声势的国会请愿活动。1909 年 12 月中

---

① 《九年预备立宪逐年推行筹备事宜谕》，见《清末筹备立宪档案史料》上册，中华书局，1979 年，第 68 页。

旬，16 省谘议局代表 30 余人齐集上海，举行请愿国会代表团谈话会，通过磋商，组成 33 人的赴京请愿代表团。1910 年 1 月中旬，代表团由直隶议员孙洪伊领衔署名，向都察院递交请愿书，要求朝廷"颁布议院法和选举法，期以一年之内召集国会"。都察院呈递上请愿书之后，朝廷于是月底降谕，拒绝代表团之请，仍坚持原定的 9 年期限。

第一次请愿失败之后，孙洪伊等即着手组织请愿即开国会同志会（后改名国会请愿同志会），总部设在北京，各省设立分会。与此同时，又有数百人在北京组成国会期成会，作国会请愿代表之后援。各省亦纷纷复电，表示即日组织分会，举代表进京，联同请愿。1910 年 6 月，各省各界赴京请愿代表达 150 余人，在请愿书上签名者达 20 余万。同月中旬，请愿代表 80 余人前往都察院，递上不同社会团体提交的共 10 份请愿书。但朝廷在 6 月下旬发布谕旨，仍然坚持 9 年筹备期限，并谕令"毋得再行渎请"。

为了筹备更大规模的请愿，驻京请愿代表团进行了改组，突破谘议局议员的界限，吸收各省各界代表参加。7、8 月间，以汤化龙为会长、蒲殿俊为副会长的各省谘议局联合会宣告成立，以推动速开国会为工作中心。请愿国会代表团决议，在本年 10 月资政院开会期间进行第三次国会请愿。1910 年 10 月 3 日，筹备数年的资政院正式开议，议员中民选和钦定者各 100 人。民选议员大多为各省谘议局中的活跃分子，他们左右了资政院的局势。故当 10 月 9 日请愿国会代表团的孙洪伊等把请愿书呈交资政院，同时各省谘议局联合会亦将《请速开国会提议案》呈到时，10 月 22 日在资政院就获得通过。10 月 26 日，资政院通过请速开国会奏稿，并于两日后连同各省谘议局联合会的提案、孙洪伊等所上请愿书、海外华侨所上请愿书，一并上奏朝廷。在资政院开会期间，各省督抚亦纷纷通电，倡议速开国会，速组内阁，当时 23 位督抚中有 17 人表示了上述态度。

上述事态对清政府形成了较大压力。经过紧急筹划，朝廷于 11 月初发布上谕，宣布缩短预备立宪期限，定于宣统五年（1913 年）开设议院，并谕令"所有各省代表人等，着民政部及各省督抚剀切晓谕，令其即日散归，各安职业，静候朝廷详定一切，次第施行"①。但各省谘议局不肯接受,致电在京请愿代表,要求继续请愿速开国会。东三省各界还迅速推举了第四次国会请愿代表。代表于 12 月中旬抵京,向资政院呈递第四次请愿书。清政府对东三省代表和天津学生进行镇压,谕令民政部和步军统领衙门派员将东三省代表押解回籍,拿办天津学界请愿会会长,将其"发往新疆",还发布上谕重申不准学生干预国家政治。到 1911 年 5 月,清政府更组成了"皇族内阁",庆亲王奕劻任总理大臣,阁员 13 人中满族 9 人(其中皇族 7 人)。这表明朝廷根本没有采纳立宪派的要求建议,完全逆历史潮流而动,在专制的道路上愈滑愈远。

当然,立宪派在国会请愿失败后也没有停止抗争。他们一方面在报刊上进行舆论宣传,如梁启超大声疾呼推翻恶政府,称:"我国民不并力以图推翻此恶政府,而改造一良政府,则无论建何政策立何法制,徒以益其弊而自取荼毒。诚能并力以推翻此恶政府而改造一良政府,则一切迎刃而解,有不劳吾民之枝枝节节以用其力者矣。"② 其他改良派人士也认识到中国前途之根本在改良政治,而改良政治之方法"则必当推翻穷凶极恶之政府","此着办不到,则言生计、言教育、言理财、言练兵、言外交,乃至言其他种种政策,开口便错,断无有转危为安之一日也"③。

另一方面,他们依旧不放弃合法斗争的方式。"皇族内阁"出笼之后,各省立宪派人士相约到京召开第二次谘议局联合会,两次向都察院呈递奏折,请求代奏。奏折抨击"皇族内阁"与君主立宪政体"有不能相容之性质",揭露"朝廷于立宪之旨有根本取消之意",要求实行"君主不担负责任,皇族不组织内阁"的"君主立宪国唯一之原则",提出于皇族外另派大臣,组织责任内阁④。他们为了推动立宪,还组织了立宪派政党。1911 年 1 月,孙洪伊等

---

① 《令民政部及各省督抚解散请开国会之代表谕》,见《清末筹备立宪档案史料》下册,中华书局,1979 年,第 646 页。

② 梁启超:《中国前途之希望与国民责任》,见《饮冰室合集》,文集之二十六,中华书局,1989 年,第 29 页。

③ 明水:《最近欧美各国立宪政治之趋势》,载《国风报》,1911 年第 10 期。

④ 《各省谘议局议长议员袁金铠等为皇族内阁不合立宪公例请另组责任内阁呈》,见《清末筹备立宪档案史料》上册,中华书局,1979 年,第 577、578 页。

在北京组织帝国统一党。5月，该党定名为政友会，6月正式成立，总部设在北京，各省设立支部。同月，辛亥俱乐部成立。9月下旬，宪政维持进行会改名为帝国宪政实进会。上述三个立宪派政党都继续为促成立宪积极活动，其中以国会请愿同志会为基础的宪友会影响较大，也带有较浓厚的民间色彩。

1911年武昌起义爆发后，各省先后响应。立宪派利用革命形势给清政府造成的威胁，力促朝廷实行宪政。资政院第二届会议于10月27日通过决议，向朝廷提出"取消亲贵内阁，永禁皇族执政"，"宪法须交资政院协赞"，"解除党禁"等要求。江苏省谘议局径电内阁，"请宣布立宪开国会"。一些督抚也再次倡议"实行宪政"。朝廷无奈被迫起用已废黜两年余的袁世凯，袁世凯亦提出"明年即开国会"和"组织责任内阁"，作为出山条件。

清政府迫于各方面压力，于10月30日下罪己诏，宣布自即日起"实行宪政"，并准开党禁，又令资政院迅速拟订宪法条文。11月2日，皇族内阁倒台，袁世凯出面组织完全内阁，翌日又照准资政院拟订的"宪法重大信条十九条"，并"宣示天下"。十九信条基本采用英国式的"虚君立宪"模式，削减了"君上大权"，立法权属于国会，总理大臣由国会公举，国务大臣由总理推任，皇族不得担任总理大臣和各省行政长官，君主的权力须受宪法制约。这些正是立宪派数年来所追求的政治目标。

但这个政治目标虽是立宪派提出，却又不是立宪派来实现的，而是革命派所领导的武装起义逼出来的。而且，这个结果来得太迟，迅猛发展的革命形势已使"虚君立宪"再无实现的可能。在全国舆论、人心"大数趋于共和"的革命高潮中，"主张立宪政治之辈日见其少，附和政治革命之辈日见其多"①，连国内立宪派主将张謇在致袁世凯电中也称"潮流所趋，莫可如何"②。于是，大多数立宪派人士收起了立宪的旗帜，投入新的组党和参与筹建民国新政权的工作。政争并未结束，但"君主"终于被抛弃了。

---

① 孤愤：《论政治思想与革命势力消长之影响》，载《时报》，1911年10月11日。

② 张謇辛亥九月十六日致袁世凯电，转引自章开沅、林增平《辛亥革命史》下册，人民出版社，1980年，第245页。

20 世纪初年立宪运动和革命运动的关系，并非如后人从理论上分析的那样始终冰炭不可同炉。从大体上看，两者实际上经历了合——分——合三个阶段。

1900 年—1905 年是第一阶段。这一阶段，曾有事实上的孙中山、康有为分别与闻自立军起事，孙中山与梁启超在日本的彼此接近。1900 年问世的留日学生刊物《译书汇编》和《国民报》都曾刊登过倡导君主立宪的文章，1903 年以鼓吹革命著称的《湖北学生界》也发表过《宪政平议》的文章。1904 年—1905 年日本对俄国作战的胜利，使一部分急于爱国救亡的留日学生转向谋求立宪，徐佛苏、杨度、蒋观云、雷奋、狄葆贤等均属此列。著名革命宣传家陈天华在 1905 年 1 月也计划从东京到北京，"向清廷请愿实行立宪政治"，因黄兴、宋教仁极力劝阻才未成行。1903 年—1904 年，虽有章太炎、孙中山等少数人撰文批驳康有为的保皇言行，《新民丛报》也屡有攻击革命的文章出现，但立宪与革命的阵线并不明显，更未产生紧张的对立。

1905 年—1908 年是第二阶段。1905 年夏，中国同盟会在东京成立。此后，革命派与君主立宪派以各自的报刊为阵地，展开了持续两三年的论战，双方关系势同水火。这场论争思想理论上的是非得失留待稍后再作分析，这里仅先指出，论争多在海外（如东京、南洋、美国）进行，而在国内两派分头从事秘密斗争和合法行动，并无太大相扰。革命派重点攻击的是康有为、梁启超一派，对杨度也偶尔涉及，而对国内立宪派，尤其是对以张謇、汤寿潜为首的江浙立宪派，并无太大恶感。反过来，国内立宪派"标榜立宪与革命的对立，渲染革命暴动的可怕，其着眼点并不是打击革命派，而是利用革命迫使清廷真正实行立宪"①。所以，国内立宪派的重要阵地如《时报》、《东方杂志》并未与革命派发生论战。

1909 年—1911 年是第三阶段。这期间国内出现立宪运动（尤其是国会请愿）高潮。清政府的倒行逆施不断给立宪派造成打击，使其失望，加大了立宪派的离心倾向，思想感情上逐步向革命派接近。立宪派创办的《半星期刊》，载文称赞陈天华、吴樾、秋瑾、

---

① 吴雁南：《中国近代社会思潮》第 1 卷，湖南教育出版社，1998 年，第 420 页。

徐锡麟等革命烈士。四川革命党人朱蕴章、杨庶堪等创办的《广益丛报》，不仅称赞梁启超、杨度的立宪理论，甚至刊登张謇、郑孝胥、梁启超、蒋观云、蒲殿俊等人的文章。被誉为"革命运动枢纽"的中国公学，由张謇担任董事。革命党人于右任创办的《神州日报》，由张謇书写报眉，立宪派名流马良热情题词。该报馆遭火灾后，立宪派掌握的商务印书馆为之排印。两派人物互相提携支持的事例也不鲜见。广东省谘议局副议长丘逢甲，曾引进革命党人古应芬、朱执信、邹鲁等参与谘议局秘书处的工作。广西革命党人蒙经等被选入谘议局，并赴京参加国会请愿。革命党人刘成禺在武昌发表演说，请开国会。革命党人田桐、宁调元、程明超是立宪派政党辛亥俱乐部的重要成员。黄炎培既是同盟会会员，又参加了预备立宪公会，并且是江苏省谘议局的常驻议员。

1911 年广州黄花岗起义失败后，梁启超撰文称赞死难者为"爱国热诚，磊落英多之士"，说立宪派本是非革命论者，素不赞成革命暴动，但政府之罪已上通于天，实在毫无指望。革命诚然可能引起内乱和外国干涉，但中国除了革命无路可走，铤而走险"尚可以于万死中求一生"，"犹可以冀免干涉于万一"。他总结说："要之在今日之中国而持革命论，诚不能自完其说；在今日之中国而持非革命论，其不能自完其说抑更甚。"① 正是在黄花岗起义失败后的革命低潮中，梁启超呼吁全国反政府各派"互相提携，捐小异而取大同"，"并力一致，攻击恶政府，以谋建设良政府"②。所以武昌起义发生后，梁启超称之为顺乎"时势"、合乎"民心"的义举。《时报》开辟"中国革命消息"专栏，报道革命动态并发表社论，称"言革命于三年以前，诚非万全之策，微论诸君，即记者亦尝持极端之反对矣。若夫今日而倡言革命，则固仁之至义之尽，而丝毫无可迟疑者。试问今日之中国，尚能舍革命两字，而别商和平改革之方略乎？"③ 文章明确地表现了大多数立宪派人士立场的转变，因而他们附和革命，参与全国和地方政权的组织建设，是顺理成章

---

① 梁启超：《粤乱感言》，载《国风报》，1911 年第 11 期。
② 梁启超：《与上海某某等报馆主笔书》，见《饮冰室合集》，文集之二十七，中华书局，1989 年，第 57 页。
③ 《论国民今日不可存疑虑之见》，载《时报》，1911 年 11 月 7 日。

的趋势。至于后之论者，或称其为"投机革命"，或称其体现了"上层绅士惊人的应变能力"，均是在评论同一事实上体现了略有不同的感情色彩，而没有立足于立宪运动反对封建专制的根本目标及其转变的合理性。

20世纪初年君主立宪派所表达的政治文化，仍然属于非主流文化的范围，它对主流文化构成了挑战。不过，它和革命派所属的带有草根性的非主流文化不同，前者的政治文化代表人物是康有为、梁启超之类的学绅，张謇、汤寿潜一类的商绅或官绅，加上孙宝琦等"开明"的在职地方大吏。这些人在政治上、经济上、思想文化和情感上都与君权有千丝万缕的联系，因而很不容易走上与君权决裂的道路。

但是，这种政治文化要达成的目标，首先仍然是争取救亡图存。1904年，孙宝琦上书政务处首请立宪，就是因为"自俄日开战后，各国倡言瓜分之议，事机日紧。……诚恐日俄战罢，各国对待吾华有进无退"，故只有"趁此俄日构兵、各国待时之际，颁行新政，振奋自强"①。1907年冬，熊范舆等首请早开国会，理由亦是中国"本千钧一发之际，存亡危急之秋。以言乎外，则机会均等之政策并起于列强；以言乎内，则革命排满之风潮流行于薄海"②。这篇呈文虽表明了立宪派以召开国会来消弭革命的意图，但首先强调的仍是救亡。连续三次国会请愿失败之后，东三省各界不顾朝廷禁令，单独举行第四次请愿，正是因为此前日本已经并吞朝鲜，俄国增兵屯驻蒙古边外，"东省大势……已岌岌不可终日。诚俟至宣统五年，而此土尚为我有与否已不可知"③。所以梁启超指出，国内立宪派不屈不挠地发动国会请愿，"图治尚其第二义，而救亡乃其第一义"④。这显然不是标榜和美化。

---

① 甲辰三月初七日孙宝琦致端方函，转引自吴雁南等《中国近代社会思潮》第1卷，湖南教育出版社，1998年，第414页。

② 《湖南即用知县熊范舆等请速设民选议院呈》，见《清末筹备立宪档案史料》下册，中华书局，1979年，第610页。

③ 《东三省总督锡良奏奉省绅民呈请明年即开国会折》，见《清末筹备立宪档案史料》下册，中华书局，1979年，第648页。

④ 梁启超：《论政府阻挠国会之非》，见《饮冰室合集》，文集之二十五（上），中华书局，1989年，第112页。

第二个目标是否定君主专制制度，改革中国政治。立宪派在其所办报刊登载的文章中，已反复多次公开指斥君主专制的种种弊害，倡言君主立宪、君民共治的"好处"，以示立宪对朝廷不仅无损，反而有利，但在私下的内部通信中却不讳言其策略。如梁启超在给徐勤的信中说："但使立宪实行，政权全归国会，则皇帝不过坐支乾（干）修之废物耳。国势既定，存之废之，无关大计，岂虑其长能为虐哉？吾党所坚持立宪主义者，凡以此也。"① 极端的君权维护者似乎对此看得很清楚，故攻击立宪派"处心积虑无非夺君主之权，解王纲之纽。阳美以万世一系，阴实使鼎祚潜移"②。不能把这种攻击完全视作危言耸听。

第三个目标是保护和发展民族资本主义。江浙资本家在其要求立宪的有关言论中，称20世纪是"实业时代"，要求政府制定政策法规，"奖励资本家"，保护"国中有资力之人"。作为其政治上的代言人的梁启超，把这个意思表达得更明确："试有人问我以中国振兴实业之第一义从何下手？吾必答曰改良政治组织。……然则所谓改良政治组织者奈何？曰：国会而已矣，责任内阁而已矣。"③又说："惟希望有良善之政府，实行保护产业之政策。"④ 由此可见，立宪派政治活动背后的经济动因是十分明确的。

当然，这样说并不是排除了立宪派有反对革命这样一个关键的目标。立宪派与革命派作为两个不同的政治派别，"政争"是不可避免的。两派虽然都以救亡图存、反对君主专制、改造中国为目的，但革命派以武装斗争"排满"为入手处，而立宪派则主张以和平的立宪请愿为斗争手段。一切分歧均由此而来，而且在一段时间内两者都把从理论上战胜对方置于首位，这是客观的历史事实。

后之论者总结革命派与立宪派的大论战，或是根据《民报》上革命派提出的论纲，或是围绕民族、民权、民生三大主义，或是围

---

① 梁启超：《致雪公书》，见《梁启超年谱长编》，上海人民出版社，1983年，第553页。

② 刘廷琛：《为宪政败象渐彰新党心迹显著请亟图变计以救危亡折》，转引自吴雁南等《中国近代社会思潮》第1卷，湖南教育出版社，1998年，第418页。

③ 梁启超：《敬告国中之谈实业者》，见《饮冰室合集》，文集之二十一，中华书局，1989年，第121～122页。

④ 梁启超：《杂答某报》，载《新民丛报》，1906年第86号。

绕对待帝国主义、封建主义以及人民群众的态度来判定曲直胜负。所论大致符合实情，但总难免有扬革命派而抑立宪派之意。这不仅是因为百年来中国社会始终有一股激进比温和好、革命比改良好的习惯性思维，而且因为中国的守旧恶势力从不接受真正的改革，改良主张一再失败，只有革命才多少解决了一些阶段性的问题。主要由于上述两个原因，人们在对比评论革命和改良的是非得失时，对前者的某些理想主义、激进主张（尽管是不能实现的或有害的）仍然曲意回护，而对后者思想理论中的合理性则避而不谈。

有关革命派在思想理论上的胜利下节再谈，这里略论立宪派的是非曲直。首先值得强调的是立宪派在民族主义理论上的贡献。梁启超在 19 世纪末引进"民族"概念，在 20 世纪初率先提出民族主义理论，主张用民族主义教育国民，团结民众，挽救民族危亡。1903 年以后，立宪派与革命派围绕民族主义发生论战，首先是在对内的所指范围上有歧异。具体地说，革命派为了"排满"和强调血缘的民族主义，称满族人为"异族"，即不属于中国的国内民族；而立宪派基于保留君主的需要和今文学派的文化民族主义，认为"满人与我不能谓为纯粹的异民族"。尽管革命派解释"排满"不是要杀尽满人，而是"排其皇室，排其官吏"，而且在辛亥革命发生之后亦称满族为中华民族的一员，但这仍然不能掩饰他们宣传革命时在认识国内民族关系上的局限。当然，立宪派由否认满族为"异族"进而强调"满汉不分"，否认清王朝在国内实行的民族歧视和民族压迫政策，这又不符合实际情况。

至于民族主义的对外意义，革命派和立宪派都要救亡图存，但也都缺乏鲜明的反帝纲领。不同的是，立宪派认为革命必然产生内乱，而内乱必然招致瓜分；革命派则反复强调只要推翻"满人秉政"，就可以"弥瓜分之祸"，革命只要"循乎国际法"，有"秩序"地进行，就不会引起列强干涉。这实际上是一厢情愿的幻想。梁启超对此嘲讽说："秩序的革命绝不诒外国以干涉之口实，苟非欺人，其必自欺而已。"[1] 帝国主义必然破坏干涉殖民地半殖民地的民族解放斗争，立宪派尚能认识并公开讲明这一点。

关于民权和民主的问题，立宪派的认识和言论都比革命派保

---

[1] 梁启超：《暴动与外国干涉》，载《新民丛报》，1906 年第 82 号。

守，但也并非全是谬误。立宪派轻视人民大众，在戊戌维新运动中主张"欲兴民权先兴绅权"。在1903年—1907年与革命派论战时，立宪派反复以"民智未开"、国民"程度不逮"为由，主张中国只可行立宪，不可行革命。但在1901年—1903年，梁启超等做了大量的启蒙工作。他的《新民说》曾围绕独立、平等、民主、自由、权利、责任等问题发表一系列有益的见解，起到了传播民主、鼓吹民权的作用。1906年后，立宪派大力宣传立宪制宪、召开国会、组织责任内阁、实现政党政治和地方自治等学说和政治主张，固然有对抗革命思想的一面，但仍然具有启发人们的民主精神、提高人们的政治能力的客观作用。这些民主精神和政治能力在革命后的政权、法制建设中是必不可少的。

关于民生问题，立宪派与革命派的分歧也是别有深意的。1905年后，革命派鉴于西方资本主义社会的多种弊病和不断发生工人运动，加紧进行民生主义和社会革命的宣传，这就是关于"平均地权"和"土地国有"的议论。革命派的这一设想具有反对封建土地制度的意义，而且没有超出资产阶级民主革命的范围。但是他们却将这一设想当作一个社会主义纲领来认识，鼓吹把政治革命（推翻清王朝，完成民主革命）和社会革命（相当于后之社会主义革命）"毕其功于一役"。革命派的这一设想，显然与其一贯的激进"躐等"（即超越某些必经阶段）有关，其失误在于混淆了两种不同性质的革命的任务，能否实现更是一大问题。立宪派抓住这一差错，攻击革命派是要"强夺富民财产而分之人人"，实行所谓"贫民专政"，"煽惑劳动者"，"以博一般下等社会之同情"[1]。这固然反映了立宪派代表大土地所有者和大资本家等"富人"的政治立场，但是，梁启超批评革命派照搬欧美的社会革命学说，不顾中国的实际情况，面临帝国主义疯狂的经济侵略，中国本应该发展民族资本主义生产，革命派却"以排斥资本家为务"[2]，这种"躐等"只会造成中国贫弱乃至"亡国"。如果说立宪派不能"躐等"的思想应用于中国"只可行立宪，不可行革命"属于错误，但其应用于中国社

---

[1]　梁启超：《社会革命果为今日中国所必要乎?》，载《新民丛报》，1906年第86号。

[2]　梁启超：《杂答某报》，载《新民丛报》，1906年第86号。

会性质的估计，认为当时中国应该大力发展资本主义生产，而不是进行"社会革命"，则有其合理性在内。

此外，立宪派为了推动其政治主张的实现，在 20 世纪头十年时间内，先后组织了 50 多个以预备立宪为目标的社会团体，1911年又组建了几个立宪派政党；还先后创办过数十种报纸刊物，其中如《新民丛报》、《中外日报》、《外交报》、《大公报》、《东方杂志》、《时报》、《中国新报》、《国风报》、《国民公报》、《预备立宪公会报》等，都曾经对社会舆论产生一定影响，对动员群众参与政治、提高政治能力发挥了一定作用，对于造成 20 世纪初年中国社会初步开放的政治文化局面，也是不可少的。前面还曾说到，这一时期的文艺期刊和大批以文学作品为主的小报，如《新小说》、《绣像小说》、《月月小说》、《小说世界》、《小说月报》、《国魂报》、《上海白话报》等，总数约在 30 种以上，其主编大多为立宪派文人。由他们所营造的这种文化，在 20 世纪初年曾是非主流文化的一个重要组成部分。

地方自治是欧洲资产阶级的前身市民阶层为反对封建专制、要求参与政权而提出并实行的政治制度，经过几百年的发展演变，已经成为欧美资本主义国家政治制度的一部分。19 世纪末，西方地方自治思想传入中国，康有为、梁启超都宣传过这一思想，黄遵宪、谭嗣同等在湖南设立"保卫局"，已具地方自治机构的雏形。

1901 年，清政府宣布实行"新政"，康有为、梁启超等对此寄予莫大的希望，把包括兴学堂等内容在内的地方自治看成是实现君主立宪的途径和内容之一，对此极力鼓吹。康有为撰《公民自治篇》，认为中国问题的病根，在于"官代民治，而不听民自治"；而欧美诸国之强盛，"乃由于举国之公民，各竭其力，尽其智，自治其乡邑，深固其国本故也"。他据此推断，如果中国实行地方自治，"民不富乐，士不智勇，而中国尚弱者，未之有也"[①]。梁启超在所著《新大陆游记》中，也高度称赞美国的地方自治制度。立宪派盼望实行地方自治，是出于对封建主义的专制集权不满，要求发展资产阶级民主政治，但并不愿也不敢改变君主制度。梁启超在《政闻

---

① 康有为：《公民自治篇》，见《辛亥革命前十年间时论选集》第 1 卷上册，三联书店，1978 年，第 180、190 页。

社宣言书》中谈到主张实行地方自治时，就表白"其对于皇室，绝无干犯尊严之心；其对于国家，绝无扰紊治安之举"①。

20世纪初年，一些留日学生也下力宣传地方自治，他们创办的一些杂志多以省命名，如《浙江潮》、《江苏》、《四川》、《云南》、《河南》等，地方色彩十分浓厚，主张地方自治的文章和作品触目皆是。革命派之所以重视地方自治，也是认为西方国家的强盛与地方自治有直接的关系，甚至认为地方自治是立国之基础，"于救亡之事，至为切要"；并希望通过地方自治练习人民的自治能力和参政能力，"合小群而大群"，壮大民主力量。当然，他们和立宪派的地方自治思想有些不同。立宪派是对上劝说朝廷实施地方自治，对下主要是依靠各地绅士筹办自治，最终目标是全国达于君主立宪。革命派则强调依靠全体群众，"人人能以独立自治为基础"，"人人有保全之（地方）之心"，"人人有振作之（政事）之心"，"人人有奋兴之（实业）之心"，而且最终目的是通过地方自治改变国家形态，"一省独立之权，恢张于各省，俨然美利坚之合众也；一方自治之力，扩充于全国，居然德意志之联邦也"②。从邹容的《革命军》到同盟会的《军政府宣言》，都表示革命成功之后应实行地方自治。这是和立宪派根本不同的地方。

清末地方自治的实践分两种类型。一种是地方自发的自治活动。如1904年东三省部分士绅制定了《创立东三省保卫公所章程》，宗旨是"专为保卫本地商民之生命财产"。1905年，上海城厢内外工程总局成立。这是我国创办较早、影响较大的一个地方自治机构，其执行机关为参事会，代议机关为议事会。总局下设有户政、警政、工政三科，负责民政管理、市政建设、公用事业、社会治安、地方税收等事，有一定的地方行政权，而议事会则有一定的立法权和组织监督权。工程总局的领导人是地方士绅，主要是商业、工业、钱庄业的资本家及教育界的知识分子，可以说是一个资产阶级性质的地方自治组织。此外，张謇在江苏南通，苏州商会在苏州，也从事过地方自治活动。

---

① 梁启超：《政闻社宣言书》，见《饮冰室合集》，文集之二十，中华书局，1989年，第28页。

② 侯生：《哀江南》，载《江苏》，1903年第1期。

另一种类型是朝廷发起的官办地方自治。1909年1月，清廷颁布了《城镇乡地方自治章程》和《城镇乡地方自治选举章程》，规定"地方自治以专办地方公益事宜、辅佐官治为主"，称"自治之事渊源于国权，国权所许，而自治之基乃立。由是而自治规约，不得牴牾国家之法律；由是而自治事宜，不得抗违官府之监督。故自治者，乃与官制并行不悖之事，绝非离官治而孤行不顾之词"①。显然，朝廷是想通过举办"钦准"的地方自治来应付日益高涨的资产阶级要求民主的社会舆论，拉拢立宪派，孤立打击革命派，并通过加强官绅联合，稳定地方秩序，以继续维持摇摇欲坠的君主专制统治。在这种思想指导下开办的各省谘议局、各级地方自治局，不仅从根本上缺乏民主、自治的实质，而且基本上受制于各级地方官吏。

清末两三年官办地方自治的结果，自然不能如立宪派、革命派之所愿，一般百姓更是怨声载道。立宪派因为各省谘议局和各级自治局有名无实，大为失望，于是继续要求速开国会，自上而下解决宪政问题。地方自治绝大多数为官绅所把持，这些主持者乘机敲诈勒索，鱼肉百姓，名目繁多的"自治"捐税更加重了人民的负担，以至有人称政府办的自治局是筹款局、刮地皮局。革命派则对朝廷官办的地方自治痛加批判，认为清政府"果为真心立宪，果行地方自治"，也是"效东家之颦，失邯郸之步，效未一见，丑已百出"，何况其"所谓立宪，所谓地方自治者，并非真心"②。他们指出朝廷准行的地方自治完全是官绅合治而非人民自治，目的在于加强专制统治，"今之称地方自治者，不曰自治，曰官治也。吾则曰非惟官治，亦绅治也。绅治、官治，一而二，二而一者也"③，其结果只能是加重人民的苦难。所以他们强调，人民要想真正实行地方自治，"舍革命外更无他道"。

由清王朝官办的地方自治基本上是失败的，但地方自治的思想理论在清末得到了传播。直到20世纪20年代，它还有人信奉，在一段时间还在某些省区曾经试行，但结果或者被地方实力派利用，

---

① 《宪政编查馆核议城镇乡地方自治章程并另拟选举章程折》，见《清末筹备立宪档案史料》下册，中华书局，1979年，第725页。

② 佚名：《绅士为平民之公敌》，载《河南》，1908年第4期。

③ 茗苏：《地方自治博议》，载《江西》，1908年第2～3期合刊。

或者被中央政府取消，基本上都没有成功。

实业救国思潮发端于19世纪80年代。当时面对西方资本主义国家的商品倾销，薛福成提出"振百工"，马建忠主张"仿造外洋之货"，郑观应则提出"振兴商务"和"习兵战不如习商战"，张謇则以为治中国衰弱贫穷"须兴实业"。甲午战争中国失败之后，允准外国人在华投资设厂，这也意味着对国人办厂的松动，加上官办的洋务企业开始式微，故在1895年—1898年出现了中国第一次民间投资设厂的热潮。

进入20世纪，西方资本主义进入帝国主义阶段，资本输出成为其重要特征。列强通过各种不平等条约，把中国的经济命脉如铁路、工厂、矿山、银行、航运等置于自己的控制与支配之下，因而收回利权成为当时有识之士的共识，兴办实业被认为是收回利权的重要手段。

"庚子赔款"之后，清政府为了摆脱困境，举办"辛丑新政"，重新颁布有利于农工矿业发展的政策，成立农工商部，奖励实业，奖励发明，为民族资本的发展初次打开方便之门。而在1895年—1898年第一批开办的民间企业，尤其是张謇在南通开办的大生纱厂，几年后获得了丰厚的利润。这也刺激了一批官僚、地主和商人投资近代企业的热情。

张謇和郑观应在政治上都是稳健派，对于维新运动没有过多参与。在20世纪初年社会上流行的各种救国方案中，他们只对"实业救国"情有独钟。张謇说："救国为目前之急。……譬之树然，教育犹花，海陆军犹果也，而根本则在实业。若鹜其花与果之灿烂甘美而忘其本，不知花与果将何附而何自生。"[1] 因种种原因没有认识到或不肯承认改革社会政治制度是救国的根本，也是发展实业的先决条件的人们，都把兴奋点放在宣传实业救国或兴办实业上。就人物来说，除张謇、郑观应之外，还有汤寿潜、汪康年、曾铸、吴桐林、江修义、陈震福、陈颐寿等实业界、文化界人士，是掀起实业救国思潮的中坚；就刊物来说，《东方杂志》、《商务报》、《华商联合报》、《中外日报》、《时报》等，则是宣传实业救国舆论的主

---

① 张謇：《对于救国储金之感言》，转引自吴雁南等《清末社会思潮》，福建人民出版社，1990年，第343页。

要阵地。《东方杂志》载文说："今日救亡之术，固当以振兴实业为唯一之先务"，这个主张"久为智者所扼腕称道，其憬然流布于人心者亦既有年，稍明时局之人固已共晓"①。连革命派的刊物如《晋乘》、《河南》、《滇话》等也刊有文章，呼吁发展实业以救国，称"国家之强弱，视民贫富。富则强之本，贫则弱之媒。而贫富又不独系于产物之多寡，而系于工业之巧拙"②，对于振兴实业的主张表示了支持。

关于振兴实业的理由，热心宣传者曾有全面分析。他们认为，振兴实业能强国富民，"实业盛则国势盛，实业定则国势定，实业有进步，则国势有进步"③；振兴实业还可以安定社会，因为实业与千家万户的生计息息相关，"国民资赖以生之物，而国家之血液营养也。实业之盛衰，原为国民生计之舒惨所系，亦为国政隆污之所系，且即国命延促之所系"④；兴办实业还有挽回利权之效，中国有"二万万方里之地利，二十六万种之物产，皆外人所甚欲也"，对付外人的"攘取之心"，惟有"举所谓农工商矿诸事者，开拓经营"，"自辟其利"⑤。

振兴实业以什么为重点？当时有两种意见：一种以郑观应为代表，主张重在商业流通，"商以贸迁有无，平物价，济急需，有益于民，有利于国。……农无商则种植之类不广，工无商则制造之物不能销。是商贾具生财之大道，而握四民之纲领也"⑥。他坚持自己19世纪末提出的"商战"观点，认为发展商业不仅能"堵塞漏卮"，还能使中国货物"行销中外"。但张謇亦早在1895年就提出以工业为重点，称"世人皆言外洋以商务立国，此皮毛之论也。不知外洋富民强国之本实在于工"⑦，所以他强调"以工立国"。20世

---

① 胜因：《实业救国悬谈》，载《东方杂志》，1910年，第7年第6期。

② 酸汉：《河南之实业界》，载《河南》，1908年第7期。

③ 佚名：《世界实业一斑》，载《湖北学生界》，1903年第1期。

④ 胜因：《实业救国悬谈》，载《东方杂志》，1910年，第7年第6期。

⑤ 佚名：《论实业所以救亡》，载《东方杂志》，1904年，第1年第3期。

⑥ 《盛世危言·商务》，见《郑观应集》上册，上海人民出版社，1985年，第607页。

⑦ 张謇：《代鄂督条陈立国自强疏》，转引自吴雁南等《清末社会思潮》，福建人民出版社，1990年，第349页。

纪初，他鉴于当时中国进口最多的是棉纱、棉布和钢铁，遂主张把实业重点放在农业和工业上，突出抓棉和铁，并把这一主张概括为"棉铁主义"。当时围绕着振兴实业的中心话题，人们已广泛讨论到各个有关方面，如农业如何多种经营，如何使用机器生产；工业如何处理轻重工业的关系；如何讲求转变眼光，改造传统商业观念，发展商务；如何发展矿业、改善交通以及筹集资金和广泛培养人才，等等。这些讨论对于丰富和提高国人关于经济建设的思想认识是有作用的。

实业救国思潮的广泛传播，对促进中国近代民族资本主义的发展起了推动作用。1905年—1908年，中国出现了民族资本的第二次投资热潮。这时民族企业已从沿海发展到内地，全国20多个省区均出现了一批大中小型企业。据不完全统计，1901年—1911年"全国兴办民族企业达585家，是此前30年总数的两倍多"，中小型企业有了较大发展，"同时也出现了一批如张謇、孙家鼐、陆润庠、严信厚、熊希龄等大企业家"①。

实业救国思潮还推动了中国人民反对帝国主义和封建专制主义的斗争。实业救国论者多是抵制美货运动、收回路矿利权和争取铁路商办等运动的主将或骨干。曾铸是1905年上海抵制美货运动的积极倡导者和领袖，曾致电朝廷，"吁恳峻拒画押，以伸国权而保商利"。张謇亦基于"以商界保国界，以商权张国权"的理由，上书朝廷要求抵制美货。郑观应是广州抵制美货运动的领袖，又是商办粤汉铁路总公司总办。汤寿潜则是浙江全省铁路公司的总理。

实业救国热潮也推动了新式教育的发展，并突出了教育中科学技术的重要性。实业教育、职业教育此时开始在中国推行，各种农学会、矿学会、商学会等也普遍建立。这些对于丰富新式教育的内容，改变读书人重理论不重实际，改变传统的重本（农业）抑末（工商）观念，都起到了一定的促进作用。

但是，在外部帝国主义的欺凌压制未能消除、国内的君主专制和封建生产方式未能改变的大格局之下，民族工业的发展空间极其狭小。据统计，甲午战争前夕，外国在华投资总额尚只占中国产业

① 参见吴雁南等《清末社会思潮》，福建人民出版社，1990年，第356页。

资本总额的 35%，到 1912 年即上升为 81.4%①，可见民族资本发展之艰难。在国内封建压迫、外国商品倾销的攻势面前，许多民族企业旋生旋灭。仅就制烟业来看，1903 年后陆续开办的"华商制烟公司大小约有 30 余家"，因不敌英美烟草公司的竞争，大多很快破产。张謇所办的大企业，在 20 世纪头十年也举步维艰，直到第一次世界大战期间才得到一定发展。残酷的现实使张謇、郑观应、汤寿潜也逐渐认识到：政治不改革，实业难振兴。所以 1908 年以后，他们也积极参加了立宪请愿运动。

教育救国思想亦可追溯到甲午战争前后，当时郑观应、严复、康有为、梁启超是主要的号召者，张元济、张謇、蔡元培等也表示赞同。20 世纪初，朝廷宣布实施辛丑新政，教育改革是新政的主要内容之一。此时及以后，梁启超在日本创办的《清议报》、《新民丛报》就不断鼓吹"广民智、振民气"。国内的一些报刊，如《杭州白话报》、《外交报》、《教育世界》、《科学世界》、《女子世界》、《东方杂志》等，都把发展和改革教育当作一个重点来宣传。诸如说，"现在是教育的世界"，"中国倘有一线希望，全在教育"②。或者说，"今言中国之时务者，辄曰强兵，强兵。殊不知兵之本在民，民之本在教育"③。当时在日本的一些中国留学生刊物，如《游学译编》、《教育》、《豫报》、《白话》等，也不断宣传学问、教育是"强国势之起点"④，"国家的强弱全在教育的兴废"，"救中国的衰弱必以教育为急务"⑤。故当时有人总结说："青年志士稍识时危者，莫不将兴学为救亡之策，奔走呼号。"⑥ 从宣传教育救国者的政治态度来看，改良派（即后来的立宪派人士）是先导，青年学生尤其是留日学生则是主力。少数革命者（如蔡元培）也参加了这一工作，没有参加的革命者也未对此加以责难。

综合当时重视教育者的观点，可知他们强调发展和改革教育的

---

① 参见吴雁南等《清末社会思潮》，福建人民出版社，1990 年，第 357 页。
② 黄海峰郎：《论今日最重要的两种教育》，载《杭州白话报》，1903 年第 9 期。
③ 佚名：《对客问》，载《东方杂志》，1904 年，第 1 年第 5 期。
④ 《与同志书》，载《游学译编》，1903 年第 7 期。
⑤ 子欣：《救中国的衰弱必以教育为急务》，载《白话》，1903 年第 1 期。
⑥ 《修武富绅之热心兴学》，载《豫报》，1904 年第 2 号。

理由有数端。其一，教育是保国保种、挽救危亡的重要手段。《辛丑条约》签订之后，西方列强在加强对中国的政治控制、经济渗透的同时，以"扶植中国之文明，实行博爱主义"的名义，强化了对中国的文化侵略，特别是来华教会开办的各种学校迅速增加。有识之士对列强这种"以皋比讲授之仪代利船坚炮之用"的手法持有高度警惕，视其为"争谋我教育之权，其积虑处心，较诸他事竞争尤阴鸷而险狠"，因为奴化教育"挑起我国人种族之恶感，而离析其敌忾同仇之心志，使移其对外之竞争，用诸对内"①。严复对比印度、波兰等国的亡国痛史，深感振兴教育之不可缓，因而担忧地说："吾辈一身即不足惜，如吾子孙与中国之人种何！"② 这种认识可说是一切热心教育事业者的共识。

其二，教育是谋求国家富强，进而与西方国家竞争之本。中国教育会在《致海外同胞书》中称教育为一国"强弱之总因"，"盛衰之枢纽"。《豫报》上的文章说，中国人能否免遭"奴隶、牛马之惨祸，全看能兴学及不能兴学为断"，在同西方列强的竞争中，"握胜的左券就在学校"③。严复更总结说："处物竞剧烈之世，必宜于存者而后终存。考五洲之历史，凡国种之灭绝，抑为他种所羁縻者，不出三事：必其种之寡弱，而不能强立者也；必其种之暗昧，不明物理者也；终之必其种之恶劣，而四维不张者也。"④ 而解决这些问题的根本之道是教育。

其三，只有通过教育才能培养各种有用的人才。当时因倡导振兴教育者各有并不完全相同的具体目标，因而对培养何种人才各有侧重，共同之处则是培养"国民"。严复在 19 世纪末提出"鼓民力"、"开民智"、"新民德"，梁启超在 20 世纪初大力倡导"新民"，一些留日学生办报办刊物也以"国民"命名，共同之处是要提高人民的文明程度、合群能力和自立自治精神，使其脱离"奴隶"和王朝"臣民"的地位。当时普遍的目标除国民教育之外，女子教育也

① 《申论外人谋握我教育权之可畏》，载《外交报》，1908 年第 210 期。
② 严复：《论教育与国家之关系》，见《严复集》第 1 册，中华书局，1986年，第 167 页。
③ 《捐巨资兴学之可嘉》，载《豫报》，1903 年第 1 号。
④ 严复：《论教育与国家之关系》，见《严复集》第 1 册，中华书局，1986年，第 166～167 页。

为人们所公认。因为女子为"国民之母"，"兴女学比兴男学尤亟"①，若"一女不学，则一家之母无教；一家之母无教，则一家之子失教。积人成家，积家成国，有学无学，受教失教，优劣相形，胜败立判矣"②，其最主要的出发点仍是竞争图存。

除了国民教育、女子教育的共同目标之外，其他则存在着明显歧异。立宪派的康有为、梁启超认为改良政治制度是头等大事，故强调培养"政学人才"。侧重于实业救国、科学救国的人则重视培养有"专门知识"的"艺学人才"，因而强调"实业教育"。如严复说，实业教育"有救贫之实功，而国之利源乃有以日开，而人人有自食其力之能事"③。张謇亦称，"中国今日自救之术，固当以实业教育为最急之务"④。革命派所办的学校，如秋瑾主办的大通师范学堂则侧重灌输革命思想，以培养革命人才为务。统治阶级中最重视教育的是张之洞，他的教育宗旨是"中体西用"，要培养的人才是首先能坚守封建纲常伦理，捍卫孔孟圣道，其次才是各种知识和专门技能。

清末的教育救国思潮在当时起到了若干进步作用。最显著的是促成了"废科举，办新学"的目标，使延续千余年的科举制度最终得以废除，各级各类新式学校开始大量出现，出国留学也蔚然成风，为中国社会的发展所需准备了一些人才。而且当时各地均出现了一些热心办学的开明人士，有的不惜毁家兴学。蔡元培、张伯苓、黄炎培、马叙伦等人亦在此时走上了矢志教育的道路，为中国的教育事业作出了巨大的贡献。当然，教育不能代替革命，而且事实上教育也没有阻止革命。

20世纪初年在中国出现的"科学救国"思想也是值得重视的。因为中国传统的价值观念是"重政务，轻自然，斥技艺"，明末清初由传教士输入西方自然科学知识的过程后来中断了近两百年，到19世纪中叶中国人才再度接触到西方文化。洋务运动开启了学习

---

① 谢震：《论女学与宪政前途之关系》，载《女报》，1909年第3号。
② 清如：《论女学》，载《中国新女界杂志》，1907年第2期。
③ 严复：《实业教育》，见《严复集》第1册，中华书局，1986年，第203～204页。
④ 张謇：《通州中学附国文专修科述义》，转引自吴雁南等《中国近代社会思潮》第1卷，湖南教育出版社，1998年，第770页。

西方工业制造的大门，而这时中外人士翻译的数百种西书则使西方科技知识在中国得到了一定程度的传播。维新运动期间，康有为、梁启超率先从日本引入"科学"一词，基本意思是指西洋的"分科之学"，与传统的"格致之学"并用。严复强调"富强之基，本诸格致"①。这期间出现了上海的农学会、医学会、商学会、经济学会、格致学社，杭州的化学公会、群学会，南京的测量学会，福州的蚕学会，广州的农学会和湖南郴州的舆算学会等，一方面传播西方科学知识，另一方面作了一些简单的研究。

20世纪初年，科学在中国更受重视。康有为说："科学实为救国之第一事，宁百事不办，此必不可缺者也。"② 杜亚泉则认为科学（他把科学称为"艺术"）是一国"不败之基础"③。上海科学研究会的成员更称"科学者，文明发生之原动也"，中国由贫弱落后而濒于亡国灭种，根本的原因即在"学术之衰落"④。《直隶白话报》也说，"一国的盛衰兴亡，全靠着人民的知识学问"，"天下事情没有学问是一定办不成的"⑤。所以，他们都号召国人普遍学习和运用科学，"以救贫弱而跻富强"。

需要强调的是，当时人们所说的"科学"，既包括自然科学，也包括社会科学，还包括科学的精神、态度和方法。这个认识基础在维新时期的康有为、谭嗣同、严复那里就建立了。康有为所说的"宏开校舍，教以科学"，显然不是单指自然科学。谭嗣同说，"学问可以保国，有学而国乃可以不亡"，"所谓学问者，政治、法律、农、矿、工、商、医、兵、声、光、化、电、图、算皆是也"，"无诸学无以致富强"⑥。严复则认为科学精神的根本是"黜伪崇真"，

①　严复：《救亡决论》，见《严复集》第1册，中华书局，1986年，第43页。
②　康有为：《物质救国论》，见《康有为政论集》上册，中华书局，1981年，第576页。
③　杜亚泉：《〈亚泉杂志〉序》，载《亚泉杂志》，1900年第1期。
④　《发刊词》，载《科学一斑》，第1期，转引自《辛亥革命时期期刊介绍》第2册，人民出版社，1982年，第545页。
⑤　兼士：《论中国人心风俗之坏》，转引自《辛亥革命时期期刊介绍》第2册，人民出版社，1982年，第295页。
⑥　谭嗣同：《论学者不当骄人》，见《谭嗣同全集》下册，中华书局，1981年，第402、403页。

同时要有"即物实测，层累阶级"的实证方法①和"平实地说实话，一不为古人所欺，二不为权势所屈"的自由精神②。不过，当时一般宣传科学知识的刊物，如《科学世界》、《科学一斑》等，所说的科学的内容仍然多属于自然科学。

当时的人们认为，发展自然科学除了具有前面所说的"救国"、立"富强"之基的根本功用之外，具体还有如下作用：一是科学可以破除迷信。他们认为，科学与迷信是"绝对的不同物"，"科学者，进化之利益也；迷信者，思想之桎梏也"，只有依靠科学才能驱除人们头脑中的迷信。欧美各国均是"以有科学之发明，故始有今日之文明"③，中国也应该这样。二是科学可以促进实业。《湖北学生界》、《东方杂志》介绍农学知识，诸如测气候、辨土壤、谈化学、讲植物，均是为了以科学指导来改进农业生产。工业与科学的关系更加密切，故时人说图工业进步"舍讲求理化学无他术"④。鲁迅先生更论证了科学与实业"相互为援，于以两进"的关系⑤，即实业与科学两者不能分离。三是科学能开民智，因而能促进政治民主。严复、梁启超对此论述最多，已为人所熟知。杜亚泉也持同样观点，他说："自其内部言之，则政治之发达，全根于理想，而理想之真际，非艺术（即指科学）不能发现；自其外部观之，则艺术者固握政治之枢纽矣。"⑥上海科学仪器馆的王本祥曾讨论美国的发展速度问题，认为根本原因就在民主政治和科学技术两项，而由科学技术造出的物质文明对民主政治"助其焰而扬其波"⑦。

20 世纪初年科学救国的具体行动有三。一是结成团体，展开舆论宣传和科学知识普及。这期间专门研究自然科学的团体主要有

---

① 严复：《原强修订稿》，见《严复集》第 1 册，中华书局，1986 年，第 23 页。

② 严复：《〈群己权界论〉译凡例》，见《严复集》第 1 册，中华书局，1986 年，第 134 页。

③ 绝圣：《排孔征言》，载《新世纪》，1908 年第 52 期。

④ 《改革中国制造业论》，载《东方杂志》，1907 年，第 4 年第 5 期。

⑤ 鲁迅：《科学史教篇》，见《鲁迅全集》第 1 卷，人民文学出版社，1981 年，第 33 页。

⑥ 杜亚泉：《〈亚泉杂志〉序》，载《亚泉杂志》，1900 年第 1 期。

⑦ 王本祥：《电器大王爱提森传》，转引自《辛亥革命时期期刊介绍》第 1 册，人民出版社，1982 年，第 295 页。

上海的亚泉学馆（1900 年）、普通学书室（1901 年）、上海科学仪器馆（1903 年）、科学研究会（1907 年）、中西医药研究会（1910 年），天津的中国地学会（1909 年），东京中国留学生组织的中国药学会（1907 年）和留法学生组织的中国化学会欧洲支部（1907 年）等。刊物也以上海的最多，计有《亚泉杂志》（1900 年）、《普通学报》（1901 年）、《中外算学报》（1902 年）、《科学世界》（1903 年）、《实业界》（1905 年）、《理学杂志》（1906 年）、《学报》（1906 年）、《科学一斑》（1907 年）、《理工》（1907 年）、《卫生白话报》（1908 年）、《中西医学报》（1910 年），广州有《实业报》（1907 年）、《农工商报》（1907 年）、《广州化学会实业报》（1910 年），武昌有《湖北农会报》（1905 年），保定有《北直农话报》（1905 年），绍兴有《绍兴医药》，天津有《地学杂志》（1910 年）。此外，综合刊物如《东方杂志》、《政艺通报》、《大陆》、《河南》等，报纸如《直隶白话报》、《扬子江白话报》等，也有文章宣传科学救国和介绍科学知识。

二是出国留学时选择攻读自然科学。鲁迅先生后来回忆当时的情景说："甲午战败，他们自以为觉悟了，于是要'维新'，便是三四十岁的中年人，也看《算学笔谈》，看《化学鉴原》；还要学英文，学日文……那目的是要看'洋书'，看洋书的缘故是要给中国图'富强'。"[①] 出洋留学尤其是到欧美留学，则被认为更是直接学习西方科学的有效途径，所以这期间留学攻读化学、物理、地质矿产、生物、医学、纺织、冶金和经济学的人不少。当时的多数留学生都有急于求成的心态，为了路近费省多满足于在日本呆一段时间，欲进官场者习政法，寒素之士习师范，"速成"数月或半年一年，完成镀金即回国谋职。而攻读自然科学的留学生，一般时间长达数年，要远赴欧美，甚至在留学日本之后又留学欧美，他们付出的努力比别的留学生要多得多。

三是大量翻译西方著作和编纂各种自然科学知识书籍。在翻译方面，留日学生于 1900 年 12 月创办的《译书汇编》，1902 年 12 月另一批留日学生创办的《游学译编》，还有 1901 年林纾等人在杭州

---

① 鲁迅：《准风月谈·重三感旧》，见《鲁迅全集》第 5 卷，人民文学出版社，1981 年，第 324 页。

出版的刊物《译林》，在当时都产生了较大影响。1901年—1911年，以"译"字作为报刊或书社名称者就有23家之多①。还在1904年，我国翻译的外国书籍即达533种，其中留日学生从日文翻译或转译的为321种，占总数的60％②。译书以政法、军事、理财、教育、历史、地理、商学、时事、外交居多，但也有不少自然科学方面的教科书、工具书和著作。

杜亚泉是热心的科学救国者，1900年即独立创办"揭载格致算化农商工艺诸科学"的《亚泉杂志》。1901年，他又开办普通学书室，创办《普通学报》。1904年秋，他任商务印书馆编译所理化部主任，编写了一些理科教科书及《植物学大辞典》、《动物学大辞典》、《化学工艺宝鉴》，著有《有机化学》、《高等植物分类学》等著作。著名生物学家钟观光著有《理科通证》，翻译有《中国通商物产字典》，1903年创办上海科学仪器馆，并在馆中设理科传习所。当时受科学救国思想激励，致力于中国近代科学奠基工作的人不在少数。

上述君主立宪运动、地方自治运动，实业救国、教育救国和科学救国的主张及实践活动，都属于体制内变革的思想和行动。从人事上看，地方自治和实业、教育、科学救国的热心者多是立宪派人士。激进的革命派人士不仅坚决反对君主立宪主张，于后几项活动也只有少数人参与其中。革命派虽然没有明确地对地方自治和实业、教育、科学救国主张表示反对和否定，但至少认为上述活动不是当务之急，不能与革命的重要性同日而语。

上述体制内的变革活动，仍然是时代的产物、时代的反映，所以是前所未有的。它们可以说都是为了救亡，为了改变中国的专制、黑暗、贫弱、落后的现实而进行的尝试和探索。当然，这些认识具有片面性，即对封建势力和外国侵略势力的顽强阻碍估计不足，天真地以为不需要进行一场以武装斗争为根本道路的政治革命，就可以使中国进入文明富强之境。此后的历史事实证明了这只是一种幻想。但我们不能因此完全否定其合理性和进步意义，尤其

---

① 马祖毅：《中国翻译简史》（五四前部分），中国对外翻译出版公司，1984年，第272页。

② 林庆元、郭金彬：《中国近代科学的转折》，鹭江出版社，1992年，第247页。

是体制内变革所营造的政治文化和社会文化，当时具有很丰富的内容，其思想上的影响此后也不容忽视。

三　革命民主主义的思想文化

这里不用"民主主义革命"而用"革命民主主义"，乃是因为19世纪末20世纪初持有这种思想的人多是先接受革命，后接受民主主义；有的人虽是同时萌生，但革命是第一位的，即排满的民族主义思想重于民主主义思想。

清末中国有三个地域是萌生革命民主主义的温床，这就是广东、江浙和两湖四川，由这三个板块牵动了整个中国大局，使中国的面貌发生了初步改变。这三个地区中，广东是我国最先与西方资本主义碰撞接触的地区。香港、澳门这两个西方文明的窗口和通道，为数众多的华侨家庭和沽跃的洪门会党组织，使这里的先进有识之士可能最早萌生革命民主主义思想。江浙在明清以来一直是我国商品经济最发达的地区，文化水平在全国首屈一指。这里的士大夫中有相当一部分人不忘明朝"亡国"之痛，不忘"扬州十日"、"嘉定三屠"，洪门会党的活跃不仅是因为有众多流民、下层群众的大量拥入，士绅富户也有人置身其间。加上有十里洋场的上海，中外商品、人物、思想文化荟萃，新的思想文化最易产生。两湖四川联为一体，是中国腹心的膏腴之地，物产丰富，商品经济较为发达，也有相当丰厚的文化基础。武汉是当时内地最大的通商口岸。两湖四川的洪门会党在内地势力最大。

19世纪后半期，上述三个地区均出现了一批新式工业，包括外资的、官办的、民营的各种工厂企业，展现着新的生产方式；上海、广州和武汉分别是华东、华南和华中的工商业中心和交通枢纽。各级各类新式学堂培养了一批与旧式士人不同的近代知识分子。到20世纪初年，由这三个地区走出去的留学生约占全部留学生的80％。所以不难理解，革命团体兴中会于1894年成立于檀香山后，次年即组织香港分会并举行广州起义，孙中山、朱执信、廖仲恺、胡汉民、汪精卫均出自广东。1903年—1904年，湖南出现了革命团体华兴会，湖北出现了科学补习所，上海出现了光复会。两湖四川产生了革命宣传家邹容、陈天华，革命骨干分子黄兴、宋教仁。江浙则产生了章太炎、蔡元培、秋瑾、陶成章、陈其美等人。

孙中山 12 岁以前在广东生活，此后在华侨集中的檀香山求学 6 年，1884 年回国，在香港、广州、澳门等处学医、行医，曾以"洪秀全第二"自居，常发表不满清廷的言论，提出"勿敬朝廷"。在檀香山和广东常与孙中山交往，思想上互相影响的，有邓荫南、宋居仁、陆皓东、郑士良、陈少白、杨鹤龄、杨衢云、谢缵泰、尤列等人。这些人或者是长期侨居国外，较多接触西方民主思想，或者是洪门中人，素有反清复汉的思想传统。1894 年冬，孙中山在檀香山组成中国第一个民主革命团体兴中会，《兴中会章程》概括了中国的危急形势，谴责了朝廷的"庸奴误国，荼毒苍生"，响亮地发出了"振兴中华"的号召。誓词则提出"驱逐鞑虏，恢复中华，创立合众政府"。章程和誓词体现了爱国救亡、反清革命、追求民主共和这三个层次的思想。朱维铮先生曾指出，《明实录·太祖洪武实录》卷二十一载有朱元璋 1367 年发布的《檄谕齐鲁河洛燕蓟秦晋之人》，内有"驱逐胡虏，恢复中华，立纲陈纪，救济斯民"之语[1]，这一发现清楚地表明了洪门反清传统对孙中山革命思想的影响。

另一个例子是章太炎。章太炎出身于读书之家，9 岁时外祖父"来课读经"，"暇亦时以明清遗事及王而农（夫之）顾宁人（炎武）著述大首相晓，虽未读其书，闻之启发"。13 岁读家中藏书《东华录》，"见戴名世、吕留良、曾静事，甚不平"。1897 年，章太炎 29 岁，在上海遇康有为门人梁启超等。梁启超等忙于维新变法，"又多持《明夷待访录》，余常持船山（夫之）《黄书》相角，以为不去满洲，则改政变法为虚语"[2]。可知章太炎的反清革命思想在 19 世纪末已经萌芽，而渊源则主要在江浙士大夫不满清廷统治的传统。江浙的其他人如蔡元培、陶成章、徐锡麟、张恭等情况近似。陶成章、张恭等还与洪门会党的关系密切。这批人也是先因爱国而形成了革命（反清）观念，此后才接受若干民主思想的。

《兴中会章程》和誓词体现了孙中山等人把拯救中国与推翻清

---

[1] 朱维铮：《关于清末的民族主义》，载香港中文大学《二十一世纪》，1993 年 4 月号。

[2] 《章太炎先生自定年谱》，上海书店，1986 年，第 2、6 页。

王朝相结合，把振兴中华与发展资本主义理想相结合，而且形成了民族主义和民权主义的雏形。但是，其思想理论还远远谈不上系统丰富，而民主思想仅体现为"创立合众政府"一语，传播和影响的范围更是极其有限。

1895 年广州起义失败后，孙中山经香港、日本、美国到英国，通过实地考察和钻研西方学者的政治、经济理论，丰富了自己的思想。一方面，他认识到西方民权的许多内容，如人民的参政权、投诉权、言论自由等，在中国一概未曾放开，"中国之人民，无一非被困于黑暗之中"①，加深了他对民权主义的理解；另一方面，他也看到了西方贫富分化、工人运动不断的问题，感到资本主义远非极乐之境，因而接受了美国亨利·乔治的"单税论"，即征收地价税，土地涨价归代表全体人民的国家所有，以防止贫富扩大，这一点成为他民生主义的要项。

1897 年，孙中山再到日本，此后直到 1900 年领导惠州起义和参与谋划同年的自立军起事，均遭失败。但此时孙中山在新式知识分子群中的影响开始扩大。自立军起事失败后，原属于康梁派的秦力山拜会了在日本的孙中山，从此服膺孙中山的主张，并大力向留日学生宣传介绍。同年，章太炎也在日本与孙中山"定交"。孙中山与秦力山、章太炎的结识，标志着他与两湖、江浙新式知识分子开始结合，此后孙中山的寓所"群士辐辏，岁愈百人"②。留学生和国内新式知识分子中的先进之士在孙中山的影响下，很快走上了革命民主主义道路。

这个先进的新式知识分子群体，既是率先接受革命民主主义的对象，又是宣传革命民主主义思想的主力。各种有关报刊宣传的内容和趋势前面已有论述和归纳，此处不复赘述，仅以章太炎、邹容和陈天华的主要作品为例，讨论革命民主主义宣传的内容。

章太炎在 1901 年春至 1903 年春修改重订 1900 年春初版的《訄书》，收入了《〈客帝〉匡谬》和《〈分镇〉匡谬》二文，就自己以前对清王朝及汉族督抚存有的幻想作了严厉的自我批评，彻底抛弃

---

①　孙中山：《伦敦避难记》，见《孙中山全集》第 1 卷，中华书局，1981 年，第 51 页。

②　邹鲁：《中国国民党史稿》，中华书局，1960 年，第 1306 页。

了在体制之内作温和改革的设想。重订本《訄书》问世之后，即在社会上产生了重大影响。不仅如此，章太炎还和孙中山一样，是最先与康有为论争的。康有为在1902年发表《与南北美洲诸华商书》，大力美化清王朝的统治，攻击革命者和民主思想，宣称中国只能行立宪不能行革命。次年5月，章太炎公开发表《驳康有为论革命书》，系统地批判了康有为的保皇立宪主张。文章批驳了所谓"君民不分，满汉同治"的观点，论证革命是最大的权威，中国的出路只有通过流血的革命，才能实现真正的立宪民主。他说："人心之智慧，自竞争而后发生，今日之民智，不必恃他事以开之，而但恃革命以开之。且勿举华、拿二圣，而举明末之李自成。李自成者，迫于饥寒，揭竿而起，固无革命观念，尚非今日广西会党之俦也。然自声势稍增而革命之念起，革命之念起而剿兵救民赈饥济困之事兴。岂李自成生而有是志哉？竞争既久，知此事之不可已也。……然则公理之未明，即以革命明之；旧俗之俱在，即以革命去之。革命非天雄大黄之猛剂，而实补泻兼备之良药矣。"①

这段话主要回答康有为因中国"民智未开"故不可革命的观点，强调革命斗争正是提高民智的最有效途径。他以二百多年前李自成的所作所为为例，肯定了他因斗争而提高了革命志向，并采取了一系列顺民心应时势的做法，何况今天的革命不仅有会党，更有具备中外知识学问的成群英杰。我们从中不仅能看到此时章太炎崇拜革命的精神，也能看到他相信群众的态度，这和康有为、梁启超畏惧革命、轻视群众的心态成了鲜明对比。章太炎的这篇文章虽然存在着狭隘的大汉族主义观点，但在当时批驳康、梁的论战中，仍以其内容扎实、观点鲜明、逻辑力强、富于文采而风行一时。章太炎亦由此而奠定了"有学问的革命家"的地位。

邹容曾十分崇拜谭嗣同，早有为民族而"杀身成仁"的大志。1902年，17岁的邹容从四川赴日本，如饥似渴地阅读各种书籍，翌年即因参加惩戒清政府留日陆军学生监督，被迫离日回上海。他在上海加入了爱国学社，与章太炎等一起参加拒俄运动，并在《苏报》上撰文，鼓吹反清革命。同年，邹容把澎湃于心中的革命思

---

① 章太炎：《驳康有为论革命书》，见《章太炎政论选集》上册，中华书局，1977年，第203～204页。

想，融合西方资产阶级启蒙时期的重要著作，如卢梭的《民约论》、孟德斯鸠的《万法精理》、弥勒约翰的《自由原理》以及《法国革命史》、《美国独立檄文》等文献，并广泛汲取了谭嗣同的《仁学》、章太炎的《訄书》及《国民报》文章中的思想和语句，融会贯通，写成了二万余言的《革命军》。

《革命军》开卷第 1 章就大声疾呼进行反清革命，对革命事业的神圣伟大极力赞美歌颂，称"革命者，天演之公例也。革命者，世界之公理也。革命者，争存争亡过渡时代之要义也。革命者，顺乎天而应乎人者也。革命者，去腐败而存良善者也。革命者，由野蛮而进文明者也。革命者，除奴隶而为主人者也"。革命的意义如此之大而且多，故中国要独立富强，要与列强争雄争胜，要长存于 20 世纪，均"不可不革命"。对中国而言，"革命革命，得之则生，不得则死"。其向往革命之心，溢于言表。

其次，是把反清革命与反对列强侵略联系起来。《革命军》指出，清政府已经完全沦为西方列强的走狗，它与列强勾结，共同压迫剥削中国人民。"我同胞处今之世，立今之日，内受满洲之压制，外受列强之驱迫，内患外侮，两相刺激，十年灭国，百年灭种，其信然夫。"为此，"欲御外侮，先清内患"，即先进行反清革命，再驱逐"外来之恶魔"，明确地提出了处于半封建半殖民地的中国人民的反帝反封建任务。

再次，是对读者和广大群众进行民主思想的教育。《革命军》痛心地承认中华民族的性格有弱点，这就是中国人身上的"奴隶根性"，并指出两千年来的专制制度和上层建筑都是"中国人造奴隶之教科书"。文章强调，要使中国人除去奴隶性而成为"国民"，就要以爱国主义和自由、平等、法制观念等教育中国人，使人人知道"平等自由之大义"，"制造无量无名之华盛顿、拿破仑"，才能"共逐君临我之异种，杀尽专制我之君主，以复我天赋之人权"。

最后也最重要的是，《革命军》第一次鲜明地、系统地提出了未来"中华共和国"的蓝图。文章用了整整一章的篇幅向人们宣告，革命后要仿照"美国革命独立主义"，建立资产阶级民主共和国。作者以二十五条纲领勾画了这样一幅蓝图：无论男女都是国民，国民一律平等，人人享有生命、言论、思想、出版等天赋的自由权利。政府的权力由人民所授，政府干预了人民的权利，人民可以推翻之。为保证人民享有权利，要实行议会制，各府、州、县都选举议员，总统由各省议员公举。参照美国宪法和法律来制定中国的宪法和法律。中央政府有权与外国宣战、议和、定盟、通商，中国与世界各大国平等，等等①。邹容对"中华共和国"前景的阐述，具体展开了孙中山提出的"建立合众政府"的各个方面的方针和内容，为不久以后出现的同盟会纲领作了理论上的准备。

《革命军》刚在上海问世，消息立即不胫而走。为了躲避清政府的封禁，革命派巧妙地采取变换书名的方法，在国内外不断重版，其销行数量占清末书刊第一位，成了众多革命青年的必读书。

陈天华的两本著作《猛回头》和《警世钟》，约写作和出版于1903年下半年。在这两本书中，作者以慷慨激昂的爱国热情、通俗流畅的文笔，淋漓尽致地揭露了帝国主义瓜分中国的野心和清政府的卖国罪行，号召人们奋起斗争。

两书的最大特色是体现了强烈的反帝爱国思想。《警世钟》一开头就以"洋人来了"，"我们大家的死日到了"的惊呼，提出了中国人民生死攸关的严重问题，指出帝国主义是奴役中国人民的最凶恶的敌人。两书都详细地追述了鸦片战争以来，因为列强侵略"弄得中国民穷财尽"的悲惨历史，接着重点揭露了帝国主义蓄势待发、以求一逞的并吞企图："俄罗斯，自北方，包我三面；英吉利，假通商，毒计中藏；法兰西，占广州，窥伺黔桂；德意志，领胶州，虎视东方；新日本，取台湾，再图福建；美利坚，也想要，割土分疆；这中国，哪一点，还有我分？这朝廷，原是个，名存实亡"，以血泪斑斑的文字概括出列强瓜分中国的危急形势。

陈天华认为，列强公开的瓜分固然令人痛恨，而它们利用清王朝"代他管领"以求"暗行瓜分"，则更阴狠毒辣。他指出："各国不是不瓜分中国，因为国数多了，一时难得均分，并且中国地方宽得很，各国势力也有不及的地方，不如留住这满洲政府，代他管领，他再管领满洲政府，岂不比瓜分便宜得多吗？"这种宣传虽然浅显，却抓住了要害，把道理讲得明白易懂，同时揭露了中外反动派之间的主奴关系，给予帝国主义分子喧嚣一时的"保全主义"以

---

① 邹容：《革命军》，转见《辛亥革命前十年间时论选集》第1卷下册，三联书店，1978年，第651～677页。

有力的痛斥。

作者进而指出，要抵抗列强的侵略，就必须推翻清政府，因为此时的清政府已完全成了"洋人的朝廷"，满朝文武成了外国侵略者统治中国的"守土官长"，全是帝国主义的奴才。他说："你道今日中国还是满洲政府的吗？早已是各国的了！那些财政权，铁道权，用人权，一概拱手送予洋人。洋人全不要费力，要怎么样，只要下一个号令，满洲政府就立刻奉行。"他又用具体的事实证明清政府的罪恶，说："从前赔款数次，差不多上十万万了。此次（指庚子赔款）赔各国的款，连本带息，又是十万万。我们就是卖儿卖女，也是出不起的。又自己把沿海的炮台削了，本国的军营请各国来练，本国的矿产让各国来开，本国的铁路听各国来修，还有那生杀用人的权柄都听各国指挥。列位，你看满洲的政府，只图苟全一己……件件依了洋人的，你道可恨不可恨！我们若不依他的，他就加以违旨的罪，兴兵剿洗，比草芥也比不上。十八省中，愁云黯黯，怨气腾霄，赛过那十八层地狱。"他设问道："难道这洋人的朝廷也不该违拒吗？"答案很简洁："我们要想拒洋人，只有讲革命独立，不能讲勤王。"要救国必须反帝，要反帝必须反清，必须革命，"勤王"只能是缘木求鱼。

陈天华站在反帝爱国的立场，以爱国还是卖国来划分敌我界线，试图集聚民族民主革命的大军。他号召遭受列强和朝廷压迫剥削的人同心同德，共同对敌，"无论为士、为农、为工、为商，都不可丝毫扰害，都要极力保护，不使一个受外族欺凌"。而这些为士为农为工为商者应该痛恨"拱手降洋"的朝廷，痛恨"见了洋人如鼠见了猫一样，骨头都软了，洋人说一句，他就依一句"的权贵，痛恨"只晓得替满人杀同胞，不晓得替中国争权利"的朝廷走狗，痛恨不敢"违拒朝廷"，反而蒙蔽欺骗人民以"到处讨功"的"勤王党"。陈天华把他们视为卖国的败类，对其一一加以声讨。

两书还告诉人们要敢于藐视敌人。他说："其实洋人也是一个人，我也是一个人，我怎么要怕他？""一十八省，四万万人，都舍得死，各国纵有精兵百万，也不足畏了。"他劝告人们不要有惧洋心理，不要推诿责任而空喊救国，而应该时刻准备行动，"洋兵不来便罢，洋兵若来，奉劝各人把胆子放大，全不要怕他。读书的放了笔，耕田的放了犁耙，做生意的放了职事，做手艺的放了器具，齐把刀子磨快，子药上足，同饮一杯血酒，呼的呼，喊的喊，万众直前，杀那洋鬼子，杀那投降洋鬼子的二毛子"。

需要指出的是，陈天华此时的思想并不同于义和团仅凭血气之勇、以血肉之躯和落后的武器去对付洋枪洋炮，他强调的是"全国皆兵"，四万万人"合成一个"，让敌人"四面受敌"，由"深入腹地变为死地"。他的设想具有人民战争的初步意义。而且他认为，要战胜列强，仅凭勇气还不够，还要学习他人之所长，克服自己之所短，这就是他所说的"越恨他，越要学他；越学他，越能报他（报仇），不学断不能报"。他对学习西方也充满了成功的信心："俗话说，天下无难事，只怕有心人。若有心肯学，也是很容易的。"①他在《猛回头》中提出了救国"十要"，广泛涉及政党、军队、实业、教育、思想、妇女、社会风俗等各方面的改革，是一份向西方学习的详细纲领。

陈天华并不是只能写通俗宣传品。1903年，他还与杨守仁等编辑过《游学译编》、《新湖南》等书刊。1905年，他又与宋教仁等创办《二十世纪之支那》杂志。同年，同盟会成立，他同黄兴、宋教仁等负责起草会章及文告，著名的《革命方略》亦由陈天华执笔。同盟会的机关刊物《民报》创刊后，他又是编辑和撰稿人之一。他还写过《中国革命史论》、《最近政见之评决》、《论中国宜改创民主政体》、《最近之方针》等政论和名叫《国民必读》的小册子，但以《警世钟》、《猛回头》影响最大。

到1905年夏天，由于革命民主主义思想的广泛传播和革命运动的高涨，一个全国性的资产阶级革命政党——中国同盟会应运而生。而此时的革命思想理论，无论是在孙中山个人方面，还是在革命者的群体方面，均已升华、成熟并基本形成共识。因此，在《同盟会总章》中，孙中山和他的战友们确认："本会以驱除鞑虏，恢复中华，创立民国，平均地权为宗旨。"同年11月，当同盟会机关刊物《民报》正式创刊时，孙中山在发刊词中对十六字纲领又作了进一步阐述，第一次概括出"民族"、"民权"、"民生"三大主义。1906年，他主持制定的同盟会《革命方略》，其首篇《军政府宣

① 以上《警世钟》、《猛回头》中的引文，均见《陈天华集》，湖南人民出版社，1982年，第25～95页。

言》及同年他在《民报》创刊周年纪念会上的演说，都对三大主义的基本内容作了系统解释。同时，《民报》和众多革命报刊也先后刊登多篇理论文章。至此，可以说革命民主主义的核心——三民主义的思想体系已经形成。

民族主义从字面上理解，就是要推翻清政府，重建汉人当权的政府，但其内容和意义远不止于此。首先，孙中山和其他革命者是把民族革命与推翻清政府的政治革命结合在一起的。孙中山认为，民族主义最根本的问题还是政权问题，"民族主义，并非是遇着不同种族的人便要排斥他，是不许那不同种族的人来夺我民族的政权"。之所以要推翻清王朝，是因为它不仅是满族贵族统治的政府，而且还是一个对内专制、对外向帝国主义投降的反动的卖国政府。"这种政体，不是平等自由的国民所堪受的。要去这政体，不是专靠民族革命可以成功"。"我们推倒满洲政府，从驱除满人那一面说是民族革命，从颠覆君主政体那一面说是政治革命，并不是把来分作两次去做"①。就是说，民族革命和政治革命将结合起来，同时进行。

民族主义不是简单的"排满复汉"，更不是反满复仇主义。同盟会建立时，有人提出以"对满同盟会"作为会名，孙中山表示反对，称"不必也。满洲政府腐败，我辈所以革命，即令满人同情于我，亦可许入党"②。此后，他还着重批驳了"杀尽满人"的谬论，曾说："兄弟曾听见人说，民族革命是要灭尽满洲民族，这话大错。民族革命的原故，是不甘心满洲人灭我们的国，主我们的政，定要扑灭他的政府，光复我们民族的国家。""我们并不是恨满洲人，是恨害汉人的满洲人。假如我们实行革命的时候，那满洲人不来阻害我们，决无寻仇之理。"③ 就是国粹派旗手、大汉族主义色彩较浓的章太炎也说，"排满洲者，排其皇室也，排其官吏也，排其士卒也"，而不是排斥一切满族人，也不限于只排满族人，"若汉族为彼

---

① 孙中山：《在东京〈民报〉创刊周年庆祝大会的演说》，见《孙中山全集》第1卷，中华书局，1981年，第325页。

② 田桐：《同盟会成立记》，载《太平杂志》，1930年第1卷第1期。

③ 孙中山：《在东京〈民报〉创刊周年庆祝大会的演说》，见《孙中山全集》第1卷，中华书局，1981年，第325页。

政府用，身为汉奸，则排之亦与满人等"。而且革命成功之后，"若政府已返于汉族，而有癸辛、桓灵之君，林甫、俊臣之吏……是亦革命而已"①。所以当时民族革命的目标是很明确的，革命派已将满族统治者及其走狗与满族人民作了区分。

其次，民族主义无疑也有对外抗拒列强、建立独立国家的意义。孙中山曾明确指出："鼓吹民族主义，建一头等民主大共和国，以执全球的牛耳。"② 就是要通过推翻清王朝，实现建立新的民族国家的目的。而章太炎早在 1901 年就曾说过，因为清王朝已沦为列强控制中国的工具，所以要抵御列强必先"排满"，不然，"满洲弗逐……（中国）浸微浸衰，亦终为欧美之陪隶而已"③。同盟会没有明确提出反对帝国主义的纲领，这是事实。当时就有人表示疑惑，章太炎对此作过解释。他认为"西人之祸吾族，其烈千万倍于满洲"，照理更应强调反对列强，"然以利害相校，则革命军不得不姑示宽容，无使清人、白人协以谋我。军中约法，半为利害，不尽为是非也"④。但这只能说是章太炎个人或一部分人的理解，不能说革命派全都认清了帝国主义的本质，都有坚决反帝的意志。

民权主义是民主革命的根本，是民族革命与政治革命同时进行的标志，也是"创立民国"的精髓，孙中山和他的战友对此论述甚多。

孙中山指出，实现民权主义的途径只能是"由平民革命以建国民政府"，为此须"一国之人皆有自由、平等、博爱之精神，即皆负革命之责任"。所以，这种革命不是从前少数"英雄"的革命，而是要依靠全体国民；革命中产生的国家政权不是为少数人所掌握，而是掌握在全体国民手中。"今者由平民革命以建国民政府，凡为国民皆平等以有参政权。大总统由国民公举。议会以国民公举之议员构成之。制定中华民国宪法，人人共守。"⑤ 在这样的国家

---

① 章太炎：《排满平议》，载《民报》，1907 年第 21 期。
② 孙中山：《在东京中国留学生欢迎大会的演说》，见《孙中山全集》第 1 卷，中华书局，1981 年，第 279 页。
③ 章太炎：《正仇满论》，载《国民报》，1901 年第 4 期。
④ 章太炎：《革命军约法问答》，载《民报》，1907 年第 22 期。
⑤ 孙中山：《中国同盟会革命方略·军政府宣言》，见《孙中山全集》第 1 卷，中华书局，1981 年，第 296～297 页。

体制之下，"国家为人民之公产，凡人民之事，人民公理之。由人民选举议员，以开国会，代表人民议定租税，编为法律。政府每年预算国用，须得国会许可，依之而行。……如是则国家之财政实为国民所自理，国会代表人民之公意，而政府执行之"。通过上述政治、经济等方面的民主与法治建设，实现"四万万人一切平等，国民之权利义务无有贵贱之差、贫富之别，轻重厚薄，无稍不均——是为国民平等之制"①。

为了保障民权的实现，孙中山多次强调反对君主制度，反对帝王思想。他认为"君主立宪之不合用于中国，不待智者而后决"②，原因就在于中国曾是一个长期实行君主专制的国家，只要君主存在，民主就难以实行。所以不仅帝王君主不能要，就是类似的思想也会为害甚烈。"凡是革命的人，如果存有一些皇帝思想，就会弄到亡国"③，所以要坚决实现和捍卫民主共和制度。"敢有帝制自为者，天下共击之！"④ 民主共和的思想自此深入中国人心。

孙中山还具体考虑了民主共和制度在中国实施的形式和程序。他考虑在西方民主国家宪法的三权分立的基础上，再加上选举权和纠察权，成为"五权宪法"。选举权用以保护人民直接从政的权利，并保证各级官员合格；纠察权是从议会中分离出来的，避免"议院专制"，但专司大小官员的"监督弹劾"。他希望通过"五权分立"来实现国家"完全无缺的治理"⑤。

孙中山认为三民主义的实现需要一个过程，因而一定要循序渐进。他把这个过程分为三期。第一期为"军法之治"，这是"军政府督率国民扫除旧污之时代"。此时军队与人民同受治于军法之下，

① 孙中山：《中国同盟会革命方略·扫除满洲租税厘捐布告》，见《孙中山全集》第1卷，中华书局，1981年，第317～318页。

② 孙中山：《在东京中国留学生欢迎大会的演说》，见《孙中山全集》第1卷，中华书局，1981年，第280页。

③ 孙中山：《在东京〈民报〉创刊周年庆祝大会的演说》，见《孙中山全集》第1卷，中华书局，1981年，第326页。

④ 孙中山：《中国同盟会革命方略·军政府宣言》，见《孙中山全集》第1卷，中华书局，1981年，第297页。

⑤ 孙中山：《在东京〈民报〉创刊周年庆祝大会的演说》，见《孙中山全集》第1卷，中华书局，1981年，第330～331页。

由军政府总揽一切，"内辑族人，外御寇仇"，扫除积弊，推行改革，为期三年。第二期为"约法之治"，这是"军政府授地方自治权于人民，而自总揽国事之时代"。以约法为依据，产生地方议会及地方行政官，实行地方自治，以六年为限，然后废约法，布宪法。第三期为"宪法之治"。通过前面两个时期，国民已"养成自由平等之资格"，即可依据宪法由国民公举大总统和议员，组成国会和政府，一切按宪法办事，"军政府解除权柄，宪法上国家机关分掌国事"①。孙中山知道，无论是为了制止反动派的抗拒，还是为了提高国民素质，使其适应新的民主制度，都需要时间，所以设计了这样一个三阶段的程序。

中国的先进之士从戊戌维新时期就主张使民有权，20世纪初年的革命报刊更不断地疾呼反对君主专制，实行民主，为此对传统的文化学术、伦理道德等上层建筑的各个领域作了深入的批判，其中心就是前述"脱奴隶"而成国民。但是从操作程序和建立制度上如何保证民主，有关议论并不具体，或者只是照搬西方国家的现成做法。孙中山的讲话和《军政府宣言》主要借鉴了西方国家的民主制度，也吸取了中国政治制度中的某些形式（如考选和监察），并考虑了国家和人民的现状，因而民权主义的内容和实施步骤都比较细密、完备，体现了中国资产阶级政治学说的发展。

对于西方民主制度的一些弊病，先进之士已有所认识。孙中山看到，美国的官吏由选举和委任两个途径产生，但选举往往选出了有口才而无真才实学的人，委任的官员又须随总统的进退而进退，所以他提出在宪法中加上选举权。他提出纠察权独立，也是鉴于美国"纠察权归议院掌握，往往擅用此权，挟制行政机关"，形同"议院专制"。可见孙中山对美国的议院制度已有一些看法。

章太炎对民主制度的实施作过较多思考。他鉴于各国议员多为"豪右"，选举中有势力者"以势藉结人"，善言辞者"哗众取宠"，妻女出场助阵，金钱收买报纸，饮宴招待，装模作样；日本"议员贪叨，丑声外播"，欧洲诸国虽有主张社会革命的工人政党进入议院，但因"豪右据其多数，众寡不当则不胜"，所以认为议院根本

---

① 孙中山：《中国同盟会革命方略·军政府宣言》，见《孙中山全集》第1卷，中华书局，1981年，第297～298页。

不能"发抒民意"。而且议员有豁免权，其特权无异于形成"数十百议皇"，使平民更增加一层压迫。所以他说，"议院者，民之仇，非民之友"，反对在中国选举议员，组织议院。

那么，怎样"恢廓民权，限制元首"，以防止专制，实行民主呢？章太炎主张不设议会，由国民直接选举总统，总统的权力明确限定为"唯主行政、国防，于外交则为代表，他无得与"；司法独立，"其长官与总统敌体……虽总统有罪，得逮治罢黜"；教育独立，"长官与总统敌体"；"凡制法律，不自政府定之，不自豪右定之，令明习法律者与通达历史、周知民间利病之士参伍定之"，"法律既定，总统无得改，百官有司毋得违越。有不守者，人人得诉于法吏，法吏逮而治之"①。概括其主张，就是国民直接选举总统，总统只主行政（包括国防和外交），司法权、教育权独立，立法权则授予法律专家、学者和熟知民间情况的人，防止独裁专制。

章太炎理想中的民主制度与孙中山的五权宪法并无根本区别。他坚决反对帝制，反对权力过分集中，反对富人垄断权力，体现了渴望民主和维护下层人民群众利益的思想倾向。但他过分突出了专家学者的作用，如教育、立法等权，实际授予了学者，这种主张可称之为"学者政治"。姑不论当时中国的学者能否担当这种"社会良心"的责任，事实是民国年间的"军阀政治"、"官僚政治"和"政党政治"及其混合，就使得那些少数侧身政坛的学者成了政治花瓶，甚至成了帮凶。但章太炎提出的这些主张，反映了民权主义思想的不可阻挡，体现了人们对民主政治的探索。

民生主义的基本内容就是孙中山的"平均地权"。"当改良社会经济组织，核定天下地价。其现有之地价，仍属原主所有；其革命后社会改良进步之增价，则归于国家，为国民所共享。"② 这也就是亨利·乔治的单一税理论，其目的是不让大土地所有者垄断国计民生，而且地价增值部分为全体人民享有，有助于实现一个没有贫困、没有剥削、人人富足的美好社会。当然，这是一种主观的社会主义思想，孙中山的"举政治革命、社会革命毕其功

---

① 章太炎：《代议然否论》，载《民报》，1907 年第 24 期。

② 孙中山：《中国同盟会革命方略·军政府宣言》，见《孙中山全集》第 1 卷，中华书局，1981 年，第 297 页。

于一役"①，立足点就在于此。

孙中山的民生主义体现了他对劳动人民的同情。他多次说到"欧美强矣，其民实困"②，"贫富不均竟到这地步，'平等'二字已成口头空话"③。他要打破富有者的垄断，通过"土地国有"、"涨价归公"来消灭贫富不均的根源。但其结果将如列宁所说，"铲除农业中的中世纪垄断和中世纪关系，使土地买卖有最大的自由，使农业有最大的可能适应市场"④，也就是加速资本主义的发展。孙中山主观上想避免资本主义带来的种种危害，但他的土地纲领却又可能促进资本主义的发展，这体现了他主观社会主义的不可克服的矛盾，所以其"毕其功于一役"的想法也是不可能实现的。

"平均地权"虽有可能打破大土地所有者对土地资源的垄断，但并不是把土地分给农民，农民渴望土地的要求并没有得到满足。在实现"土地国有"、"涨价归公"的过程中，他反对采取任何激烈的行动，曾特地批判那种"夺富人之田为己有"的激进主张。而且，孙中山的单一税主张只是着眼于城市、市郊、市镇的土地增值，广大农村、山区和西部土地的增值显然不能同城市同步，因而单一税在中国也行不通。

在三大主义中，民生主义引起的疑虑最多。孙中山同情穷苦人民、谴责大土地所有者和资本家的言论，既使代表部分开明地主和上层资产阶级的立宪派感到恐惧，也使革命派中和社会上一些主张发展实业的人产生疑问，因为跨越资本主义发展阶段就进入主观设想的社会主义，能否成功并无先例。但另一方面，孙中山所主张的温和的经济改革手段，又使得在经济问题上持激进观点的人士感到不满足，他们提出了自己的主张。

章太炎就曾提出，在革命后建立的新制度下，"田不自耕植

---

① 孙中山：《〈民报〉发刊词》，见《孙中山全集》第 1 卷，中华书局，1981年，第 288 页。

② 孙中山：《〈民报〉发刊词》，见《孙中山全集》第 1 卷，中华书局，1981年，第 288 页。

③ 孙中山：《在东京〈民报〉创刊周年庆祝大会的演说》，见《孙中山全集》第 1 卷，中华书局，1981 年，第 328 页。

④ 列宁：《中国的民主主义和民粹主义》，见《列宁选集》第 2 卷，人民出版社，1972 年，第 427 页。

者"、"牧不自驱策者"、"山林场圃不自树艺者"、"盐田池井不自煮暴者"、"旷土不建筑穿治者",均"不得有",以防"枭雄拥地以自殖","官设工厂"的工人薪给要高于"役佣于商者"。官吏及其父子均"不得兼营工商",工商者及其父子亦"不得入官"。章氏的基本观点是不亲自参加劳作者不得占有生产资料。这最后一条的意思并非如古时的困辱工商,而是为了杜绝"其借政治以自利"的门路,因为中国历史上利用政治特权攫取经济利益、与平民争利的事情太多,所以他的这一意见极具针对性。章太炎还主张"限制遗产相续之数"、"不使富者子孙蹑前功以坐大"①,这就是限制遗产继承、增收高额遗产税的思想。

还有人主张进行更激进的"贫富革命"。作者称18世纪末19世纪初西方发生的革命为"贵贱革命",而20世纪则已进入"贫富革命"。因为仅有前一革命还不够,"但破贵贱界,而不破贫富界,则君主贵族之压制去,而资本家之压制方长","讲自由而不讲平等,仍属缺而不完之学。平等主义者,即社会主义也,亦即大同主义也"②,强调贫富革命的社会革命不可避免。

《民报》上还发表过鼓吹"农人革命"的文章。刘师培指出:"土地者,一国之所共有也,一国之地当散之一国之民。今同为一国之民,乃所得之田有多寡之殊,兼有无田有田之别,是为地权之失平。劳动之人,义务既重,权利转轻;徒手坐食之人,义务既薄,权利转优。而劳动之人转制于徒手坐食者之下,是为人权之失平。"所以,"必尽破贵贱之级,没豪富之田",而"欲籍豪富之田,又必自农人革命始"。他号召农民效法陈涉、刘秀、邓茂七等人,"起于佣耕","兴于陇亩",举行"农人革命"③。

黄侃也撰文历陈中国贫民之苦。他以其家乡鄂东的情形为例,生动地描绘了无地农民的悲惨境遇:"佣于人,仅足其糊其口","佃民见于田主,战栗惟恐,若见南面之君";"民贫而不能娶,其有妇,大抵童而取之,至困极而生鬻诸人","乡人生女,甫娩未啼,即扼而毙之",贫困迫使农民卖妻溺婴。食用匮乏,"羹不盐,

① 章太炎:《代议然否论》,载《民报》,1907年第24期。
② 潄铁和尚:《贫富革命》,载《复报》,1906年第4期。
③ 刘师培:《悲佃篇》,载《民报》,1907年第15期。

灶无薪，宵无灯火，冬夜无衾"，"非岁时伏腊，未尝啖纯米之饭"。无以为生而铤而走险时，"牵联入于刑者，又踵相逮也"。推及全中国，"山泽之农"、"裨贩"、"百工"，"困苦颠蹇一也"，"困苦者不可亿计"。穷人数多而"富者寡"，而富者即是"搢绅"、"守令"、"税吏"及"握筹算而计赢朒"的富商和"田主"。他们都是戕害贫民的"蟊贼"。作者称"朝廷盗薮也，富人盗魁也"，朝廷和富人正是造成人民贫困的根源，也是贫民的仇敌。文章最后鲜明地代表贫民疾呼革命，"我躬之贫微我之旧，富人夺之而我乃贫。非贫之道，盍诸命于天，殪此富人，复我仇雠，复平等之真，宁以求平等而死，毋汶汶以生也"①。这种激进的"均贫富"的主张，超出了孙中山民生主义的范围，但它刊登在同盟会的机关报《民报》上，显然能够激起下层贫苦人民的革命热情。

同盟会的成立形成了革命派人士的集结，三民主义的形成带来了革命民主主义思潮的高涨和广泛传播。革命派利用这一局面，同一直坚持君主立宪的改良派进行论战。前面已经说到，自从自立军起事失败之后，一些怀抱革命志向的人士即已认识到体制内改革之难行，孙中山、章太炎在1903年即已对康有为的保皇立宪主张进行批判。康有为、梁启超也一直在撰文攻击革命，鼓吹改良。不过，那时的论战规模不大，双方的观点也未充分展开。1906年—1907年，清政府被迫一步步推出"预备仿行宪政"的闹剧，国内和海外的立宪派欢喜雀跃，组成了预备立宪公会和政闻社等立宪团体，蛊惑人心，加紧攻击革命。革命派为了还击立宪派，戳穿清廷虚假立宪的真面目，教育群众坚持和投入革命，不得不奋起反驳。

论战主要在海外进行。东京是中心战场。革命派在那里以《民报》、《醒狮》、《复报》、《汉帜》、《四川》等刊物为基地，立宪派则以梁启超为主笔的《新民丛报》、杨度为主笔的《中国新报》为中心，双方共发表了数百篇针锋相对的文章。此外，在檀香山有革命派的《民生日报》和立宪派的《新中国报》，在新加坡有革命派的《中兴日报》和立宪派的《南洋总汇报》，在缅甸有革命派的《光华报》和立宪派的《商务报》，在香港则有革命派的《中国日报》和立宪派的《商报》，在旧金山有革命派的《大公报》和立宪派的

---

① 黄侃：《哀贫民》，载《民报》，1907年第17期。

《文兴报》各自对垒。国内的一些报刊虽未卷入论战，但是倾向革命还是同情宪政，也有基本的分野。

有关这场论争的性质和意义，各种研究已分析甚详，本书在上一节也已论及双方理论上的是非曲直，侧重于指出立宪派理论上的若干合理之处。此处将着重分析立宪派在反对革命民主主义时其理论中的谬误之处，从而说明革命派为什么能在论战中取得优势。

首先是在民族革命的理论和现实状况方面，革命派占据了优势。前面说过，20世纪初年，梁启超和一些革命派人士均已接受并形成"民族国家"观念，而广大群众的国家观念则正处在从"朝廷国家"到"民族国家"的转变之中。在这种情况下，康有为、梁启超认为满族人"并非纯粹的异族"，而是中国人的一部分的见解，虽略嫌超前但具有进步性。可是在现实政治中，政权的性质和实际状况并不依人的认识变化而同步改变，即清政府统治下的中国仍是一个"朝廷国家"而非"民族国家"。康、梁未能认清这一点，歪曲客观事实，鼓吹满、汉已"融为一体"，吹捧清王朝"德泽仁厚"，攻击民族革命是无的放矢，首先就使自己陷于被动。

康有为说："吾国久废封建，自由平等已两千年，与法（国）之十万贵族压制平民，事既不类，倡革命言压制者，已类于无病而学呻矣。"又称："革命之举，必假借于暴民乱人之力。天下岂有与暴民乱人共事，而能完成者乎？终亦必亡，不过举身家国而同毙耳！"[1] 梁启超攻击革命是"复仇"，诬蔑"排满"是要杀尽满人，并同"爱国"不相容，他质问革命派既讲"爱国"，为什么又要推翻"国家"？一旦演成革命，外国干涉必至，"亡国亡种有日矣"，故主张对革命派"以故杀祖国之罪科之"[2]。

康、梁的这些话漏洞极多，要害是模糊了历史的阶段性，如把春秋战国时代的废世卿世禄制度，比作法国大革命的推翻王朝和贵族，胡说中国行自由平等已两千年；否认"革命"在中国亦是一种传统，把中国历代的"革命"看成全无积极意义；把朝廷等同于国家，称反对现实的清政府等于"故杀祖国"。准此以推，中国人早

---

① 康有为：《法国革命史论》，载《新民丛报》，1906年第85～87期。

② 梁启超：《申论种族革命与政治革命之得失》，载《新民丛报》，1906年第76期。

享有自由平等了，何必革命？不反对清朝，中国倒没有"亡国亡种"的危险了。

革命派的看法是：革命从来是历史和社会进步之所需，"革命者，救人世之圣药也。终古无革命，则终古成长夜也"。革命者并非不爱"秩序"、"和平"，而是"因爱平和而愈爱革命，何也？革命、平和两相对待，无革命则亦无平和，腐败而已，苦痛而已"①。革命也正是为了爱国和救亡。"外人之所以敢觊觎中国者，以中国政府之敝败也。颠覆政府，当以兵力。去其敝败，而瓜分之途塞"②。只有用武力推翻腐败无能的清王朝，建立新生的富强民主国，才能阻止列强的瓜分。

民族革命并非要杀尽满人，章太炎、孙中山对此均作过申述。胡汉民亦说过："民族革命非尽戮满族五百万人之谓，倾覆其政府，不使少数人握我主权、为制于上之谓也。其与我抵抗者。不能不敌视之。此外即无反侧，则必侪之于平民。其贫苦无告者，更将为之谋社会之生活。率平等、博爱，以为20世纪之革命，岂有如论者所云云耶？"③ 前面说过，当时多数革命者处在由朝廷国家向民族国家的观念转变之中，有些人因其民族国家观念选择了"单一民族国家"的主张，所以虽不一概排斥满族，但对满族是不是中国人却有不同意见，认为满族非中国人的文字亦常见诸报端。而胡汉民在东京满族留学生大会上的这段讲话，已明确表示了将对满人"侪之于平民"的主张。

五年之后，当辛亥革命发生时，章太炎称"君等满族，亦是中国人民，农商之业，任所欲为；选举之权，一切平等"④。孙中山提出"五族共和"，视汉、满、蒙、回、藏等各族均为"国内平等民族"。对这一现象和过程，有人称之为革命派的"策略"，有人将革命派前段的主张简单地判为"错误"，其实这是用后来的观点和理论来衡量前人。要知道在20世纪头十年这短短的时间中，

————————

① 陈天华：《中国革命史论》，见《陈天华集》，湖南人民出版社，1982年，第215～216页。

② 汪东：《革命今势论》，载《民报》，1907年第17期。

③ 胡汉民：《纪十一月四日东京满学生大会》，载《民报》，1906年第9期。

④ 章太炎：《致留日满洲学生书》，见《章太炎政论选集》上册，中华书局，1977年，第519页。

中国人要完成从朝廷国家观念到民族国家观念的转变，在民族国家观念中又要作出"单一民族国家"和"多民族国家"的正确选择，已经很不容易了。革命派的民族革命主张之所以为大多数人所认同，其原因就在其民族建国理论与客观形势和人们的认识相一致。而梁启超的民族国家理论不仅在观念上超前，而且在实际上又是把清政府的朝廷国家硬说成是民族国家要人们接受，所以会遭到人们抵制。

在民权和民生问题上，立宪派据以反对的最大理由，不外乎"国民太劣"、"民智不逮"，实现民主共和"尚未至其时，实难躐等"①；封建土地所有制是"自然法则"，神圣不可侵犯，如果鼓吹"社会革命"，就是煽动"乞丐流民"起来暴动。他们攻击革命派"欲夺富人之所有以均诸平民"，"利用此以博一般下等社会之同情，冀赌徒光棍大盗小偷乞丐流氓狱凶之悉为我用"，进而以国人代表自居，声称"敢有言以社会革命与他种革命同时进行者，其人即黄帝之逆子、中国之罪人也，虽与四万万人共诛之可也"②。其所说彻底暴露了他们轻视下层人民群众、维护富人利益的态度。

革命派则相对表现出信任国民的态度。他们认为"国民能革命，能由是以为民主立宪"，而"所谓皇帝以世袭得之，不辨菽麦，不失九五之尊也。所谓大臣，以蝇营狗苟得之，非廉耻丧尽安能有今日"？依靠这样的"国民之贼"，能够指望其能行"开明专制"和"立宪"？能养成"共和国民之资格"？他们批评康、梁"谓全国之人非顽固之老辈，即一知半解之新进"，是"何重视政府轻视国民至于如此也？"③他们断定清政府决不肯放弃各种封建特权，"其所志无过金玉侈靡，则不惮以贪婪为业，天下之涂毒一切由之。夫立宪则此为必革之制，明也"④。当权者岂能自行就范？而中国人民的聪明才智早经历史证明，近代中国落后的原因不在"国民恶劣"，而在朝廷"恶劣"，人民接受了"进化之公理"，就能"将振兴中国

① 康有为：《法国革命史论》，载《新民丛报》，1906 年第 85～87 期。
② 梁启超：《开明专制论》，载《新民丛报》，1906 年第 75～77 期。
③ 汪精卫：《再驳〈新民丛报〉之政治革命论》，载《民报》，1906 年第 7 期。
④ 朱执信：《论满洲虽欲立宪而不能》，载《民报》，1905 年第 1 期。

之责任，置之于自身之肩上"，"建一大共和国以表白于世界"①。

对于立宪派攻击"社会革命"的主要论点，革命派的批驳也较有力。他们认为"全国困穷，而资本富厚悉归于地主"。这是不争的事实，也正是当时中国经济组织最大的毛病。"地主之流弊，不特使农民陷于地棘天荆之苦况，抑亦为商工界之一大障碍物，可断言也。……唯有实行土地国有之政策，不许人民私有土地而已。"②朱执信的文章比较客观地分析了中国的财富分配状况，称"中国今日固不无贫富之分，而决不可以谓悬隔，以其不平不如欧美之甚，遂谓无为社会革命之必要，斯则天下巨谬无过焉者"。他还指出中国历代革命"亦不必出于豪右而出于细民"，"今后革命，固不纯恃会党，顾其力亦不必出于豪右，而出于细民，可预言也"，认为"平民"和"劳动阶级"是"中国革命运动之力"。他解释"社会革命"并非"强夺富民财产而分之人人"，只是"以至秩序至合理之方法，使富之集积休止；集积既休止矣，则其既已集积者不能一聚不散，散则近平均矣"。他还有力地批驳了"贫民当政"会"荼毒一方"的"不通之言"，并反诘说："试问，贫无儋石储者，何以无为议员之资格乎？议员一用贫民羼入则秩序立乱乎？犹是横目两足，犹是耳聪目明，独以缺此区区阿堵（钱）不得有此权利，吾不知其何理也。使此说而正也，则……捐纳之制其可永存，而平等之说直当立复也"③。朱执信虽没有像激进的黄侃那样疾呼贫民"革命"并"殪此富人"，但坚信贫民是革命动力之所在，坚持革命后贫民参政是"平等之说"的要义，显示出革命派接近于劳动人民的立场。

正因为革命派的主张能"顺乎世界之潮流，合乎人群之需要"，所以在论战中很快占了上风。1907年初，立宪派公开撰文哀叹说："数年以来，革命论盛行于国中，今则得法理论、政治论以为之羽翼，其旗帜益鲜明，其壁垒益森严，其势力益磅礴而郁积。下至贩夫走卒，莫不口谈革命，而身行破坏。……革命党指政府为集权，

---

① 陈天华：《记东京留学生欢迎孙君逸仙事》，见《陈天华集》，湖南人民出版社，1982年，第176页。

② 自由：《民生主义与中国政治革命之前途》，载《民报》，1906年第4期。

③ 朱执信：《论社会革命当与政治革命并行》，载《民报》，1906年第5期。

詈立宪为卖国，而人士之怀疑不决者，不敢党与立宪。遂至革命党者，公然为事实上之进行；立宪党者，不过为名义上之鼓吹，气为所慑而口为所钳。"① 梁启超被人们斥为"文妖"，《新民丛报》被视为"纯然监督国民"的"御用新闻"，舆论的转向迫使梁启超在1907 年初托人向《民报》社试探求和，希望双方"以后和平发言，不互相攻击"，被革命派拒绝。到同年 8 月，《新民丛报》终于停刊，革命派取得了论战的胜利。

1907 年 8 月以后，海外的立宪派活动以梁启超、马良的政闻社为代表，舆论则以杨度的《中国新报》为中心，但气势已大不如前。与此同时，国内的立宪活动则由朝廷和立宪派两方闹得火热。于是，这一时期的革命报刊遂把重点放在揭露清政府假立宪方面，指出要实现真正的民主立宪，只有推翻清政府。

1908 年夏，清政府颁布《钦定宪法大纲》，声称以九年为期实行立宪。革命人士立即指出，宪法"本缘人权竞争之趋势而生"，本与专制君权对立，而朝廷的宪法却冠以"钦定"，这岂非还是"天王圣明，惟钦定是听，非吾侪小人所敢过问耶"？② 从内容上说，宪法规定只有君主之权而无人民之权，这是"悖正义"；只有行政、司法两权，无立法权，且一切听命于君主，与三权分立之法渺不相涉，这是"昧法理"；设置种种障碍使"轶群绝类之英杰"无法参政，专让"疲癃残疾"者当选，这是"反事实"。总之，这是一个"荒谬卑鄙"、"罪大恶极"、"悖乱秽杂"的大纲③。

革命报刊对于清政府毫无真心实意立宪的态度，予以直言不讳地揭露："一方曰国家预备立宪，一方曰国民程度不及；一方为庶政公诸舆论，士民应准陈言，一方为禁止集会言论，毋许干预政治"，事事出尔反尔，口是心非，使得"君主壅蔽于上，民庶压伏于下，媚外以制内，因私以害公"。文章公开质问道："彼衮衮赫赫，将谁欺，欺天乎？"④ 还有文章结合清政府疯狂的专制暴行

① 与之：《论中国现在之党派及将来之政党》，载《新民丛报》，1907 年第92 期。

② 苏楼：《宪法大纲刍议》，载《民声》，1910 年第 1 期。

③ 《论国民宜急起参与宪法》，载《民立报》，1910 年 12 月 11 日。

④ 震：《论中国立宪当求唯一之方法》，载《江汉日报》，1908 年 4 月 3 日。

（如徐锡麟案），称清政府的预备立宪为"预备杀人流血"。作者说："既预备立宪，自当导文明国法律，准施政典型。乃绍兴之狱，徐（锡麟）则（被）剜心刺目，刑戮之惨，绝非人类。因之而荼戮株连，杀军人、杀学生，惨罹非刑，引颈受祸者，波泊不知几许青年志士也……嗟夫！预备立宪者，尚不如直其名曰预备杀人流血之直截了当也。"① 是"国民程度不及"，还是政府怙恶不悛，事实作了最有力的回答。

革命报刊对立宪派的"要求"、"请愿"等行动方式加以批评，认为他们"朝上一纸请愿书，暮达一封问安表"，"政府诸公亦与此辈……狼狈为奸"，他们除了"以升官发财为目的"外，"心肠真有不堪闻问者"，还意在共同抵制和消弭革命。其后果将使"恶劣政府愈不知畏惧"，"专横贪鄙、极端压制更将厉行而无忌"，"我平民将永远沉溺于苦海中，再无重见天日之一日"②。他们列举西方各国的立宪史实，证明"宪法者也，大都由激烈时代、人民逼迫而成，非可由平和时代，政府酝酿而成者也"③，因而坚定地说，"故为今计，惟有坚心一志，从事革命，而不为立宪所动摇，庶几可自立"④，相信"今日兮惟革命足以杜列强之瓜分，而得自由之宪法"⑤。

当然，革命民主主义思潮的真正胜利，体现为亚洲第一个民主共和国的诞生。这既是革命派坚持武装斗争的结果，而清王朝的倒行逆施也恰恰帮了大忙。清政府开始提出以九年为期实行立宪，后来不得不表示提前至宣统五年，但1909年成立的各省谘议局和北京资政院被其视为无足轻重。而清王朝对人民横征暴敛、残酷镇压以及执行出卖路矿的媚外行为，无不变本加厉。1911年5月组成的"皇族内阁"，更彻底地暴露了清王朝假立宪之名、行专制之实的真面目。

---

① 不白：《警告同胞勿受要求立宪者之毒论》，载《河南》，1908年第5期。
② 鸿飞：《对于要求开设国会者之感喟》，载《河南》，1908年第4期。
③ 铁厓：《中国立宪之观察与欧洲国会之根据》，载《民声》，1910年第1～2期。
④ 《对于政府之民心》，载《民心》，1911年第5期。
⑤ 刘六符：《独酌西湖之热啸》，见《辛亥革命时期期刊介绍》第3集，人民出版社，1982年，第672页。

梁启超在 1907 年政闻社成立时发表的宣言书中曾说："谓其（指君主）必坐视人民之涂炭以为快……固不能以此相诬也。夫正以欲保持皇位之故，而得良政府即为保持皇位之不二法门。吾是以益信其急欲得良政府之心，不让于吾辈也。"[①] 他在这里不知是故作天真还是出于善良的愿望，如此强调君主和人民利益上的一致性。从理论上说，这种常理确实是不能违背的。然而，历史上统治者不顾人民的愿望、不按常理行事的例子不胜枚举，末代王朝的顽固贪婪尤非常理可喻，其倒行逆施只能使革命民主主义思想更加高涨。

四　社会主义、无政府主义的滥觞

在 19 世纪的欧洲，社会主义已经成为一股举足轻重的思潮，工人运动更是令人瞩目，有关现象和信息自然会引起国人的关注。19 世纪七八十年代，江南制造局编印的《西国近事汇编》就有文字记载过欧美社会主义运动的情况。这期间到过欧洲的王韬和朝廷派出的使臣对此也有介绍。王韬的《普法战纪》和张德彝的《随使法国记》比较详细地叙述了巴黎公社的斗争情形。郭嵩焘的日记多处记载了 70 年代末英美的工人罢工和俄国民意党人的活动。李凤苞的《使西日记》和黎庶昌的《西洋杂志》则不仅介绍了欧洲的社会主义运动，还初次提及其有关组织名称，如德国社会民主党（取音译"莎舍尔德玛噶里"）、俄国民意党（取音译"尼赫力士"）、共产主义（取音译"廓密尼士"）和社会主义者（取音译"索昔阿利司脱"）等。他们把欧洲社会主义政党名之曰"平会"，取中文"平"字，包含"均等"、"齐一"、"无贵贱贫富之分"的意思，理解虽很肤浅，但较准确地领会了社会主义者的主要目标。

西方传教士中也有一些人介绍过社会主义。1885 年，英国传教士傅兰雅口译的《佐治刍言》出版，其中第 18 章介绍了法国的社会主义思想。1891 年 12 月至 1892 年 4 月，《万国公报》连载了传教士李提摩太翻译的小说《回头看纪略》。这是美国人贝拉米著的一部表现空想社会主义理想的小说。连载结束后，广学会又以

---

① 梁启超：《政闻社宣言书》，见《饮冰室合集》，文集之二十，中华书局，1989 年，第 21 页。

《百年一觉》为名发行单行本，广为散发。康有为、谭嗣同、孙宝瑄等人都读过此书，并受到一些影响。从1894年12月到1899年6月，《万国公报》先后刊登过英国教会医生马林撰写的《以地租征税论》、《再论以地征租之利》、《富民策》、《各家富国策辨》、《地工本之说》等文，其实是译介美国经济学家亨利·乔治《进步与贫困》一书的主要内容，"单税社会主义"学说自此传入中国。至于孙中山是通过《万国公报》了解到单税说，还是直接在国外读到亨利·乔治的书，或者是两者兼有而又有先有后，已不得而知，也无关紧要。

1898年夏，李提摩太委托胡贻谷翻译了英国人克卡拉的著作《社会主义史》，由广学会以《泰西民法志》之名在上海出版。该书第一次提到马克思、恩格斯（译作昂格斯）及其学说，称"马克思是社会主义史中最著名和最具势力的人物，他及他同心的朋友昂格斯都为大家承认为'科学的和革命的'社会主义派首领"①。1899年1月，《万国公报》第120册刊载了李提摩太编译的《醒华博议》，其中收录了伦敦《安民报》主笔花拉士所提建议，包括实行土地国有，把铁路、银行、邮政、轮船、自来水、煤气、电灯、电车公司"归国家设立"，取消私有制，实行"公用之法"等。实际上这是将英国资产阶级的一股改良主义思潮——费边派"社会主义"介绍进中国。同年2月—5月，《万国公报》第121～124册又刊登了李提摩太翻译、蔡尔康笔述的《大同学》，这是英国进化论思想家企德（今译本杰明·颉德）所著《社会进化》一书的节译。同年5月，《大同学》（十章）又出了单行本。该书称马克思为"百工领袖著名者"，多次引述马克思的有关论述，但将马克思的学说不当地称为"安民新说"和"养民说"，具有鲜明的人道主义意味和宗教色彩。

19世纪90年代，维新派的两份刊物《时务报》和《译书公会报》报道过"万国社会党"（即第二国际）和"虚无党"（即无政府主义者）的活动，也简单介绍过欧洲的工人运动，但与同期教会人士的著述相比，显得微不足道。戊戌政变后，梁启超等逃亡日本。

---

① 转引自吴雁南等《中国近代社会思潮》第1卷，湖南教育出版社，1998年，第530页。

1899 年后，大批中国青年赴日本留学。他们通过日本这个中转站，才更多地接触和了解到社会主义，有关社会主义的介绍和讨论逐渐形成一股热潮。

从 1899 年到 1903 年上半年，梁启超在文章中多次论及社会主义和马克思的学说。他认识到"今日资本家之对于劳力者"，"其阶级尚未去"，故必发生"资生革命"①，即看到了资本家与劳动者的阶级对立，因而社会主义革命不可避免。他也相信人类社会的发展，必将由当时的民族主义及"民族帝国主义"时代，发展到"万国大同主义时代"②。而"大同"则是当时中国思想界对社会主义的又一称呼。同时他还认为，资本主义自由竞争的结果，是使"富者益富"，"贫者益贫"，"于是近世所谓社会主义者出而代之。社会主义者，其外形若纯主放任，其内质则实主干涉者也。将合人群使如一机器然，有总机以纽结而旋掣之，而于不平等中求平等"，并预言"社会主义其必将磅礴于二十世纪也明矣"③。在另一篇评介颉德著作的文章中也说到，"今之德国，有最占势力之二大思想：一曰麦喀士（马克思）之社会主义，二曰尼志埃（尼采）之个人主义"，"麦喀士谓今日社会之弊，在多数之弱者为少数之强者所压伏"④。在这些文章中，梁启超就自己所知对社会主义和马克思学说作了介绍，并表示了基本肯定的倾向。

1903 年夏秋间，梁启超游历北美，亲自观察和体验了资本主义社会的两极分化现象，认为资本主义必然被社会主义取代。他说："美国之富人则诚富矣，而所谓富族阶级，不过居总人口四百分之一。""此等现象，凡各文明国罔不如是，而大都会为尤甚。纽约、伦敦其最著者也。财产分配之不均，至于此极。吾观于纽约之

---

① 梁启超：《自由书·论强权》，见《饮冰室合集》，专集之二，中华书局，1989 年，第 33 页。

② 梁启超：《国家思想变迁异同论》，见《饮冰室合集》，文集之六，中华书局，1989 年，第 18 页。

③ 梁启超：《自由书·干涉与放任》，见《饮冰室合集》，专集之二，中华书局，1989 年，第 87 页。

④ 梁启超：《进化论革命者颉德之学说》，见《饮冰室合集》，文集之十二，中华书局，1989 年，第 86 页。

贫民窟，而深叹社会主义之万不可以已也。"[1] 同时，梁启超对马克思社会主义学说的认识有所深化。他把社会主义的基本内容概括为"土地归公，资本归公，专以劳力为百物价值之源泉"，即把社会主义从通常的"均贫富之别"的理解上升到财富为劳动所创造的认识高度，因而赞同马克思所说的"现今之经济社会，实少数人掠夺多数人之土地而组成之也"[2]。

随着梁启超对欧洲各种不同流派的社会主义的深入了解，他开始对各种社会主义进行区分和选择。他反对"极端之社会主义"，认为它在"今日之中国不可行，即欧美亦不可行，行之其流弊将不可胜言"。他没有具体说明"极端之社会主义"所指为何，但从其一贯的思想态度分析，他不赞同的是激烈的社会主义革命手段和"藉分富人之产"的方法。他赞同"国家社会主义"，即"以极专制之组织，行极平等之精神"[3]，由国家掌握垄断组织托拉斯，作为"变私财以作公财之近阶梯"[4]，除"土地尽归于国家"之说"不可行"之外，其余铁路、矿山、大型制造业"大部分归于国有"[5]。他所赞同的实际上是第二国际拉萨尔派的改良社会主义。

在 1906 年《民报》和《新民丛报》的大论战中，梁启超系统地表达了他关于社会主义问题的观点。他说："社会主义学说，其属于改良主义者，吾固绝对表同情；其关于革命主义者，则吾亦未始不赞美之，而谓其必不可行，即行亦在千数百年以后。"他强调社会改良主义和社会革命主义的根本区别，在于"承认现在之经济社会组织与否"。按照他的社会改良主义设计，就是把铁道、市街、电车、电灯、煤气、自来水等事业实行国有或市有，使"其利益不

---

① 梁启超：《新大陆游记节录》，见《饮冰室合集》，专集之二十二，中华书局，1989 年，第 39～40 页。

② 梁启超：《自由书·中国之社会主义》，见《饮冰室合集》，专集之二，中华书局，1989 年，第 101～102 页。

③ 梁启超：《新大陆游记节录》，见《饮冰室合集》，专集之二十二，中华书局，1989 年，第 41～42 页。

④ 梁启超：《二十世纪之巨灵托拉斯》，见《饮冰室合集》，文集之十四，中华书局，1989 年，第 54 页。

⑤ 梁启超：《新大陆游记节录》，见《饮冰室合集》，专集之二十二，中华书局，1989 年，第 42 页。

为少数人所专";制定各种产业组合法，使"小资本者及无资本者皆得自从事于生产事业";制订工场条例，使"资本家不能虐待劳动者"，"而妇女、儿童尤得相当之保护";制定各种强制保险法，使"民之失业或老病者"皆有所养;设置种种贮蓄机关，给人民以贮蓄之方便，"小资本家必日增";实行"以累进率行所得税及遗产税"，限制巨富者的出现。总之，是以承认现有的生产组织和私有制为前提，又通过一系列改良手段防止贫富悬殊的产生。他还强调中国的实际状况是资本主义不发达，故"今日中国所急当研究者，乃生产问题，非分配问题"，称"中国今日经济界之前途，当以奖励资本家为第一义，而以保护劳动者为第二义"①。

梁启超曾经申明："吾认社会主义为高尚纯洁之主义，且主张开明专制中及政治革命后之立法事业，当参以国家社会主义的精神，以预消将来社会革命之祸。"但他强调"辩理的社会主义，与感情的社会革命，决非同物。非必由人民暴动举行社会革命，乃可以达社会主义之目的，此吾所主张也"②。从大同理想和人道主义出发，梁启超不仅不反对社会主义，而且还向往社会主义;从中国资本主义不发达的实际出发，他认为社会主义离中国还甚远，当务之急是发展资本主义，但在创制变法中要预防资本主义发展造成的过分不平等;从他一贯反对依靠人民群众进行暴力革命的立场出发，他反对民族革命和政治革命，更反对所谓"社会（主义）革命"。而梁启超所主张的政治改良和社会改良尤其温和软弱，他连孙中山的仍是改良主义性质的"土地国有"也不能接受，所以他的"国家社会主义"或"改良社会主义"在当时显得苍白无力。

当时的留日学生是介绍社会主义的主力。从 1902 年至 1908年，他们翻译出版的有关社会主义的著作达 30 种左右③。最早者为戢元丞等在东京创办的《译书汇编》，该刊创刊号及第 2、3、6、8 期连续译载了日本法学家有贺长雄的著作《近世政治史》。该书

---

① 梁启超：《杂答某报·附驳孙文演说中关于社会革命论者》，见《梁启超选集》，上海人民出版社，1984 年，第 525～526、507、505 页。

② 梁启超：《答某报第四号对于新民丛报之驳论》，见《饮冰室合集》，文集之十八，中华书局，1989 年，第 98 页。

③ 邱军：《马克思主义在中国的传播》，载《党史研究》，1983 年第 2 期。

第 3 章第 1 节"社会党之由来"介绍了马克思及第一国际(译称"万国工人总会")的活动。由于《近世政治史》不是介绍社会主义的专著,译文对社会主义的介绍还不够准确、系统。

从 1902 年到 1903 年,相继有几部译介社会主义的专著问世。矢野龙溪的《新社会》,《大陆》杂志从 1902 年 12 月起连续译载,1903 年又由作新社出版单行本。岛田三郎的《社会主义概评》,亦由作新社 1903 年出版。村井知至著、侯士绾译的《社会主义》,上海文明书局 1903 年 6 月出版。幸德秋水著、"中国国民丛书社"译的《广长舌》,上海商务印书馆 1902 年 11 月出版。幸德秋水著、"中国达识译社"译的《社会主义神髓》,浙江潮编辑所 1903 年 9 月出版。西川光次郎著、周子高译的《社会党》,广智书局 1903 年 2 月出版。福井准造著、赵必振译的《近世社会主义》,广智书局 1903 年 2 月出版。久松义典原作、杜士珍译撰的《近世社会主义评论》,1903 年 2 月—4 月连载于《新世界学报》第 2~6 期,标名"译撰"是表示该文有译者的评论和发挥。1905 年后,留法学生在主要是宣传无政府主义的《新世纪》周刊上,也刊有介绍社会主义的文章。

上述翻译作品介绍了欧美各国的工人运动,介绍了各种流派的社会主义学说,其中有马克思主义的,也有改良主义的,有附会于宗教的,也有主要是属于无政府主义的,众说纷纭,莫衷一是。但共同之处是主张"脱资本家之羁绊"和"废除私有制"。

在 1905 年同盟会成立之前,留日学生创办的《浙江潮》、《江苏》等刊物也介绍和宣传过社会主义。刊载于《浙江潮》上的《最近三世纪大势变迁史》一文,肯定了"物质进步"的重要作用和资产阶级革命的伟大意义,指出在资本主义制度下物质进步所造成的贫富不均必然导致社会革命,预言"19 世纪末 20 世纪之初,纯乎社会主义之世界矣"①。《新社会之理论》一文把社会主义分为共产主义和极端民主主义"二大现象"。作者认为现今社会由"地主资本家垄断其生产机关","彼坐而攫其利,是盗贼也",主张"使土地、资本归于国有","废私有相续制",相信随着"生产力益益盛","劳动者之报酬益益加,人益益幸福",最终将"废一切阶

---

① 大陆之民:《最近三世纪大势变迁史》,载《浙江潮》,1903 年第 6 期。

级"，实现完全平等的共产主义。文章评论了马克思的社会主义的内容，并称其为"共产主义"①。

《江苏》杂志上的《露西亚虚无党》一文，则是颂扬俄国"虚无党"人的牺牲精神，号召中国人向其学习，勇敢地同封建专制制度作斗争②。当时所谓俄国虚无党，实际上是包括俄国共产党的前身俄国社会民主工党在内的一切反沙皇派别。《国民新灵魂》一文提出重建国民之魂，其中包括"社会魂"，即社会主义思想。在这一条目下，作者宣传了"共产均贫富之说"，并主张通过"暗杀恐怖"等流血斗争来"铲平阶级"，实现"共产"的新社会③。

同一时期的上海，在《国民日日报》、《苏报》、《俄事警闻》、《警钟日报》上也有文章宣传社会主义。《国民日日报》刊登过《德国之社会民主党》一文，文章提到了"马克思的革命共产主义"④。《苏报》上刊登的《虚无党》一文，主张废除私有制和婚姻制度，"铲除专制"，"造出灿烂之新政府"，并称"社会主义之发达非充积全球，殆不足以尽其范围也"⑤，相信社会主义会在全世界取得胜利。

具体说到曾经介绍社会主义的革命派人士，首先应是马君武。马君武在1903年初撰有《社会主义与进化论比较》一文，认为"社会主义诚今世一大问题。最新之公理皆在其内，不可不讲究也"。他曾介绍欧洲有关社会主义著作26种，其中包括马克思的《资本论》、《共产党宣言》、《英国工人阶级状况》、《哲学的贫困》和《政治经济学批判》6种。他的介绍不同于前述多数人通过日文转译，而是直接介绍欧洲文字的有关著作。他在同篇文章中说："马克司者，以唯物论解历史学之人也。马氏尝谓阶级竞争为历史之钥。"⑥ 可见他对马克思的社会主义学说有一定了解。邹容则是

---

① 大我：《新社会之理论》，载《浙江潮》，1903年第8、9期。

② 《露西亚虚无党》，载《江苏》，1903年第4期。

③ 《国民新灵魂》，载《江苏》，1903年第5期。

④ 转引自吴雁南等《中国近代社会思潮》第1卷，湖南教育出版社，1998年，第579页。

⑤ 马君武：《社会主义与进化论比较》，载《译书汇编》，1903年，第2年第11号。

⑥ 马君武：《社会主义与进化论比较》，载《译书汇编》，1903年，第2年第11号。

急于了解社会主义学说的范例。人们都知道他写了鼓吹民主革命的《革命军》，却不知道他被捕后曾在法庭上宣称：现在他要鼓吹的是社会主义，而不是消灭满人，并说在中国"不应该有贫富悬殊，而应该人人平等"①。可见 20 世纪初青年知识分子的思想发展变化之快。

孙中山先生的社会主义思想即其民生主义，他自己说"民生主义即社会主义"，可称之为民生社会主义。这一思想约在 1903 年已完全形成，他在是年 12 月的一封信中曾说："所询社会主义者，乃弟所极思不能须臾忘者。弟所主张在于平均地权。"又称："吾誓词中已列此为四大事之一。"② 此处所说"誓词"即同年 8 月在日本东京创办革命军事学校时所用的誓词，即"驱除鞑虏，恢复中华，创立民国，平均地权"十六字（1905 年同盟会成立所用誓词沿此未变）。1905 年—1906 年，孙中山在前引《〈民报〉发刊词》和《在东京〈民报〉创刊周年庆祝大会的演说》两文中反复申述的民生社会主义，内容即是"平均地权"、"土地国有"。孙中山以为实行这一政策就可以使中国像欧美一样发展工业，发展经济，但又不至于造成资本家垄断国计民生和造成贫富悬殊，以致再发生社会主义革命。所以，孙中山虽然表示接受社会主义思想，但他将社会主义纳入自己的革命纲领中时，表述为民生主义，并要"举政治革命、社会革命毕其功于一役"，恰恰成了要避免社会主义革命的社会主义。此后，孙中山把主要精力放在领导革命斗争的大局方面，直到 1912 年中华民国成立，没有就民生主义或社会主义的理论问题多作阐发。但为了宣传三民主义以及和立宪派论战，他曾要求身边的同志加强研究，所以胡汉民、冯自由、朱执信、廖仲恺、宋教仁等人均对社会主义理论有些研究和议论。

胡汉民认为，社会主义"学说虽繁，而皆以平经济的阶级为主。言其大别，则分共产主义与国产主义，而土地国有，又国产主义之一部也"。他强调封建专制的国家不可行国产主义，"惟民权立

---

　　① 史扶邻：《孙中山与中国革命的起源》，中国社会科学出版社，1981 年，第 238 页。

　　② 孙中山：《复某友人函》，见《孙中山全集》第 1 卷，中华书局，1981 年，第 228 页。

宪国可行国产主义"。他预计中国即使在推翻清王朝之后，还不可能立即成为民权立宪国家，故"一切国产主义，按以今兹吾国程度，犹有未能行者"，而只有"土地国有"，"行之于改革政治之时代，必所不难"。他明确地说，"大土地国有之论，以反对私有者而起"，因为土地私有"可使地主有绝对之强权……可使全国困穷，而资本富厚悉归于地主"。只有实行土地国有，才能使"地主强权将绝迹于支那大陆"①。他还针对立宪派非难民生主义的观点，强调民生社会主义既不同于西方的社会主义，也不是梁启超的"国家社会主义"，而是符合中国实际的社会主义，"曰土地国有，曰大资本国有。土地国有，则国家为惟一之地主，而以地价之收入，即同时得为大资本家，因而举一切自然独占之事业而经营之。其余之生产事业，则不为私人靳也。盖社会主义者，非恶其人民之富也，恶其富量在少数人，而生社会不平之阶级也"②。胡汉民发挥了孙中山的民生主义，并表露出消灭地主土地所有制的激进思想。其实，这并未突破孙中山的意图。孙中山在十六字纲领中只提了"平均地权"，但他在1902年—1903年同章太炎、梁启超分别谈话时，即已表示过"土地国有"的目的，还包括消除农民所受到的"地主从中朘削"，使"耕者有其田"，不过他没有在公开的文章和讲话中讲明这一层意思。

冯自由在1905年—1907年《民报》与《新民丛报》的大论战中，写过多篇关于民生社会主义的文章，其中先后刊载于香港《中国日报》和《民报》的《民生主义与中国政治革命之前途》一文，具有较大影响。他说，"民生主义，日人译名社会主义"，其产生原因，"则以物质进步，地租腾涌，而工值日贱使然"。"民生主义之发达何以故？曰：以救正贫富不均，而图最大多数之幸福故。贫富不均何以故？曰：以物质发舒，生产宏大，而资本家大垄断居奇故"。所以，他不仅反对地主占有大量土地，更反对大资本家垄断工业和金融，称"托拉斯于民生主义为绝对的反对"。文章介绍了亨利·乔治的国有论和土地单一税论，揭示了西方资本主义社会因为土地私有而出现的弊端，并称平均土地权及均贫富思想"实为中

---

① 胡汉民：《〈民报〉之六大主义》，载《民报》，1906年第3期。
② 胡汉民：《告非难民生主义者》，载《民报》，1907年第12期。

国数千年前固有之产物"，反映了孙中山民生社会主义思想的来源。他认为"举政治革命、社会革命毕其功于一役"是可行的，"以革命军初实行时举之为最宜，过此则无可实行，使强行之，而其难点亦不异于今日之欧美"①。文章把孙中山的民生社会主义思想表达得比较系统准确。

朱执信是孙中山民生社会主义的忠实追随者和坚定捍卫者，1906年—1908年发表过多篇有关文章。其所著《德意志社会革命家列传》介绍了马克思（译作马尔克）、拉萨尔和倍倍尔（译作必卑尔）的学说和活动，着重归纳了《共产党宣言》和《资本论》的要旨，比较准确地转述了马克思关于阶级斗争的论述，还按照自己的理解将《共产党宣言》的主要内容归纳为十条：（1）禁私有土地，而以一切地租充公共事业之用；（2）课极端之累进税；（3）不认相续权；（4）没收移居外国及反叛者之财产；（5）由国民银行及独占事业集信用于国家；（6）交通机关为国有；（7）为公众而增加国民工场中生产机械，且于土地加之开垦，更时为改良；（8）强制为平等之劳动，设立实业军；（9）结合农工业，使之联属，因渐泯邑野之别；（10）设立无学费之公立小学校，禁青年之执役于工场，使教育与生产之事为一致。朱执信还简要介绍了马克思的《资本史》（即《剩余价值学说史》）和《资本论》，认为这是"学理上之论议尤为世所宗者"。他着重分析了马克思的劳动价值论、剩余价值学说，并肯定"马尔克之谓资本基于掠夺，以论今之资本，真无毫发之不当也"。文中多次称赞马克思的著述"奇肆酣畅，风动一时"，"家户诵之"，"万国共产同盟会奉以为金科玉律"，"为社会学者所共尊，至今不衰"。但朱执信不理解马克思与拉萨尔的原则分歧，称拉萨尔的"社会主义为国家的，不足怪也"；对德国社会民主党的"议会主义"倾向予以谅解，称那是"策略有不得已者"②，反映出他对马克思主义并未全然了解。

朱执信对社会主义思想的几个发展阶段比较了解，并说社会主

---

① 冯自由：《民生主义与中国政治革命之前途》，载《民报》，1906年第4期。

② 朱执信：《德意志社会革命家列传》，载《民报》，1906年第2~3期。

义自"马尔克以来，学说皆变，渐趋实行，世称科学的社会主义"①。他不仅对马克思的社会主义表示崇敬、赞赏，而且受到了马克思主义的一些影响。例如，他在《英国新总选举劳动党之进步》一文中，说"社会的运动，以阶级斗争为本据"，各种政治力量都取决于"阶级固有之力助"，甚至认识到劳动阶级结成政治团体，以"得据政权"为目的，是"阶级斗争"之"势宜然也"②。可见他不仅同情工人阶级，甚至认为工人阶级结成政党，为掌握政权而斗争也是必然的、合理的。他这种对阶级斗争、对无产阶级革命的认识，高于当时的许多革命者，包括孙中山先生。

廖仲恺宣传社会主义的工作，主要是从欧美、日本学者的论著中选译有关社会主义的内容进行介绍，其中影响最大者，是他根据英国学者柏律氏的《社会主义手册》节译的《社会主义史大纲》。文章介绍了社会主义运动发生的原因和经历的几个历史阶段，指出欧美在产业革命之后，生产发达，但"生产机关不得不全伏于资本之腋下，为是劳动阶级全被颠倒于富有阶级之中"，贫富悬殊，劳动者"日域于绝境，而怨气冲天，社会内部惨杀无日。于是乃有胞与为怀者出焉"，"故社会主义者，为人道而运动，决非对于富贵者而为贫乏阶级抱不平也"。对于社会主义运动的性质，过分强调了拯救贫困者的人道主义一面。但文章对第一国际成立后马克思（译作麦喀氏）的领导作用、马克思与巴枯宁无政府主义的斗争，以及社会主义运动在世界范围内的发展壮大，作了准确的介绍。如说到1864年第一国际（译作"万国同盟"）成立，"主此同盟者为麦喀氏。……入梦之夜已去，实行之日方来，革命的社会主义，遂如洪水时至，泛滥大陆"。又说到1872年海牙会议之后，马克思派与巴枯宁派公开分裂，社会主义运动"全然脱无政府党之习气，渐进而取建设的进化的政治的有机体"，"近年所开诸万国大会，则有步步引人入胜之观……而其纲领从于各国产业上政治上之发达，早晚间当无不被容认者"③。他不仅称马克思主义为"革命的社会主义"，而且认为这一纲领会被人们接受。

---

① 朱执信：《论社会革命当与政治革命并行》，载《民报》，1906年第5期。
② 朱执信：《英国新总选举劳动党之进步》，载《民报》，1906年第3期。
③ 廖仲恺：《社会主义史大纲》，载《民报》，1906年第7期。

不过如前所说，由于廖仲恺认为"社会主义者，尚平和，守秩序博爱事业也"①，即把社会主义看作拯救穷人的人道主义，所以他在赞赏马克思的"革命的社会主义"的同时，也赞同拉萨尔倡导的"国家社会主义"，即对不从根本上摧毁资本主义制度，而只对其加以温和改良的主张表示认同。这种态度是同他坚持孙中山的"土地国有"方针一致的。他说，"盖救贫乏于无穷，而防庸之倾不能藉为生活之点者，莫有以土地归公若也"，而土地归公"固非横领强占之谓，而亦不忧骚扰，只须行以最单简便易之法。除土地增值外，凡税捐俱免之"。他坚信如此一来，"生产之势力必大加，分配之公正必可保，而文明之进步必达于最高度"②，即认为实行民生主义可以达到社会主义的目标。

宋教仁也很关心社会主义问题并作过若干介绍。其《1905年露国之革命》一文，分析了俄国1905年革命发生的原因，称"独裁君主制之不见容于现世界也，固如是哉"，明显含有借宣传俄国人民反对沙皇的革命鼓舞中国人民的反清斗争之意。文章还称赞了俄国社会主义者在这场革命中的先锋作用，说"其始不过为社会主义之唱导，继则民主共和之说"③。他看到了社会主义运动和资产阶级民主革命在反对封建专制斗争中的共生现象。

宋教仁还把日本社会主义者大杉荣的《社会主义国际简史》摘译为《万国社会党大会略史》。文章概述了共产主义同盟以来的社会主义运动状况，称"万国劳动者同盟，实由于马尔克之指导而成，而亦为经济的情势必然之结果也"。他看到了社会上的阶级和阶级斗争现象，称社会存在着"掠夺阶级与被掠夺阶级"，"换言之，即富绅与平民之二种也"，两者对立，"阶级斗争之幕既开矣。旗鼓堂堂，为执戈立矛，而进入两阵之间。名富绅者，有政府、警察、军队、学人、僧侣等为之援助者也"，"平民幸而蚁集，幸而得多数，是即至优强之势力也。其结阵而进战也，可决其必得战利品耳"，预料平民阶级必将战胜富绅。但宋教仁只承认阶级和阶级斗争之的存在，却未达到承认无产阶级专政的高度。他也只把社会主义

---

① 廖仲恺：《无政府主义与社会主义》，载《民报》，1906年第9期。
② 廖仲恺：《〈进步与贫乏〉序言》，载《民报》，1905年第1期。
③ 宋教仁：《1905年露国之革命》，载《民报》，1906年第3期。

运动看作一场弘扬人道、彰显公理的运动，"社会党之主义，为民胞物与之主义，为太平大同之主义，无国界，无阶级，只以纯粹之人道与天理为要素"①。这就把社会主义思想等同于抽象的人性论，抹杀了它的革命性和科学性。

宋教仁显然一直在思考社会主义与中国革命的关系问题。辛亥革命爆发前夕，他又发表了《社会主义商榷》一文。文章认为社会主义思想的产生"盖原于社会组织之弊"，因而不可避免。围绕如何解决"社会组织之弊"的问题，形成了四种派别的"社会主义"：一是"无治主义"，即"无政府主义"；二是"共产主义"，他称"各国之共产党及科学的社会主义家皆属此派"；三是"社会民主主义"，他称"各国之社会民主党、劳动党、社会民主主义修正派皆属此派"；四是"国家社会主义"，他称"各国之政府及政治家之主张社会政策者皆属此派"。在区分了上述四种"社会主义"之后，宋教仁表示，由于社会民主主义和国家社会主义均不主张以革命手段推翻现实中的反动统治，所以"皆非所宜尊崇者"，"果主张真正之社会主义而欲实行之者，则非力持无治主义或共产主义不为功"。但当时中国外逼于列强，内逞于专制，缺乏实行"真正之社会主义"（即无政府主义和共产主义）的条件，如果民族民主革命刚成功就在中国实行社会主义，只能得到"画虎不成，反至类狗"的"恶结果"②。所以他认为，中国当时的急务还是以民族民主革命推翻清朝政府，建立共和国之后，"土地政策宜亟师社会主义之意，禁豪强兼并，设增价税，以保护多数国民之利益，使一国经济平均发达"③。可见，宋教仁在这方面同孙中山的民生社会主义是一致的。

辛亥革命前中国的资产阶级革命派在致力于民族民主革命的同时，也花了不少精力介绍和研究社会主义，并试图将某些社会主义思想融进未来的共和国方案之中，从而把对社会主义的宣传同对资产阶级民主主义的追求结合在一起。这不仅体现出他们革命目标的

---

① 宋教仁：《万国社会党大会略史》，载《民报》，1906 年第 3 期。

② 宋教仁：《社会主义商榷》，载《民立报》，1911 年 8 月 13 日—14 日。

③ 宋教仁：《二百年来之俄患篇》，见《宋教仁集》上册，中华书局，1981年，第 179 页。

高远宏大，反映了他们对资本主义弊端的清醒认识和对平等公正的社会理想的追求，证明了他们对下层劳动人民的深切同情，也说明了殖民地半殖民地的民族民主运动的确是无产阶级社会主义运动的天然同盟军。但是，清末的中国革命只能属于资产阶级民主革命范畴，社会主义革命的任务、目标尚不明确，依靠的力量也不具备，因而上述有关社会主义议论的思想，多少有些不着边际，带上了空想的色彩。当时中国人接受的社会主义思想，大多还是形形色色的改良社会主义，少数人对马克思主义的剩余价值学说、阶级斗争学说有所了解，但还没有一个人能真正接受无产阶级革命和无产阶级专政学说。这是和中国共产党产生后奉行的马克思主义的根本不同之处。至于资产阶级革命派的民生社会主义思想，在后人看来虽然仍属于温和的改良主义，但在当时却又是超越革命必经阶段的激进主张，使得革命政党和它所代表的社会基础的一部分——资产阶级的关系若即若离，这成了此后资产阶级民主革命遭受挫折的因素之一。

无政府主义（音译安那其主义）是一种小资产阶级社会主义的思想派别，其代表人物有英国人葛德文、德国人施蒂纳、法国人蒲鲁东、俄国人巴枯宁和克鲁泡特金。无政府主义 19 世纪末一度在欧洲工人运动中盛行，20 世纪初流传到日本。清末中国部分知识分子受到无政府主义的影响乃至接受无政府主义，就是分别以日本和西欧为途径的。

无政府主义也有若干派别，如施蒂纳、蒲鲁东等主张个人无政府主义，巴枯宁、克鲁泡特金主张集产无政府主义（或称无政府共产主义）。但共同点都是否认一切政府、一切国家、一切权力，而实现其目标的手段则包括宣传鼓动、拒纳赋税、同盟罢工、破坏、暗杀乃至暴动。清末中国的无政府主义只停留在宣传阶段。

晚清中国部分知识分子接受无政府主义，首先还是因为清王朝的统治极端腐朽黑暗，人民群众的生活陷于绝境，使得一些人产生了强烈的不满情绪，迫切希望改变现状。正如一篇文章所说："总而言之，则政府之虐政，官吏之腐败，与一般农民之不平，使少壮有为之青年学生不堪其愤慨。其反抗政府之机既将成熟……激烈之社会主义与无政府主义，又深入彼等脑髓而不可拔，于是革命之思想益发达，革命之志益坚。"① 可见，无政府主义是伴随着革命思想尤其是社会主义思想而产生影响的。但是，由于思想理论的混杂和社会的急躁心理，使不少人弄不清民主主义、社会主义和无政府主义的区别。而且，中国社会上长期存在的平均主义，传统文化中老庄的虚无主义、儒家的大同学说、佛家的出世思想，古代崇拜刺客侠士的风气，都容易使人将无政府主义与其结合附会。如一篇赞同无政府主义的文章说，《礼记·礼运》"大同"一章即是主张"废政府之说"、"废家族之说"、"废金钱之说"、"废法律之说"，推广言之，"老言自然，墨言兼爱，佛言极乐，耶言平等，与夫今之无政府党、社会党，皆大同主义也"②。外来思想与中国的社会土壤和某些文化特征有适应与共鸣之处时，自然会引起人们对其加以介绍和尝试的兴趣。

1906 年 7 月以前，介绍和宣传无政府主义的人和刊物尚未集结，专门宣传无政府主义的作品也不多，除了介绍"俄国虚无党"的文章内容比较集中外，其余多是在宣传社会主义时连同无政府主义一起加以引进。

中国人谈论无政府主义始自 1903 年。是年 11 月，梁启超在《新民丛报》上发表《论俄罗斯虚无党》一文，文章称"虚无党事业，无一不使人骇，使人快，使人歆美，使人崇拜"。但他强调说："虚无党之手段，吾所钦佩；若其主义则吾所不敢赞同也。彼党之宗旨，以无政府为究竟。""故以近世社会主义者流，以最平等之理想为目的，仍不得不以最专制之集权为经行。诚以无政府者，不徒非人道，抑非天性也。"③ 梁启超信仰德国资产阶级的国家主义，自然不会赞成无政府之说。他把无政府主义和社会主义列在一起，更自以为有了充足的反对社会革命的理由。其他立宪派人士更未表示欣赏无政府主义。

革命派人士介绍无政府主义，始自 1903 年 6 月出版的《大陆》杂志上刊登的《俄罗斯虚无党三杰传》。文章错误地把海尔曾（赫

---

① 辕孙：《露西亚虚无党》，载《江苏》，1903 年第 4 期。

② 蘼普：《〈礼运〉大同释义》，载《新世纪》，1908 年第 38 期。

③ 梁启超：《论俄罗斯虚无党》，见《饮冰室合集》，文集之十五，中华书局，1989 年，第 24、30 页。

尔岑)、契尔那威基(车尔尼雪夫斯基)这两位杰出的民主主义者与孛克林(巴枯宁)并列,称"虚无党者,皆冒万死以求覆专制统治者也。识者又谓中俄强败之故,其在斯乎?""中国之人,读之当不能无动乎其中也"①。同在 6 月,上海《苏报》刊登了《虚无党》一文,称赞俄国虚无党人的暗杀手段"直捷痛快,杀君主,杀贵族,杀官吏,掷身家性命以寒在上之胆",表示自己"震惊于虚无党之事业",并"大声疾呼以迎此潮流而祝曰:杀尽专制者,非此潮流荡薄之声乎?"希望借助这种"潮流"使中国"逐异种","复主权"②。

前引《露西亚虚无党》一文还分析了虚无主义产生的原因:"虚无主义者,破坏主义也","彼其处于水深火热之时,政府官吏既不可望,而且愁苦惨淡之情又抑郁而无可诉。乃以为欲去此社会之荼苦,必先建设新国家;欲建设新国家,不得不推翻旧政府,诛灭残暴之君主,于是不得不出于破坏之策"。作者针对中国的现实情况说,"专制君主之压制国民不足畏,腐败官吏之鱼肉国民不足畏",只要四万万同胞以俄国虚无党的牺牲精神起而斗争,中国便有"出泥犁之一日"③。刊载于《浙江潮》上的《新社会之理论》一文,把"新社会之理论"区分为"共产主义"和"极端民主主义"两种,从内容上看,"极端民主主义"是指无政府主义。作者称颂无政府主义者"舍志士之身,奔走尽瘁于社会中,行铁血手段,天职也",并号召国人用"辩舌也,笔也,剑也,铳也,爆烈弹也,阴谋也","加之虐政家,开彼等之血路"④。而这些话正是克鲁泡特金的名言。

同年,杨毓麟著《新湖南》,有专节论述"破坏",以大量篇幅颂扬俄国无政府主义者,称"今世界各国中破坏之精神,最强盛者莫如俄国之无政府党",称赞他们用水雷、地雷、炸弹狙击沙俄高官的举动"何其壮也",并号召同志"缟素苴经以当破坏之门"⑤。

---

① 《俄罗斯虚无党三杰传》,载《大陆》,1903 年第 7 期。
② 《虚无党》,载《苏报》,1903 年 6 月 19 日。
③ 辕孙:《露西亚虚无党》,载《江苏》,1903 年第 4 期。
④ 大我:《新社会之理论》,载《浙江潮》,1903 年第 8 期。
⑤ 湖南之湖南人:《新湖南》,见《辛亥革命前十年间时论选集》第 1 卷下册,三联书店,1978 年,第 637~642 页。

即以必死决心，冒险犯难，作刺客侠士之举。同年，马叙伦在《政艺通报》第14～16号上发表《二十世纪之新主义》一文，称"倡此主义者为法兰西伟人布鲁东"，"俄罗斯奇杰巴格枯宁因和而张之"，称赞无政府主义是一举可把污秽世界变为乐土的新主义。

1904年，林獬（署名白话道人）在《中国白话报》上发表《国民意见书》，其中有一节"刺客的教育"专门鼓吹暗杀。作者大量引用巴枯宁、克鲁泡特金等人以恐怖手段来对付反动统治者的言论，并列出"各国著名刺客姓名表"和30年来西方杀皇帝、首相、大臣的年表①。

1903年是爱国救亡思潮初次高涨的一年。是年发生的拒俄运动和《苏报》案，使得热血青年很快走上革命道路，并且热衷于"破坏"、"暗杀"等"直接行动"。在这种情况下，俄国"虚无党"的暴力行动产生了特别的吸引力，所以以介绍无政府主义的文章大多聚焦于此，其目的在于激励国人放弃恐惧畏死心理，奋起与清王朝及其走狗作斗争。但是，这些文章大多没有对无政府主义的理论和宗旨发表评论，还有的根本就与无政府主义南辕北辙，如《露西亚虚无党》一文称"必先建设新国家"，《新湖南》除了主张"破坏"，还主张"建设"，说"可言破坏即可言建设"，并未赞同无政府主义的否认一切政府、一切国家、一切权力和权威。还需指出的是，当时所谓"虚无党"是从日文移用过来的，含义相当模糊宽泛。革命志士所称颂的暗杀事迹，主要是俄国民意党人的活动，而不是无政府主义派的活动。这中间的误解缘于辗转流传，也缘于革命者获得外部知识有限而又急于拿来"为我所用"。

《民报》于1905年冬创刊后，从第2期直至第26期终刊，共刊登虚无党、无政府主义派和中国革命烈士吴樾、秋瑾、徐锡麟等图片21帧，有关虚无党、无政府主义和上述烈士的各类文章、译文、来稿24件②，可以说是和无政府主义的问题有关。综观《民报》对无政府主义的宣传介绍，有如下特点：

其一是承接前述1903年—1904年鼓动暗杀等斗争手段的思

①　白话道人：《国民意见书》，见《辛亥革命前十年间时论选集》第1卷下册，三联书店，1978年，第916～918页。

②　吴雁南等：《清末社会思潮》，福建人民出版社，1990年，第436～437页。

想。《民报》大量刊登虚无党人行刺的图片，对于国内发生的吴樾炸五大臣、秋瑾在浙江密谋起义而牺牲、徐锡麟等在安庆谋刺巡抚恩铭等事件，更作了图文并茂的宣传，其用意仍在激励人们与清王朝及其走狗作斗争。

其二是将无政府主义作为社会主义的一个派别加以介绍，供人们参考、了解、鉴别。前述宋教仁的《万国社会党大会略史》，主要篇幅用于介绍社会主义运动，其中客观地叙述了马克思派与无政府主义派的分歧。廖仲恺（笔名渊实、无首）的此类译文最多，计有《社会主义史大纲》、《无政府主义之二派》、《无政府主义与社会主义》、《虚无党小史》等文，但其重点也在介绍社会主义。对于无政府主义与社会主义的分合，文章自然不可回避。尽管他表示"立志专译泰东西各国名著，以导我先路"，"译者今日尚在研究时代，自不欲发表意见，姑俟他日"，但仍对无政府主义略有微词，如说"此之破坏之信徒巴枯宁者……尽力于传'全破坏'之福音之外，不复知有何物"，他们欲使社会主义运动走上歧路，"麦喀派岂忍弃此大事业也？"故海牙会议之后，"麦喀氏（马克思）与巴枯宁互率其党，分社会主义与无政府主义之二大军。自此之后，二党相提携共事者无矣"①。可见，廖仲恺虽然是作客观介绍，但更倾向于社会主义，而对无政府主义则不以为然。还有不少革命者对无政府主义有所抵制和批判，这点将在下面谈到。

其三，在《民报》报社担任工作，且一度受到无政府主义影响的重要人物是章太炎。1906 年—1907 年，章太炎写过《五无论》、《国家论》、《总同盟罢工论序》和《无政府主义序》等文。这些文章表明章太炎受到了无政府主义的一些影响，并在某种程度上倾向于无政府主义。章太炎倾向于无政府主义，也是出于对资本主义的不满。他认为在资本主义社会，"人所尊崇，不在爵位而在货殖，富商大贾之与贫民不共席而坐，共车而出"②，平等、自由、博爱不过成为空谈。所谓代表民意的议员，"大抵出于豪家，名为代表人民，其实依附政党，与官吏相朋比，挟持门户之见，则所计不在民生利病，惟便于私党之为。故议院者，国家所以诱惑愚民而钳制

---

① 廖仲恺：《无政府主义与社会主义》，载《民报》，1906 年第 9 期。
② 章太炎：《俱分进化论》，载《民报》，1906 年第 7 期。

其口者也"①。他对西方国家的政府和议院不以为然，认为"国家之事业，是最鄙贱者"，一切国家学说均是"谬乱无伦之说的诳耀，直与崇信上帝同其昏悖"。他进而称国家是一种"虚幻"，只有个人才是"实有"，讲"爱国"，"悉是迷妄"；讲"建国"，"悉是悖乱"；讲"救国"，"悉是猥贱"②。这些言论具有浓厚的无政府主义色彩。

不仅如此，章太炎还提出了更荒唐的"五无"之境，而"无政府"只是第一步，后面还须"无聚落"、"无人类"、"无众生"、"无世界"，即只有到达"世界为之消弭，斯为最后圆满之期也"③。他把外国的无政府主义和中国老庄的清静无为、佛教唯识的虚空寂灭糅合在一起，流露出一种貌似"彻悟"，其实是悲观虚无至极的思想。

但是，章太炎并未忘记现实。他之所以部分接受无政府主义，乃是因为他认为这种思潮在欧美国家有打击资产阶级及其政治代表的作用。他说："批捣政家，钼犁驵侩，鼓雷霆以破积坚，堕高堙卑，邱夷渊实，荡覆满盈之器，大庇无告之民，岂弟首涂，必自兹始。"④即无政府革命能够均贫富，扫除富人阶级及其政权。这对中国的立宪派和富商大贾"思立宪"、"言保富"、"讼言国政"的活动也是当头棒喝，故称"楮柱晰人富民之道，独有是耳"。但他又感到无政府主义的理论和"总同盟罢工"的方法，不仅目前不适用于中国，因为"今中国工商未兴，于此若不汲汲者"⑤，至于将来能否实现，也值得怀疑，因为任何人都不能真正离群独处，而"一求屯聚，即不得无友纪条贯"⑥，即只要有人群，就必须有组织、有权威、有领导。更何况世界上"争战不绝，则政府不可以一日废。……他国有政府在，即一国之政府不得独无"，"今之人不敢为遁天之民，随顺有边，则不得不有国家，亦不得不有政府"。故在

---

① 章太炎：《五无论》，载《民报》，1907 年第 16 期。
② 章太炎：《国家论》，载《民报》，1907 年第 17 期。
③ 章太炎：《五无论》，载《民报》，1907 年第 16 期。
④ 章太炎：《无政府主义序》，载《民报》，1907 年第 20 期。
⑤ 章太炎：《总同盟罢工论序》，见《章太炎政论选集》上册，中华书局，1977 年，第 377 页。
⑥ 章太炎：《无政府主义序》，载《民报》，1907 年第 20 期。

当时的中国，"不得不退就民族主义"，"仍以排满为先务"①，争取建立共和国，然后才能向着消灭政府和国家的长远目标前进，"期以百年，然后递见五无之制"②。即认为"无政府"之类不过是一种设想，从建立共和国到"无政府"，至少也要百年以上的过渡期。

1908 年 4 月以后，章太炎完全抛弃了无政府主义。他说："无政府主义者，与中国情状不相应，是亦无当者也。"③ 批评鼓吹无政府主义的人"不恩民族，不赖国家，兴替存亡无所问"，"舍今日之急图，责方来之空券，非愚则诬"④。可见，章太炎虽然在一个短暂的时间里受到无政府主义的影响，但无政府主义的空想终究与其主流观念——民族主义和爱国思想无法协调，所以他迅速由倾向无政府主义转变为反对无政府主义。

在辛亥革命准备时期，真正接受了无政府主义且系统宣传无政府主义观点的，只有以刘师培为首的社会主义讲习会和以李石曾、吴稚晖为首的《新世纪》杂志社。

刘师培因在文化上主国粹主义而被章太炎引为同道。1907 年，他应章太炎之邀，携妻何震赴日本，加入同盟会并任《民报》编辑。其时，正值日本社会党分裂，主张以总同盟罢工和暗杀为唯一革命手段的幸德秋水、大杉荣等人，组织了无政府主义的社会主义金曜（星期五）讲演会。刘师培、何震受其影响，于同年 8 月组织了中国第一个无政府主义组织——社会主义讲习会。除刘氏夫妇外，中国的章太炎、张继、景定成，日本的幸德秋水、大杉荣、山川均、堺利彦等人先后在该会作过演讲。刘师培与何震还在 1907 年 6 月至 1908 年 4 月办过《天义报》，发行 19 期。同年 4 月至 10 月，《天义报》改名为《衡报》，刊出 11 期。他们有关无政府的文章主要发表在这两种杂志上，两种杂志的主要内容有：

第一，介绍马克思主义，但担心马克思主义的"良法美意"不能实现，于是进而鼓吹无政府主义。《天义报》译载了恩格斯为《共产党宣言》的英文版所作的序言，在"记者识"中称"《共产党

---

① 章太炎：《五无论》，载《民报》，1907 年第 16 期。
② 章太炎：《定复仇之是非》，载《民报》，1907 年第 16 期。
③ 章太炎：《排满平议》，载《民报》，1908 年第 21 期。
④ 章太炎：《规〈新世纪〉》，载《民报》，1908 年第 24 期。

宣言》发明阶级斗争说，最有裨于历史"①。该报还译载了《共产党宣言》第 1 章"资产阶级和无产阶级"（译文作"绅士与平民"）。刘师培在译文前写了序言，说："观此宣言所叙述，于欧洲社会变迁，纤悉靡遗。而其要归，则在万国劳民团结，以行阶级斗争，固不易之说也。"又说："欲明欧洲资本制之发达，不可不研究斯编。复以古今社会变更，均由阶级之相竞，则对于史学，发明之功甚巨。讨论史编，亦不得不奉为圭臬。"②该报还以"女子问题研究"为名，摘译了恩格斯《家庭、私有制和国家的起源》中的一节，并得出了"女子欲求解放，必自经济革命始"③的结论。

在译载英国人海德门的《社会主义经济论》一文的译者按语中，译者对恩格斯给予马克思学说的高度评价表示完全赞同："近世言社会主义者，必详阐历史事实，研究经济界之变迁，以记资本制度所从生。自马尔克斯以为古今各社会均援产业制度而迁，凡一切历史之事实，均因经济组织而殊，惟阶级斗争则古今一轨。自此谊发明，然后言社会主义者始得有所依据，恩格尔斯以马氏发见此等历史，与达尔文发现生物学，其功不殊，诚不诬也。"译者还批评中国学者不注意研究经济发展史，因而不能正确说明历史，强调"经济变迁实一切历史之枢纽"④。稍后，刘师培还在《衡报》上撰文介绍过马克思关于剩余价值的学说⑤。应该说，《天义报》和《衡报》对马克思主义著作的翻译介绍，数量相当可观，对马克思学说基本观点的把握和阐述，也比较准确精当。

但刘师培等人并未真正服膺马克思主义。他们认为无政府主义比马克思主义更高明，怀疑社会主义可能因为国家政权的变质而失去马克思的公正平等的原意，称"彼之所谓共产者，系民主制之共产，非无政府制之共产也。故共产主义渐融于集产主义中；则以既

---

① 民鸣译：《〈共产党宣言〉序言》"记者识"，载《天义报》第 15 卷。

② 申叔（刘师培）：《〈共产党宣言〉序》，载《天义报》第 16～19 卷合册。

③ 《女子问题研究》，载《天义报》第 16～19 卷合册。

④ 齐民社同人译：《社会主义经济论》"译者识"，载《天义报》第 16～19 卷合册。

⑤ 申叔：《论中国资产阶级之发达》，载《衡报》，1908 年第 5 号。

认国家之组织，致财产支配不得不归之中心也。由是共产之良法美意，亦渐失其真，此马氏学说之弊也"①。因此，他们反对马克思主义的无产阶级专政理论，主张废除任何形式的政府，说"政府者，万恶之源也"，并宣布"由今而降，如有借社会主义之名，希望政权者，决非吾人所主张之政策，虽目为敌仇，不为过矣"②，走上了信仰无政府主义的道路。

社会主义讲习会名义上"研究社会主义问题"，实际上是宣传无政府主义。刘师培曾明确宣称："吾辈之宗旨不仅以实行社会主义为止，乃以无政府为目的者也。"他认为"无政府主义于学理最为圆满"，故"惟欲于满洲政府颠覆后，即行无政府，决不欲于排满以后另立新政府也"③。在讲习会的演说和两份杂志的文章中，他大量介绍和宣传了蒲鲁东、巴枯宁、斯蒂纳、克鲁泡特金、托尔斯泰、马拉特斯、罗列等人的无政府主义学说，其中对克鲁泡特金和托尔斯泰的介绍吹嘘最多。

刘师培认为，克鲁泡特金的学说"于共产无政府主义最为圆满"，是"悉以科学为根据的"，并认为其精要之处是"互相扶助说"和"无中心说"两点④。他们最欣赏"互相扶助说"，对托尔斯泰的无政府主义也很重视，两次翻译刊载了他的《致中国人书》，并加按语说："此书之意，在于使中国人民不复仿行西法，其言最为沉切。至其要归，则在中国实行无政府。彼以中国无政府，则外患自息；人人不为政府尽职，则政府不复存。此即所谓以消极政策而至无政府也。"还强调说托尔斯泰学说中的"重农数端，则固中国人民所当遵守者也"⑤。刘师培等人综合托尔斯泰和克鲁泡特金的学说，认为"处现今有政府之世，阶级社会，利用物质之文明，以掠夺平民之权利，则文明适为害民之具，不若用杜氏（即托氏）之说。然政府及阶级果能废灭，则文明当力求其进步。……故杜氏之说，用之有政府之世，足以利民；苦氏（即克氏）之说，用之无

---

① 申叔：《〈共产党宣言〉序》，载《天义报》第16～19卷合册。
② 申叔：《社会主义与国会政策》，载《天义报》第15卷。
③ 《社会主义讲习会第一次开会记事》，载《天义报》第6卷。
④ 申叔：《苦鲁泡特金学术述略》，载《天义报》第11～12卷合册。
⑤ 见《俄杜尔斯托致支那人书》节译及《致中国人书》前"译者识"，参见《天义报》第11～12卷合册、第16～19卷合册。

政府之世，足以便民"①。此外，刘师培也赞赏无政府主义者"总同盟罢工"的斗争方法。

第二，反对民族民主革命和建立共和国，主张无政府革命和"人类均力"。刘师培等人看到了资本主义社会的矛盾与罪恶，因而极端憎恶资本主义制度和资产阶级。但他们不懂得当时的中国仍然需要发展资本主义，脱离实际地说，"中国自今而往……抵抗资本阶级，固当今之急务，而吾党所事者也"②，并荒唐地提出"杀尽资本家"③，言词激进无以复加。

他们反对孙中山的三民主义纲领，称"民族主义，乃不合公理之最甚者也"，攻击民族革命是"利用光复之名，以攫重利"，"特希冀代满人握统治之权耳"④，所以"排满"与"保满"一样错误。孙中山的民权主义包括了选举制、议会制和共和制，刘师培等人对此一一加以否定。他们说，选举是"均由贿赂之公行"，"故总统之选举，内阁大臣之任用……议员亦然"，议会制"较之中国之卖官鬻爵，岂有殊哉？"⑤刘师培断定民主制与君主制无异，故嘲笑共和制度说"吾不知何者为共、何者为和也"⑥。他把民生主义视作汉武帝的盐铁官卖和王莽的恢复王田，"土地财产国有之说，名曰均财，实则易为政府所利用。观于汉武、王莽之所为，则今之欲设政府，又以平均地权愚民者，均汉武、王莽之流也"⑦。刘师培等人竭力反对孙中山等领导的革命，原因就在于革命派在推翻清王朝之后要建立新型政府，而无政府主义者认为："既有政府，即不啻授以杀人之具，与以贪钱之机。欲其不舞弊不残民，安可得耶？"⑧不能说刘师培的担忧全是凭空而来，但其错误毕竟是因噎废食。

于是，刘师培开出了"无政府革命"的"药方"，这个"药方"

---

① 申叔：《苦鲁泡特金学术述略》，载《天义报》第11～12卷合册。

② 申叔：《论中国资产阶级之发达》，载《衡报》，1908年第5号。

③ 畏公：《论女子劳动问题》，载《天义报》第3卷。

④ 志达：《保满与排满》，载《天义报》第3卷。

⑤ 震、申叔：《论种族革命与无政府革命之得失》，载《天义报》第5～6卷合册。

⑥ 去非子译述：《破坏社会论》，载《天义报》第1卷。

⑦ 申叔：《西汉社会主义学发达考》，载《天义报》第5卷。

⑧ 《政府者万恶之源也》，载《天义报》第3卷。

包括三层内容。其一是无中心、无畛域。他说："无政府主义非无稽之说也，蔽以一言，则无中心、无畛域已耳。无中心故可无政府，无畛域故可无国家。"① 他设想，每地千人划为一乡，设"栖息所"，无论男女皆进入，另设阅书、会食之地，没有任何"在上"之人，连管理人员也不要。

其二，生产资料及一切社会财富都实行共产。"凡所制之器，置于公共市场，为人民所共有。"② "无论男人、女人，只要做一点工，要哪样就有哪样，要多少就有多少，同海里挑水一样。……到那个时候，不独吃饭不要靠人，还天天有好饭吃，还可以有好的穿，好的用，好的玩。"③ 他们主张先实行"共产"，再"图生产力之发达"④。那么，在生产力极度发达之前，好吃、好穿、好玩的东西从何而来呢？只能先采取"人人衣食居处均一律"⑤，连住房大小都完全一致，即实行绝对平均主义。

其三，实行"人类均力"。刘师培认为，要实现真正的平等，只共产还不够，因为"人人作工固属平等，然同一作工，而有难易苦乐之不同"，所以还须进而实行"均力主义"，即按年龄来安排职业。青壮年时务农、筑路、开矿、伐木及从事建筑和冶炼，年龄渐长后再从事烹饪、运输及当工程师、医生，五十岁以后入栖息所当教师。人人如此，"则苦乐适均，而用物不虞其缺乏。处于社会则人人为平等之人，离开社会则人人为独立之人。人人为工，人人为农，人人为士，权利相当，义务相均，非所谓大道为公之世耶？"⑥ 幻想彻底消灭工农、城乡、体力劳动与脑力劳动之间的一切差别。这当然是中国封建社会小生产者的绝对平均主义幻想，不过不是惟一的，因为康有为已经写就但秘不示人的《大同书》里就有类似的设想。

第三，提出了"劳民"为革命动力论和"男女革命"说。刘师

---

① 申叔：《无政府主义之平等观》，载《天义报》第 7 卷。
② 申叔：《人类均力说》，载《天义报》第 3 卷。
③ 震述：《论女子当知共产主义》，载《天义报》第 8～10 卷合册。
④ 《论共产制易行于中国》，载《衡报》，1908 年第 2 号。
⑤ 去非子译述：《破坏社会论》，载《天义报》第 1 卷。
⑥ 申叔：《人类均力说》，载《天义报》第 2 卷。

培等根据中国国情，提出了"革命出于多数平民"才是"根本之革命"①，"中国革命非由劳民为主动，则革命不成"②的主张。为此，他们对中国工人、农民的生活状况作了一些调查，发表了一批很有价值的调查报告，并据此写下一些文章，反映出一些带有普遍性的问题。如说当时中国农村"以大地主为最虐"，农民普遍同受"诛求之苦"、"供张之苦"、"役使之苦"、"刑罚之苦"、"诉讼之苦"、"撤佃之苦"，等等，由是得出结论，称"为今日农民之大害者，田主而已"③。这些文章揭示了中国农村的根本矛盾。《衡报》出版过"农民号"，并撰文指出："欲行无政府革命，必自农民革命始。"文章充分估计了农民的巨大力量，称"中国人民仍以农民占多数。农民革命者，即全国大多数人民之革命也。以多数抵抗少数，收效至速"。文章还对"农民没有资格（革命）"的看法作了批驳，以"陈涉起于佣耕"到近代的"捻匪之众"，证明"革命党出于农民"④，还强调农民既有团结的力量，又有倾向无政府主义的天性。

为了发动"劳民"，他们还主张无政府主义者深入到工人、农民、士兵中去，建议"我党由今而后，均须痛改旧习。若在外邦，则入彼国贫民窟；若入本国，即循一正正堂堂之路，混入会党之众，脱卸长衣，或入工场，或为农民，或往服兵（惟千万不可做军官）。倘志士能依此法，不出数年，中国革命之基础必能成立矣"⑤。但清末的无政府主义者谁也没有实行这一点，倒是信仰三民主义的革命派中有些人曾到工农兵中去过一段时间。

刘师培等虽号召发动"劳民"，但又不是要发动"劳民"进行武装斗争。他们主张"非军备主义"，设想在农村通过抗税、劫谷一类的初级斗争形式，使之"蔓延全国"，"举凡官吏、资本家均可颠覆于一朝，彼政府又安有不灭之理哉？"⑥ 在城市，刘师培赞赏德国无政府主义者罗列宣传的"总同盟罢工"方法，认为"倘罗氏

① 震、申叔：《论种族革命与无政府革命之得失》，载《天义报》第6卷。
② 申叔：《汉口暴动记》，载《衡报》，1908年第4号。
③ 《论中国田主之罪恶》，载《衡报》，1908年第7号（农民号）。
④ 《无政府革命与农民革命》，载《衡报》，1908年第7号（农民号）。
⑤ 《张继来函（二）》，载《衡报》，1908年第4号。
⑥ 《无政府革命与农民革命》，载《衡报》，1908年第7号（农民号）。

之策推行禹域，阎闾驿骚，纷若羹沸，则握政之人丧其所依，即以甲兵相耀，其资料履扉之供，亦匮绝莫复继"①，必定可以战胜政府。显然，仅依靠工农的抗税、劫谷、罢工等斗争形式，是绝对不能完成所谓无政府革命的。

重视妇女问题，主张"男女革命"，希望"男女绝对平等"，是刘师培这一派无政府主义者的一大特色，当然这一点与其妻何震的作用有关。

《天义报》曾经刊登文章反映中国妇女在封建社会的屈辱地位，痛斥反动统治阶级和纲常伦理说教对妇女的戕害。如称帝王和有权势钱财者"以一男配无数之女"，"实男界之娼妓"②。斥责"专制之主，其虐凌女子之罪，上通于天"，纲常习俗重男轻女，使"吾女子之死于其中者，遂不知凡几。故儒家之学术，均杀人之学术也"③。并认为在西方国家，妇女也没有享受到真正的自由、平等，"名曰结婚自由，然欧美男女之结婚，岂尽由两性之爱恋哉！或男子以多财相耀而诱女子，或女子挟家资之富而引男子慕婚之心，或富民恃其财力而强娶贫女，此为利所缚者也"。金钱作祟，"势必女子有自由之名而无自由之实，有平等之名而无平等之实"④。

针对上述问题，何震提出了"男女革命"的七项具体主张：(1) 实行一夫一妻制；(2) 女子出嫁后不从夫姓，以父母姓并列；(3) 男女地位平等；(4) 男女养育同等，教育同等，职务同等；(5) 夫妇感情不和可以分离；(6) 以初婚之男配初婚之女，男子再娶只能娶再婚之女，女子再嫁只能嫁再婚之男；(7) 废除娼妓。这些主张大部分合理，反映了中国妇女摆脱男权和夫权的愿望。

但是，左右何震思想的是形而上学和小资产阶级狂热。她进而大谈"男子者，女子之大敌也。女子一日不与男子平等，则此恨终不磨"，称"男女欲求平等"，"必以暴力强制男子，使彼不得不与己平"⑤。她不仅主张"破男女阶级"，要"革尽天下压制妇女之男

---

① 申叔：《〈总同盟罢工论〉序》，载《天义报》第8～10卷合册。
② 震：《帝王与娼妓》，载《天义报》第1卷。
③ 震述：《女子复仇论》，载《天义报》第3、5卷。
④ 震述：《女子宣布书》，载《天义报》第1卷。
⑤ 震述：《女子宣布书》，载《天义报》第1卷。

子"，还要"革尽天下甘受压制之女子"，其中包括"甘事多妻之夫者"及未婚女子嫁给再婚之男者①，荒唐地扩大了打击面。而且"破男女阶级"之说出，诸如"毁家"、"废婚姻"之类奇谈接踵而生，以至有"欲开社会革命之幕者，必自破家始"②的谬论出来。此类过头的昏话当然难以被人们接受。1908年初，刘师培等人从马克思主义中受到启发，认识到"女子欲求解放，必自经济革命始"③的道理，才减少了"破男女阶级"之类的宣传。

刘师培等人的无政府主义带有复古主义的色彩，故一方面揭露专制君主和地主的残忍暴虐，对贫苦的劳动者表示同情；另一方面又对中国封建社会的某些制度、习俗加以赞美，认为中国有条件实行无政府主义。例如，中国历代统治者均"主放任"而"不主干涉"，"名曰专制，实则上不亲民，民不信官，法律不过具文，官吏仅同虚设……名曰有政府，实与无政府无异"④。再如，认为中国早就消灭了贵族，法律平等，"舍君主官吏专制外，贵贱贫富，治以同一之法律，其制本属差公"⑤。还认为中国历来以农为本，"弭兵抑商"，"杂霸之谈、商贾之行"，历来为"学士所羞称"，这种"以德为本，以兵为末，以农为本，以商为末"的制度"迥胜于今"⑥。他们甚至认为，"共产制度于中国古史确然有征"，不仅有义庄、义田、寺庙、会党组织行平均主义，宗族可以从同宗显贵得到照顾，同乡贫民可从殷富之家得到施舍，比起欧美社会"父母兄弟莫不异财"的"薄俗"⑦，不知要好多少。

刘师培等人的原意，是从中国的历史和风俗中寻找与无政府主义的契合点，但这种认识方法的偏差却是美化了中国封建社会，结论必然是中国封建社会制度优于欧美资本主义制度，学习西方的改革不仅全无必要，反而有害。他们认为，废除科举，士人就要失业；使用汽车，担夫就无法谋生；有了轮船，舟子就流离失所；通

---

①　去非子译述：《破坏社会论》，载《天义报》第1卷。
②　汉一：《毁家论》，载《天义报》第4卷。
③　《女子问题研究》，载《天义报》第16～19卷合册。
④　公权：《社会主义讲习会第一次开会记事》，载《天义报》第6卷。
⑤　申叔：《论新政为病民之根》，载《天义报》第8～10卷合册。
⑥　申叔：《废兵废财论》，载《天义报》第2卷。
⑦　《论共产制易行于中国》，载《衡报》，1908年第2号。

了电信，驿夫就要饿饭。"所谓新政者，果为利民之具耶，抑为害民之具耶？毋亦所利者在于少数人民，而所害则在于多数人民乎？"当时有识之士都批判清政府"新政"的虚伪和滞后，是向前看；而刘师培的批判却是反对以先进代替落后，是向后看。所以他说："今日欲为人民谋幸福，舍实行无政府制度外，别无改造世界之方。……若处政府擅权之国，而欲变法维新，举国宪政，曾不若专制之为良。盖维新之害，固较守旧为尤甚也。"①刘师培等人激进地空喊了一通"共产无政府主义"之后，竟又回到了复古守旧的立场。

刘师培不久因夺取同盟会干事职权未果而与同盟会分裂，1909年更被清廷两江总督端方收买，堕落为内奸、走狗，他的这个无政府主义派别也就随之无形瓦解。

与刘师培等人并立，以宣传无政府主义著称的，还有设在巴黎的"世界社"小团体。这个小团体最先以张人杰（字静江）和李煜瀛（字石曾）为骨干，后来加入了吴敬恒（字稚晖）和张继（因在日本参加幸德秋水的社会主义金曜讲习会活动被日警追缉逃到巴黎）。他们创办的《新世纪》周刊从1907年6月22日至1910年5月21日，历时3年，共出121期。这个刊物在宣传无政府主义及讨论其他问题上，具有与刘师培等人的《天义报》、《衡报》不同的内容和特色。

第一，因为他们处在西欧，对无政府主义及其与马克思主义的分歧了解较为全面深入，所以《新世纪》完全没有介绍马克思主义，而在宣传无政府主义理论方面则显得专门而系统。世界社发行的《新世纪丛书》第1～5集，以《世界七个无政府主义家》为名，节译了爱露丝著的《无政府主义》一书，介绍葛德文、蒲鲁东、特凯尔、托尔斯泰、斯蒂纳、巴枯宁、克鲁泡特金等人的简历、主要思想和著作。第6集又着重介绍了巴枯宁、克鲁泡特金和若克侣。此后，还专门翻译了有关巴枯宁、克鲁泡特金二人的文章与原著，如克鲁泡特金的《互助》、《法律与强权》等。

与此同时，李石曾、吴稚晖、张继等人在《新世纪》杂志上撰文宣传无政府主义，主张"扫除一切政府"、"废官"、"止禄"、"弃

---

① 申叔：《论新政为病民之根》，载《天义报》第8～10卷合册。

名绝誉"，建立一个"纯正自由"、"无有私利"、"专尚公理"的无政府社会①。在《普及革命》一文中，他们具体提出了"反对"和"实行"的内容，包括对于政府要"反对军备"，"反对法律"，"反对赋税"，"实行暗杀"，对于资本家要"反对财产"，"实行罢工"，对于社会要"反对宗教"，"实行博爱"，等等②。他们的理论没有超出巴枯宁、克鲁泡特金主张的范围，完全是西方无政府主义的翻版。

第二，宣传无政府主义与民族主义"合力革命"。起先，《新世纪》曾反对《民报》提出的民族革命主张。李石曾把民族主义、民权主义统称为"国家主义"而加以否定。他说："社会主义（实为无政府主义）与国家主义不能并立者也，国家主义主自利，社会主义主至公。……帝王之言曰保国，国家主义亦言保国。由是而知此二者之性质同。"③ 这个观点立即遭到革命派和读者反对，他们纷纷投书《新世纪》加以责问。李石曾不得不作辩解表白，称他自己就是从"热心于民族主义民权主义者"转变来的，"社会主义，非与民族主义民权主义背驰者也，不过稍有异同耳。……盖社会主义者，求世界人类自由平等幸福，而民族主义民权主义求一国一种族少数人之自由平等幸福也。归纳之有小大，犹行程之有远近，初非背驰者也"④。后来，《新世纪》又刊登文章，声称无政府主义当时还处于"预备时代"，"今日所可预备者，惟竭力鼓吹……而平日行为，则不妨从宜从俗"⑤。"新世纪"派由于感到无政府主义脱离了大多数中国人的迫切愿望，在实践上也行不通，而且他们和孙中山等人一直保持着较好的关系，所以没有猛烈攻击民族主义、民权主义。而且，他们反对把民族主义理解为"排满主义"，警告革命派不要陷入"民族复仇主义"的泥坑，这些意见应该说是正确的。

《新世纪》一方面坚持无政府主义，另一方面力图消弭与同盟

---

① 《新世纪之革命》，载《新世纪》，第 1 期。

② 民（李石曾）：《普及革命》，载《新世纪》第 15 期。

③ 真民（李石曾）：《革命》，载《新世纪丛书》第 1 集，转引自《辛亥革命前十年间时论选集》第 2 卷下册，三联书店，1978 年，第 1000 页。

④ 民（李石曾）：《申论民族、民权、社会三主义之异同再答来书论〈新世纪〉发刊之趣意》，载《新世纪》，第 6 期。

⑤ 一民来稿：《知与行》，载《新世纪》第 114 期。

会的分歧，提出"图合力以达革命之目的"，"协力以图最近之革命"①。因此，他们在揭露帝国主义和清政府的反动本质，批判立宪派和清政府的假立宪等方面，与革命派的报刊配合得颇为一致。

《新世纪》第39期节译了英国华伦西的著作《军国主义——文化的祸害》，第93期刊登了俄国邱克朔夫的文章《俄国之垂危》。这些文章采用了较多材料揭露帝国主义对外侵略扩张、对内残酷压榨的罪行，有助于提高中国人民对帝国主义本质的认识。《新世纪》还刊登了吴稚晖（署名"燃"、"燃料"）的多篇短小杂文，对上至慈禧、光绪、载沣，下至袁世凯、张之洞、端方、铁良等人，指名道姓地抨击揭露，大长了革命者和人民的斗志。

有关作者对立宪派污蔑中国人民"程度不足"和所谓"革命将导致瓜分"的说法给予了有力批驳。他们说所谓"程度不足"是立宪派制造的口实，如果数亿中国人都"程度不足"，而"三岁之乳臭胡儿，已为今日之皇帝陛下"却被你们视为"神圣不可侵犯"，两相对比，"汝保皇党立宪派抚心自问，引镜自照，宁不堪为民贼耶？"② 至于瓜分之说，全是"满洲政府日日制造瓜分之资格"而引起的，"瓜分不瓜分，全视中国人之进步与退步"。中国人民起而革命，列强就会产生忌惮，可说"革命正所以救免瓜分之无上上策也"。《新世纪》还对清政府制造的立宪闹剧加以讽刺，并举例说沙皇政府在1905年也向人民许诺过立宪，但危机一过，统治者马上就向人民举起屠刀，提醒中国人民不要被所谓立宪欺骗。他们称立宪派的头面人物康有为、梁启超、张謇、汤寿潜等人为"狐狸豺狼"③，指出如果让他们得势，革命就会遭到挫折。在同立宪派的论战中，《新世纪》发挥了重大作用。

第三，鼓吹暗杀和"起革命军"。《新世纪》曾有多篇文章专门介绍西方无政府主义者的暗杀活动，第28期还刊载了"世界暗杀表"。当国内徐锡麟、秋瑾牺牲之后，《新世纪》曾连续刊登他们的照片，发表纪念文章，称赞徐锡麟为"牺牲己身己利以求公道之代

---

① 真（李石曾）：《与友人论种族革命党及社会革命党》，载《新世纪》第8期。

② 绝圣来稿：《鳞鳞爪爪》，载《新世纪》第91期。

③ 燃料：《呜呼立宪党》，载《新世纪》第61期。

表"，歌颂秋瑾为"中国五千年来未有之女豪杰"。他们认为暗杀能"以诛除一二人道之贼，使大多数人之迷梦惊醒"，"盖起革命之风潮，而速社会主义进化者"，并且能够"发革命之动机"①。

正因为暗杀只能"发革命之动机"，所以他们中有人认为仅靠暗杀还不够，还应当"起革命军"。为此，他们把目光投向"平民"，说"在今日论中国革命"，"舍平民揭竿斩木之外，更无他道"。他们认为会党是平民的代表，故发出了"去矣，与会党为伍"的号召②，表现出重视下层社会民众的思想倾向。

第四，主张"尊今薄古"，号召进行"三纲革命"，"行孔丘之革命"。《新世纪》诸人是极端信仰进化论的，认为"无一事一物不进者，此天演之自然"，相信"生物之进化"、"人之进化"和"社会之进化"③。他们由此得出了"新必胜旧"，"惟尊今薄古，故能今胜于古，而进化无极"的结论④。他们在这种社会历史观的指导下，对当时厚古薄今、赞美往昔的复古主义进行了批评。例如，他们反对国粹主义，说"近数年来，中国之号称识者，动则称国粹。……甚者则曰国粹之不讲则中国其真不可救药。呜呼，此岂好现象乎？吾敢一言而断之曰：是受历史之毒"。主张对那些"专是古而非今，尊己而卑他、标异于人……梦想草昧，而使人群自退化"的好古者，"加以大辟之刑"。这种观点对国粹主义派和刘师培等人思想中的消极错误，具有一定的针砭作用。但是，《新世纪》诸人又犯了对文化传统简单否定的错误，认为中国固有文明如属"形上之学"的"周秦之学术，两汉之政治，宋明之理学"，属"物质文明之发明"的"若指南针、经纬度、锦、印刷器、火药、磁器等，则大裨于全世界之文明"，然而在"万事以进化为衡之世，是种种者，当在淘汰之列。其补助于社会文明之功，已属过去之陈迹"⑤。民族文化虚无主义的色彩比较浓厚。他们主张废除汉字，推行世界语，显然也与这种文化态度有关。

---

① 民：《普及革命》，载《新世纪》第 15 期。
② 反：《去矣，与会党为伍》，载《新世纪》第 42 期。
③ 真：《进化与革命》，载《新世纪》第 20 期。
④ 民：《好古》，载《新世纪》第 24 期。
⑤ 反：《国粹之处分》，载《新世纪》第 44 期。

《新世纪》还主张"三纲革命"、"祖宗革命"和"家族革命"，反对"四权"（政权、族权、神权、夫权），并标揭"无父无君无法无天"的"四无"口号，这对中国的封建宗法思想是前所未有的冲击。但他们的"三纲革命"目标，最终是要建立无政府主义社会，"大哉四无，乃成立无政府之要素"①；所谓"家族革命"，也是出于这一目的，"欲破亲疏之习惯，必自破家族始。欲破家族，必自废婚姻始。婚姻既废，家族不得成。……四海一家，天下大同"②。"三纲革命"貌似激进，实则包含着他们害怕真正革命的一面，因为他们认为"实行政治革命、经济革命，皆不能免激烈之作用"，"至家庭革命，则无激烈之作用，惟改革其思想可也"③。说来说去，竟又绕到了从思想观念和"家庭革命"入手，以取代激烈的政治革命和经济革命，而世事真能如此简单，天下太平可是太容易了。

在批判伦理纲常和固有文化的时候，《新世纪》也把矛头指向了孔子。他们说，"孔子砌专制之基，以荼毒吾同胞者，二千余年矣。今又凭依其大祀牌位，以与同胞酬酢"，决不能轻视其危害。"欲世界人进于幸福，必先破迷信；欲支那人之进于幸福，必先以孔丘之革命"。他们提出了一种"刮骨破疽之术"，即"尽集其一生之言行，分门著论。言则取类似者，仿《左氏博议》之例，排比为题，痛加驳斥。行则或就其身世，或以所言反驳，要勿稍留余地"④。其思想解放，言辞犀利，但缺乏分析说理的理性，较之章太炎等人的论孔相差太远。

《新世纪》于 1910 年 5 月终刊。张静江、李石曾、吴稚晖、张继等人到民国时代却成了国民党的元老和高官，1927 年后更麇集在蒋介石身边。他们的言行给历史留下了一条"无政府"——有政府——恶政府的轨迹。

清末的革命派对无政府主义的态度较为复杂。孙中山对之采取的是宽容态度，他曾说过："无政府论之理想至为高超纯洁，有类

---

① 四无：《无父无君无法无天》，载《新世纪》第 52 期。
② 民：《普及革命》，载《新世纪》第 15 期。
③ 真：《三纲革命》，载《新世纪》第 11 期。
④ 绝圣：《排孔征言》，载《新世纪》第 52 期。

于乌托邦，但可望而不可即，颇似世上说部所谈之神仙世界。吾人对于神仙，既不赞成，亦不反对，故即以神仙视之可矣。"① 他同刘师培等人没有交往，但早年的革命活动曾得到张静江的金钱资助，与《新世纪》派诸人关系颇密切，故《民报》上也偶有介绍无政府主义的文章。多数革命者也没有认识到无政府主义对革命事业的危害。

但是，仍有部分革命者从一开始即对无政府主义有所抵制。陈天华是最早批评无政府主义的人，他认为无政府主义者将封建专制政府与资产阶级共和政府等同，"不问政府之内容，而一概排斥之，是不得谓为真爱自由者也"。他反对个人主义和绝对自由，称在共和政体之下，人们所得到的也是"总体之自由"，"共和者亦为多数人计，而不得不限制少数人之自由"，如果"以个体之自由解共和，毫厘而千里也"②。陈天华抓住了无政府主义者世界观的要害——个人主义，加以批判，并申论了共和政府与封建专制政府的区别，号召人们抵制无政府主义对革命事业的危害，这种看法是敏锐而深刻的。

叶夏声在介绍社会主义学说的时候，不仅区别了马克思主义的社会主义和无政府主义的社会主义，而且将无政府主义者与资产阶级革命党人对待"政治革命"与"社会革命"两个基本问题的原则差别也作了分辨。文章开头就说，无政府主义者自诩为"革命"，实质是"非革命"，"无政府主义直可谓不认国家之统治权，更不认法律之存在，而惟以破坏手段达其平等自由之目的耳。……然其所谓革命，仅有破坏而无建设也。无建设之革命，乌得云革命哉？"

接着，文章概括了无政府主义者与革命党人对待"政治革命"的不同立场：前者要废绝政治，后者要革新政治；前者要废灭政府，后者要改良政府；前者要摈斥国家，后者目的在于巩固国家；前者不分专制、立宪，都要反对，后者只反对专制，主张立宪；前者蔑视法律，后者尊重法律。在对待"社会革命"方面，作者回顾

① 冯自由：《同盟会四大纲领及三民主义渊源》，见《革命逸史》第3集，中华书局，1981年重印本，第209～210页。
② 思黄（陈天华）：《论中国宜改创民主政体》，载《民报》，1905年第1期。

了无政府主义者从社会主义运动中分裂出去的历史，以《共产党宣言》为理论根据，说明社会革命一定能成功（作者认为民生主义就是社会主义）；而无政府主义者废灭政府，轻蔑政治，破坏法律，实行"绝对的自己主义"，"彼以个人之力而欲实行共产制……然而以财产之平均冀之个人，彼个人苟无道德心者，将争夺之无已也。然则欲实行其主义，先宜注重于个人之道德，是其实行之期难定，其理想之为梦幻也"。所以他说，"观其《共产党之宣言》，乃农工奖励银行之设置，可证其主义之非乌托邦"，"社会主义较无政府主义其根据确实"。在革命的实行方面，文章也指出了两者的区别，"无政府主义之革命以爆烈弹为之，而政治革命则人民对于政府为公然之战争也"，表示了对无政府主义者的暗杀手段的不以为然。

作者撰写此文的目的，首先在辨析无政府主义与三民主义的区别，预防无政府主义思想对革命阵营的淆乱，同时也是针对立宪派"诋革命党所主张为无政府主义而欲以惑人"的伎俩的。立宪派正是要把革命党人说成是无政府主义者，借以宣传"恶政府诚不如善政府，然有政府存在，则莫如因之而不革"，"恶法律诚不如善法律，然犹愈于无法律"，为其配合清王朝的立宪张目。叶夏声的文章区分了无政府主义者和革命派，故能理直气壮地说，立宪派对无政府主义的攻击，对革命派是无的放矢，是"己则不智，漫以诬人"的表现。

叶夏声的文章辨明了民主革命与无政府革命的区别，也指出了马克思主义的社会主义与无政府社会主义的不同，这在当时是有一定意义的。但作者又没有弄清马克思主义与西欧社会党人鼓吹的平和、有秩序、博爱等改良主义的区别，称马克思的社会主义是"以调和各个人之利益与社会全般之利益为目的"，其办法是用一种协力法来"扶助社会之人民"①，这显然是一种误解。作者进而把孙中山的民生主义和已被他误解的马克思主义的社会主义等同视之，当然也是理论上的错误。此外，作者对于立宪派的诬蔑，只是立足于说明革命党人是主张有政府、有法律的，似乎只是唯恐被戴上无政府主义的帽子而作表白和辩解，没有进而揭露立宪派在这个问题

---

① 以上均见梦蝶生（叶夏声）《无政府党与革命党之说明》，载《民报》，1906 年第 7 期。

上的险恶用心，对立宪派的批判显得软弱无力。

雷铁厓（原名雷昭性，笔名铁铮）也是革命派中注意批判无政府主义的一人，他的《政府说》以进化论和"运会"（可理解为"时势"）说对无政府说作了批驳。文章认为，"人类自然生社会，社会自然生国家，国家自然生政府"，一切"自然而生自然而去"，所以"运会在有政府，即不容无政府者存也"。且世间万事万物都是有无相对而成，无政府主义要"去政府"，就必然要有"扑政府之能力"，而这种能力"非合众力不为功"，这种"合众力"的能力在"扑彼政府"之后，必然"实转自建一政府"。所以政府并不是听人的主观愿望挥之即去的。

从中国国内的实际情况看，虽然绝大多数人痛恨清政府，但清政府决不会因此自动垮台。"既曰大同，则无分夷夏，虽以逆胡之罪，亦将谷之，不然则有悖大同之义。……不能去满政府，则无政府主义适以巩固满政府"，这不正是"运会未至而提倡过早之故"吗？从中国与世界的关系情况看，当时中国正"处群虎竞争中，而欲鼎峙图存，非势均力敌"不可，"是故彼建一政府，我即建一政府。……倘我无政府，则内治外交均无提纲挈领者，以涣散之人民当萃聚之政府，安往不供其蹂躏？安往而不灭其种族？"当然，作者没有忘记强调，当时要建的政府只能是"共和政府"。

作者点名与章太炎商榷，称章太炎的"五无"论（无政府、无聚落、无人类、无众生、无世界）"未能到圆满之地位，而去之（之）术乃大穷"，因为要依次实现"五无"，"必先生'五有'，否则无操'五无'之权则使之无者矣"。当然，作者把重点放在批驳"无政府"上，称"今以无政府处中国，中国亦愁然不乐。盖美则美矣，其如不适何？今之君子能返于上古，老死不相往来，抑或遁于无何有之乡，离此世界而独立，庶几可矣。不然则恐此主义终不成立，徒存此理论于天壤，以待运会而已矣"。作者反复强调要把握和适应"运会"，即立足现实时势，适应世界潮流，"运会至斯，不宜强而躐"，"运会不至于无政府，强而躐之，是不循运会也。不循运会，运会即使之灭绝"；但另一方面必须"赴运会"，即跟上世界潮流，"瞠乎后焉，是不赴运会也。不赴运会则将为运会所淘汰，而归于灭绝矣"。而他认为当时的"运会"就是以民主共和取代封建专制。这篇文章具有哲学的高度和务实的态度，所以作为当时

《民报》主编的章太炎虽遭点名"引申"，也不得不将其刊登，并加上"记者按"曰："论者主张太过，然亦适合今之事势，故录之。"①

《民报》还刊登过汪东的文章《刺客校军人论》。文章虽然赞扬刺客"怀炸弹、淬匕首"，"坚忍卓特"的英雄行为，但认为"今计革命之业，断不能以破碎灭裂，徼幸或其成矣"，因为敌人非止一个或几个，"杀其一人，代之者如其人；杀尽满朝，明日又周布矣"，所以暗杀并不足以推翻反动政府，更重要更有效的是大兴革命军，"苟言其用，则犹当急军人而缓刺客"②。作者并不认为相信暗杀就是无政府主义，但暗杀的确是无政府主义者大力鼓吹的手段，所以批评暗杀、主张兴革命军的言论，也是对无政府主义的一个侧面批评。

革命派的其他报刊上也有一些批评无政府主义的文字。《河南》杂志上有文章指出，中国处在列强环伺之下，有人"高言大同，破坏政府，是自失其团结力，解其责任心，而一切抵制各国之器具必至消除以净尽，则中国全地已自现其瓜分之形状"③，认为此时在中国谈无政府主义有百害而无一利。此外，《民声》、《越报》等刊物，也有对无政府主义的批评。

还有革命者投书《新世纪》，指出无政府主义讲大同，但列强中没有任何国家讲大同，反而"乘此机会以实行瓜分中国之政策"，这样一来，无政府的主张岂不成了"欲为社会除害，而反贻国人以害？"又指出无政府主义主张"去兵，而又曰须大众起事用手枪炸丸以伸公理，是前后冲突"；并断定无政府主义者没有"革命之能力"，"亦未革过命，不能为自由之国民，是为奴隶"；还再三强调，无政府主义的"均贫富"、"尊卑平等"、"同作同食"等主张，凭无政府主义者的"魄力"和"妙法"，都是不可能做到的④。这类批评意见没有多少理论色彩，但表明当时多数革命派人士认为无政府

---

① 铁铮（雷铁厓）：《政府说》，载《民报》，1907 年第 17 期。

② 汪东：《刺客校军人论》，载《民报》，1907 年第 16 期。

③ 鸿飞（张钟瑞）：《对于要求开国会者之感喟》，载《河南》，1908 年第 4 期。

④ 真：《驳新世纪丛书〈革命〉附答》，载《新世纪》第 5 期。

主义行不通。

　　一般研究者认为，无政府主义通常是小生产者极易产生的思想倾向。中国恰恰是一个小生产者众多的国家，而且无论是清末还是民初，国外一直有无政府主义传入。但客观地说，无政府主义在中国始终没有多大市场，中国也很少有长期坚守理念的无政府主义者。个中原因很多，但最重要的一条是：近代中国始终面临着巨大的民族危机，因而民族主义、爱国主义一直是居于主流地位的社会思潮，别的各种主义，如自由主义、无政府主义等，都难以被多数人接受。

第四章　新式知识分子的成长与集结

一　权力边缘与社会中下层的新生代

梁启超在 1902 年—1903 年旅日期间，敏锐地感觉到当时大多数中国留日学生和维新时期的"士人"有很大的不同，他称这些留学生为"无科第、无官阶"的"少年新进"，有时更称为"年少躁进之士"。梁启超的说法抓住了新一代知识分子的若干特点，但还不够全面，更谈不上深刻。

人既是文化的创造物，同时又是文化的创造者。为了深入了解和说明辛亥革命准备时期精英文化的形成及特色，就必须把古人所说的"论文必先论人"方法加以拓展运用，把分析具体的个别的"文"和"人"，推进到分析整体的"文"和群体的"人"的层次。为了便于从宏观上把握当时与文化有关的群体的基本情况，先罗列几组人物的籍贯、年龄、家庭背景、受教育经历及其在 20 世纪头十年中主要的政治、文化作为。

第一组是立宪派人士，包括在 19 世纪维新运动时期已有影响而到此时仍坚持立宪改良者，如康有为、梁启超、严复、徐勤、麦孟华、欧榘甲、汪康年、张元济、宋恕、夏曾佑等，也包括在 20 世纪初年才新加入的马相伯、杨度、蒋智由，以及当时倾向立宪后来赞同革命的沈钧儒、黄炎培，还包括同情改良主义的学者如王国维，以翻译小说著称的林纾，以"谴责小说"著称的李伯元、吴趼人、曾朴、刘鹗，最后是办改良主义报刊的狄葆贤、孟森、英敛之和陈景韩等。

表4-1 立宪派人士和倾向改良主义的人士简况

姓名	籍贯	出生年	1905年时岁数	家庭背景及受教育经历	20世纪头十年在政治、文化方面的主要作为
康有为	广东	1858	47岁	士大夫家庭，父为补用知县。受传统教育，19世纪80年代开始讲求西学，1894年中举人。戊戌政变后流亡海外。	海外立宪派的总领袖。
梁启超	广东	1873	32岁	一般耕读之家，父为乡村塾师。17岁中举，18岁接触西学。师从康有为。戊戌政变后逃亡日本。	主办《清议报》、《新民丛报》。海外立宪派的文字主将。
严复	福建	1854	51岁	出身贫寒。13岁入福州船政学堂，23岁留学欧洲3年。归国后长期在水师学堂执教。	翻译欧美理论名著。协助马相伯创办复旦公学。
徐勤	广东	1873	32岁	邑庠生。康有为弟子。	在海外各地办保皇会。主香港《商报》、旧金山《文兴报》、新加坡《南洋总汇报》笔政。
麦孟华	广东	1875	30岁	举人。康有为弟子。	东京大同学校校长。助办《清议报》、《时报》。
欧榘甲	广东	不详		康有为弟子。	助编《清议报》，旧金山《文兴报》记者，《大同日报》总编辑。著《新广东》。
汪康年	浙江	1860	45岁	举人。曾任两湖书院教习。	主办《中外日报》、《京报》、《刍言报》。
张元济	浙江	1867	38岁	进士。曾任刑部主事、总署章京。后任南洋公学总理、商务印书馆总经理。	主持商务印书馆业务。预备立宪公会重要成员。
宋恕	浙江	1862	43岁	秀才。肄业于杭州诂经精舍。1886年接触西学，1903年东游日本年余。	1901年起在杭州求是书院任教。
夏曾佑	浙江	1863	42岁	进士。曾任礼部主事、译书总纂官，与严复等办《国闻报》。	1902年著《中学历史教科书》（即《中国古代史》）。
马相伯	江苏	1840	65岁	世代信奉天主教之家。父弃儒业医经商。初在家读四书五经，曾中秀才，后进上海徐汇公学（天主教学校），历十余年，通多种外文。	20世纪初办震旦学院、复旦公学。政闻社领袖。

姓名	籍贯	出生年	1905 年时岁数	家庭背景及受教育经历	20 世纪头十年在政治、文化方面的主要作为
杨　度	湖南	1875	30 岁	父曾入曾国藩幕，候补知县。本人为王闿运门生，20 岁中举。1902 年后在日本 5 年，曾任中国留日学生总会干事长。	办《游学译编》、《中国新报》，任宪政公会常务委员长。
蒋智由	浙江	1866	39 岁	先受传统教育，1902 年赴日本。	曾任《新民丛报》记者、《浙江潮》总编辑。执教于上海爱国学社，系新诗派重要诗人。1907 年又参与发起组织政闻社。
沈钧儒	浙江	1875	30 岁	进士。幼受传统教育，1905 年留日习法政。	1907 年回国参加立宪运动，任浙江省谘议局副议长。
黄炎培	江苏	1878	27 岁	1901 年入南洋公学，1902 年中举，1903 年赴日留学。	1905 年入同盟会并代理上海分部干事，旋办浦东中学，任江苏省教育会干事、江苏省谘议局常驻议员及江苏地方自治筹备处参议。
王国维	浙江	1877	28 岁	父因家道中落而弃儒业商。本人曾中秀才，1901 年赴日，习自然科学，并研究西方哲学、伦理学与心理学。	1903 年回国在师范学堂任教，运用外来观念和方法研究《红楼梦》及中国古代戏曲诗词等，极有建树。
林　纾	福建	1852	53 岁	出身小商人家庭，受传统教育但涉猎广泛。20 岁任塾师，31 岁中举。	1902 年入京师大学堂任教，从事古文研究，与人合作翻译外国小说《巴黎茶花女遗事》、《撒克逊劫后英雄传》等多种。
李伯元（宝嘉）	江苏	1867	38 岁	受传统教育，秀才。	在上海办《游戏报》、《繁华报》、《绣像小说》等，著小说《官场现形记》、《文明小史》、《活地狱》等。
吴沃尧（趼人）	广东	1866	39 岁	父为下级候补官吏。本人受传统教育，1885 年到上海制造局从事文字工作。	1903 年曾在汉口办《汉报》，著小说《二十年目睹之怪现状》、《痛史》、《恨海》等。

姓名	籍贯	出生年	1905年时岁数	家庭背景及受教育经历	20世纪头十年在政治、文化方面的主要作为
曾　朴	江苏	1872	33岁	父为刑部郎中，文章有名于时。本人受传统教育，20岁中举。1897年赴上海办实业失败。	1904年与丁初我、徐念慈等创办《小说林》，并为之撰文，续金松岑所作《孽海花》。
刘　鹗（铁云）	江苏	1857	48岁	受太谷学派影响，讲技艺，重实行，参与治河、开矿、机器织布局、绸厂、盐厂、海运公司等，均未成。	撰有小说《老残游记》。通算学，著有《勾股天元草》、《弧角三术》。又喜金石碑版，有《铁云藏龟》、《铁云藏陶》等书。
狄葆贤（平子）	江苏	不详		曾参与维新运动，戊戌政变后逃亡日本。1900年回上海，参与正气会和自立军事，失败后改业新闻。	1904年在上海创办《时报》，以陈冷、罗普为主笔。
孟　森	江苏	1868	37岁	廪生。1901年赴日本习法政。	《东方杂志》主要编辑。曾参与组织预备立宪公会。
英敛之	满族人，生于北京	1867	38岁	家贫，刻苦自学，博览群书。22岁入天主教。1902年，教友柴天宠集股在天津办《大公报》，英敛之任该报经理、撰述兼编辑至1912年2月。	《大公报》在此十年间，以维新改良为政治宗旨，但坚持揭露官场的黑暗腐败，批判封建顽固派，为民请命，关心社会问题；文字通俗易懂，风格严肃，从不刊登消闲、黄色、刺激性文字。
陈景韩（笔名冷、冷血、无名等）	江苏	1877	28岁	19世纪末在湖北武备学堂读书，20世纪初留学日本，即开始从事国外小说翻译，他通英文、日文，翻译多依原著。	1904年《时报》创刊，任主笔，首创日报"时评"体。旋又兼任《申报》、《大陆》、《新新小说》的编辑。同时翻译外国小说数十种。

　　属于革命派或基本上倾向革命的人士，且在思想文化上有所建树、又有一定影响的人更多。为显示区别，这里将其分为几组，第一组是同盟会领导集团的主要成员和重要职员，仍按上表内容罗列简况。

表 4-2　第一组　同盟会领导集团主要成员和重要职员简况

姓名	籍贯	出生年	1905 年时岁数	家庭背景及受教育经历	20 世纪头十年在政治、文化方面的主要作为
孙中山	广东	1866	39 岁	父务农，兄为檀香山农牧场主。本人主要在檀香山、香港接受西式教育。	组织革命党，创立三民主义学说。
黄　兴	湖南	1874	31 岁	父为廪生，在长沙教馆，乡间置有田产。本人为秀才，曾入读长沙城南书院、武昌两湖书院。1902 年赴日留学。	参与创办《游学译编》。华兴会、同盟会领导人之一。
宋教仁	湖南	1882	23 岁	地主之家。曾入读湖南漳江书院、武昌文普通学堂。1904 年留学日本。	研究西方政治、法律，参与创办《二十世纪之支那》、《民立报》等，制定《鄂州约法》。
胡汉民	广东	1879	26 岁	出身下级官吏家庭，21 岁中举，1902 年留学日本。	《民报》的编辑、作者，曾主持新加坡《中兴日报》。
汪精卫	广东	1883	22 岁	父为县官幕僚。本人受传统教育，18 岁中秀才，1904 年赴日本留学。	曾任《民报》主编、作者，同盟会总部评议部评议长。
廖仲恺	广东	1877	28 岁	父为赴美华工，后任银行职员。本人 16 岁前在美国接受教育，1893 年回国，1896 年赴香港读书，1902 年赴日本留学。	同盟会总部外务部干事，于西方政治、经济学有一定研究，在《民报》上发表译文多篇。
朱执信	广东	1885	20 岁	父曾任张之洞幕僚，家族成员多士大夫。本人曾就读广州教忠学堂，1904 年赴日本留学。	同盟会评议部职员，在《民报》上撰文多篇。
刘揆一	湖南	1878	27 岁	父业农，但好学。本人于 1893 年师从王闿运，1903 年赴日本留学。	同盟会总部执行部代理庶务干事。
田　桐	湖北	1879	26 岁	先受传统教育，1901 年入武昌文普通学堂，1903 年赴日本留学。	参与创办《二十世纪之支那》，编辑出版《亡国惨记》。任同盟会评议员、书记部书记。又与柳亚子等创办《复报》，一度主新加坡《中兴日报》笔政。1909 年入京创办《国光新闻》。

姓名	籍贯	出生年	1905年时岁数	家庭背景及受教育经历	20世纪头十年在政治、文化方面的主要作为
曹亚伯	湖北	1878	27岁	自幼广涉诸子百家，后入两湖书院。1905年赴日，翌年又游学英国。	参与发起科学补习所、日知会。任同盟会评议部评议员。赴英国后兼任香港《中国日报》通讯员。
秋　瑾	浙江	1875	30岁	父为下层官吏，夫家为富商。1904年冲破家庭阻力自费赴日本留学。	创办《白话报》，入光复会、同盟会并任评议部评议员。1906年创刊《中国女报》。工诗词，格调雄壮。
陶成章	浙江	1878	27岁	父以务农为主，兼营砖灰业、漆工。家贫，入义塾读书，15岁任塾师，刻苦自学。1902年赴日留学。	组织龙华会、光复会，入同盟会，任《民报》发行人，20～22号《民报》主编。撰《中国民族权力消长史》和《浙案纪略》，还曾任新加坡《中兴日报》、仰光《光华日报》记者，创办《教育今语》杂志。
马君武	广西	1881	24岁	父为幕僚，早逝。本人1898年入广西体用学堂习数学、英文。1901年入上海震旦学院。1902年赴日留学，1907年留学德国，学冶金。	入同盟会，被推为书记科书记，未就。翻译《法兰西革命史》及达尔文、卢梭、斯宾塞著作。南社成员，诗作甚多。
冯自由	广东	1882	23岁	出身于旅日侨商家庭，本人1900年肄业于东京专门学校。	参与创办《开智录》，任香港《中国日报》社长兼总编辑。同盟会评议部评议员。
张　继	直隶（今河北）	1882	23岁	出身地主家庭，先读私塾，后入保定莲池书院，1899年赴日留学。	曾任《苏报》参议，与章士钊、陈去病创办《国民日日报》。入同盟会，任司法部判事，《民报》编辑兼发行人。1908年赴欧洲，一度倾向于无政府主义。

表 4-3　第二组　各地革命骨干分子简况

姓名	籍贯	出生年	1905年时岁数	家庭背景及受教育经历	20世纪头十年在政治、文化方面的主要作为
蔡元培	浙江	1868	37岁	父为钱庄经理。本人为进士、翰林。1894年后接受西学。曾任绍兴中西学堂监督、南洋公学教习、中国教育会会长。1902年游历日本。1907年—1911年在德国留学。	在上海创办爱国学社，为《苏报》撰文，创办《俄事警闻》（后改名《警钟日报》）。任光复会会长、上海同盟会分部主盟人。
陈其美	浙江	1877	28岁	父为秀才，弃儒从商，在钱庄任文墨。本人早年在当铺当学徒，1904年入上海理科传习所。1906年赴日本，习警政。	主要从事组织联络。还参与《中国公报》、《民声丛报》、《民立报》的工作。
陈独秀	安徽	1879	26岁	家为富户，本人为秀才。1898年考入杭州求是书院。1901年、1902年—1903年、1906年—1908年三度留学日本，习英文。	在日本参加励志会，组织中国青年会。在芜湖创办《安徽俗话报》。加入光复会，又在安徽组织岳王会并任会长。在日本与章太炎、刘师培等发起亚洲和亲会。
于右任	陕西	1879	26岁	少时家贫，以工助读。25岁中举，旋因写诗讽论时政，被通缉，逃往上海，入震旦学院肄业。1906年—1907年留学日本。	参与组建复旦公学。被同盟会委为"长江大都督"。在上海办《神州日报》、《民呼日报》、《民吁日报》和《民立报》。
丁惟汾	山东	1874	31岁	父为塾师，著有《毛诗正韵》。本人保定师范学堂毕业，1904年留学日本，习法政。	同盟会山东支部主盟人。在东京办《晨钟报》，回国后在山东多处设立公学。
吕志伊（天民）	云南	1882	23岁	早年就读于昆明经正书院，19岁中举。1904年留学日本。	同盟会云南支部主盟人，曾创办《云南》杂志、《滇话报》，并在仰光与居正等办《光华日报》。
吴禄贞	湖北	1880	25岁	父为秀才，在武昌教书。本人先受传统教育，17岁入湖北武备学堂，1898年留学日本，习军事。	在日本组织励志会，加入兴中会。1900年领导大通起义。在东京参与建立中国留学生会馆。1902年在武昌花园山设立联络处。后又加入华兴会、日知会。善诗词，著有《经营蒙古条议》和《延吉边务报告》。

姓名	籍贯	出生年	1905年时岁数	家庭背景及受教育经历	20世纪头十年在政治、文化方面的主要作为
刘静庵	湖北	1875	30岁	世家出身，但有志于新学。1903年到武昌，投入新军。	参与发起成立科学补习所、日知会。
胡鄂公	湖北	1883	22岁	1906年毕业于郝穴预备中学堂，后入保定高等农业学堂。	早年参加湘鄂洪门起义。与同学熊得山组织辅仁社，后又组织共和会和北方革命协会，发动京津地区辛亥革命。
刘复基	湖南	1883	22岁	先受传统教育，后入新式学堂。1904年—1906年游学日本。	运销革命书刊。在上海协助杨卓林办《竞业旬报》，在武汉任《商务报》发行人。任文学社评议部部长。
禹之谟	湖南	1866	39岁	先受传统教育，1900年到日本，研究应用化学和纺织工艺。1902年回湖南，办毛巾厂和工艺传习所。	华兴会会员，同盟会湖南分会负责人。创办"湘乡旅省中学堂"。任湖南教育会会长、商会会长。
谭人凤	湖南	1860	45岁	出身农家，只读过私塾。1890年—1895年当塾师，遍交反清会党。1906年到东京，入同盟会，曾就读日本法政学校。	参与镇南关起义、河口起义。促成湖北文学社、共进会联合，又与陈其美、宋教仁共建同盟会中部总会。
李燮和	湖南	1874	31岁	曾在长沙求实书院和明德学堂读书。1904年因参与长沙起义事泄，逃亡日本。	入光复会、同盟会。1907年参加萍浏醴起义。失败逃南洋，在南洋华侨中学任教。1911年在上海与陈其美等筹划并领导起义。

表4-4　第三组　主要致力于文字宣传的革命人士简况

姓名	籍贯	出生年	1905年时岁数	家庭背景及受教育经历	20世纪头十年在政治、文化方面的主要作为
邹　容	四川	1885	20岁	出身于富商家庭，就读于重庆经学书院。1902年春到日本，入东京同文书院，1903年4月返上海。	爱国学社骨干。撰《革命军》。并拟建立中国学生同盟会。

姓名	籍贯	出生年	1905年时岁数	家庭背景及受教育经历	20世纪头十年在政治、文化方面的主要作为
雷铁厓	四川	1873	32岁	父从事盐业失败，家贫，本人刈草山中十余年。后就读炳文书院，1900年中秀才，1905年赴日本。	同盟会会员，曾在《民报》撰文。还创办《鹃声》、《四川》两种杂志。
陈天华	湖南	1875	30岁	父为乡村塾师。本人边当小贩边刻苦自学，后入资江书院和新化求实学堂。1903年初留学日本，入东京弘文书院师范科。	曾参加《游学译编》编辑工作。作《猛回头》和《警世钟》。同盟会成立时参加会章起草。《民报》初期，为编辑和主要撰稿人。
秦力山	湖南	1877	28岁	秀才。1897年入长沙时务学堂，从谭嗣同学。戊戌政变后流亡日本。1900年自立军起事失败后，与康、梁决裂，走上革命道路。	1901年与戢元丞、沈翔云创办《国民报》，任总编辑。1902年回国参与《大陆》报编辑工作，又创办《少年中国报》。1905年赴缅甸创办《仰光新报》。著有《革命箴言》。
杨毓麟（守仁）	湖南	1872	33岁	受传统教育。1897年中举，充湖南时务学堂教习。1902年赴日，初入弘文书院，后进早稻田大学。	与黄兴等办《游学译编》，撰《新湖南》。1904年曾潜入北京谋炸西太后，未果。1906年加入同盟会。1907年返沪与于右任创办《神州日报》，任总主笔。1908年赴英国，旋入爱伯汀大学习英文，兼《民立报》通讯员。
章士钊	湖南	1881	24岁	接受传统教育。1902年入南京陆军学堂，1904年赴日本留学。	1903年主编《苏报》，刊载章太炎、邹容的反清革命文章。编《苏报案纪事》。还节译日文著作《三十三年落花梦》为《孙逸仙》，介绍孙中山的革命活动。
陈少白	广东	1869	36岁	少时居乡习举子业，1888年考入广州格致书院。1895年加入兴中会，追随孙中山革命。	在香港创办《中国日报》，任社长兼总编辑。又出版《中国旬报》。任同盟会香港分会会长。

姓名	籍贯	出生年	1905 年时岁数	家庭背景及受教育经历	20 世纪头十年在政治、文化方面的主要作为
郑贯一（贯公）	广东	不详	30 岁左右	受传统教育。曾赴日本任《清议报》助理编辑，旋与梁启超等绝交。	1900 年参与创办《开智录》，1901 年春任香港《中国日报》记者。后又在广州创办《世界公益报》、《广东报》、《有所谓报》。
黄世仲（别号禺山世次郎）	广东	不详	30 岁左右	早年偕兄渡南洋谋生，工余常为保皇派《天南新报》撰文。1900 年与康、梁等绝交。	约在 1901 年回香港任《中国日报》记者。助郑贯一办《世界公益报》、《广东报》、《有所谓报》，自办《少年报》。撰有历史政治小说《洪秀全演义》、《廿载繁华梦》、《人马扁》、《宦海升沉录》（一名《袁世凯》）。
戢元丞	湖北	1878	27 岁	父为清军守备。本人在武昌受传统教育。1896 年赴日留学。	1900 年与秦力山、沈翔云等在日本创办《国民报》。1902 年回上海，开作新社，出版《大陆》月刊。
刘成禺	湖北	1875	30 岁	20 岁肄业于两湖书院，继入自强学堂，习英、俄、拉丁文。1901 年赴日本，1904 年奉孙中山之命赴美。	参与创办《湖北学生界》，在旧金山重办《大同日报》。著《太平天国战史》16 卷，孙中山为之作序。
张继煦	湖北	1876	29 岁	秀才。后入两湖书院。1902 年入东京弘文书院师范科。1905 年回国，参加湖北最后一次乡试，中举。	参与创办《湖北学生界》，撰《发刊词》。入同盟会。任职于湖北学务公所。
李书城	湖北	1881	24 岁	曾入读武昌经心书院，20 世纪初留学日本习陆军。	参与创办《湖北学生界》，撰《学生之竞争》等著名文章。
黄　侃	湖北	1886	19 岁	父为宿儒。本人幼承家学，有训诂、音韵根底，15 岁中秀才，曾入武昌文普通学堂、上海中国公学、复旦公学。1906 年留学日本，以章太炎为师。	曾为《民报》撰文。1910 年回国，组织孝义会，进行革命活动。1911 年夏在《大江报》发表《大乱者救中国之妙药也》一文。

姓名	籍贯	出生年	1905 年时岁数	家庭背景及受教育经历	20 世纪头十年在政治、文化方面的主要作为
詹大悲	湖北	1887	18 岁	肄业于黄州府中学堂。	1908 年任汉口《商务报》主编。参加同盟会。1910 年《大江白话报》被查封后又办《大江报》。翌年参加文学社，任宣传部长。
白逾桓	湖北	1876	29 岁	家贫，少时在榨油坊帮工，被东家收为义子，得资助读书。入武昌文普通学堂，20 世纪初留学日本，入早稻田大学政治经济科。1906 年回国。	参与创办《二十世纪之支那》，入同盟会。1908 年—1910 年主办《国光新闻》，1911 年—1912 年创办《国风报》。
胡石庵	湖北	1874	31 岁	出身官宦之家。17 岁中秀才，1899 年入武昌经心书院读书，后入文普通学堂。20 世纪初留学日本，1906 年回国。	曾加入兴中会、科学补习所、日知会、同盟会。1906 年在武汉主办《公论报》，1910 年又办《大汉报》。《大汉报》在辛亥革命中宣传甚为有力。
林白水(林獬)	福建	1874	31 岁	原受传统教育。1901 年任杭州求是书院总教习。1903 年、1905 年两赴日本，习法科和新闻。	1901 年创办《杭州白话报》。1902 年参与发起爱国学社和中国教育会，同年创办《学生世界》。1903 年参与创办《俄事警闻》。1904 年创办《中国白话报》。
孙翼中	浙江	不详		原受传统教育。任杭州求是书院教员，因以《罪辫文》为作文命题遭查究，避往绍兴，主讲于东湖东艺学院。1902 年—1903 年游学日本。	1900 年与张恭、王嘉榘等十余人组织浙会。翌年与林白水等办《杭州白话报》。1903 年与蒋方震等在东京创办《浙江潮》。
蒋方震(百里)	浙江	1882	23 岁	出身诗书门第。16 岁中秀才。1900 年入杭州求是书院读书，1901 年留学日本，习军事。1906 年回国，不久又赴德国研究军事 3 年。	1903 年与孙翼中、王嘉榘、蒋智由等创办《浙江潮》，以飞生为笔名，撰文宣传民族主义、社会主义。
张　恭	浙江	1877	28 岁	原受传统教育。曾中举人。1907 年—1908 年游学日本，与幸德秋水、平山周订交，平山周之《中国秘密社会史》即以张恭所提供材料为主要根据。	曾组织千人会、龙华会，又加入光复会、同盟会。曾在《民报》撰文。1904 年办《萃新报》，1911 年办《平民日报》。写有《剧史》，译有堺利彦的《社会主义纲要》。

姓名	籍贯	出生年	1905年时岁数	家庭背景及受教育经历	20世纪头十年在政治、文化方面的主要作为
鲁　迅	浙江	1881	24岁	出身于败落士大夫之家。少时读私塾。1898年入南京水师学堂，翌年入铁路矿务学堂，1902年赴日本入弘文书院，1904年入仙台医专，旋弃医学文。	在日本接触俄国、东欧的一些文学作品，又从章太炎问学。辛亥革命前已在《河南》杂志发表《摩罗诗力说》、《文化偏至论》、《破恶声论》等文。
汪　东（寄生）	江苏	1890	15岁	1904年赴日求学，入早稻田大学预科。加入同盟会。1908年回国，加入南社。	师从章太炎，任《民报》撰述，写有《论支那立宪必先以革命》、《正明夷〈法国革命史论〉》等批驳康有为的论文。
秦毓鎏	江苏	1880	25岁	1901年进江南水师学堂，1902年赴日本，入早稻田大学政治科。1903年回国。在日本曾组织青年会和拒俄义勇队，回沪后参与组织爱国学社。	任华兴会副会长，入同盟会。1903年创办《江苏》，任总编辑。1907年任上海《神州日报》编辑。
黄宗仰	江苏	1865	40岁	原受传统教育。20岁出家为僧，研精佛理，兼工绘事。1903年—1904年游学日本。	1902年联络章太炎、蔡元培组织中国教育会，任会长。1903年与众集资办爱国学社。1909年主编《商务学报》。

表4-5　第四组　国粹派和无政府主义派人士简况

姓名	籍贯	出生年	1905年时岁数	家庭背景及受教育经历	20世纪头十年在政治、文化方面的主要作为
章太炎（炳麟）	浙江	1869	36岁	出身世代读书之家。受传统教育，师从俞樾，问学于孙诒让。维新运动时开始接受西学，倾向维新运动。1900年后转向革命，1906年—1911年滞留日本。	曾加入光复会、同盟会。因《苏报案》入狱3年，赴日本后长期主编《民报》。作品有《訄书》，在《民报》、《国粹学报》、《教育今语》杂志上发表学术文章、批驳保皇派的文章多篇。
邓　实	广东	1877	28岁	父早逝。家贫刻苦自学，19岁曾从广东经学名家简朝亮问学。	1902年与黄节在上海办《政艺通报》。1905年发起国学保存会，刊行《国粹学报》。擅长国学理论。

姓名	籍贯	出生年	1905 年时岁数	家庭背景及受教育经历	20 世纪头十年在政治、文化方面的主要作为
黄　节	广东	1873	32 岁	受传统教育，出自广东经学名家简朝亮之门。后游历各地，观时局而知民心。	1902 年与邓实在上海办《政艺通报》。1905 年发起国学保存会，刊行《国粹学报》。所著《黄史》使其名扬一时。
马叙伦	浙江	1884	21 岁	祖父为京官，父为秀才。本人 5 岁即接受传统教育。11 岁丧父，家道中落。戊戌变法失败后入杭州养正书塾，受其师陈介石影响，渐知西学。	1902 年到上海，主编《选报》和《新世界学报》，受章太炎、蔡元培影响。1903 年后参与邓实、黄节所办的《政艺通报》和《国粹学报》。撰有《古政述微》、《孔氏政治学拾微》等文。
刘师培（申叔）	江苏	1884	21 岁	家传经学，三代人续治《左传》。本人博览群经、诸子，旁及内典道藏及东西洋哲学。12 岁中秀才，19 岁中举人。1903 年北上会试不第，归途经上海，结识章太炎等人。后思想多次发生剧烈改变，尤以国粹主义和无政府主义著称。	1904 年入光复会，曾主持《警钟日报》。旋与陈独秀共同主办《安徽俗话报》。加入国学保存会，在《国粹学报》上撰文最多。1907 年赴日本，加入同盟会，参与《民报》编辑、撰文。旋信仰无政府主义，创办《天义报》、《衡报》。1908 年为端方收买，归国入其幕。1912 年前著书 43 种，《群经大义相通考》、《周末学术史序》、《国学发微》享誉一时。还编有伦理、经学、文学、历史、地理共 5 种新式教科书。
李石曾（煜瀛）	直隶（今河北）	1881	24 岁	晚清清流派领袖李鸿藻之子。原受传统教育。1902 年随驻法公使赴法留学，受生物进化论和无政府主义"互助论"影响。1911 年归国。	1906 年与吴稚晖、张静江在巴黎组织世界社，同年 8 月加入同盟会。翌年创办《新世纪》周刊，宣传无政府主义，也呼吁反清革命。他与吴稚晖是《新世纪》的主要作者。

姓名	籍贯	出生年	1905年时岁数	家庭背景及受教育经历	20世纪头十年在政治、文化方面的主要作为
吴稚晖（敬恒）	江苏	1865	40岁	举人，先受传统教育。1894年—1903年间在北洋学堂、南洋公学任教。其间（1901年、1902年）两次赴日本。1903年赴欧洲，1911年回国。	1903年参与创办爱国学社，并在《苏报》撰文抨击清廷。《苏报》案发，经香港去伦敦。1905年加入同盟会。1906年与李石曾、张静江在巴黎组织世界社，1907年与上述二人同办《新世纪》周刊，是该刊主要作者。

表4-6　第五组　南社及艺术界代表人物简况

姓名	籍贯	出生年	1905年时岁数	家庭背景及受教育经历	20世纪头十年在政治、文化方面的主要作为
柳亚子	江苏	1886	19岁	出身世代读书之家。20世纪初接触西学。1902年参加中国教育会，翌年加入爱国学社，旋转入自治学社，1906年改入上海理化速成科学堂。光复会、同盟会会员。曾留学日本。	1903年在《江苏》杂志撰写《郑成功》、《中国立宪问题》等文，作长诗《放歌》。1906年主编《复报》11期。1909年与陈去病、高旭等创办南社，成著名青年诗人。
陈去病（佩忍）	江苏	1874	31岁	出身商人家庭。原受传统教育，秀才。1902年参加中国教育会，1903年留学日本，当年回国。1906年加入同盟会。	曾参与编辑《江苏》杂志、《国民日日报》、《国粹学报》、《二十世纪大舞台》、《戏剧杂志》、《中华新报》等报刊，又主编《陆沉丛书》，辑录《扬州十日记》、《嘉定屠城记》等。1909年与柳亚子等人创办南社，诗作甚多。
高旭（天梅）	江苏	1877	28岁	出身地主家庭。受传统教育。1903年留学日本，习法政，加入同盟会，并任江苏分会会长。1906年回国。	1903年创办《觉民》杂志。1905年创办并主编《醒狮》杂志。1906年与柳亚子等办《复报》，又在上海创办健行公学。作诗托名"石达开遗诗"，影响很大。1909年与柳亚子等创办南社。

姓名	籍贯	出生年	1905年时岁数	家庭背景及受教育经历	20世纪头十年在政治、文化方面的主要作为
宁调元（太一）	湖南	1885	20岁	19岁考入长沙明德学堂。1905年留学日本，加入同盟会，旋回湖南，与禹之谟等组织湘学会。旋再赴日本，任《民报》社干事，不久又回国参与萍浏醴起义，被捕入狱。1909年参与筹创南社。	1906年创办《洞庭波》杂志，1910年到北京主编《帝国日报》。其诗大部分为在狱中所作，多慷慨悲愤之词。
周 实	江苏	1885	20岁	出身世代诗书之家。12岁读美国史和法国革命史。1905年入两江师范学校，1909年加入南社，又组织淮南社与南社呼应。光复淮安时被杀。	遗诗600余首，内容上忧国忧民，呼唤革命；艺术上昂扬顿挫，悲叹淋漓。于诗歌理论甚有发挥，有《无尽庵诗话》，创见甚多。
苏曼殊	广东	1884	21岁	父为旅日侨商，母为日本人。生于日本。1889年随父回粤。1898年在日本留学，1903年冬回国。削发为僧，又广交革命志士。为南社社员，作品甚多。	通晓中、日、英、梵文，兼工诗画，翻译过拜伦的诗和雨果的小说，能写小说、散文。1903年在《国民日日报》上发表诗文和翻译小说。诗作风格别致。小说有《断鸿零雁记》等6部，均以爱情为题材。
李叔同（弘一）	浙江	1880	25岁	七八岁即开始学习诗画篆刻，1901年入上海南洋公学，1905年留学日本，入上野美术专门学校习西洋油画，并入音乐学校学钢琴。翌年加入同盟会，1910年回国，加入南社。	1906年在东京与曾孝谷、欧阳予倩等组织话剧团体春柳社，演出《茶花女》、《黑奴吁天录》、《热血》等话剧。主编《音乐小杂志》。入南社后，与柳亚子、苏曼殊等以文学宣传反清革命，提倡民族气节。
潘达微	广东	1881	24岁	父为清军武官。本人受传统教育，诗文书画均有根底，尤善国画。1908年加入同盟会。	1905年和陈垣、高剑父、陈树人等在广州创办《时事画报》，石印出版，图文并茂。1908年在广州办守真阁画店。1911年又和陈树人、邓慕韩等在广州创办《平民报》。

姓名	籍贯	出生年	1905年时岁数	家庭背景及受教育经历	20世纪头十年在政治、文化方面的主要作为
汪笑侬（本名德克俊）	满族人，生于北京	1858	47岁	出身官宦。光绪朝举人。曾任河南太康知县。热爱京剧，成为名伶，接受新思想，大胆进行戏剧革新。	1904年在上海创办《二十世纪大舞台》半月刊，推动戏曲改革。演出新剧《苦旅行》（反映旅美华工苦难）、《瓜种兰因》、《党人碑》等，新编历史剧有《哭祖庙》、《将相和》、《博浪椎》等。
潘月樵	江苏	1871	34岁	父为木匠，父死后三兄弟逃荒到天津。潘月樵为谋生，学戏成艺人。辛亥革命中在上海参加攻打江南制造局。	改编新剧《新茶花》，演《黑籍冤魂》反映鸦片之害，演《潘烈士投海》歌颂民族民主革命。穿时装演京剧。
黄吉安	四川	1836	69岁	多年做幕僚，属中下层旧式士人。66岁起热心川剧改革，创作和改编剧本百种以上。	有歌颂岳飞的《金牌诏》、歌颂文天祥的《柴市节》、《林则徐》等，还有《断双枪》宣传禁鸦片烟，《凌云步》主张女子不缠足。
王钟声	浙江	1882	23岁	少时喜读《瀛环志略》及掌故诸书，后到上海教会学校学习德文、法文。1894年到德国留学。1906年回国，在广西政法学堂任教。1907年到上海，组建话剧团体春阳社。	组织春阳社，在上海、北京、天津等地演出新剧《黑奴吁天录》、《迦茵小传》、《秋瑾》、《徐锡麟》、《官场现形记》、《爱国血》、《热泪》、《宦海潮》、《血手印》、《禽海石》等多种。
刘艺舟（木铎）	湖北	1880	25岁	父为清水师营哨官，家庭贫寒。1901年留学日本，入早稻田大学理化专修科，喜爱戏剧。	参加王钟声剧团，演出《爱国血》、《张汶祥刺马》等。1911年单独组织剧团在辽宁、山东演出。武昌起义后，率剧团攻克山东登州和黄县。民国元年创作并演出《吴禄贞被刺》，极有教育意义。

表 4-7 ［附］科技界人士简况

姓名	籍贯	出生年	1905年时岁数	家庭背景及受教育经历	20世纪头十年在政治、文化方面的主要作为
詹天佑	广东	1861	44岁	父亲原经营茶行，破产后以耕读为生。本人为1872年留美幼童。	从事铁路工程。1900年任萍乡—醴陵铁路工程师。1903年修成京汉铁路高碑店至梁格庄段。1905年—1909年领导建成北京—张家口铁路。
吴仰曾	广东	1860	45岁	1872年留美幼童。	在多处任采矿工程师。
邝荣光	广东	1862	43岁	1874年留美幼童。	从事地质、采矿工作。
钟观光	浙江	1868	37岁	家庭开小染房。本人先受传统教育，20世纪初曾赴日考察。	1901年与虞和钦、林涤庵等在上海设科学仪器馆，馆内设传习所，培养理科人才。1902年在江苏高等学校讲授理化。通农学、生物学、数学，有数学论著《武陵山人遗书》。
虞和钦	浙江	不详		留日学生，与钟观光、林涤庵等在上海设科学仪器馆和理科传习所。	1901年译出《化学周期律》。1908年又写出《有机化学物命名草案》，旋被化学界采纳，成为中国最早的有机化学系统的命名者。
王季烈	江苏	不详		原受传统教育，后随传教士学习自然科学。	1899年与傅兰雅合译出《通物光电》。1900年—1903年翻译编订日本学者编纂的《物理学》3编12卷。
张相文	江苏	1867	38岁	父亲务农，家贫寒。本人9岁入私塾，22岁任塾师。甲午战后自学《万国公报》、《格致汇编》、《地理备说》等。1899年入南洋公学教地理，自学日语，能从事翻译。	1901年编《初等地理教科书》，翌年编《中等本国地理教科书》。1905年写成《地文学》和《地质学教科书》。1909年与白逾桓、章鸿钊等在天津成立中国地学会，任会长多年，发行《地学杂志》。

姓名	籍贯	出生年	1905 年时岁数	家庭背景及受教育经历	20 世纪头十年在政治、文化方面的主要作为
章鸿钊	浙江	1877	28 岁	出身塾师家庭。先受传统教育，甲午战后转习自然科学。1899 年中秀才，在家乡执教。1902 年入南洋公学。1905 年留学日本，1909 年考入东京帝国大学地质系，1911 年毕业。	辛亥革命前撰有《浙江杭属一带地质》。在京师大学堂（北京大学前身）任教。1912 年被选为中国地学会干事长，组建地质研究所。中年以后著有《石雅》、《古矿录》等。
杜亚泉	浙江	1873	32 岁	出身书香门第。少时博览经学，通诗书。甲午战后改习数理化，广泛了解自然科学知识。	1900 年在上海办《亚泉杂志》和亚泉学馆，招收学员，普及自然科学知识。1904 年后为《东方杂志》主编之一。
冯祖荀	浙江	1880	25 岁	原受传统教育，1904 年留日，入京都第一高等学校，后入京都大学理学部专攻数学。	与秦汾、郑之蕃、王仁辅、江泽涵等为民国初年北京大学的第一批数学教授。
范旭东	湖南	1883	22 岁	家境贫寒。先受传统教育，1901 年随兄范源濂赴日，1908 年进京都大学习化学，毕业后留校任助教。1911 年回国。	著名化学工业专家，致力于改进盐、碱的生产工艺。
何育杰	浙江	1882	23 岁	原受传统教育，1901 年入京师大学堂师范馆格致科。1904 年赴英国，翌年入曼彻斯特大学学习物理学，1909 年回国。	回国后任京师大学堂格致科教习，介绍相对论，与夏元瑮等在北京大学培养了中国的第一届物理学本科毕业生（1916 年）。
夏元瑮	浙江	1884	21 岁	改良派学者夏曾佑之子。曾入读杭州求是书院。1904 年入上海南洋公学，1905 年赴美国，1906 年进耶鲁大学习物理学，1909 年又到德国柏林大学深造。	1912 年回国，任北京大学理科学长。介绍相对论。与何育杰等培养出中国第一届物理学本科毕业生（1916 年）。
赵承嘏	江苏	1885	20 岁	父辈经营中药。本人先受传统教育，曾中秀才。1905 年留学美国，习化学。	1910 年、1912 年分获化学学士、硕士学位，回国后在高校任教。

姓名	籍贯	出生年	1905年时岁数	家庭背景及受教育经历	20世纪头十年在政治、文化方面的主要作为
任鸿隽	四川	1886	19岁	原受传统教育，曾中秀才。重庆府中学堂毕业。1906年入上海中国公学。1907年赴日，入东京高等工业学校，习应用化学。1912年留学美国。	1914年在美国与中国留学生中发起成立中国科学社，担任社长，负责《科学》杂志发行垂30年。
丁文江	江苏	1887	18岁	父亲为绅士。本人早受传统教育。1902年赴日本。1904年留学英国，1906年入剑桥大学，1908年入格拉斯哥大学，曾学习动物学、地理学、地质学。	1911年回国，民国初年与章鸿钊、翁文灏创办地质研究所，培养中国第一批地质学人才。
翁文灏	浙江	1889	16岁	祖父曾任内阁中书，父从事工商业，对新科学感兴趣。本人6岁入私塾，13岁中秀才，1908年毕业于上海震旦学院，赴比利时留学。	1912年成为我国第一个地质学博士，回国与丁文江等创办地质研究所。
李四光	湖北	1889	16岁	祖父、父亲均为乡村塾师。本人1902年考入武昌高等小学，1904年赴日本，1907年考入大阪高等工业学校，习造船机械。1910年回国。	曾任上海一家兵工厂工程师，后回湖北，在中等工业学堂任教，兼该校工厂负责人。辛亥革命中任湖北实业司司长。1913年赴英国，先学采矿，后学地质。
竺可桢	浙江	1890	15岁	父亲为开米行的小商人。本人曾入读上海澄衷学堂、复旦公学、唐山路矿学堂。1910年留美，曾学习土木工程和农学。	1913年获农学学士学位。1918年获博士学位。回国后的贡献主要在气象学方面。

　　关于科技界的情况，这里要先说几句。首先是有关科技界人士的资料太少，包括已经出版的《中国现代科学家传记》在内，对晚清科技界的人物收录既少且语焉不详。例如，1907年在法国组织中国化学会欧洲支部的李景镐、曹志，1909年在国内组织生物研究会的陆辛农、地理学家顾琅、采矿学家王汝淮、参与创办上海科

学仪器馆的虞辉祖，以及最早攻读物理学的李赋基、吴南薰等，均缺乏准确、详细的文字记载。所以，清末本来就不多的科技界人士肯定还有遗漏。

其次需指出的是，当时中国科技发展的水平还相当有限，这一点从以上的简表亦可以看出来。当时的科技人才可分为三种类型。第一类如詹天佑、吴仰曾、邝荣光等，出生于19世纪60年代初，均为当年的留美幼童历练而成，年龄在50岁左右，多半从事建铁路、采矿等实际技术工程，对科学理论缺乏贡献。第二类如钟观光、虞和钦、张相文、章鸿钊、杜亚泉等，出生于19世纪60年代中后期至70年代末，原先均受传统教育。由于中日甲午战争的刺激，他们才转向学习自然科学知识，通过自学、进国内新式学堂、到日本考察游历或留学的方式，初步了解了一些科学新知，主要从事科技普及和初步的研究活动。第三类是冯祖荀、范旭东、何育杰、夏元瑮、赵承嘏、任鸿隽、丁文江、翁文灏、李四光、竺可桢等，均出生于19世纪80年代或更晚，青少年时期受过一段传统教育，在1901年—1910年间出国，赴日本或美国学习自然科学。他们少数人在辛亥革命时期已经回国，从事科技、教育工作，多数人此时还未完成学业，直到民国元年前后才回来，在高等学校执教或创办有关研究所之类。至于清末1908年、1910年、1911年利用庚子赔款派出的三批留美学生，其中有些人如周仁、胡明复、秉志、过探先、王琎等，后来在科技方面有较大贡献。但此时整个三批庚款留美学生还是刚刚出国，回国更是1915年及以后的事情，所以基本上没有列表介绍。但这三批留美学生180人中，绝大多数人学习理工科，说明清末新式知识分子群体中科技知识分子所占的比例在不断上升。

其三，这些科技知识分子绝大多数人具有爱国进步的思想倾向。一部分原先接受传统教育的知识分子，如张相文、章鸿钊、杜亚泉等，就是受到甲午战争失败的刺激，深感中国贫穷落后，因而转向研究自然科学的。而20世纪初年留学日本和美国的青年学生，多数也是抱着为祖国富强、图社会文明进步的愿望而负笈外洋、讲求科技。但是他们或者多少受到一些"科学技术救国"思想的影响，或者是因为把时间和精力主要放在各自的专业领域，而对公共领域的问题尤其是政治问题未曾有过多的投入和参与。清末政治斗争激烈，关心政治的旧式士人和新式知识分子分别站到了完全维护清王朝、主张君主立宪、赞成民主共和等三种立场上。但绝大多数科技知识分子没有鲜明地表达他们的选择，或者内心虽有某种倾向性但没有行动。杜亚泉和李四光算是例外。前者主编《东方杂志》，言论文章都倾向于立宪派，但没有多参与实际政治活动。后者在同盟会初成立时即主动加盟，因年幼（16岁）而极得孙中山先生喜爱。孙中山先生命其专心读书，以备革命成功后承担建设国家的责任。所以，李四光1905年—1911年主要是求学和从事科技工作，武昌起义后短期担任过湖北军政府实业司司长，1913年又赴英国留学去了，也没有多参加政治活动。但清王朝被推翻时，几乎所有的科技界知识分子都为之欢欣鼓舞，并迅速地投入了民国的建设工作，因此说他们热爱祖国、追求进步，并非溢美之辞。

通过对以上六组人物的扼要介绍，可以得出如下几点初步结论。

其一，这些在当时作出了较大贡献、造成了较大影响的新式知识分子，绝大多数出自江浙、广东、两湖和四川这三个区域（新一代科技知识分子尤以江浙人居多）。广东、江浙既是明清以来经济、文化相对发达的地区，又是19世纪中叶以来率先被迫对外开放的沿海门户，传统文化与外来文化既在那里互相冲突碰撞，也在那里发生互相渗透融合。那里新旧学堂既多，走出国门留学的人也必然较多，成为人文渊薮自不足为奇。两湖和四川地处中国腹地，传统的经济、文化也还算发达，虽然处在内地，但有长江直通海口，陆路通达广东也是传统的交通线，风气不算闭塞。而且，自从19世纪90年代张之洞在两湖举办后期洋务新政以来，这里开工厂、练新军、兴学堂、派留学，有后来居上之势，其影响也及于四川，所以这一区域的新式知识分子也为数较多且相当活跃。

北京是清王朝的都城，应该也是精英荟萃之所，官僚机构的集中以及科举考试的选拔机制，理应把全国各地的青年精英吸引到北京来。但在清末，北京却难以成为新式优秀人才的养成之地和荟萃之所。因为那里控制严密，专制机构、特权思想阻碍了人才的平等竞争和自由发展。清末北京没有什么近代企事业，新式学堂也不多。同文馆开办多年，入学者多为贵胄、官僚子弟。京师大学堂为全国最高学府，学生亦多为已有科举功名的旧式士人。北京选派的留学生亦多为旗人、文武官僚子弟和进士举人之类。这些人从学校毕业或从国外回来之后，多半自然而然地进入既有官僚体制。而外省外地的新式知识分子，在北京没有家族势力的荫庇，没有群体的互相援助，除了做官之外很难找到谋生发展的一席之地。至于那些对当时政府持有不满和反对态度的革命知识分子，在北京更难立足。所以当时的新式知识分子，除了在国外的以外，回国后多数集中在香港、上海这样的"华洋杂处"之地，或者有较多新式企事业（一些工厂、公司、学校、报社）的城市及南方新军之中。

其二，这一代新式知识分子大多很年轻。但一个有趣的现象是，主张立宪和倾向改良主义的人物年龄，一般比倾向赞成革命的人要年长一二十岁。如前一类人物中，康有为、严复、林纾、刘鹗均出生于19世纪50年代（马相伯更早，出生于1840年），其他人都出生于八七十年代。生于1873年的梁启超、徐勤，生于1875年的杨度、沈钧儒，生于1877年的王国维、陈景韩，生于1878年的黄炎培，算是这类人物中较年轻的，到1905年他们均年在30岁左右。

相比之下，革命派和倾向、同情革命的人要年轻一些。除掉立宪派人物组、科技人物组和艺人汪笑侬、黄吉安之外，表列的70余人，只有孙中山、蔡元培、禹之谟、谭人凤、陈少白、黄宗仰、章太炎、吴稚晖8人生于19世纪60年代。1905年的时候，只有谭人凤45岁，吴稚晖、黄宗仰刚好40岁，其他5人均不足40岁。

其他60余人均出生于七八十年代，其中生于70年代和80年代的各占一半。出生于70年代的人在同盟会成立时正当而立之年。出生于1885年以前的朱执信、宋教仁、汪精卫、马君武、冯自由、张继、吕志伊、吴禄贞、刘复基、章士钊、李书城、蒋方震、鲁迅、马叙伦、刘师培、苏曼殊等人，同盟会成立时刚刚20岁出头；而生于1885年以后的邹容、宁调元、周实、黄侃、柳亚子、詹大悲、李四光等人，均不到20岁。李四光、汪东是表列中最年轻而又已产生革命思想的人，他们分别生于1889年和1890年，加入同盟会时还只有十五六岁。当时有一首《东京留学》的歌词说："留学生留学生，光辉灿烂留学生；少年人少年人，文明古国少年人。祖国有我生颜色，为国为民是天职。我为祖国增光荣，敬业乐群进无穷。"① 可见一是能出国留学，二是年轻，使他们充满自信。

环境和时代使这批人无论是知识学问还是思想，都表现出与年龄不相称的早熟。孙中山、宋教仁、廖仲恺对各国政治、法律、经济及财政问题的研究，马君武、蔡元培对中西文化的了解，陶成章、秦力山、杨毓麟、雷铁厓、鲁迅等人思想的深邃，章太炎国学造诣的博大精深，南社诸人诗文的才情并茂，至今尚能令研究者叹服。柳亚子写出在诗坛上产生巨大影响的《放歌》，汪东在《民报》上发表批驳康有为等立宪派的鸿篇巨制《正明夷〈法国革命史论〉》、《论支那立宪必先以革命》时，都只有十六七岁。邹容写《革命军》时才18岁。刘师培写《读左札记》、《周末学术史序》、《国学发微》，马叙伦写《古政述微》、《孔氏政治学拾微》等相当专精的学术长文时，都是刚刚年过二十。

其三，上述革命派及倾向于革命的新式知识分子，鲜有出自钟鸣鼎食的世家大族及高官、富商、大地主之家的。两广的冯自由、苏曼殊出身于旅日华侨家庭。孙中山、廖仲恺可算侨属。孙中山胞兄孙眉为檀香山的农牧场主，廖仲恺的父亲原为赴美华工，以后才任银行职员，还是一般的华侨家庭。胡汉民的家庭为下级官吏。汪精卫、朱执信、马君武的父亲均为幕僚。江浙的新式知识分子家庭多为传统的诗书之家，或者是商人之家，或者是"从小康陷入困顿"的破落户，如柳亚子、周实、章太炎、孙翼中、蒋方震、刘师培等，出生于几代人读书的家庭。蔡元培、陈其美、陈去病等出身于商人家庭，蔡元培之父为钱庄经理，陈其美之父在钱庄任文墨，都不是大商董。鲁迅、马叙伦的家属于士大夫的破落户。陈独秀家为富户。高旭、秦毓鎏家为较大的地主。秋瑾的父亲为下层官员。

表列中两湖、四川的新式知识分子，家庭情况比较多样，但最多的是所谓"耕读之家"，如黄兴、宋教仁、刘揆一、秦力山等。"耕读之家"中也有几辈人连续读书的，如吴禄贞、刘静庵、陈天华、李书城、黄侃、李四光等。出身于下级文武官员之家的有戢元丞、胡石庵，出身于地主之家的有宋教仁，出身于富商之家的有邹容。广东、江浙、两湖及四川以外的地区，这一时期新式知识分子很少，如陕西的于右任已经是举人，直隶的张继家为地主，李石曾

---

① 《东京留学》，载《新民丛报》，1904 年第 3 号。

为清流派高官李鸿藻之子，山东丁惟汾出身于宿儒之家。这从反面证明这些地区产生新式知识分子还相当困难。

新式知识分子中还有部分人出身相当贫苦，或者本人有过苦难的经历。陶成章因家贫只能读义塾，15岁时就去当塾师。于右任中举前因为家贫，只能靠自己以工助读。谭人凤出身于家大口阔的农家，只读过短期私塾，在5年的塾师生涯中刻苦自学。雷铁厓在山中刈草10年。陈天华当过较长时间的小贩。黄世仲在南洋靠当苦力为生，工余为报纸撰文。白逾桓幼时在榨油坊帮工，被人收为义子。所以这些人身上的平民色彩比较浓厚。

其四，在科举功名和出仕为官方面，新式知识分子不仅与守旧士人不同，与立宪派人士也有较大差异。表列的立宪派25人中，秀才（包括廪生、邑庠生）有徐勤、宋恕、马相伯、王国维、李伯元、孟森6人，举人有康有为、梁启超、麦孟华、汪康年、杨度、黄炎培、林纾、曾朴8人，进士有张元济、沈钧儒、夏曾佑3人。即是说有传统功名者共17人，在25人中占2/3，没有传统功名的仅8人。25人中，在朝廷做过官的有康有为、张元济、夏曾佑3人，在衙门和官办的学堂、企事业任过职当过差的有严复、汪康年、吴沃尧、刘鹗、杨度5人。多数人参加了立宪派的组织活动（包括立宪派政团和谘议局）和办报工作。

而在表列的70余位革命派和倾向革命的新式知识分子中，只有黄兴、汪精卫、陈独秀、雷铁厓、张继煦、黄侃、胡石庵、蒋方震、陈去病、任鸿隽10人为秀才，胡汉民、于右任、杨毓麟、吕志伊、张恭、刘师培、吴稚晖7人为举人，蔡元培1人为进士。有传统功名者共18人，在70余人中才占1/4。这一代知识分子中有传统功名者少的原因，一是他们年轻，20世纪初反对科举考试，进新式学堂和出国留学已成风气；二是家庭多数寒微，或者不是传统的读书科考式的家庭；还有少数人，如章太炎，无论就年龄和文化基础而言，考秀才、举人之类恐怕易如探囊取物，但其家素有不愿为朝廷所用的传统，故不屑于参加科举考试。而在所谓"学成"之后，这70余人中更只有蔡元培列名翰林，吴禄贞进入军队（带有"运动"军队从事革命的目的），刘师培变节后当了端方的幕僚。绝大多数人或在读书，或在从事教育文化事业，或者是当了职业革命者，总之不曾被纳入清王朝的体制之中。

陈天华的《自志》诗云："莫谓草庐无俊杰，须知山泽起英雄。"[1] 但 20 世纪初年"草庐"、"山泽"已经有了新的含义，即新的时代英雄不仅多出身于社会下层，处于体制之外，因而具有民间性和草根性，而且他们都相当年轻，又在相对开放的环境中受到了若干新思想的熏陶和新知识的启迪。

二 新式知识分子的知识结构和思想特征

中国传统士人由于只"读一家之书，聆一人之训，以为非此即不合乎公理"[2]，故知识结构陈旧单一。而 20 世纪初年的新式知识分子以"会通古今中西学术"为读书和求学目标，因而从整体上说，他们已经形成中西复合的、兼具自然科学与人文精神的、比较广博的知识结构。

首先，这一代新式知识分子在青少年阶段多数打下了较扎实的传统文化基础。有科举功名者自然攻读过经史古籍，没有科举功名的人或因为出自读书之家，或因为进过"新旧兼习"的著名书院，或因出自名师，所以多具备中国固有文化素养。柳亚子、刘师培、黄侃、李石曾、周实、李四光、丁惟汾、吴禄贞、蒋方震等人，都有家学渊源。邓实、黄节出自坚守粤海堂学脉的广东大儒简朝亮门下。刘揆一曾师从王闿运。章太炎既有家学渊源，又在著名的杭州诂经精舍读书多年。江浙地区本来传统文化积淀丰厚，此时又有著名的求是书院、养正学塾、南菁书院、南洋公学，表列的江浙人士不少出自上述书院或学校。在两湖地区，湖南著名的知识分子多与时务学堂、岳麓书院、城南书院、明德学堂有关，湖北的则出自两湖书院、经心书院及文普通学堂。云南吕志伊曾就读于昆明经正书院，重庆邹容曾就读于经学书院，直隶张继曾就读于保定莲池书院。这样的学习经历使这一批人至少也较为熟悉中国的历史掌故、语言文字，使 20 世纪中期以后对传统文化已知之不多的知识分子感到惊奇。而传统文化根底更丰厚扎实的人，如章太炎、刘师培、马叙伦、马君武等，就更成了人们眼中的"国学大师"和"学贯中西"

---

① 引自杨沅浚《陈天华殉国记》，载《湖南历史资料》，1959 年第 1 辑。

② 秦猛：《说奴隶》，见横滨新民社辑《清议报全编》第 2 卷，台北文海出版社，1990 年影印本，第 15 页。

的通才了。

其次，中国传统文化的缺陷，尤其是缺乏对自然科学知识的总结探求、缺乏民主精神而易于为专制统治所用的特点，已经渐为人们认识，民族危机和文化危机迫使新式知识分子把眼光投射到西学中寻求"新理新知"，加之此时客观上已经具备人们接受西学的环境和条件，因而有志于求知报国者都热情地学习西学。

当时学习西学主要有两种情况。一是通过阅读译书自学。例如，甲午战争以前章太炎在杭州诂经精舍期间，已经涉猎到英人雷侠儿（今译赖尔）的《地学浅释》、英人侯夫勒（今译赫舍尔）的《谈天》、美国传教士赫士的《天文揭要》、美国传教士韦廉臣的《格物探源》和古希腊数学家欧几里得的《几何原本》。20 世纪初年，章太炎两次赴日本：第一次在 1902 年，为时数月，"日读各种社会学书"，回国后即翻译出版了日本人岸本能武太的《社会学》；第二次在 1906 年，时间长达 6 年，除了办报、讲学之外，也广读各国之书，正如他自己所说，"既出狱，东走日本，尽瘁光复之业，鞅掌余间，旁览彼土所译希腊、德意志哲人之书"[①]。通过日本译书，他已读过诸如边沁、尼采、费希特、黑格尔、康德、叔本华、培根、休谟、洛克、笛卡儿、斯宾诺沙及古代的苏格拉底、柏拉图、伊壁鸠鲁等人的作品，新知日臻广博系统。由于章太炎能会通中西，故对中国传统思想文化能形成深邃的理解和独到的诠释，读书甚多的孙宝瑄也不得不赞叹说："太炎以新理言旧学，精矣。"[②]可见，章太炎被视为国学大师，并不仅靠他的传统文化根底，重要之处在于他能"以新理言旧学"。

邓实、黄节、刘师培的情况同章太炎类似，他们没有进过新式学堂，以不能深通西学为憾，于是认真自学。邓实从 1897 年起开始购读西书，"朝出一版焉，暮购而藏之箧；暮出一版焉，朝购而藏之箧"，更注意抄写"外国有用之书"[③]。"凡阅国内外月报、旬报、日报至百余种，抄辑成书"达 374 卷之多[④]。黄节亦自修西

① 章太炎：《菿汉微言》，见《章太炎政论选集》下册，中华书局，1977 年，第 734 页。

② 转引自郑师渠《晚清国粹派》，北京师范大学出版社，1993 年，第 66 页。

③ 邓实：《西政西艺丛钞总序》，见《壬寅政艺丛书》卷 1。

④ 邓实：《第七年政艺通报题记》，载《政艺通报》，1908 年第 1 号。

学，从他在《政艺通报》上发表的文章看，他对西方史地和社会学说颇有了解。刘师培的传统学问来自家庭教育，西学则得自博览群书，曾自称于"东西洋哲学，无不涉猎及之"，并"于社会学研究最深"①。

第二种情况是更年轻的一些人多数进过国内外的新式学堂。马叙伦13岁时入杭州新学堂养正书塾（不久改为杭州府中学堂），在这里初学英文、日文、代数、三角、微积分等课程。马君武17岁入广西体用学堂，学过英文、数学等课程。柳亚子和陈去病1903年加入中国教育会和爱国学社，主要是"读西书"。前者1906年又入上海理化速成科，学了一点物理、化学等课程。陈其美1904年进过上海理科传习所，吴禄贞进过湖北武备学堂，胡鄂公进过保定高等农业学堂，章士钊进过陆军学堂，刘成禺在两湖书院和自强学堂学过英文、俄文和拉丁文，鲁迅进过水师学堂和铁路矿务学堂。这些人都有一些外文基础和自然科学知识。事实上还有前述杭州求是书院、上海南洋公学和格致书院、广州格致书院、湖北两湖书院和文普通学堂等，都开设有自然科学课程。以研求科技为职志的人自然科学知识当然掌握得更多一些。在社会科学方面，国内官办新式学堂也开了一点"西政"、"西史"课程，但显然不会介绍《民约论》、《天演论》之类书籍。但是，一些著名新式学堂的学生却有可能得到这些书，如马叙伦在养正书塾就受到进步教师陈介石的影响，读了《天演论》、《法意》、《民约论》、《泰西新史揽要》等西方社会科学书籍。

出国留学显然更能直接接触和深入了解西学。上述表列的70余人中，只有邓实、黄节、刘静庵、胡鄂公、詹大悲、马叙伦、周实等数人在辛亥革命前未曾出过国门，其他90％的人均有在国外留学、游学、考察和停留的历史。这些人在国外最容易接触和首选的是社会科学。但除了科技组的人外，其他如孙中山、马君武、禹之谟、鲁迅、刘艺舟等人学习过自然科学和工艺，吴禄贞、蒋方震、陈其美等人学习过军事和警政，苏曼殊、李叔同等人学习过艺术。从20世纪初年开始，留学生中专门学习数学、物理、化学、农学、生物、气象、医学以及地质、采矿、铁路、通信、造船、发

----

① 刘师培：《甲辰年自述诗》自注，载《警钟日报》，1904年9月11日。

电、纺织和各种工艺制造的人越来越多。中国读书人历来不注重研究自然问题，视各种技艺为形而下的"形器之末"的陈旧观念有了较大的改变，从而丰富了文化知识的内涵，也拓宽了知识分子生存发展和服务社会的空间。

新式知识分子由于具有多方面的追求和探索愿望，客观上也存在着自由选择的机遇，所以当时不少人曾多次改变所学专业，或者兼习多种知识。如马君武通过在广西体用学堂的学习，已兼有中外文化知识的初步基础，1901年留学日本攻工艺化学，1906年后复留学欧洲，并获得柏林工艺大学工学博士学位。翻译作品则有《法兰西近代史》、《女权篇》、《社会学原理》、《自由原理》、《温特渥斯平面几何学》以及达尔文的《物种由来》等。此外，他还撰写过多篇政治和教育方面的论文。林白水以办报著名，写过有关养蚕、医学卫生和物理学方面的文章。马叙伦当时主要的研究成果是关于孔子的政治学说和中国古代政治制度问题，但他还翻译过《新物理学》。鲁迅的求学经历了习水师、习采矿、学医到学文的几次转变，辛亥革命前所写文章既有自然科学方面的，也有文艺、文化方面的，而且都属于前沿的有独创之处的成果。蔡元培从一个专读"四书五经"的进士、翰林，转而广泛地学习哲学史、文学史、美术史、心理学、民族学和教育学。还有杜亚泉及稍后的丁文江、胡适、赵元任等，或兼攻文理，或在文科中兼跨几门相当专门的学问。这种情况具有一种开风气的作用。他们不是在一门学科而是在几门新兴学科中都成了开拓者甚至奠基人，取得了多方面的成就。即使他们并不是在所有的学科中都达到了专精的程度或最高的水平，但也差不多成为当时中国的百科全书式的文化宗师，为后来者的深入研究开辟了前进的通道。

对于多数新式知识分子而言，数学、物理、化学或各种专门的工艺技术还没有成为其知识结构中必不可少的部分，他们的知识基础和学习条件使他们未必人人都能全面系统地学习和掌握这些知识。尤其是环境和时局——民族危机和革命建国的紧迫任务，迫使他们更多地从西学中汲取有关社会政治、经济、教育、文化等方面的新理新知，而关于天体、地球、生物和人群的形成及进化，关于社会历史、生产生活、社会组织及人与人之间的关系等问题，成为多数新式知识分子关心的问题，新的自然观、进化论思想和民主、平等精神，成了 20 世纪初年新式知识分子共有的知识结构和价值体系。

西方传教士译著的《谈天》、《西国天学源流》、《格物探源》、《地学指略》、《地学浅释》以及严复翻译的《天演论》等书，把西方的"星云说"、"灾变说"（一个巨大的天体与太阳相撞或靠近，引起太阳分离出部分物质，形成行星等天体）、牛顿的行星相摄理论、赖尔的物种变异观点、达尔文和拉马克的生物进化新理论、赫胥黎认为猿是人类祖先的观点以及原子论、力学原理、能量守恒及转化定律、细胞学、生物进化等知识输进中国，引起一部分新式知识分子的极大兴趣。章太炎、马叙伦、高亚宾、刘师培、邓实、鲁迅、梁启超等人，在自己的文章中分别引用过上述理论观点，显示出他们初步形成了客观物质性的、万物处于变化过程中且彼此联系的自然观。正如恩格斯所说："新的自然观的基本点是完备了：一切僵硬的东西熔化了，一切固定的东西消散了，一切被当作永久存在的特殊东西成了转瞬即逝的东西，整个自然界被证明是在永恒的流动和循环中运动着。"[1] 新式知识分子具备了这种新的自然观的基本点，得以真正从中国传统的"天不变道亦不变"的教义中解放出来，彻底抛弃"君权神授"的"天命"观和儒家的"天理"说。邹容揭露历代封建君主"愚弄黔首，矫诬天命，搀国人所有而独有之，以保其子孙帝王万世之业"[2]。章太炎强调"拨乱反正，不在天命之有无，而在人力之难易"[3]。还有人称"天者冥冥而无是凭者也"，中国人将一切祸福成败归之于天，"阻人群之进步"，故只有"天革，而他革乃可言矣"[4]。这些思想表明：先进的自然观产生了战斗的力量。

严复所译《天演论》、《群学肄言》、《社会通诠》，马君武所译斯宾塞的《社会学原理》，吴建常所译吉丁斯的《社会学提纲》，还

---

① 恩格斯：《自然辩证法·导言》，见《马克思恩格斯选集》第 3 卷，人民出版社，1972 年，第 453～454 页。

② 邹容：《革命军》，见《辛亥革命前十年间时论选集》第 1 卷下册，三联书店，1978 年，第 652 页。

③ 章太炎：《驳康有为论革命书》，见《章太炎政论选集》上册，中华书局，1977 年，第 202 页。

④ 《革天》，载《国民日日报汇编》，1903 年第 1 集。

有章太炎所译日本人岸本能武太的《社会学》以及章氏与曾广铨合译的《斯宾塞尔文集》等著作，使社会学当时在中国大行其道，阅读社会学著作者甚多，关于社会历史进化的思想和社会有机论被许多人接受。社会学的传入，不仅如本书第二章所说，推动了中国人关于人类社会起源，原始社会分期，家庭、私有制和国家起源，以及生产工具、语言文字、政治经济制度、风俗习惯等变迁过程的研究，尤其重要的是使进化论思想从自然观进入了新式知识分子的社会历史观。柳亚子崇拜斯宾塞为"圣人"，称自己"少诵斯宾塞尔篇"[①]。高亚宾说："自达尔文《物源论》出现，为生物学开一新纪元。而斯宾塞尔开崭新思想，网罗生物世界外之世界，由是天演之窍、进化之理，确然放一异彩。"[②] 人类社会亦被视为始终处于进化、竞争之中。虽然有章太炎等有识之士强调人是理性的动物，故人类社会的"有机"与自然界的生物有异，但进化的观念坚定了新式知识分子的变革取向，冲击了中国儒学厚古薄今甚至泥古不化的历史观和习惯思维。戊戌维新运动时期，章太炎从进化论中汲取了"合群"以适应竞争之世的思想。而到辛亥革命准备时期，革命派更是运用进化论来批评迷恋上古、盲从古人圣人的守旧态度，鼓励人们接受新学理新知识，大胆地探索和创新。本书第二章引述的《好古》、《法古》、《无圣篇》等，指导思想无一不是进化论。孙中山先生也运用了进化论。他以中国古代历史和北美独立战争为例，证明"人事之变迁"，强调"人事"应从历史的"进化"来理解[③]，并批评康、梁等保皇派反对民主共和的"断难躐等"论，提出"所以吾侪不可谓中国不能共和，如谓不能，是反夫进化之公理也"[④]。后来者可以批评进化论的种种不足，但进化论在当时的先进性和战斗作用却不可抹杀。

西方资产阶级民主革命时期的政治学说也构成了当时新式知识

---

① 柳无忌：《柳亚子年谱》，1903 年条注⑦，中国社会科学出版社，1983 年，第 9 页。

② 高亚宾：《知舆·庄子篇》，载《政艺通报》，1907 年第 21 号。

③ 孙中山：《平实开口便错》、《平实尚不肯认错》，见《孙中山全集》第 1 卷，中华书局，1981 年，第 386、385 页。

④ 孙中山：《在东京中国留学生欢迎大会的演说》，见《孙中山全集》第 1 卷，中华书局，1981 年，第 283 页。

分子知识结构的一部分，其中卢梭的《民约论》是影响最为突出的。1903 年，梁启超发表《卢梭学案》，对卢梭的政治理论极为倾服，认为其民约思想"将来必遍于大地，无可疑也"[①]。《说国民》一文的作者称赞卢梭等人"为国民之农夫，以自由平等之说为国民之种子"，"路索（卢梭）狂放不羁睥睨一世，其播之也出以激烈"，"著书立说，一倡百和。故今日法国之民，得以食国民之果者，皆数人之功也"[②]。杨毓麟也说："所谓个人权利者，天赋个人之自由权是也。霍布士、陆（洛）克等人导之，而光大于法国之卢骚（梭）。"[③] 邹容、马叙伦、柳亚子等人都读过《民约论》，后者还把卢梭、斯宾塞并称为"二圣"。刘师培、林獬撰写《中国民约精义》，批判君主尊严、民必忠君的思想，认为"文明之国，有君叛民，无民叛君"，即只可能是君主有错，而国民不会有错。马君武的《帝民说》介绍了《民约论》的基本观点，强调国民是权利的主体，称"帝权（即主权——作者）非一私人，而以通国中之个人组成之"。并大加发挥说："故人民即帝王，帝王即人民，不可离也。吾国旧政学家谓帝王为天之子，为至尊；人民为庶人，为小民。呜呼！渎亵至尊，犯上作乱，其罪盖不可胜诛也。"[④] 天赋人权、自由平等等近代西方的政治学说，广泛地传播到新式知识分子的头脑之中。而且我们看到，上述变革、进化、自由平等等学说，在新式知识分子中间，已经不仅仅是一种常识性的知识，而且成了普遍的信仰。由于这种信仰是通过自主的选择、学习而成，有知识作为基础，又有实际的中外历史事例可以验证，所以它比那些宗教的、强制灌输的、由个人体验而形成的信仰等，普遍而牢固得多。

20 世纪初年的时局和新式知识分子的角色地位及知识结构，造就了他们不同于旧式士人及当时其他群体的思想性格。

他们思想性格共同的特征之一，是世界背景下的忧国意识和精英主义。旧式士人中的少数杰出者本来也不乏"以天下为己任"的

---

① 梁启超：《卢梭学案》，见《饮冰室合集》，文集之六，中华书局，1989 年，第 110 页。

② 《说国民》，载《国民报》，1901 年第 2 期。

③ 杨毓麟：《新湖南》，见《辛亥革命前十年间时论选集》第 1 卷下册，三联书店，1978 年，第 632 页。

④ 君武：《帝民说》，载《民报》，1906 年第 2 期。

抱负，但他们一是没有世界眼光和足够的外部知识，所以思虑所及不出国门之外，"匡世济民"的方案不外英主圣贤的教诲和历史经验；二是受到传统儒者柔顺服从的性格熏染，只想通过为人主、朝廷所用的途径来实现自己的抱负。而大多数新式知识分子了解世界大局，对祖国与西方先进国家的差距感受尤深，因此强烈地希望自己的祖国能摆脱贫弱落后的危殆地位，进居世界前列。他们对自己的历史责任和社会角色有一种近乎自大的自信，说："二十世纪之中国，学生之中国也。其兴也学生兴也，其亡也学生亡之。"他们把执掌政权的官员和旧式士绅划为"上等社会"，称其"大率皆顽钝腐败之魁桀也，彼辈除考据词章以外无学问，除奔竞钻营以外无阅历，除美缺优差以外无识见"，因而只能被逐出历史舞台；又称工农大众为"下等社会"，"下等社会为一国之主人"，但"识字者盖寡"，有待学生作其"指向针"。因为担负起挽救祖国"资格具此能力者，果谁属乎？吾得而断言之曰：学生哉！学生哉！"即认为只有属于"中等社会"的学生（即新式知识分子）才是中国"革新之健将"①。具体方法和目标则是："吾人将以正确可行之论，输入国民之脑，使其有独立自强之性，而一去其旧染之污，与世界最文明之国民有同一程度，因得以建设新国家，使我二十世纪之支那，进而为世界第一强国。"② 强烈的使命感使其广泛寻求各种新知新理，进行各种调查研究，并尽可能接触接近工农大众。

第二个共同特征是彻底的变革甚至革命的倾向，"非把社会加以彻底重建，不足以满足他们的愿望"③。综观新式知识分子的文章言论，可以发现他们不仅要改变社会的政治、经济制度，还要改造中国的文化、教育，改革各种人际关系准则和各种风俗习惯，更激进者还要改变中国的语言文字；不仅要改变中国贫弱受欺的屈辱地位，还要改造世界，如争取各国平等，实现社会主义，甚至实现消灭国界的"世界大同"等等。维新运动时期一切要求变革的主张都冠以"变法"的称谓，而20世纪初年更进而张"革命"的大旗，

---

① 李书城：《学生之竞争》，载《湖北学生界》，1903 年第 2 期。

② 卫种：《〈二十世纪之支那〉初言》，载《二十世纪之支那》，1905 年第 1 期。

③ 亨廷顿：《变化社会中的政治秩序》，三联书店,1989 年，第 342 页。

如邹容说："呜呼！我中国今日不可不革命。我中国今日欲脱满洲人之羁缚，不可不革命。我中国欲独立，不可不革命。我中国欲与世界列强并雄，不可不革命。我中国欲长存于二十世纪新世界上，不可不革命。我中国欲为地球上名国，地球上主人翁，不可不革命。"又从正面礼赞革命说："革命者，天演之公例也。革命者，世界之公理也。革命者，争存争亡过渡时代之要义也。革命者，顺乎天而应乎人者也。革命者，去腐败而存良善者也。革命者，由野蛮而进文明者也。革命者，除奴隶而主人者也"，"革命革命，得之则生，不得则死。毋退步，毋中立，毋徘徊，此其时也！"① 对革命信仰崇拜到无以复加的程度。就是对革命作狭义理解的章太炎也说："公理之未明，即以革命明之；旧俗之俱在，即以革命去之。革命非天雄大黄之猛剂，而实补泻兼备之良药。"② 革命思想的盛行，使许多人把"革命"二字运用得极广泛，诸如提出"三纲革命"、"祖宗革命"、"家庭革命"、"贫富革命"、"金钱革命"，还有前面已经论及的"诗界革命"、"小说界革命"、"戏剧革命"等等。故守旧之士惊呼："近年以来，士风日变，往往鼓其血气之勇，而不顾义理之安，甚至轻视礼法，荡佚范围。"他们对革命者所乐道的自由平等学说尤其恐惧，说学生们"感自由之邪说，张民约之谬论，聚党结会，妄议国事，其为后患，何可胜言！"③ 这从反面证实了革命思想的普遍流行。

第三个共同特征是平民化的思想倾向。儒家学说并不乏"民为邦本"的教诲，传统士人因此也多少受过一些"爱民"、"重民"的"民本"思想教育。但传统士人多数既不是出自下层家庭，而且出仕之后立场很快就由民间转到朝廷方面去了，残存的一点"民本"观念，充其量只能使他们用怜悯的眼光对下层百姓表现若干同情，在服从"国是"、"要政"的前提下，对属下的"子民"略示恩赐；但如果"小民"敢"犯上作乱"，就会毫不手软地用对待"暴民"、

---

① 邹容：《革命军》，见《辛亥革命前十年间时论选集》第 1 卷下册，三联书店，1978 年，第 651、653 页。

② 章太炎：《驳康有为论革命书》，见《章太炎政论选集》上册，中华书局，1977 年，第 204 页。

③ 刘锦藻：《清朝续文献通考》"学校" 11，考 8630 页；"学校" 10，考 8619 页，上海商务印书馆，1955 年。

"乱民"、"盗贼"的残暴手段加以"剿办"和"惩处"。

新式知识分子中已有小部分人出自下层家庭，大部分则出身于中等之家，他们或者与下层群众存在着先天的不可分割的关系，或者对下层群众接触了解较多，加上他们接受了诸如"人权"、"平等"的思想影响，还知道所谓"中等社会"人数不多、力量不足，又对"上等社会"绝望而憎恶，从而把目光投向"下层社会"。他们平民化的思想倾向有二：一是体现在对劳苦大众的悲惨境遇有感同身受的切肤之痛，所以在文字著述中普遍都有代表下层人民发出的血泪控诉，本书前面已经引用到的《悲佃篇》、《哀贫民》、《贫富革命》等文，都鲜明地表现了作者的平民立场。有的文章在猛烈抨击统治人民的腐败卖国政府的同时，还把矛头对准了地方绅士，认为"政府犹发纵之猎人，而绅士则其鹰犬也；政府犹操刀之屠伯，而绅士则其杀人之锋刃也"，故提出应先打倒直接压制平民的绅士，"直接以压制我之阶级尚不能铲尽，则彼巍巍高远、至尊无上之政府，无论为平和派之要求，激烈派之改革，亦且呼斥不闻矣"[①]。就是梁启超参与创办的《国风报》，也持赞颂平民的观点，如一篇文章说："今日欲谋国家之发达，必当扫去官僚政治，而建设国民政治；而欲建设国民政治……必有平民的政治家出于其间，始能集合草野活泼有为之人才。"[②] 连一向持论温和的《东方杂志》，在分析人民群众"抗捐"、"闹教"的原因时，也客观地指出这是由于人民"以切己之怨愤，而迫于极重之压力，蕴之既久，无有不发"，并指责当局说，凡此"皆为政府失职之故。已实致之，而又不善其所为，及一有事则以大炮从其后。此非惟天理所不容，其为谋亦已疏矣"[③]。二是体现在认识到"国民"（而不是君主和官吏）才是国家的主体，"民也者，纳其财以为国养，输其力以为国防，一国无民则一国为丘墟，天下无民则天下为丘墟。故国者民之国，天下之国即为天下之民之国"[④]，从而把历来国是君主的和"父母官"们"牧民"、"治民"的观点颠倒过来了。革命派还以西方的"天赋人

---

① 《绅士为平民之公敌》，载《河南》，1908 年第 4 期。

② 柳隅：《阀阅之之政治家与平民的之政治家》，载《国风报》，1911 年第 5 期。

③ 《论近日民变之多》，载《东方杂志》，1904 年，第 1 年第 11 期。

④ 《说国民》，载《国民报》，1901 年第 2 期。

权"为依据，强调"人生活于天地之间，自有天然之权利，父母不得夺，鬼神不得窃而攘之。并立于大地之上，谁贵而谁贱？同为天地所生，谁尊而谁卑?"① 这种由民主、平等观念产生的平民思想，较之传统的"民本"、"重民"思想有很大的差别。当然，我们应该看到影响 20 世纪初年中国新式知识分子的西方"自由"、"人权"学说的不彻底性，但是也应承认，这些思想是鼓舞群众反抗和摧毁传统的阶级制度和特权观念的利器。

新式知识分子的知识结构具有一种开放性和复合性，思想性格则具有自主性、平民性并渴望变革。这使得他们成了传统主流文化的挑战者，新文化的建设者，也成了旧制度旧社会的批判者，并给中国人民引进、提出了多种新社会的蓝图。但由于种种客观和主观的原因，他们的文化建设和社会改造的效果既不能使他们自己、也未能让后人满意，他们的思想和行动给后人留下了许多尚未解决的难题，有些甚至是值得长久思考的教训。

首先是在知识和文化的选择建构上，到辛亥革命时期为止，客观地说，中国人甚至包括新式知识分子还只是在接受西方的器物这个层面上形成了共识，而在制度和精神的层面上都存在不同的倾向和思想主张。反映在社会上，辛亥革命准备时期就有"国粹"和"欧化"两种路向的对立，民国时期更不间断地出现多次类似于"中国文化本位"和"全盘西化"的论争。反映到一些具体人物身上，更明显地存在着因中西文化差异而产生的紧张和冲突。

梁启超在 1903 年前后曾大力介绍西方的民主自由学说，称"民权自由之义，放诸四海而准，俟诸百世而不惑"，视"民约论正今日中国独一无二之良药"②，并表示要以西方的政治学说和国家制度为依据，"为二千年来翻案而不惜，与四万万人挑战吾所不惧"③，似乎走上了坚定地学习西方的不归路，但他在同时也表现出不肯割舍传统文化的态度，认为"凡一国之能立于世界，必有其

---

① 《权利篇》，载《直说》，1903 年第 2 期。

② 梁启超：《答某君问法国禁止民权自由之说》，载《新民丛报》，1903 年第 25 号。

③ 梁启超：《保教非所以尊孔论》，载《新民丛报》，1902 年第 2 号。

独具的特质，上自道德法律，下至风俗习惯、文化美术，皆有一种独立之精神。祖父传子，子孙继之，然后群乃结，国乃成，斯为民族主义之根源也"。为了化解这种知识结构和信仰体系内部的冲突和紧张，他提出了中西兼容、亦中亦西、无所厚薄的处置方法，取其两端而用中，对西化论者和国粹论者各打五十大板，"所谓新民者，必非如心醉西风者流，蔑弃吾数千年之道德学术风俗，以求伍于他人；亦非如墨守者流，谓仅抱持此数千年来之道德学术风俗，遂足以立于大地也"①。但是他的这种态度被人视为调和妥协。

严复在 19 世纪末 20 世纪初通过翻译西书来传播西学，并从宏观上进行了初步的中西文化对比。其《论世变之亟》中所概括的中国"最重三纲"、"亲亲"、"以孝治天下"、"尊主"、"多忌讳"、"美谦屈"、"尚节文"、"夸多识"、"委天数"，而西人"首明平等"、"尚贤"、"以公治天下"、"隆民"、"重讥评"、"求欢虞"、"务发舒"、"乐简易"、"尊新知"、"恃人力"等由比较得出的结论，虽然只是一种现象归纳而非价值评判，但其倾向性已不言自明，即暗中承认西方文明比中国文明优越。但他不愿或不忍明言"尽去吾国之旧，以谋西人之新"。解决的办法是凡可治愈中国之"愚"、"贫"、"弱"的方案尽可汲取，"惟求之能得，不暇问其中若西也，也不必计其新若故也"②。但当激烈人士对儒学所乐道的"天理"、"人伦"加以批判时，严复终于受不住了。他反驳说："今夫社会之所以为社会者，正恃有天理耳！正恃有人伦耳！天理亡，人伦堕，则社会将散，散则他族得以压力御之。""往自尧舜禹汤文武，立之民极，至孔子而集其大成，而天理人伦，以其以垂训者无以易……为国家者，与之同道，则治而昌；与之背驰，则乱而灭。故此等法物，非狂易失心之夫，必不敢昌言破坏。"③ 对传统文化的不忍割舍，是严复在民国初年回归旧营垒的一个重要原因。

---

① 《新民说》，见《饮冰室合集》，专集之四，中华书局，1989 年，第 6～7 页。

② 严复：《与〈外交报〉主人书》，见《严复集》第 3 册，中华书局，1986 年，第 560 页。

③ 严复：《论教育与国家之关系》，见《严复集》第 1 册，中华书局，1986 年，第 168 页。

国粹派有较扎实的传统文化根底，而且对西学也有所了解，当他们看到一些人"醉心欧化"，"见中国式微，则虽一石一华，亦加轻薄"①，"言非同西方之理弗道，事非合西方之术弗行，掊击旧物，惟恐不力"时，终于结合同道，矢志以"光大国学"为己任，其意在"刮垢磨光"，"外之既不后于世界之思潮，内之仍弗失固有之血脉，取今复古，别立新宗"②，并相信"国粹无阻于欧化"。但在当时，不仅他们自己的思想上充满矛盾，就是产生的社会影响也并非都是积极的，因为张之洞和清政府也在鼓吹"保存国粹"。

孙中山先生的青少年时代主要接受西方教育，但其民族思想明显受到传统文化的影响。在制度层面上，他于西方的立法、行政、司法三权分立之外，加上监察和考选二权，并明言这是继承中国古代的政治制度。而且，从20世纪20年代起，他在文章和演说中多次谈到继承中国的"道统"问题，体现了从西方文化向传统文化的复归。

上述因中西文化差异而导致的文化紧张或者说两者之间的难于抉择，是一个客观存在的问题，尤其对于中国这个有悠久历史传统和辉煌灿烂文化的国家，在纳入世界体系之后，文化的民族性与文化的时代性之间，不可能没有冲突，这无疑增加了我们通常所说的"会通中西"的困惑。而且可以看到，这种文化紧张在两种情况下格外显著：一是在民族危机严重的时候，例如清末、五四运动时期、抗日战争时期，往往因为民族情绪的高涨和救国方案的着重点不同而引发争论。二是发生在热衷西学的青年和对中西文化均有一定深入了解的成熟学人之间，前者往往因仅得西学皮毛即奉为至宝，后者则因为对文化有全面的理解和丰富的阅历而能冷静对待。学贯中西的吴宓对自己在文化选择上的困境有一个形象的比喻："心爱中国旧日礼教道德之理想，而又思以西方积极活动之新方法，维持并发展此理想……此二者常互背驰而相冲突，强欲以己之力量兼顾之，则譬如二马并驰，宓以左右二足分踏马背而絷之，又以二

---

① 鲁迅：《破恶声论》，见《鲁迅全集》第8卷，人民文学出版社，1981年，第30页。

② 鲁迅：《文化偏至论》，见《鲁迅全集》第1卷，人民文学出版社，1981年，第44、56页。

手紧握二马之缰于一处，强二马比肩同进。然使吾力不继，握缰不紧，二马分道而奔，则宓将受车裂之刑矣。"① 各人热爱传统文化的着眼点未必全然相同。老实说，像吴宓之心爱"中国旧日礼教道德之理想"，一定难以为多数人认可，多数人也没有难受到"二马裂尸"的程度，但文化选择困境中的矛盾心态在一般知识分子中是普遍存在的。

其实问题不在个人，也不在知识分子群体，而在于国家和社会中能否形成解决矛盾、问题和冲突的机制和能力。矛盾和冲突是任何时间和空间都有的，而社会和文化正是在不断地解决矛盾冲突中发展前进的。看看彼得大帝时代的俄国，看看明治时代的日本，再看看中国的"强唐盛汉"，即可知道解决文化紧张的根本之道还是实行"开放主义"。只有在一个强大的国家和生气勃勃的社会中，才能养成一种"有容乃大"的气魄，而民族的文化之根也不会发生动摇。

其次是由于紧迫、焦虑而导致的躁进心态，曾给近代以来中国的各项革新事业造成挫折。以稳健著称的严复，在戊戌维新运动时期曾说："所可悲者，民智之已下，民德之已衰，与民气之已困耳。虽有圣人用事，非数十百年薄海知亡，上下同德，痛刮除而鼓舞之，终不足以有立。"② 他认为中国要摆脱灭亡危机和积贫积弱的状况，须从开民智、新民德、鼓民力等根本处着手，而且要有几十年甚至上百年的艰苦努力。温和的张謇也主张："行百里而阻于五十，何如日行二三十里之不至于阻而犹可达也？"③ 但是，中国与西方先进国家的巨大差距，中国所面临的空前严重的危机，驱策着有志之士迫切要求改变现状，尽快运用大手笔，采取大动作，使中国迅速由落后变为先进。因此，类似严复、张謇那样冷静理性的低调，往往被激进的声浪淹没。

康有为的改革在本质上属于体制内的温和改良，但在时间进度上却充满急于求成的紧迫，他一再倡言"速变"，称"变法三年，

① 吴学昭：《吴宓与陈寅恪》，清华大学出版社，1992年，第47页。
② 严复：《原强》，见《严复集》第1册，中华书局，1986年，第89页。
③ 张謇：《变法平议》，见《张謇全集》第1卷，江苏古籍出版社，1994年，第48页。

可以自立；此后则蒸蒸日上，富强可驾万国"。并乐观地预计："三年而宏观成，五年而条理备，八年而成效举，十年而霸图定矣。"①孙中山急于求成的表现更多，1905 年前后他就提出将政治革命和社会革命"毕其功于一役"，要把"排满"的民族革命、废除帝制建设共和的民主革命和限制资本家的"社会（主义）革命"一气呵成。辛亥革命后政权未曾巩固，而且很快为袁世凯所篡夺。他在 1912 年至 1913 年初却忙于实施民生主义，并提出"十年之内，敷设二十万里之铁路"。孙中山乐观地预言中国会很快赶上并超过当时世界上的先进国家，他说："我中华民国土地比日本大二十倍，人民比日本亦多二十倍，要照日本办法，亦采用开放主义，不到三五年后，兄弟可决定，比日本富强十倍。"②"突驾日本无可疑也"，"十年、二十年之后，不难举西人之文明而尽有之，即或胜之焉，亦非不可能之事也"③。孙中山讲这些话固然是为了鼓舞和动员人民群众，但显然也是他的真实信念。

领袖人物有如此心态，一般青年知识分子和学生更无例外。他们敏感而又自负，祖国的危机、社会的不安定、个人前途的不确定性以及知识和年龄的不成熟，使"他们的理性世界夹杂着太多的感情成分，缺少严谨的科学实证和逻辑推理，因而对旧事物的批判和理想追求，带有浓厚的情绪化色彩"④。他们再三惊呼"危哉中国，其为各国竞争中心点也"，"病毒日深，祸机日迫，吾恐时不我待也"⑤，视"谓无所藉手，蹉跎岁月，寸功不展"为"可羞之极"⑥，于是革命这种"急速的、根本性的、暴烈的国内变革"⑦方式，迅速为青年知识分子和青年学生所接受。作为过来人的胡祖

---

① 康有为：《进呈日本明治变政考序》，见《康有为政论集》上册，中华书局，1981 年，第 223、224 页。

② 孙中山：《在安徽都督府欢迎会的演说》，见《孙中山全集》第 2 卷，第 533 页。

③ 孙中山：《在东京留学生欢迎大会的演说》，见《孙中山全集》第 1 卷，中华书局，1981 年，第 282 页。

④ 桑兵：《晚清学堂学生与社会变迁》，学林出版社，1995 年，第 17 页。

⑤ 《叙论》，载《湖北学生界》，1903 年第 1 期。

⑥ 孙中山：《在东京留学生欢迎大会的演说》，见《孙中山全集》第 1 卷，中华书局，1981 年，第 282 页。

⑦ 亨廷顿：《变化社会中的政治秩序》，三联书店，1989 年，第 241 页。

舜回忆说："当时所用笔名，曰'诛'、曰'杀'、曰'迁'等字，每视其题材而择一用之。就上数字字面而言，实觉当日年少气盛，悍然无忌。"[1] 武汉《大江报》连续发表《亡中国者和平也》、《大乱者救中国之妙药也》，不用论证，不加分析说理，把口号缀属成文，作直接的呐喊，正是革命青年躁进心态的坦陈。

躁进心态反映到对中国社会改造进程的认识上，常常有超出历史必经阶段的思想和理论主张。晚清从 19 世纪 60 年代开始洋务运动，到提出维新变法、改革制度，经过了 30 余年；而 1898 年维新运动失败仅 5 年后，"革命排满"的声浪却已传遍中国。而且就在同时，留日学生翻译的外国的社会主义著作也大量出现。他们所介绍的社会主义虽有多种流派，但共同之点都有"脱资本家之羁绊"和"废除私有制"。有的文章难免拾人牙慧，不顾中国实际情形，如称中国当时亦由"地主资本家垄断生产机关"，"彼坐而攫其利，是盗贼也"，主张"使土地、资本归于国有"，"废私有相续制"，"废一切阶级"[2]。这种思想的出现证明，孙中山提出民生主义并非没有国内的思想基础。

同盟会领导人所说的"社会革命"，包括"土地国有"、"平均地权"（后来还加上了"节制资本"），曾经遭到内部和外部的质疑与反对。尽管朱执信作过申述，说社会革命并非"强夺富民财产而分之人人"，但他在同篇文章中仍然强调，"社会革命之主体为细民，其客体为豪右"，并解释说，"日本于豪右译以资本家或绅士阀，资本家以有资本，其为豪右固不待言"，"细民则日本通译平民，或劳动阶级"[3]，显然仍然把资本家作为社会革命的对象。而《民报》上刘师培的《悲佃篇》，黄侃的《哀平民》，《复报》上的《贫富革命》，《衡报》上的《论中国田主之罪恶》，《河南》杂志上的《绅士为平民之公敌》，《新世纪》杂志上的《金钱》等文，都没有注意区分地主阶级和资本家的不同属性，"籍没富豪"、"殪此富人"等文字充满了火药味，而且带有中国古代农民革命"均贫富"

①　胡祖舜：《六十谈往》，载《辛亥革命在湖北史料选辑》，湖北人民出版社，1981 年，第 53 页。

②　大我：《新社会之理论》，载《浙江潮》，1904 年第 8、9 期。

③　朱执信：《论社会革命当与政治革命并行》，载《民报》，1906 年第 5 期。

的色彩。至于《新世纪》、《天义报》上的《普及革命》、《革命》、《废兵废财论》、《政府者万恶之源也》、《毁家论》,《衡报》上的《无政府革命与农民革命》、《论中国资产阶级之发达》、《论共产制易行于中国》等文,更把所谓社会主义引向了无政府主义。下面一段话颇有代表性:"但破贵贱界,而不破贫富界,则君主贵族之压制去,而资本家之压制方长",就仍然没有实现平等,"平等主义者,即社会主义也,亦即大同主义也"①。于是,反封建的目标、消灭资本主义实现社会主义的目标,以及中国传统的大同思想都纠缠在一起。

尽管宋教仁在研究了一阵"社会主义"之后,觉得中国外逼于列强,内逞于专制,缺乏实行"真正之社会主义"的条件,如果民族民主革命刚刚成功就在中国实行共产主义,可能会产生"画虎不成,反至类狗"的"恶结果"②,而且革命派无论在当时还是在辛亥革命之后,也都未曾实行他们的"社会主义",但仍然造成了内部的思想困惑,也引起了外部的误解或有意曲解。

一贯主张"奖励发明"、"奖励实业"、"奖励资本家"的梁启超,抓住了同盟会的"社会革命"纲领和有关报刊上的激进言论,攻击革命派"欲以野蛮之力杀四万万人之半,夺其田而有之","欲夺富人之所有以均诸平民","以排斥资本家为先务","利用此以博一般下等社会之同情","煽惑劳动者",实行"贫民专政"③,这些话充分表现了他同情上层阶级的立场,显示出他与革命派人士"平民化"色彩的异趣。他的文章不可能指出革命派混淆不同性质革命的缺陷,但对当时的地主、资本家不可能没有煽惑力。所以,大多数资本家在辛亥革命时期对革命不甚热心,到"二次革命"时更站到袁世凯一边去了。

躁进心态反映到革命行动上,以为革命无非是"掷尔头颅,暴尔肝脑……相驰骋于枪林弹雨中"④,还有少数人视革命为"破坏

① 漱铁和尚:《贫富革命》,载《复报》,1906年第4期。
② 宋教仁:《社会主义之商榷》,载《民立报》,1911年8月13日—14日。
③ 梁启超:《开明专制论》,载《新民丛报》,1906年第75～77期。
④ 邹容:《革命军》,见《辛亥革命前十年间时论选集》第1卷下册,三联书店,1978年,第677页。

主义"、"暗杀主义"，所以当时冒险暗杀的风气盛行。即使是从事武装斗争时，也有侥幸成功的心理，没有认真培训武装骨干，没有建设起义基地，只寄希望于发动会党和策反新军。除了武昌起义之外，孙中山、黄兴领导的多次起义一直选在华南沿海，习惯于以香港、南洋为依托，在境外临时招募兵勇入境突袭，所以迭次失败。历史事实证明，武昌起义虽然成功，但其事前组织工作并不扎实严密，多次接近于暴露，起义之发生亦因组织暴露，带有偶然性，而且同盟会领导中枢对这次起义未作全盘部署安排，以至起义猝发时各处都有意外和措手不及之感。

躁进心态反映到文化上，就是对中国传统文化和西方文化缺乏深入的全面的考察和理性的分析。例如有人用"黑暗"、"野蛮"概括中国几千年的历史，把先秦以来的各种学派都称为养成奴隶的学派，把"三纲五常"视为中国人全部的伦理道德精神，简单地加以"革命"。而对于西方文化，无论别择弃取，都很难说做到了科学、冷静、理性的程度，相反有如梁启超后来所说："晚清西洋思想之运动……原动力及其中坚，乃在不通西洋语言文字之人。坐此为能力所限，而稗贩、破碎、笼统、肤浅、错误诸弊，皆不能免。故运动垂二十年，卒不能得一健实之基础，旋起旋落，为社会所轻。"[①]梁氏把引进西方文化有诸多缺点的原因归之于"不通西洋语言文字"，显然不是探本之论，但他指出的稗贩、破碎、笼统、肤浅、错误诸弊，却是事实。问题的根本在理解、把握和讲清"文化"之难，在"会通中西"之不易，而躁进心态下的囫囵吞枣，也应该是其中的原因之一。

最后是文化教育领域里出现泛政治化的倾向。中国传统士人一方面有"学以经世"的愿望，而且认为"出仕"（作官）是"经世"的最好途径，故所谓"经世之学"实际上并不缺乏为社会或者为个人的功利色彩。但另一方面，传统士人也有"求是"的治学作风，把"致用"放在其次，乾嘉学派把这种风气推向了极致。到近代，由于中国社会危机深重，有志之士深以"学问不切世用"为耻，急切地寻找和研究有用之学，"讲大体"，"求大效"。梁启超在 20 世

---

① 梁启超：《晚清学术概论》，见《饮冰室合集》，专集之三十四，中华书局，1989 年，第 72 页。

纪初称当时"政学大明"①,其实正表明当时中华民族正由传统的血缘、种类民族、文化民族向政治民族转化,传统的伦理文化向政治文化转型。康有为作《新学伪经考》和《孔子改制考》,不惜曲解历史,强使学术文化服务于政治,虽然遭到了以章太炎为首的许多人的批评,但政治以强势左右学术文化的态势仍然有增无减。严复对此曾加以提醒说:"国愈开化,则分工愈密,学问政治,至大之工,奈何其不分哉!"② 但他的观点未能得到多数人的响应。

辛亥革命准备时期文化教育领域中的泛政治化是很明显的。例如,对于中国历史,革命派所发掘所运用的,就是揭露专制之凶残、种族冲突之剧烈,以证明"排满"建国的正确,而立宪派则证明"满汉已融为一体";对于法国大革命史,革命派强调其合理、悲壮以及胜利之后光明的一面,立宪派则强调其斗争残酷、革命后社会长期反复动荡的一面;对于孔子,有称赞其建立政治理想、有功于文化教育的,更有批评其"助成专制"、"制造奴隶"的。类似的情况甚多,几乎凡是当时知识分子所熟知的中外历史人物、学派和学说,都有人依据现实的政治需要,进行重新诠释,加以评判,或者改造和利用。在文学中的诗歌、小说、戏剧等领域,已如第二章所分析,在作品中作直白的政治宣示,或者通过文学文艺形式演绎政治主张,可说是司空见惯的现象,而艺术规律、形式技巧、作者的个性特征等,都退居次要地位,甚至被视为可有可无。

问题还不止于此。由于当时多种危机的刺激,新式知识分子和学生的政治热情高涨;大量的西学传入,"其影响于吾国学界者,惟政论为有力焉,而吾国学界青年之思潮亦惟喜政论而不喜科学"③。这中间也不能排除他们在科举已停、"上进"无路、经商缺乏资本、做学问尤其是学习科学技术既要相当基础又需漫长岁月的情况下,因而感到"前途殊杳茫"④ 的心态,于是纷纷投入新军,加入政治团体,从事革命活动。"他们感到,搞政治才是大有可为

---

① 梁启超:《论立法权》,载《新民丛报》,1902 年第 2 期。
② 严复:《论治学治事宜分二途》,见《严复集》第 1 册,中华书局,1986 年,第 89 页。
③ 《政论与科学之关系》,载《政艺通报》,1903 年第 23 期。
④ 范腾霄:《辛亥首义前后》,见《辛亥首义回忆录》第 3 辑,湖北人民出版社,1981 年,第 66 页。

的出路。""革命的实质是政治意识的迅速扩展和新的集团迅速被动员起来投入政治，其速度之快，以致现存的政治制度无法熔化他们。"① 这样分析政治意识的迅速扩张和革命形势的造成，并没有贬损前人的意思。

但文化泛政治化的后果并不值得一味赞美，它使学术、文艺、教育等一切文化门类的个性特征、固有规律及发展进步趋势，都深受非文化因素的影响。文化领域同样出现躁进偏激，各个派别、个人都认为自己所信奉所发现所表达的是全部真理，其余一概是谬误。这种思想当然有害于文化。所以辛亥革命之后不久，就有人对文化的泛政治化提出批评，如钱智修中肯地总结了中国自古以来以实用和功利而湮没学术研究的弊端，提出"文化重心，自在高深之学"，因而应该以一种独立的精神去研究，"以学术为学术之目的"②。杜亚泉强调学术民主，"勿轻易排斥异己之思想"，"勿极端主张自己之思想"③，认为真正的科学精神应该包括宽容的态度。但他们被视为调和折中或者自由主义，被近代中国普遍盛行的非此即彼的两极对立的思维和判断模式所排斥。本来革命派强烈地反对思想专制，主张言论自由，梁启超也说过，"必强一国人之思想使出一途，其害于进化之莫大"④，但当他们因政治理念相左而展开激烈论战时，似乎都把自己提倡过的正确主张束之高阁了。

三　新式知识分子与新型团体

传统的中国社会组织结构较为简单，除了朝廷从中央到地方的各级政府机构之外，乡村主要存在着自然形成的宗族、家族、家庭和类似村社的村庄共同体，城镇中则有按地域组建的会馆和按行业组建的公所。官员和士人强调"君子群而不党"的古训，只注重纵向的上下关系，而不敢发展彼此的横向联系。汉、唐、宋、明四

---

① 亨廷顿：《变化社会中的政治秩序》，三联书店，1989年，第189、242页。
② 钱智修：《功利主义与学术》，载《东方杂志》，1918年，第15卷第6号。
③ 杜亚泉：《论思想战》，转引自王元化《杜亚泉与东西文化问题论战》，载《学人》第5辑，江苏文艺出版社，1994年。
④ 梁启超：《新民说》，见《饮冰室合集》，专集之四，中华书局，1989年，第59页。

朝，各有一个短暂的"朋党势盛"的阶段，结局都带有悲剧性，因而专制君主对朋党悬为厉禁，官员和士人亦不敢或不愿被目为"朋党比周"，最好的处世办法是"无党无偏"。民间的会社都处于秘密状态。

清代对"朋党"、"结社"予以严禁，顺治十七年（1660年）曾颁发禁止"结订社盟"的上谕，所以直到19世纪90年代以前，二百余年间官员和士人的结社仅见有康熙年间林玑在福建组织诗社，乾隆年间全祖望在浙江组织率真社，道光年间林则徐等在北京组织宣南诗社，咸同年间毛祥麟在上海组织春柳吟社，同光年间马承昭在上海组织步瀛社等极少记载①。而且，此类官员、士人结社属于"以文会友"性质，绝对不谈政事。但民间秘密结社之风比以往更盛，北方的白莲教系统（包括青莲教、八卦教等支派）、南方的洪门（有天地会、三合会、哥老会等别称和众多支派），从清初一直存在到清末。

从19世纪60年代开始，中国社会上出现了许多此前未有的组织机构，诸如新式企业、公司、学校之类，也有按新型关系集结人群的作用，但这些当然不能算作真正意义的团体。真正的新式团体，还是以维新运动时期的强学会、保国会、南学会为发端，但这些以在职官员、绅士和士人为主体的改良性政治团体，均很快被清王朝的守旧势力封禁，形成所谓"戊戌党禁"。此后除康、梁等首要分子逃亡海外之外，多数维新党人陆续被赦，但所谓"党禁"一直未解，直到1911年武昌起义之后，朝廷才迫于形势，下了一道开放党禁的上谕。然而为时已晚，此举并未能使中国最后一个专制王朝免于灭亡。对于一般的集会和结社，晚清政府虽未如同对待维新党人那样一律禁阻，但也迟迟没有宣布开放。1904年给商会合法地位，但同时在《各学堂管理通则》中明令严禁学生立会结社或参与党会，连学生自治团体亦视为非法。1906年宣布"预备立宪"之后，1907年农历十一月十二日、二十日还曾分别诏命不准学生干预国家政治、严令禁止绅商士庶干预政事。1908年农历二月颁布"结社集会律"九条，虽然承认了一般集会结社为合法，但仍然

① 张玉法：《清季的立宪团体》，台北"中央研究院"近代史研究所专刊（28），1971年，第150页。

多方设法限制政治性的集会和结社，并在同年农历八月十四日正式下谕，严密取缔政治结社。1911 年农历三月又颁布上谕，责令严行查禁所谓"党社"，实即要坚持"党禁"和取缔各种政治性社团。总之，清王朝即使在宣布实行"新政"和"宪政"的最后十年中，始终没有对国民的组党结社采取开放政策。

但在民族危机日益严重、人民的政治觉醒日益显著的 20 世纪头十年，反对专制、要求民主已经成为不可遏止的大潮。随着新式知识分子群体、学生群体、商人群体的迅速壮大，各种合法与不合法的团体如雨后春笋般地涌现出来。张玉法先生有研究指出，清末革命团体以 1905 年 8 月中国同盟会成立为界，此前为 66 个（其中 1900 年前仅 3 个），此后至武昌起义前为 127 个[①]。清末立宪团体为 668 个，"计商业类 265，教育类 103，政治类 85，学术类 65，外交类 50，农业类、风俗类各 26，青年类、艺文类各 17，宗教类 6，工业类、慈善类各 4"，并指出此"非当时的全豹"[②]。桑兵认为"这与实际数字相差较大。据考，清末仅商会（含总会和分会）就有 900 余个。到 1909 年各地共建成教育会 723 个"，"农学会到 1911 年至少有总会 19 处，分会 276 处。仅此三项相加，已达二千有余"[③]。

徐鼎新、王笛、朱英均认为清末有商务总会 50 个左右，商务分会 870 多个，故不包括商务分所在内的商务总会、分会多达 900 余个，与桑兵的统计相近。朱英还发现清末江苏出现了一批商船公会，但具体数字不详。关于农会（包括农学会、农务总会和分会）的情况，他的估计数字亦与桑兵相近[④]。另据桑兵估计，1903 年—1904 年，国内以新知识分子为主体组建的各类社团多达数百，不仅分布于各大都市，而且深入县城乡镇。他根据上海等地数十种报刊的报道，统计出 1901 年—1904 年国内 18 个省市计有团体 271 个，

[①] 张玉法：《清季的革命团体》，台北"中央研究院"近代史研究所专刊 (32)，1975 年，第 663、680 页。

[②] 张玉法：《清季的立宪团体》，台北"中央研究院"近代史研究所专刊 (28)，1971 年，第 144 页。

[③] 桑兵：《清末新知识界的社团与活动》，三联书店，1995 年，第 274 页。

[④] 朱英：《辛亥革命时期新式商人社团研究》，中国人民大学出版社，1991 年，第 57、247、253 页。

如下表：

省份	江苏	浙江	上海	福建	广东	江西	湖北	湖南	安徽	直隶	四川	东三省	河南	山东	贵州	广西	云南	山西
数目	77	51	42	20	18	10	9	8	8	8	6	5	4	4	3	1	1	1

在这 271 个社团中，名称就叫"学生会"的有 26 个①。此外，在校学生组建"自治会"、"同学会"，参加教育会、演说会、体育会、各种文学艺术团体和研究会的还有很多。1904 年以后，各地的学生团体出现得更多。但是，由于学生流动性大，学生团体人数多寡不同，存在时间亦长短不一，加上资料缺乏，难以作出准确统计。

从 1900 年到 1902 年，是新式团体的发轫期，这期间问世的团体数量不多，但多属政治性团体，而且主要在海外活动。不过，除了 1894 年成立的以孙中山先生为领导的兴中会、1899 年 7 月在加拿大成立的以康有为为首的保皇会之外，其他团体虽都具有革新中国政治的意图，但它们究竟属于改良还是属于革命，界线并不分明。

1900 年出现的正气会、自立会和中国议会，一脉相承而又内部关系错综复杂，海外的兴中会和保皇会都对其施加了影响，在国内上海及其他地方活动的主要人物有唐才常、林圭、沈荩、毕永年、秦力山、汪康年、丁惠康、叶瀚，及哥老会首领张尧卿、辜人杰。容闳和严复被唐才常推为中国议会的正、副会长。下层主力则是维新时期湖南时务学堂的学生、留日学生、国内青年学生及会党分子。该团体在改良或革命的宗旨上模棱两可，在国内的实际领导集团中又存着湘派（以唐才常为首）和江浙派（以汪康年为首）的矛盾，领导者可说是维新士绅，下层成员则是学生和会党，政治上路线分歧，军事上布置仓促且计划多变，以至唐才常、林圭在汉口一被捕杀，团体就迅速垮掉。但是这个团体的出现成了此后更多的团体将接踵而生的信号。

---

① 桑兵：《清末新知识界的社团与活动》，三联书店，1995 年，第 266、275～276 页。

最早的中国学生团体出现于日本东京。1900 年，中国留日学生已达百余人，他们开过两次中国学生会，但这只是举行集会而非组织团体。自立会和中国议会失败之后，名为"励志会"的学生团体即应时而生。励志会订有会章两章六条，尚看不出是一个革命团体，成员 30 多人，其中既有沈翔云、戢元丞、秦力山、程家柽、张继、王宠惠等倾向革命的人士，也有章宗祥、曹汝霖、吴振麟、王璟芳、良弼、金邦平等"政府派"，还有雷奋、杨廷栋、杨荫杭等立宪派。1902 年冬，会员中的激进派曾另组青年会。到 1903 年春，励志会的名称已不复见。

1900 年底，郑贯一、冯自由、郑斯栾等在日本横滨创立了开智社，出版机关报《开智录》。秦力山、沈翔云、戢元丞、王宠惠、雷奋、杨荫杭等人，在 1901 年 5 月创办《国民报》。秦力山等人鉴于励志会涣散，曾另拟发起国民会。但《国民报》只出了 4 期，在 1901 年 8 月因资金不足而关闭。国民会这个团体似乎只是拟议中的事物，并未见有成立与活动的记载。

1902 年 4 月—5 月在上海成立的中国教育会，领导层是戊戌以后一直活跃于江浙地区的开明绅士，即由传统士人向新式知识分子转化的那一批人。激进派人物如蔡元培、章太炎、马君武、王慕陶、戢元丞、林獬、柳亚子等人，思想上已转向革命。但所谓激进仍主要表现为广泛进行革命宣传和暗中培养革命力量，并未计划诉诸武装行动。稳健派首领叶瀚和重要骨干蒋维乔、黄宗仰（曾任会长）等人，与激进派的分歧也并非反对革命，而是在行动步骤与策略上主张先发展教育，为革命创造条件。两派各自奉行自己的宗旨，激进派有秘密宗旨，批判专制，宣传共和，并力图招收激进的青年学生，培养"爆裂之材料"和"革新之先导"，有时还进行"反清密谋"，"以学校为革命秘密机关"；温和派则以为行动应与"教育会"之名相符，"纯粹办教育，培养国民"。两派虽有分歧却基本上能够合作，在接收《苏报》、创办《俄事警闻》和《警钟日报》等方面保持一致。当然，教育会中也混进了保皇派分子龙泽厚，也有后来转向保皇派的蒋智由和叛徒刘师培。

教育会组织较大，人数亦多，最盛时多达百余，以江浙人士为主，也有其他省籍人士，如湖北人戢元丞、王慕陶，福建人林森、林獬，广西人马君武，广东人徐敬吾，安徽人汪德渊、蒯寿枢，湖南人章士钊、陈范，直隶人张继，甘肃人陈竞全等，也是教育会会员，有的还担任职员。教育会的直属分支机构和有联系的学校主要在江浙，但和许多国内新式知识分子、革命分子及留日学生都有联系。除上述直接参加了教育会的人员之外，还和湖南的黄兴、陈天华、杨毓麟，安徽的陈独秀，四川的邹容，以及众多留日学生（教育会会员本身留日者不少）来往密切。后来浙江的光复会，湖南的华兴会，安徽的岳王会，湖北的国民丛书社、花园山机关、科学补习所等革命团体，都与教育会有关。由会员分头组建的一些外围小团体，如东亚谈话会、争存会等，总计有几十个之多。此外，由于受到中国教育社组织形式的启发，浙江、江苏、江西、福建、广东、湖南、四川、山东等省，均在清政府允许成立教育会之前成立了教育会或教育研究会。

前面说过，教育会接办了《苏报》，创办了《俄事警闻》（后改名《警钟日报》），会员张继、章士钊还办过《国民日日报》，其他会员还办过《选报》、《童子世界》、《少年中国报》、《大陆》、《中国白话报》、《二十世纪大舞台》、《女子世界》等报刊。教育会还附属有东大陆图书局、镜今书局、国学社等几所印刷出版机构，是当时国内出版发行革命书刊的主要基地。

中国教育会到1908年冬因会中激进派成员把工作重心转移到同盟会、光复会的革命活动方面而无形解散，共历时6年半，在1903年前成立的团体中，它是历时最长、人数最多、影响也最大的倾向革命的团体。

1903年至1905年夏，是各种团体大发展的第二阶段。

揭开序幕的是留日学生在东京组建的军国民教育会。1903年春，在义和团运动期间乘机侵占中国东北的沙俄不仅没有按《辛丑条约》的规定撤军，而且扬言要永远"保持在满洲之独占势力"；"取东三省归入俄国版图"，激起中国人民的"拒俄运动"。4月末，由于上年冬组建的青年会成员的积极活动，各省留日学生在东京几次集会，组成了有黄兴、陈天华、方声洞等参加的二百余人的拒俄义勇队。两天后改名为学生军，以军事留学生蓝天蔚为队长。5月中旬，黄兴、陈天华、秦毓鎏、叶澜、蔡锷等又在前段组织工作的基础上，成立了军国民教育会。军国民教育会订有《规约》和《公约》，以"养成尚武精神，实行民族主义"为宗旨，把"鼓吹、起义、暗杀"作为斗争手段，并派会员回国进行策动。

国内江浙地区，从 1902 年冬起，发生多起学潮。南洋公学、浔溪公学、南京陆师学堂、浙江大学堂、蕙兰书院、毓元学堂等校进步学生，因不满各校的"奴才"教育，组织退学并自办各种学社，其中以南洋公学退学学生组成的爱国学社最具声势。中国教育会对学潮予以支持，并吸收爱国学社学生加入教育会。教育会与日本留学生有密切联系，黄兴等组建军国民教育会时就有中国教育会会员参与其事，所以当东京组建军国民教育会的同时，上海也成立了军国民教育会。爱国学社的邹容，鉴于全国学潮迭起但群龙无首，在本年 5 月间拟筹设中国学生同盟会，作为全国学生的统一团体。旋因《苏报》案发生，邹容被捕入狱，这一计划遂告流产。

据桑兵统计，东京军国民教育会会员为 208 人，支持者达 500 人，"超过了留日学生的半数"（到 1903 年春留日学生为 900 余人），足见该团体的动员能力之强和留学生的政治热情之高。上海的军国民教育会"入会者九十六人"[①]，全是爱国学社社员。东京的军国民教育会因内部意见分歧和清政府的压制，以及主要成员回国从事活动，到 7 月就瓦解了。上海的军国民教育会亦因《苏报》案的发生，学生放假归家或出国，爱国学社在 7 月间解体而告结束。所以，军国民教育会作为团体只存在了两三个月。

1904 年 2 月中旬，华兴会在湖南长沙组成。该团体有姓名可查者 90 余人，领导成员和骨干分子除湖南的黄兴、陈天华、宋教仁、刘揆一、刘道一、胡瑛、章士钊、周震麟等人之外，还有江苏的秦毓鎏、陈去病，直隶的张继，湖北的曹亚伯等人。华兴会以"驱除鞑虏、恢复中华"为宗旨，下层成员多为归国留日学生和国内新式学堂已毕业或在读的学生，很快发展到五六百人。华兴会联络会党首领马福益，准备在当年 11 月 6 日（农历十月初十）举行起义，由于走漏风声被清军在 10 月下旬大肆搜捕而未能发动。

湖北武昌于 1903 年由吴禄贞、李廉方等十余人在花园山设立革命联络机关。1904 年 5 月组成革命团体科学补习所，武高等学堂学兵吕大森任所长，胡瑛、曹亚伯、朱元成、张难先、宋教仁等

---

① 桑兵：《清末新知识界的社团与活动》，三联书店，1995 年，第 249～250 页。

为骨干。该团体表面上以"研究科学"为名，成员都"心记""革命排满"的宗旨，进行方法则着重于运动军学两界，很快发展到40余人。但仅过了5个月，即因华兴会起义事泄而被官府发觉，到10月遭镇压而解散。1905年2月，刘静庵、曹亚伯又在武昌组织了革命团体日知会，继续在军界、学界、新闻界、宗教界发展会员，并且很快聚集了二百多人。该会存在到1906年12月，因策划响应萍浏醴起义受到牵连而不得不解散。

江浙地区进入20世纪即出现组建革命团体的动向。1900年夏秋之间，王嘉榘、孙翼中、张恭等十余人在杭州组成小团体浙会。1902年出现前述中国教育会，1903年又有前述爱国学社诞生，同年7月还有爱国学社学生敖嘉熊在嘉兴设立温台处会馆。会党则有伏虎会、白布会、终南会、双龙会、龙华会、平阳党、私贩党等名目。军国民教育会暗杀团成员龚宝铨于1904年冬在上海设暗杀部，旋即改名光复会（一名复古会）。蔡元培、陶成章、徐锡麟、秋瑾、章太炎等均为光复会会员。该会以"光复汉族，还我山河"为誓词。最初会员四五十人，由于1905年开办大通学校招集培训各处会党成员，故很快发展到上千人。领导者以知识分子和会党头目居多。光复会一直存在到1912年陶成章被暗杀后才解体。

当时，国内除上述革命团体之外，还有一些别的小团体。1903年春，林森、郑萨瑞、何梅士在上海组织旅沪福建学生会，该会于1906年还在福州设立了支会。1903年冬，蔡元培、刘师培、陈去病等人组织了对俄同志会。1904年底，黄兴因长沙起义事泄逃到上海，与刘揆一组织上海青年学社。1903年5月，陈独秀、潘赞化等人组织爱国会。1905年春，陈独秀又与柏文蔚等组成岳王会，岳王会后来由熊成基发展到安庆新军之中。1904年，江西吉安邹永成等组织自强会。同年，云南李伯东、李鸿翔等组建誓死会，贵州彭述文、平刚、张铭等组建科学会，宗旨是"一修学，一革命"。

在日本的中国留学生，继军国民教育会之后，还组织了多个小团体（地点均在东京）。1903年，林宗素等12人组成共爱会，葛谦等人组织光华会。1904年，宋教仁等50余人组建湘西学会，覃振、仇鳌、田桐等数人组成新华会，黄兴、宋教仁、程潜、罗佩金、唐继尧等人组成了革命同志会，秋瑾、刘道一等组织了十人团，秋瑾、陈撷芬等女性组织了实行共爱会。1905年上半年，湘鄂留日学生组成大湖南北同盟会。同年8月，全国性的大型革命团体中国同盟会宣告成立。

中国同盟会简称同盟会，1905年8月20日成立于东京，是在孙中山先生倡导下，以兴中会和华兴会为基础，联络部分光复会成员和少数日知会成员组成的。该会以孙中山为总理，下设执行、评议、司法三部。执行部下又设庶务、内务、外务、书记、会计、经理六科；评议部设评议长及评议员若干人；司法部设判事长、判事及检事等职，采取三权分立制。执行部庶务长黄兴辅助总理计划一切。除孙、黄二人外，同盟会领导层和骨干还有张继、宋教仁、刘揆一、朱炳麟、孙毓筠、程家柽、田桐、汪精卫、胡汉民、朱执信、廖仲恺、邓家彦、谷思慎、但焘等人。同盟会初成立时，加盟者200余人，到武昌起义爆发时同盟会本部及各分（支）部所属会员达7 000余人，加上名册未曾上交和未曾登记的，会员可能超过万人①。会员来自农工商各阶层，亦有会党和新军。但从领导层到基层会员，仍以大大小小的新式知识分子居多。

同盟会以"驱除鞑虏，恢复中华，建立民国，平均地权"为革命纲领，提出民族、民权、民生"三民主义"学说，制定了《军政府宣言》、《中国同盟会总章》、《略地规则》及革命军和军政府的建制、对外宣言和对内文告等文件。同盟会在国内有东、南、西、北、中五个支部，在国外有南洋、欧洲、美洲、檀香山四个支部；并在国内各省区设立分会21个，在国外设分会24个，另外还设有数十个通讯处及阅书报社，发行机关刊物《民报》。同盟会员在香港续办《中国日报》，在檀香山办《隆记报》，在旧金山办《大同日报》、《少年报》，在温哥华办《大汉报》，在新加坡办《中兴日报》，在仰光办《光华日报》，在上海办《神州日报》、《民呼日报》、《民吁日报》和《民立报》，宣传革命并与立宪派论战。同盟会从1906年起，发动会党、新军和学生，共举行了萍浏醴起义、潮州黄岗起义、惠州七女湖起义、钦廉防城起义、镇南关（今友谊关）起义、钦廉上思起义、河口起义、广州新军起义、广州"三二九"起义和武昌起义，掀起了全国规模的辛亥革命，终于推翻了清王朝。同盟

① 张玉法：《清季的革命团体》，台北"中央研究院"近代史研究所专刊(32)，1975年，第318、343页。

会本部于 1911 年冬从东京迁回国内，1912 年 8 月改组为国民党。

以省、市商务总会和县、乡、镇商务分会命名的商会团体，到 1904 年底共 29 个，而 1905 年就达 41 个①。教育类的团体，除前述 1902 年成立的中国教育会之外，1905 年增加到 8 个②。尤其值得强调的是，1903 年—1905 年，由于拒俄运动、抗议美国虐待歧视华人移民和抵制美货运动的刺激，民间出现了一批研究对外交涉、主张维护和收回利权的团体组织，这样的团体在 1903 年前只有 1 个，而 1903 年—1905 年增加了 14 个③。至于在校学生组织的团体，显然比 1903 年以前更多，但目前没有发现可靠的统计数据。

到 1906 年，各种团体进入迅速发展的第三阶段。同盟会的成立，推动了革命高潮的到来，也促使更多的革命团体出现。据统计，同盟会成立前国内外的革命小团体共约 66 个，而同盟会成立之后到武昌起义之前，多达 127 个④，后 5 年比前 5 年将近多了一倍。这个数字不包括革命者创办或因有革命者活动而变成了革命联络机关的各类学校（此类学校多达 105 个），也不包括为掩护革命活动而设立，但无独立组织形态的团体。故上述 127 个团体，虽与同盟会、光复会或下面将要介绍的共进会有组织上的联系，或者为上述三会会员以个人身份出面组建，或者是因受到上述三会影响而产生，在革命运动上彼此桴鼓相应，但均为各自有独立形态的革命团体。当然，这些革命团体之间的关系状况并非尽如人意，例如共进、后期的光复会、同盟会中部总会与同盟会之间，明显存在着龃龉和矛盾。

在这 120 余个革命团体中，共进会、岳王会、东亚亡国同盟会、贵州自治学社、南社、文学社、后期的光复会和同盟会中部总会值得略加介绍。

---

① 朱英：《辛亥革命时期新式商人社团研究》，中国人民大学出版社，1991 年，第 57 页。

② 张玉法：《清季的立宪团体》，台北"中央研究院"近代史研究所专刊 (28)，1971 年，第 124～125 页。

③ 张玉法：《清季的立宪团体》，台北"中央研究院"近代史研究所专刊 (28)，1971 年，第 98～99 页。

④ 张玉法：《清季的革命团体》，台北"中央研究院"近代史研究所专刊 (32)，1975 年，第 663、680 页。

共进会酝酿于 1906 年，翌年农历四月正式成立于东京。该会由同盟会会员张伯祥、焦达峰，日知会会员孙武等人发起，领导者多为两湖、四川、江西籍人士，会员亦多为上述四省会党分子及新军成员，其中在湖北活动且有姓名可考者即为 389 人[①]，加上其他省份人员和未有姓名登记之会党，人数当在千人以上。共进会成立时除发布宣言和章程外，并拟定法规 10 条，推举会长 1 人（先后为张伯祥、邓文辉、刘公），下设 9 部（一说 11 部），各有部长 1 人。该会仍采用同盟会的纲领，但将同盟会誓词中的"平均地权"改为"平均人权"。1909 年，共进会在汉口设立总部，在长沙、南昌设立分会，并在上海、岳州等处设立通信机关，将新军会员编为七军，会党会员编为五镇，多次谋划武装起义未果。1911 年，共进会与湖北另一重要团体文学社联合，共同发动了武昌首义。

岳王会最初于 1904 年成立于安徽芜湖。领导人有陈独秀、柏文蔚、熊成基、范传甲、倪映典等，与光复会有联络。同盟会成立后，其会员皆入同盟会。但 1906 年—1907 年仍用岳王会名义在芜湖、安庆和南京活动并发展组织，会员约数十人。1908 年秋，会员熊成基、常恒芳曾在安庆发动新军起义，旋即失败，岳王会亦随之解散。

东亚亡国同盟会亦称亚洲和亲会，1907 年成立于东京。领导人为章太炎、陶成章，成员有二三十人。除中国革命者外，还有印度、缅甸、越南等国志士。该会人数不多，实际活动亦少见，但体现了亚洲殖民地半殖民地革命志士互相扶助、共同反抗帝国主义侵略的联合趋向。

贵州自治学社于 1907 年成立，又号西南党。领导人有张百麟、陈永锡、黄泽霖等，据称社员多达数万人。该社借立宪之名，在学校、会党和新军中密谋革命行动，以《西南日报》作为宣传工具。1911 年 10 月武昌起义后，该社在贵阳响应，宣布贵州脱离清王朝统治，并成立军政府。旋因具有野心的军人刘显世发动叛乱，镇压自治学社，张百麟逃亡，黄泽霖等被害，该社遂告解体。

---

① 张玉法：《清季的革命团体》，台北"中央研究院"近代史研究所专刊（32），1975 年，第 642 页。

南社于 1907 年开始筹备，1909 年 11 月正式成立于苏州。领导人柳亚子、陈去病、高旭号称"南社三杰"。初结社时仅 17 人，多属同盟会会员，到 1911 年发展至 1 000 余人，以江苏、浙江、安徽籍人士居多，福建、江西、湖南、广东、湖北、四川等省亦有人参加。该社实质是文学团体，政治上主张排满革命，借诗文唱酬提倡民族气节，发扬民主爱国思想。南社一直存在到 1923 年，社员所作诗文辑为《南社丛刻》，共 22 集。

文学社实际是湖北的革命团体，并不研讨文学。该社由前之振武学社变名而来，1911 年 1 月趁农历新年团拜之机正式成立。领导人是蒋翊武、刘复基、王宪章、詹大悲等，总机关设于武昌。据称社员多达 5 000 余人，多属湖北新军士兵和下层军官，亦有学界人士，有姓名可考者 243 人[1]。文学社下设有文书、评议、总务三部，以同盟会的十六字纲领为自己的纲领。同年秋，文学社与共进会联合，并成功地发动了武昌首义。但首义成功不久，文学社与共进会即产生矛盾。共进会的孙武等人靠近黎元洪，而文学社则因在 1912 年秋发动武装"倒黎"而被镇压。

光复会成立于 1904 年冬，会员有数百人，以浙江籍人士居多，会长为蔡元培，骨干则有章太炎、陶成章、徐锡麟、秋瑾等。同盟会成立后，不少光复会会员加盟，但仍有部分会员保持独立活动。1907 年，徐锡麟发动安庆起义，失败牺牲。同年，秋瑾在绍兴被捕就义，光复会活动停顿。1910 年，陶成章又在东京成立光复会总会，推章太炎为会长，陶成章、李燮和在南洋各地发展会员，并在浙江、上海等地组织光复军。1911 年武昌起义后，光复军在汕头、浙江、上海、镇江、苏州等处响应，对辛亥革命很有贡献。1912 年，陶成章在上海被陈其美派人暗杀，光复会解体。

同盟会中部总会酝酿于 1910 年。当时宋教仁、谭人凤、赵声等对同盟会专意在南方沿海发动起义的战略表示不满，谋划策动在长江流域各省起义，遂在东京召集 11 省区同盟会分会会长，筹组同盟会中部总会。翌年，革命党人在广州发动黄花岗之役又告失败，该会遂于 7 月底在上海正式成立，推谭人凤、宋教仁等 5 人为

---

① 张玉法：《清季的革命团体》，台北"中央研究院"近代史研究所专刊 (32)，1975 年，第 612 页。

总务干事，发布宣言和章程，以"推覆清政府，建设民主的立宪政体"为宗旨。会员数十人，还在南京、安徽、湖北、湖南、四川等地设立分会，对上述各省的辛亥革命亦有推动之功。11月，上海光复后，同盟会总部从东京迁回，同盟会中部总会遂告结束。

由于清政府在1905年下半年派员出国考察宪政，又命会议政务处筹订宪法大纲，并于1906年宣布预备立宪，立宪派和其他人士从中受到鼓舞，自此时到1911年底，5年多的时间里全国出现公开性的结社多达600余个[①]。主要者可分为6类，即标举立宪的一类，标举自治的一类，强调对外交涉、维护和收回利权的一类，教育会一类，实业如商会（包括其附属团体）、工业协会、农会一类，学术和科技一类。总数远不止600余个。此外，还有青年、文艺、风俗、慈善、宗教等类团体。

在团体名称上明确冠以"宪政"、"立宪"、"国会"、"谘议"等名，以及虽无此类名称但实为重要立宪团体者（如政闻社、政与会、政学公会、法政同志会、辛亥俱乐部等），共有40个左右，其中主要有帝国宪政会、政闻社、预备立宪公会、宪政公会、宪政预备会、宪政筹备会、宪友会、帝国宪政实进会、辛亥俱乐部等。

帝国宪政会的领袖是康有为。康有为于戊戌政变后流亡海外，1899年6月在加拿大组织保皇会，接着在整个美洲、澳洲、东南亚和日本遍设分会，声势很大。1903年以后，由于革命思潮高涨，保皇会势力渐衰，加上其所经营的商业多半失败，募集经费日益困难，组织也渐形涣散。1906年秋，康有为趁清廷下诏预备立宪之机，致信梁启超商量把海外保皇会改名为帝国宪政会，参与谋划者还有杨度、蒋智由、徐公勉、徐勤、麦孟华、熊希龄等人。1907年初，康有为在纽约《中国维新报》（保皇会机关报）上发表"公启"，宣布改保皇会为国民宪政会（帝国宪政会初名）；发布"改会简章"，表示会名虽改，感戴光绪皇帝仍同以前；并计划分设支会于内地各省、府、州、县，"为政党之前导"。帝国宪政会成立后，在海外的活动与保皇会时代并无不同，在国内活动则主要是力促国会请愿运动。由于该会海外骨干兼营商业，因利益而生争执，发生

---

① 张玉法：《清季的立宪团体》，台北"中央研究院"近代史研究所专刊(28)，1971年，第90页。

内部冲突，元气大伤，加上梁启超主要把精力放在政闻社的组织与活动上，所以帝国宪政会虽然存在到辛亥革命发生之后，但对国内政潮的影响甚微。

政闻社由梁启超在 1906 年秋筹划，拟联合杨度、蒋智由、徐公勉、熊希龄、狄葆贤，并联合江浙名绅张謇、汤寿潜、郑孝胥及清廷大吏袁世凯、端方等，在国内发展。由于各方意见不合，迟延近一年，直到张謇、杨度均另组团体，梁启超才于 1907 年秋在东京正式成立政闻社。该社不设社长，康有为接济款项，梁启超实际负责，但以马良（相伯）为总务员，徐公勉、麦孟华为常务员，张君劢、张寿波、戴彬、隆福（北京旗人）为评议员。社内设有庶务、书记、会计、编纂、调查、交际等 6 科，职员 73 人，1908 年社员已达千余人①，办有《政论》月刊，鼓吹速开国会。但 1908 年农历七月，清廷发布上谕，宣布对政闻社要"严密查访，认真禁止。遇有此项社夥，即行严拿惩办"，一时社员纷纷逃亡海外，该社遂告解体。

预备立宪公会于 1906 年冬成立于上海，主持人为张謇、郑孝胥。马良、雷奋同时在上海组织的学术团体宪政研究会亦与之呼应。预备立宪公会设会长 1 人，副会长 2 人，干事 12 人，另有名誉干事、常驻事务员、书记和会计若干人。骨干除张謇、郑孝胥、汤寿潜之外，还有孟昭常、雷奋、赵凤昌、陈宝琛、瑞澂、张元济、刘厚生等，多为名绅、巨商和高官。会员以江苏、浙江、福建、广东籍人士为多，共计 274 人②。该会以立宪政团领导自居，以请愿速开国会为中心工作，在上海办有《预备立宪公会报》（半月刊），宣传宪政和法治。1910 年春，该会在北京成立分会，发行《宪志》日刊。武昌起义爆发后停止活动。

宪政公会初名宪政讲习会，1907 年春夏间成立于东京，主持人为杨度，在湖南设有分会。同年杨度回国，由出洋考察宪政五大臣保荐为宪政编查馆提调。东京的宪政公会由熊范舆主持，有会员数十人。杨度既任京官，有大员庇护，遂与沈钧儒在北京发起宪政

---

① 张朋园：《梁启超与清季革命》，台北"中央研究院"近代史研究所专刊 (11)，1964 年，第 185 页。

② 李剑农：《中国近百年政治史》，商务印书馆，1942 年，第 265 页。

公会。一时入会者纷至沓来，两湖亦出现多个学会，"实充其宪政之党势"，故会员多为京官和各省督抚之类的人。宪政公会虽然声势高出政闻社之上，实际上没有社会基础。1908 年秋政闻社被封禁后，朝廷对各种会社取缔甚严。沈钧儒回浙江任谘议局总参议，杨度因京官身份所限，不便多管会务，宪政公会遂销声匿迹。

宪政预备会是贵州省的立宪团体，成立于 1909 年农历十月，领导人为唐尔镛、任可澄。唐、任二人均曾以举人考取内阁中书，因官场失意而回籍，唐任师范传习所监督，任当教员。宪政预备会由唐尔镛任会长，掌握实权，骨干有任可澄、熊范舆、何麟书等。该会一成立，即与该省革命团体贵州自治学社对抗。辛亥革命爆发时自治学社集众响应，宪政预备会则加以阻挠。"光复"之后双方共同主持贵州大局，但宪政预备会把云南唐继尧迎来当贵州都督，迫害自治学社诸人，此后宪政预备会在贵州政坛占据了优势。

宪政筹备会是湖北的立宪派团体，1907 年创办于武昌，主持人为光绪三十年进士、翰林院编修张国溶。1910 年初夏，该会发起成立湖北请愿同志会，张国溶任干事长。此后湖北宪政筹备会成为国内请愿召开国会的急先锋，曾组织武汉地区 39 个立宪团体参加国会请愿。武昌起义之后停止活动。

上述立宪组织还是政治团体，而宪友会、帝国宪政实进会、辛亥俱乐部则更进一步，已初步具备政党性质。

宪友会在 1911 年夏成立于北京，骨干分子有徐勤、雷奋、孙洪伊、张国溶等人。该会宣称宗旨为发展民权、完成宪政。它是全国性的组织，发起者多为资政院民选议员，在各省则以谘议局为基础，会员多为在野士绅。湖南、山西、直隶、贵州、福建等省已建起支部，贵州会员多达数千人，其他几省亦有近百人或百余人。宪友会是立宪派中的激进组织，还渗入了不少革命派人士，因而对清廷施政极为不满，"趋重于国民一方"，易与革命派合流。武昌起义后，该会分化为北方以孙洪伊为中心的共和统一党，南方以汤化龙、林长民为中心的共和建设讨论会。未几两者复合，加上共和俱进会、国民新政社而组成民主党。

帝国宪政实进会初名宪政维持进行会，1911 年春改名并正式宣布成立。会长为陈宝琛，会员则以资政院中的钦选议员居多数，共有 180 余人①。该会立场保守，属于官僚系统，据说载泽为其提供津贴。势力限于北京，虽曾有扩向各省的计划，但除在直隶有所发展外，在其他省并不理想。帝国宪政实进会无论在资政院还是地方上，均与宪友会明争暗斗。该会对辛亥革命持反对态度，曾通过"反对共和政体"、"反对不以兵力平内乱"、"反对阻止借外债"三项决议。清帝退位后该会解散，并曾企图组织复古党及忠君会，未成。

辛亥俱乐部成立于 1911 年夏，发起人为长福（清宗室、外务部郎中、资政院钦选议员）、罗杰、易宗夔、王璟芳等人。在北京会员约 60 人，资政院议员与院外人士各半，议员多为民选议员，院外人士则以度支部官员居多，故该会实以度支部尚书载泽为中心，杨度为幕后主持。辛亥俱乐部与帝国宪政实进会的政略相近，反对宪友会的主张，注重官僚政治和中央集权，故被人视为"纯官党"。稍后，京中会员增至 270 余名②，既有民间志士，亦有革命派人士如宁调元、程明超、田桐、魏宸组、严启衡（多为两湖人士）等加入，故政治面目略有改变。辛亥俱乐部本部成立后，亦计划在各省建立支部，湖南、四川等省业已组成，其中湖南势力最大，支部长为黄忠浩，会员亦达四五十人。辛亥革命后该团体自然分化。

标举"自治"一类的团体，在政治态度上多数也是接近于立宪派的，不过其直接目标和组织活动多有地域或行业的限制。这类团体在 1906 年以前只有东三省保卫公所（1903 年）、上海城厢内外总工程局（1905 年）等为数很少的几个，1906 年以后迅速增加到40 多个③。其中，有以研究为目的的，如丘逢甲等人在广州组织的自治研究社和自治期成会（均成立于 1907 年）；有以促成和试行为目标的，如天津、辽阳、福州、吉林、镇江等地的各种自治会；有以商人为主体、性质类似商会的，如粤商自治会（1907 年）；也有

① 张玉法：《清季的立宪团体》，台北"中央研究院"近代史研究所专刊（28），1971 年，第 487~489 页。

② 张玉法：《清季的立宪团体》，台北"中央研究院"近代史研究所专刊（28），1971 年，第 493 页。

③ 张玉法：《清季的立宪团体》，台北"中央研究院"近代史研究所专刊（28），1971 年，第 91~97 页。

包括市民在内以社区为构成单位的，如苏州市民公社（1909 年）。当时不仅政界人士、商人、市民组建了自治团体，新军、旗人也有组织自治团体的。

学生的自治团体最多。尽管清政府 1904 年制定的《各学堂管理通则》明令严禁学生立会结社，学生自治团体亦为非法，但以"自治会"、"研究会"、"同学会"为名称的学生自治团体为数极多，上海徐汇公学、山东测绘学堂、北京高等实业学堂、长春中学堂、安庆陆军小学堂、八旗师范学堂、陕西高等学堂、湖北方言学堂等，或因组建学生自治团体遇阻而酿成学潮，或在发生学潮后组建学生自治团体。各地的这种学生自治团体数字自然无法统计。这类团体先是以学校为单位建立，很快就发展为区域性联合的团体，如 1905 年前已有福建省级的学生自治会，1905 年则有扬州学生自治会、广东全省学界公会、山西全省学会，1906 年有湖南全省学生自治会、浙江全省学会，1907 年有吉林全省学会、西安学界联合成的国民自治会，1911 年有黑龙江学界联合会、云南三迤总会，而且这年 4 月，终于出现了全国性的中国学界联合会[1]。学生自治团体为数众多，其"自治"的具体内容有同有异，政治上有的倾向立宪，有的倾向革命，加上学生流动性大，缺乏实力和群众基础，因此其活动影响的范围有限，为时也较短暂。

强调研究对外交涉，为维护和收回利权而组成的团体，1903 年—1905 年有 14 个，而 1906 年—1911 年则有 35 个[2]。这些团体多为保路矿、拒外债、保边疆、挽国权而设立。团体的领袖既有立宪派人士，也有革命派人士，还有政治倾向不明确的绅士、学者、商人。这类团体和上述学生自治团体和下面还要述及的教育界团体、实业界团体、学术和科技团体，不应该笼统划归立宪团体。

教育界团体在 1906 年以前也处于非法地位，所以直到 1905 年，公开活动的只有浙江的瑞安武备学社（1901 年）、瑞安演说会（1902 年），上海的中国教育会（1902 年）、协助亚东游学会（1902

---

① 桑兵：《晚清学堂学生与社会变迁》，学林出版社，1995 年，第 289～290、296～297 页。

② 张玉法：《清季的立宪团体》，台北"中央研究院"近代史研究所专刊（28），1971 年，第 99～102 页。

年），江苏的苏州体育会（1903 年）、新阳讲学会（1903 年），江苏教育总会、江都县学会、丹阳学务公会、苏州教育会、上海教育研究会、上海合邑学务公会、浙江教育总会（均为 1905 年）等，共约十二三个，其中以前面作为革命团体介绍的上海中国教育会最为著名。1906 年—1911 年，全国各地新出现的教育界团体，包括各省教育总会和各地所设教育会，多达 90 所①。这与从 1906 年起废科举、办新学、全国普遍重视教育的形势有关。不仅多数省份有教育总会和各类分会，北京也组建了全国性的中央教育会（1911 年），以张謇和张元济为领导。辛亥革命中各省教育总会或倾向革命派，或与立宪派合作，发挥了不可忽视的作用。

实业界团体包括工、商、农、交通运输等各界团体。商会是较早出现的团体。1905 年底以前，已陆续成立上海总商会（1901 年）、天津商务总会（1904 年）、广州商务总会、汕头商务总会、福州商务总会、江苏商务总会、河南商务总会、成都商务总会和重庆商务总会（均为 1905 年），以及少数商务分会。1906 年，又有汉口、苏州、湖南、浙江、江西、奉天等省市成立了商务总会，各地的商务分会亦陆续成立，其中江苏、浙江、东三省、直隶等地的商务分会较多。南洋、西伯利亚、日本、美洲等地华商亦成立了总商会或商会近 40 个。如前所述，到 1911 年底 1912 年初，全国商会团体（包括商务总会、商务分会而不包括商务分所）已多达 900多个，而商会属下或附设的团体，如商团、保安会、保安社及各种商办学术团体（商学会、商学公会、同业研究会等），还有体育、消防、慈善等类团体，也都是数以百计。工业界的团体，清末已有四川的工业协会、湖南的工业总会、北京的中央实业会等，但为数不多。交通运输界的团体，1906 年后有江浙、广东等处成立的商船公会，但商船公会远不及商会多。农业界的团体或研究机构在1906 年以前，只有罗振玉在上海组织的农学会（又称务农会）、济南四府农桑总会等几个研究性的团体。1906 年，农工商部提出各省组建农会，翌年又规定在省城设立农务总会，府厅州县酌设分会，乡镇村落市集酌设分所。于是，各地农会团体纷纷出现。到

---

① 张玉法：《清季的立宪团体》，台北"中央研究院"近代史研究所专刊(28)，1971 年，第 124～132 页。

1910 年，"总计总会奏准设立者 15 处，分会 136 处"。但是，显然有一些分会、分所未曾奏报，故实际数字要比朝廷认可的多。如广东省 1910 年就建立了农务分会 43 处，农务分所 18 处。而到 1911 年，仅四川省就设立农务分会 99 处，农务分所 21 处①。当然，在上述商会、商船公会各级农务会团体中，新式知识分子所占的比重远不及在其他类型团体中所占的比重大。

最后是学术和科技类团体。学术类团体在 1906 年以前，只有上海的沪学会、群学会、国学保存会、医学会、铁路研究会、私塾改良会，武昌的舆地学会，广州的岭南学会，济南的竞存学会，厦门的医学会等 10 个左右。1905 年以后，则增加了 49 个，其中医学研究会最多，商学、算学、舆地、法学亦不少。纯粹的科技团体，则有上海的铁路研究会（1905 年）、中国工程学会（1908 年）、科学研究会（1907 年），天津的中国地学会（1909 年）、算学研究会（1906 年），浙江的农工研究会（1911 年），云南的矿务研究所（1910 年），湖南的铁路研究社（1909 年），留法学生的中国化学会欧洲支部（1907 年）等。

综观清末最后十年间，国内出现的各种团体总数应有数千之多，有名称可考者亦在千余。国内就城市而言，上海首屈一指，先后出现了各类团体百余个。就省区而言，则江苏最多，不包括上海在内约也出现过近百个团体，其中商会类就有 50 个以上（还未统计商船公会），其后依次为浙江、广东、湖北、福建、东三省和直隶。东三省和直隶的总数之所以进入前列，也是因为商会团体较多的缘故。湖北省的商会团体不多，但政治性团体较多。前面说过湖北宪政筹备会 1910 年曾组织武汉地区 39 个立宪团体参加国会请愿，可见湖北立宪派团体至少有 40 个。而湖北的革命团体，在同盟会成立之前曾有 3 个，同盟会成立之后则出现 33 个，占 1905 年以后全国革命团体总数（127 个）的 1/4，占整个华中地区的 53%②。可知清末湖北的政治团体多达七八十个，辛亥武昌首义之

①　朱英：《辛亥革命时期新式商人社团研究》，中国人民大学出版社，1991年，第 253 页。

②　张玉法：《清季的革命团体》，台北"中央研究院"近代史研究所专刊(32)，1975 年，第 680 页。

所以能够成功，与湖北的政治形势有内在关系。

新式团体的出现，有客观上的条件，如新式教育的发展，造成离乡的新式知识分子和学生群体迅速增加；工商业的初步发达，造成人、货流动和商人群体的壮大；民族危机、政治黑暗、社会转型等客观形势，迫使要求变革现状的人士多方寻求救国救民和发展自我的途径。在主观认识上，从戊戌维新运动以来，重视个体的"大我"思想和强调"合群"的呼吁一直在高涨。这些正是上述地区出现众多团体的原因，而团体众多也反过来说明该地区富有活力，社会在发生或者将会发生变化，这正是转型中的社会和现代社会必有的现象。相对而言，新式教育和工商业发展落后，人、货不流，思想观念静止僵化不变，风气闭塞的社会，就不会有新式团体，或者不会有较多的新式团体，也就缺乏活力，缺少变化。

按照社会学的观点，除了荒岛孤人，任何人都隶属于一定的群体并在这种群体中生活。而最原始、最具自然性质的群体，在清末中国仍然是乡村的家庭和宗族。这种延续了二三千年的原始自然群体，通常只按照惯性存在和发展，受制于王朝政府及其附属的胥吏、绅士和保甲的强制力量，多数因落后保守、视野狭隘而压抑了青年一代的生气与生机。清末一些接受新式教育的年轻人，由于种种原因从乡村家庭、宗族的群体中游离而出，进入城市乃至域外，通过学校、军队、在外同乡组织这类新式群体的一段适应性生活，增长了知识，开阔了眼界。他们或者出于政治上的目的，或者是为了发展事业，甚或是为了自己的生存，进而组成团体或者加入已成立的团体，就具备了很大的可能性。

清末的社会同质化的消解和多元化的产生，导致当时的新式团体为数众多，类型和性质多样：有依宗旨而成立的，如有为革新和参与政治而组建的各种政治性团体；有为维护和发展自身利益而成立的政治性不那么强的团体，如商会、农会等各种同业公会；有为发展某种特定事业而组建的，如教育团体、学术团体、文化文艺团体、科技团体等；有为鼓舞民气推动对外交涉、维护和收回利权而成立的外交团体；有为发展地方自治或学生自治而成立的各种自治团体，等等。各类团体之中，又有因政治立场不同或政治色彩的浓厚淡薄不同而显示出差异，乃至彼此桴鼓相应或者相争。此外，各类团体或因人数多寡，或因规模地域所限，有的成了全国性的团体，有的只是地域性团体。有些团体目标久远，存在时间较长；有些团体是为一时一事（如为促成或反对某一件事）而设，故存在的时间不长；还有一些团体，由于外部各种压力或者内部意见分歧、人员流动等原因而旋生旋灭。

但是，综观清末由新式知识分子和转化后的士绅组成的大多数社会团体，仍能发现若干共同之处，它们与传统的文人结社及社会底层的秘密结社有许多不同。

其一，如前面所提及的那样，新式团体是新式知识分子的自主理念和合群主张共同作用的产物，其中第一位的是自主理念，而自主理念既是一种生存所必需的利益表达，也是一种存在方式的道德渴望①。邹容在《革命军》中宣称：“国民者，有自治之才力，有独立之性质，有参政之公权，有自由之幸福。无论所执何业，而皆得为完全无缺之人。”② 认为结社是个人的自由权利之一，为多数新式知识分子所信奉。与此同时，为了反抗外来强力的压迫并同专制守旧的本国旧势力斗争，个人的力量显得渺小软弱，故又必须“合群”。清末许多文章分析了中国人“不能群”的原因和表现，如批评“村落主义”和“畛域界限”，批评“各谋私利”、“互相倾轧”而“不晓得联合团体”的危害，号召国人改变一盘散沙的状况，“自小群以成大群”③，从而“组织一巩固秩序之社会，养成我高尚国民之资格”④。可以说清末新式社会团体的大量出现，是社会转型、国民素质和觉悟提高的表现，而传统的文人结社和底层秘密会社则不可能有新式团体那样具有现代性的各种目标。

其二，新式团体内部普遍实行民主原则和制度化的程序。大多数团体不仅以会（社）章明确宣示宗旨、应办事业和有关规则，还明文规定会（社）员地位一律平等，有同样的权利、义务和责任，“会员皆可干涉会内事务”，“会长会员均平等相待”⑤；职员（即干

---

① 参见［美］阿尔文·古尔德纳《中国知识分子的兴起》，顾昕译，中国台北桂冠图书股份有限公司，1992 年，第 49 页。

② 邹容：《革命军》，见《辛亥革命前十年间时论选集》第 1 卷下册，三联书店，1978 年，第 671 页。

③ 《天津青年会缘起》，载《大公报》，1902 年 7 月 5 日。

④ 《中国通学会章程》，载《政艺通报》，1903 年第 13 号。

⑤ 《两浙女学会简章》，载《警钟日报》，1904 年 8 月 25 日。

部）一般由会员以无记名、记名和举手等方式选举产生，任期较短，有的还规定连任次数；团体的组织机构多按三权分立原则建立，一般设有评议、干事（庶务）、监察（纠察）各部，互相监督制衡；一般会务由评议会公决，重大问题则须全体或至少是大多数会（社）员讨论表决，职员负责贯彻执行决议，多数领导者的责任主要在协调组织而非个人决断。此外，大多数团体规定入会必须由会员1～2人介绍，履行一定手续，入会后必须遵从组织决议，负起责任，如有不同意见仍然可在会上充分表达。对不守规章、放弃责任、有损团体名誉者，团体可以将其除名；而已入会（社）者或因宗旨有变，或因人事关系不洽，自行退出团体或另外加入甚至组建别的团体，也是常见的现象。

其三，由上述两点所决定，清末新式团体绝大多数民间色彩强烈，甚至可以说有不少团体明显具有与朝廷离异、与官府对抗的意图。当时一般主张扩大自治的人都表达了对传统政治体制的不满，说"中国之不振，由于民族之不能自治；民族之不能自治，由于历代伯天下者之阴谋涣此自治体质于无形，夫善后可以操纵自如，逞其私欲，所谓莫余毒也。已降至今，吾民人几不识自治"[1]。商人为了争取自己的合法权益，也敢出言不逊，他们说："外国商人是能够独力不受政府的管束，政府要办事筹款，都要柔声下气的共商家商量，平时没事时候，还要尽力保护"，而在中国无事时少不了"报效"，有事时更名正言顺地摊派，"委员肥私是一份，差役勒索又是一份，稍稍不如意，就说我们抗捐，小则缚赴公庭，大则拨兵剿洗。哈哈！这也算是大清皇帝陛下的深仁厚泽了。我们商人试扪扪心头，这种世界，你还不想合群独力，脱去许多专制，跳出十八重地狱？"[2] 合法团体的批判言论常使自己遭到压抑和禁止，而每一次取缔严禁又更激发这些团体的对抗情绪。至于那些主张进行种族革命、政治革命的团体，其与当时的政治体制势不两立，就更不言而喻了。

清末众多的社会团体，必然依其类型而各自产生社会影响。如各种文化、艺术、学术和科技团体，通过集思广益，互相切磋交流，提高了各自的水平，有利于文艺、学术和科技的发展。各种教

---

① 《孙君子植来函》，载《苏报》，1903年7月7日。

② 沪南商学会会员演述：《经商要言》，载《中国白话报》，1904年第9期。

育团体的活动，促进了清末的教育改革和教育事业的发展。商业团体、工农业团体的涌现，也有利于中国实业的发展进步。当时，各种团体都开展了调查研究活动，举行集会演说，在各自选择的对象中进行动员组织。大型团体还创办报刊出版业，组建各种形式的阅书报机构，起到了集结群体、开启民智和改变社会风气的作用。至于为维护和收回利权、研究和支持对外交涉的爱国团体，追求自治以及立宪的政治团体，尤其是青年学生和革命者组织的团体，更广泛地传播了爱国救亡、民主自治、权利平等进步思想观念，启迪和提高了人民群众的政治觉悟。当然，并不是说所有的团体活动都具有积极意义，黑社会团体、恶势力团体自然除外。还有政治性团体因为宗旨不同、利益冲突而彼此斗争，造成社会的多重分化，但这是任何转型的社会、现代社会都不可避免的多元化现象。中国的传统社会以"道一风同"为尚，官府之下就是处于自然状态中的宗法家庭，结构倒是简单，但结果恰恰造成了全国的一盘散沙，民间缺乏活力，社会停滞不前。

清末新式社团的共同意义，就是在政府和个人之间加进一些具有现代性的中介结构，从而把处在宗法家庭和旧式人际关系中的各个个体多层次多渠道地组织起来。这种新式团体对于那些不满意宗法家庭的人、反感于旧式人际关系的人，以及刚刚走出农村、走出家庭，进入社会又走投无路的青年有极大的吸引力，而且团体的组织功能、教育功能、规范功能往往很快就把他们塑造成为合格成员。例如，后来成为国民党元老之一的居正，出身于湖北广济的贫苦农家，一直受传统教育，由于从外部接触到的信息太少，诸如甲午战争、戊戌维新乃至庚子之变等，一概不知其详。长期以来，他最深刻的感受是"吾家食指多"，"全恃二兄四弟胼足胝，仅供温饱。余应乡试又不售，既无以慰父母兄弟，又无补家庭生计，头巾误我矣"。在苦闷和不知出路之际，因朋辈偶然相约，于1905年借了路费到日本，适值同盟会成立，遂经人介绍入盟，此后居然成为骨干分子。居正后来回忆这个转变时说："盲从直闯入同盟，不会多言顾力行。主义三民虽识旨，大多排满最同情。"[1] 他从一个并

---

① 居正：《梅川谱偈》，见《居正文集》下册，华中师范大学出版社，1989年，第519、520页。

不知道世界和中国大势，只为个人前途和家庭困难而苦闷的青年，迅速成为坚定的民主革命斗士，正体现了新式团体对青年的吸引和塑造功能。

对政府而言，新式团体的大量出现或者构成了挑战与压力，或者构成了助力，或者二者兼而有之，关键要看政府与团体的互动关系。革命派团体当然只会对政府构成挑战与压力，两者始终处于敌对状态。但其他立宪团体、自治团体、维护利权团体、实业团体、学术科技团体乃至学生团体等，并非必然是政府的天敌或辅助。如果政府具有现代性，这些团体从根本上说是有利于社会和国家发展的，反之也会形成压力。甚至还可以这样说，在富有现代性的政府治理之下，必然是团体众多但主张暴力革命的团体极少。

相对而言，革命派组成的各种团体和学生团体要比立宪派团体、商会团体和教育团体的民主性、民间性强烈得多。如同盟会的组织完备和富于民主精神，远非帝国宪政会、政闻社、预备立宪公会、宪政公会等所能相比；革命派和学生所组建的团体，也没有引高官为奥援、与大吏通声气的先例。而立宪派的康有为、梁启超却改不了从维新时期带来的习惯，总想借重上层，所以帝国宪政会、政闻社都曾幻想利用载沣、载泽、袁世凯、赵尔巽、端方等亲贵和大吏，拉拢陈宝琛、郑孝胥、张謇、汤寿潜等名流，杨度更长于纵横捭阖的帝王之学。所以立宪派的组织人事工作更依赖权术而不是依赖民主制度。梁启超曾说："所最要者，则发起之数人，其分子结合必须巩固，否则全盘基础为之动摇。盖发起数人，实不啻自为主体，而以所吸收者为客体。但吸收之后，其客体之分子良者，必旋入而为主体，此皆必至之符，然终不能遂排最初之主体而去之，此亦必至之符也。"[1] 他在谈到立宪团体的发展对象时又说："现在旗人之留学东京者，皆已入会，其中颇有有势力之人，至为可喜。"[2] 可见其无论是掌握领导权还是发展团体成员的思路，都缺乏民主精神和重视一般群众的态度。

---

① 1907年4月《致蒋观云书》，见《梁启超年谱长编》，上海人民出版社，1983年，第406页。

② 1907年6月《致康有为书》，见《梁启超年谱长编》，上海人民出版社，1983年，第409页。

以上层新士绅为领导的立宪派政治团体、地方自治团体、商会组织和教育团体，不仅都受到政府权力的干预，或多或少要仰承政府鼻息，而且其团体内部的权力分配往往决定于派系或个人的地位、声望、财富或社交背景。不能完全否认此类团体的意义和作用，但也应该看到，革命派和青年学生的团体侧重于自由平等的理想追求，而立宪派和新士绅的团体侧重于实际利益与权力的争夺控制，"前者以输入文明、培育国民为主要目标，大都从事教育宣传活动，很少介入权力竞争。后者则试图通过结社达到分享权力的目的，不仅继续保持对基层社会权力的垄断，而且借兴民权之名扩张绅权，参与地方乃至中央政权。其次，前者努力成为全体国民的代表，较少群体私见，后者则首先表达和维护本群体的意愿，甚至不惜牺牲其他群体的利益以实现其目标"[①]。所以，康有为一系在1907年以后实际上已经分崩离析；康、梁与杨度不能合作，江浙立宪派力图充当领导，正是此类团体的本质使然。当然，革命派和青年学生的团体内部和彼此之间也有矛盾分歧，但大多是因斗争策略不同而起，有时也夹杂着地域观念、派系分歧和权力分配的纠葛，但民族利益、全体国民利益的观念毕竟占据主要地位，可是他们在"谋略"和"权术"方面远远不是袁世凯和立宪派的对手，所以在辛亥革命后迅即丧失了本可到手的政权和主导地位。

---

① 桑兵：《清末新知识界的社团与活动》，三联书店，1995年，第289页。

第五章 新式知识分子与文化新工具

一 报刊——新的文化传播利器

中国是文明发达最早的国家之一，造纸和印刷术的发明使中国很早就有了各式各样的书籍。报的出现也很早。据新闻史工作者研究，中国汉、唐时代即有所谓"邸报"，到宋代除"邸报"外，还曾有过"朝报"、"小报"、"边报"，明代则有"邸报"、"朝报"、"京报"，而且从崇祯时开始，上述所谓"报"也开始以活版印刷。清代雍正之后，严禁邸报发行，而京报得到发展。京报是京城报房所出报纸的泛称，并非某种报名，且不止一家。京报不由官办，而是由与宫廷有密切关系的商号，利用内线获取内阁发抄之文件，摘取皇帝敕谕、政府公告、群臣奏议或报告、人事任免等内容，印成出售。京报一直存在到 20 世纪初年。除京报外，还有所谓"提塘报"（又称"塘报"或"驿报"）和"良乡报"，内容亦同京报相近，是负责沟通、传递朝廷与各省督抚之间的往来文书和信函的一种制度设置。塘报由塘兵（驿卒）传递，历久生弊，遂改由信局邮递，而当时信局设在良乡，故称良乡报。所以塘报、良乡报也不是报名。

上述传统意义的所谓"报"，当然也传播信息，但只是片面地侧重于君臣议论、官员升迁等方面的内容，社会问题、人民愿望只能在奏议和报告中零星地折射反映，所以它们只能说是官府缙绅内部的"传媒"，而不是社会和大众的传媒。

现代意义的报刊是由西方来华人士率先创办的。19 世纪 30 年代，马礼逊在广州创办过《东西洋考每月统计传》（后因中英关系紧张迁往新加坡），麦都思创办过《各国消息》。鸦片战争以后，麦都思又在香港创办《遐迩贯珍》。1857 年，伟烈亚力在上海创办《六合丛谈》。1865 年，查美司在广州创办《中外新闻七日录》。1868 年，林乐知、慕维廉、艾约瑟等在上海创办《教会新闻》，1874 年改名《万国公报》，一直办到 1907 年。1872 年，外国教会医院在北京创办《中西闻见录》（1876 年移上海，易名为《格致汇编》，由傅兰雅主持，一直办到 1890 年）。1878 年，天主教在上海创办《益闻录》。1898 年，《益闻录》与《格致新闻》合并，易名为《格致益闻汇报》，1908 年简称《汇报》而分别出版《时事汇编》和《科学汇编》，到 1912 年又易名为《圣教杂志》，大约发行到 1938 年。此外，还有 1854 年发行于宁波的《中外新闻》、1861 年发行于香港的《香港新闻》、1862 年发行于上海的《中外杂志》、1880 年发行于上海的《图画新报》、1887 年发行于汉口的《益文月刊》，以及日本乙未会于 1898 年在上海发行的《亚东时报》，广学会 1906 年在上海发行的《大同报》等。上述期刊有半周刊、周刊、旬刊、半月刊、月刊及不定期期刊等多种形式。

当时来华的外国人还办有多种中文日报。最早者为香港《孖剌西报》于 1858 年发行的中文《中外新报》，继之而起者有上海《字林西报》在 1861 年发行的《上海新报》，香港《德臣西报》在 1864 年发行的中文版《华字日报》，英商美查、伍华德等人 1872 年在上海发行的《申报》，1883 年在上海发行的《字林西报》的中文版《字林沪报》（1900 年售予日本东亚同文会，易名为《同文沪报》），1886 年德璀林、李提摩太在天津创办的《时报》，1893 年英人丹福士与中国商人合作在上海创办的《新闻报》。日本人 1898 年在福州创办了《闽报》，1901 年在北京创办了《顺天时报》，1906 年在奉天（今沈阳）创办了《盛京时报》，1907 年在汉口创办了《汉口日报》。此外，从 1822 年到 1912 年，外国人在中国创办的外文报纸先后有数十家之多。

受外国人办报刊的启发，1859 年太平天国的洪仁玕在《资政新篇》中就提出了设立"新闻馆"和"新闻官"的设想，可惜没有实行。中国民间自办的报纸出现于 19 世纪 70 年代初，有记载可据者有 1873 年艾小梅在汉口创办的《昭文新报》，1874 年王韬在香港创办的《循环日报》和同年容闳在上海创办的《汇报》。但《昭文新报》以商业和娱乐方面的内容为主，且由于阅报人少，当年就告停刊；《汇报》常常涉及官事，深为股东所忌，又常与刊载不利于中国之事的《申报》笔战，受到多种压力，加上经营不善，亦在开办之年年底停刊。只有《循环日报》因为地处香港，而且王韬每日发表论说一篇，宣传改革，仍能坚持办到1884年。

甲午战争中国失败之后，举国震动，各种革新"救亡"的建议纷纷提出，其中也有"广设报馆"。孙家鼐、李端棻、张之洞、袁世凯等高官和方面大员无不提议办报，当然他们愿意看到的只是既能介绍新知新事，又"无诡激失中之论"的"官报"，于是1896年3月总理衙门增设官书局之后，即出版《官书局报》和《官书局译报》（两种报的合订本称《官书局汇报》），这大约是晚清现代内容和形式的官报之始。由于《官书局报》掌握在维新派手中，所以戊戌政变后也免不了停刊的命运。

梁启超、谭嗣同等深知报刊的威力。梁启超认为，"去塞求通，厥道非一，而报馆其导端也"，报刊可以"广译五洲近事"，"详录各省新政"，"可以奋厉新学"，"旁载政治学艺要书。则阅者知一切实学源流门径，与其日新月异之迹，而不至抱八股八韵考据词章之学，枵然而自大矣"[1]。他于1895年夏在北京创办《中外纪闻》（一作《中外公报》）。同年冬，上海强学会书局出版《强学报》。但这两份小报均随着强学会的被禁而很快停刊。1896年秋，梁启超、黄遵宪、汪康年等在上海创办《时务报》，一时风行全国，最高峰时每期销行1.2万份。《时务报》为旬刊，装订如杂志，每期约3万余字，内容分论说、谕折、京外近事及域外报译等栏目，论说多半出自梁启超。但《时务报》开办费多为张之洞所捐助，张之洞对该报载文常加干涉；汪康年又与梁启超不睦，至1898年8月又因孙家鼐、御史宋伯鲁之提议，《时务报》被改为官办，但仅仅一个多月之后即发生戊戌政变，《时务报》被视为"无裨于治，徒惑人心"而"着即裁撤"。《时务报》在两年多一点的时间里共出69期（这段时间中梁启超还协助创办澳门《知新报》，湖南的《湘学报》、《湘报》等）。

---

① 梁启超：《论报馆有益于国事》，见《饮冰室合集》，文集之一，中华书局，1989年，第100、102页。

谭嗣同也高度重视报刊的作用，他称日报"日一出之，其于日新之义庶有合也"，对一省、数省乃至全国之人，"予之耳而授以目，而通其心与力，而一切新政、新学，皆可以弥纶贯午于其间而无憾"①，并自称"居今之世，吾辈力所能为者，要无能过撰文登报之善矣"②。他参与了《时务报》、《湘学报》、《湘报》的工作，支持过办《算学报》，还一度计划在南京办《矿报》，在武汉办《民听报》。故在创办新式报刊方面，维新派人士有前车先路之功。

梁启超在 1898 年 9 月下旬戊戌政变后流亡日本，当年 12 月下旬即发刊《清议报》。《清议报》为旬刊，每册 40 余页，到 1901 年 11 月中旬终刊时止，前后历时 3 年，共出 100 册。该报在海内外共设有 38 个代售处（国内只能设于租界），发行量"经常保持在三千份到四千份之间"③，内地还有翻刻，故难有准确统计。《清议报》的撰稿人主要是梁启超，此外还有麦孟华、欧榘甲等，宗旨是"主持清议，开发民智"。所谓清议，不过集中于攻讦慈禧，鼓吹归政光绪，"兴勤王之师，救君国之难"，同时不忘攻击革命为"最险之着，而亦最下之策"。但是，该报开辟的《万国近事》、《猛省录》、《闻戒录》等专栏，介绍了世界局势，深刻反映了中国面临的危机；有关论说如《论近世国民竞争之大势及中国之前途》、《论中国之存亡决定于今日》、《爱国论》等文，更是不遗余力地宣传民族主义和爱国思想。同时，该报通过《政治学案》专栏介绍了霍布士、卢梭、斯宾诺莎等西方人士的各种社会学说，宣传了民权观念，有关论说《立宪法议》、《国民十大元气论》、《国家思想变迁异同论》等文，富有民权、民主的精神。该报为了使人"脱奴隶"而"进为国民"，刊载了梁氏的《过渡时代论》、《十种德性相反相成义》、《少年中国说》等文，确有激励人们破除种种传统的束缚、奋发前进的鼓动作用。

1902 年 2 月上旬（农历正月初），梁启超又在日本创办了《新

---

① 谭嗣同：《湘学报后叙》（上、下），见《谭嗣同全集》，中华书局，1981年，第 417～418 页。

② 谭嗣同：《致汪康年》（三），见《谭嗣同全集》，中华书局，1981 年，第493 页。

③ 曾虚白：《中国新闻史》，台北三民书局，1989 年，第 202 页。

民丛报》。该报为半月刊，每册亦 40 余页，到 1907 年 7 月终刊，前后历经 6 年，但因从 1903 年以后屡有延期，故仅相当于 4 年时间，共出 96 期。由于《新民丛报》能在国内公开销售，海内外代售点众多，加上梁启超的文名越来越高，故该报开办时为 2 000 份，半年后就增至 5 000 份，最多时销售达 1.4 万份，一般也在 1 万份左右。主要撰稿人除梁启超外，还有韩文举、蒋智由、徐佛苏、马君武等。其宗旨仍延续《清议报》，但有关勤王尊皇、攻讦慈禧、荣禄、袁世凯的文章减少；栏目加多，诸如图画、论说、学说、时局、政治、史传、地理、教育、宗教、学术、农工商、兵事、财政、法律、国内短评、名家谈丛等，内容更加丰富。从 1902 年到 1904 年，《新民丛报》虽然坚持保皇，但还没有正面与革命派论战。这期间该报的一些文章如《新民说》、《论立法权》、《公民自治篇》、《近世欧人之三大主义》等，应该说还具有一些正面的理论教育意义。但到 1905 年，尤其是与《民报》展开论战之后，虽然还有少数文章如《社会革命果为中国今日所必要乎》，还不失为可以攻玉的他山之石，但多数文章或者喋喋不休地重复自我，或者表现出更强烈地不信任群众的贵族老爷态度。在介绍西学方面，梁启超也有所转向。如对于有关民族国家和民权方面的学说，他从倾向于提出"民约论"的卢梭，转向保守的宣扬先验的"国家理性"至上论的德国人伯伦知理，就是突出表现。尤其是梁氏的《开明专制论》和康有为的《法国革命史论》等文，为识者所不取。故到论战后期，《新民丛报》的稿源常感不足，梁启超本人也显出江郎才尽的窘迫之状，报纸的销量也下降到只有三四千份，《新民丛报》只能停刊了。当然，这期间梁启超发表在该报上的有关学术研究文章，无论是研究方法还是理论见解，仍然具有创新意义，并且处在前列地位。

革命派人士方面，虽然孙中山先生的兴中会创立于 1894 年，但由于会员多为海外华侨和国内会党分子，文化素质不高，只注重实际的武装起义而不注重文字宣传，所以直到 1900 年初才由陈少白等人在香港创办《中国日报》和《中国旬报》。陈少白等人对报纸的作用也很重视，其《中国报序》说："报主人见众人之皆醉而欲醒之，俾四万万众无老幼无男女，心怀中时刻不忘中国，群策群力维持而振兴之……因思风行朝野，感格人心，莫如报纸，故欲借此一报大声疾呼，发聋振聩。"① 《中国日报》的宗旨是"救国保民"，"复兴中国"。八国联军进攻北京之际，该报连续发表《主权论》、《论为国死与为朝廷死之不同》、《论民权》等文，抨击列强罪行与清政府的无耻，称赞义和团运动，宣传民主革命思想。此后该报一直保持着与革命同步前进的特色，坚持到1913年"二次革命"失败后被龙济光封停，是革命报刊中创办最早、存在时间最长的日报。

1900年—1902年，留日青年学生办过几份为期短暂的报刊，如《开智录》、《国民报》、《游学译编》、《大陆》等。

《开智录》1900年11月初出版于日本横滨，每月两册，到1901年春即停刊了。主办人是东京高等大同学校学生郑贯一、冯自由、冯斯栾。《开智录》原刊早已无存，只有《清议报全编》卷25～26分别录登的该刊文章《论帝国主义之发达及二十世纪世界之前途》、《义和团有功于中国说》流传下来，识见宏远，立论新奇，颇受后人重视。

《国民报》创刊于1901年5月10日，月刊，到同年8月10日出至第4期即终刊了。主办者是当时流亡至日本的秦力山、戢元丞、沈翔云等人。该刊宗旨宣称是"破中国之积弊，振国民之精神，撰述选译，必期有关中国大局之急务"，实际内容极富于革命性，诸如《亡国篇》、《原国》、《二十世纪之中国》、《说国民》、《中国灭亡论》等，无不猛烈抨击帝国主义和中国的封建制度，突出国民的主人翁地位。章太炎的《正仇满论》亦发表于该刊，故该刊实为最早提出"排满"和批判保皇派主张的刊物。它刊登的译文如《美国独立檄文》、《孟德斯鸠学说》，也具有典型意义。

《游学译编》创刊于1902年11月，主办者为湖南籍留日学生杨度、杨毓麟、陈天华、曾鲲化、梁焕彝、黄兴、张孝准等人。该刊以译述日文的有关学术、教育、军事、理财、历史、地理、时事、外论等内容为主，而以"译者识"或"译后"的形式发表观感，表达了主办者的各种有关主张。该刊出了12册，一年后即1903年11月终刊。

《大陆》1902年12月创刊于上海，先为月刊，1904年底改为

---

① 《中国报序》，载《中国旬报》，1900年1月25日第1期。

半月刊，至 1906 年 1 月停刊，共出 47 期。该刊主办者为戢元丞、秦力山、杨廷栋、雷奋等人。由于撰稿人思想倾向不同，故内容复杂，有宣传进化论、批评孔子的，有探索中国"病根"、批评中国"有民无士"（广泛批评"冬烘先生"、"新学家"和留学生）的，有讨论如何学习日本、介绍西方科学文化的，有攻讦康、梁，却又赞成立宪的，可以说思想主张比较混乱，且批评近于谩骂。这批人基本上是原《国民报》的老班底人员，但《大陆》的水平和作风远不及《国民报》。

1900 年—1902 年属于改良主义倾向的报刊除梁启超的《清议报》、《新民丛报》之外，还有《外交报》、《大公报》和《中外日报》。《外交报》创刊于 1902 年 1 月，旬刊，初由上海"普通学书室"发行，29 期后改由商务印书馆发行，到 1911 年 1 月停刊，共出 300 期。《外交报》对于内政主张君主立宪，在外交上倡导"文明排外"，曾批评清政府的外交以"王室"为本体，苟安取巧而且"媚外"，分析列强必欲瓜分中国的野心，主张收回利权，并发展中国的教育作为根本大计。由于主编张元济同严复关系莫逆，故严复在《外交报》上发表过 6 篇文章。此外，该刊的一大特色，是以一半篇幅译载外国报刊上新近发表的时论，有利于读者了解外部世界。

《大公报》1902 年 6 月创刊于天津，从创刊到 1916 年都由英敛之经营，日出 8 页（16 面），国内外代派处为 65 个，创刊 3 个月后发行量升至 5 000 份以上。该报虽属改良主义性质，但反对顽固守旧，大胆揭露官场的黑暗腐败，与驻在天津的直隶总督、北洋大臣袁世凯斗争多年；批评封建专制，主张开国会、订宪法、实行君主立宪；为反对列强侵略，提倡收回利权、发展工商、兴办教育以及"挹彼欧西学术，启我同胞聪明"；反对保存"国粹"。由于英敛之及其支持者多为天主教徒，该报故介绍宣传宗教亦占相当篇幅。辛亥革命发生后，该报基本上采取不支持的态度。

《中外日报》是汪康年于 1898 年秋《时务报》被改为官办后，另组人员在上海创办的。汪康年经营该报 10 年，1908 年转让后该报还存在了 3 年，到 1911 年停刊。《中外日报》以"望中国和平进步为宗旨"，对当时发生的中外大事均有介绍评论。汪氏重视报纸"主持舆论"、"引导社会"的作用，主张报纸应对政府和民间社会作双向监督，也主张朝野对报纸进行监督，因而他主张制定"报律"。但到1908年，该报因发表《金陵十日记》一文，揭露南京种种腐败而遭两江总督端方压制，被迫转让。

真正的官报亦在此时诞生。1901年冬，袁世凯在天津设官报局，刊行《北洋官报》、《北洋学报》及《北洋政学旬报》，鼓吹"新政"，由于是第一份仿外报经营的官方报刊，发行居然比较成功，直隶境内按期送至各府、厅、州、县及各村长、学堂阅看，免费派发，外省则照章收价。《山西官报》接踵而出。到1903年，更有数省的地方官报及中央官报。

文艺、学术、科技方面的报刊，到1903年以前则有《译林》、《启蒙画报》、《启蒙通俗报》、《世界繁华报》、《教育世界》、《政艺通报》、《新世界学报》、《新小说》、《农学报》、《亚泉杂志》、《普通学报》、《中外算学报》等。当时非政治性的报刊在全部报刊总数中将近占一半。

据资料统计，1872年－1902年，曾经出刊而已停刊的刊物为42种，日报20种；1902年存在的刊物为37种，日报为38种[1]。总之，1903年以前是中国新式报刊的发轫期，最高峰的1902年共有报刊七八十种。

从1903年起，新式报刊进入快速发展阶段，其根本原因有三：一是中国的民族危机在持续深化，如俄国在庚子条约签订之后，到1903年拒不按期从我国东北撤兵，引起中国人民的拒俄运动，翌年又在我国领土上发生了日俄战争；1905年又因美国歧视华工引起广泛的抵制美货运动。二是中国国内政治格局迅速出现变化，《苏报》案的发生、中国同盟会的成立及《民报》与《新民丛报》的论战，推动了革命高潮的到来；同时由于立宪思潮和立宪运动也在发展，因而又出现了一些新的立宪派报刊。三是如前所述，从1903年起，新式学堂的学生、出国留学生群体迅速壮大，到1906年废科举，读书人的出路开始多样化，他们既充满憧憬又躁动不安，导致各种团体、报刊大量增加。为论述层次清楚起见，本书把1903年－1908年作为报刊发展的第二阶段。

从国内的情况来说，《苏报》案的发生与拒俄运动几乎同时，

---

① 曾虚白：《中国新闻史》，台北三民书局，1989年，第237～240页。

因而极大地激发了广大青年的革命热情。《苏报》1896 年创办于上海，原是一份平庸的报纸，经营者陈范。1903 年春，陈范与爱国学社的蔡元培、章太炎等约定，每天由爱国学社人员轮流替该报撰写论说一篇，并开辟"学界风潮"一栏，揭发各地学堂的黑暗，声援学潮，攻击朝廷，倡言革命。当时，邹容所著《革命军》和章太炎所著《驳康有为论革命书》同时在上海刊行，《苏报》又刊文为之介绍，并摘录章太炎文章中的一部分刊登于《苏报》。6 月底，清政府封闭《苏报》，逮捕了章太炎和邹容，酿成所谓《苏报》案。但清政府的镇压行动激起更强烈的反抗。事后仅一个多月，章士钊即在上海创办《国民日日报》，宗旨与《苏报》一样，因而被称为"《苏报》第二"。同年，高旭在江苏松江创办《觉民》月刊，林獬在上海创办《中国白话报》（初为半月刊，从第 13 期起改为旬刊）。爱国学社成员还从同年的 4 月初起创办了日刊《童子世界》。

从 1903 年 12 月起，蔡元培、陶成章、林獬、陈独秀、陈去病等人先办《俄事警闻》，继而改名《警钟》，又改名《警钟日报》。该报从 1904 年 2 月 26 日定名《警钟日报》起，至 1905 年 1 月 28 日停刊止，共出 338 期，是国内影响较大的革命报纸。此外，这一时期较大的革命报刊主要还有《世界公益报》（郑贯一主办，1903 年发刊于香港）、《楚报》（主笔张汉杰，1905 年发刊于汉口）、《萃新报》（主办人张恭，1904 年 6 月发刊于浙江金华）、《女子世界》（丁初我主办，1904 年 1 月发刊于上海）、《神州日报》等。其中，《神州日报》于 1907 年 6 月发刊于上海，主办者为于右任，主笔为杨毓麟，宣传革命影响较大，不到一年即发行 1 万份。不久，于右任辞职，杨毓麟赴欧洲，该报由汪彭年、汪允中接办，宗旨就改为拥护君主立宪了。另外，1905 年在上海发刊的《国粹学报》，虽然多是刊登文史方面的学术论文，政治立场也是属于革命阵营方面的。但总的来说，由于革命派在国内受到清政府压迫，所创办的直接鼓吹革命的报刊不算很多。

革命报刊的主力在海外。1903 年－1908 年，由各省留日学生创办的以地域命名的刊物先后有《湖北学生界》（1903 年 1 月，第 5、6 期改名《汉声》）、《浙江潮》（1903 年 2 月）、《直说》（1903 年 2 月由直隶留日学生创办）、《江苏》（1903 年 4 月）、《晨钟》（山东留日学生 1906 年创办）、《云南》（1906 年 10 月）、《鹃声》（1906

年由四川留日学生创办，1907 年下半年又以该刊为基础改名为
《四川》)、《晋乘》(1907 年 9 月由山西留日学生创办)、《河南》
(1907 年 12 月)、《关陇》(1908 年初由陕西、甘肃留日学生创办)、
《夏声》(1908 年 2 月由陕西留日学生创办)、《滇话》(1908 年 4 月
由云南留日学生创办)、《梅州》(1908 年 11 月由旅日广东梅州人
创办) 等。这些刊物存在的时间都不长，但青年学生思想敏锐，勇
于接受新知和发表新议论，所以都办得生动活泼。而且，大多数刊
物的编辑部内设有调查部，刊登对各省的有关调查报告。

当时在日本的留学生刊物，还有《二十世纪之支那》(1905 年
6 月创办，参加者有田桐、宋教仁、黄兴、白逾桓、陈天华等)、
《醒狮》(1905 年 9 月创办，参加者有马君武、陈去病、柳亚子
等)、《复报》(1905 年 5 月创办，田桐、柳亚子主编)、《汉帜》
(1907 年 1 月创办，陈家鼎、景定成等主编) 等。

在新加坡，由革命党人和进步华侨在 1904 年创办了《图南日
报》，坚持两年后停刊。1907 年 8 月，革命党人又办起《中兴日
报》，先后有田桐、居正、胡汉民、汪精卫等人前往主持笔政。在
仰光，1905 年革命党人秦力山曾改造为保皇派把持的《仰光新
报》，1908 年居正、吕天民、杨秋帆又创办《光华日报》。在曼谷，
1905 年或 1906 年办有《华暹日报》(后改称《华暹新报》)。在檀
香山，1894 年有兴中会会员程蔚南经办《檀香山新报》(又名《隆
记报》)。1903 年秋，孙中山自日本抵檀香山，将其改造为兴中会
机关报，1906 年改名为《民生日报》。1908 年 8 月，卢信又在檀香
山新办了一份《自由新报》。在美洲，保皇派在 1902 年办有《大同
日报》，1904 年春孙中山派刘成禺赴美，争取华侨领袖转向革命，
并把《大同日报》改造为革命报纸。以上所列，不过是海外革命报
纸中的最著名者。据冯自由统计，1903 年—1908 年，美洲地区还
有多伦多的《醒华报》，南洋地区还有《槟城新报》、《泗滨日报》
等①。此外，1907 年创办于日本的《天义报》、《衡报》，创办于巴
黎的《新世纪》周刊，宣传无政府主义，但在当时却还是被视为革
命派人士所办报刊。尤其是《新世纪》，更被视为《民报》的重要
友刊。

① 冯自由：《革命逸史》第 4 集，中华书局，1981 年，第 129~138 页。

这一时期最值得重视的革命刊物，自然是同盟会的机关刊物《民报》。《民报》的前身是 1905 年 6 月由宋教仁、黄兴、田桐、白逾桓、陈天华等在东京创办的《二十世纪之支那》。同年 8 月中国同盟会成立后，一则因该杂志社全体成员俱已加盟，二则因该刊第二期即被日本政府"押收"禁售，难以为继，同盟会领导层决定用《民报》代替该刊名称。1905 年 11 月 26 日，《民报》第 1 号（期）正式出版发行。关于《民报》的政治主张及其与《新民丛报》的大论战，历来研究和论述已多，兹不重复，这里仅就《民报》之能广泛流传、产生较大影响的原因略加分析。

其一，《民报》最能把握世界的思想趋势和脉动，提出符合时代潮流的思想主张，又能体察中国占人口绝大多数的下层劳苦人民的处境和迫切的愿望，宗旨正大，主义明确，诉求观点都用明示而不用暗示，加上普遍运用"激情措词"，并考虑读者的多种情况，主要运用读书人所习用的文言，也部分采用文白夹杂的文体和少数通俗白话，因此无论在政治思想上，还是在学术水平上，都足以形成对立宪派报刊和各种官报的压倒优势。

其二，《民报》的作者阵容强大，陈天华、宋教仁、汪精卫、胡汉民、朱执信、廖仲恺、陶成章、刘师培、章太炎、汪东、雷铁厓、汤增璧、易本羲等，都是有思想深度而又长于文章者。陈天华、宋教仁、汪精卫、刘师培、章太炎当时都以文章名世。章太炎的文章虽然艰深古奥，当时的下层民众和后之读者可能难以读懂，但在读书人普遍具有国学根底的 20 世纪初年，章氏文章常见于《民报》，恰能证明革命派并非不学之士，以至肃亲王善耆看过《民报》后，不禁说出"民党内有如此的人才"之语①。

其三，《民报》依靠组织系统、革命志士个人和国内外"友报"，形成了一个广泛的发行流通网，因而使得这一被清政府视为"大逆不道"的"非法"刊物能够广为流行。据每期《民报》刊载的海外代派所数字可知，在日本、南洋、美洲和欧洲的 24 个城市中，共有代派所 53 个，显示《民报》能够行销到这些或远或近的地方。革命者和一些志士鉴于南洋、美洲的华人多为下层劳动群众甚至是苦力，财力上不可能购买书报，文化上也有阅读困难，所以

---

① 陈孟坚：《民报与辛亥革命》上册，台北正中书局，1986 年，第411 页。

在上述地区先后设立了 100 多个阅书报所（室），从而使包括《民报》在内的革命书报能被一些劳动者看到和接受。在国内，《民报》是遭到清政府严禁的，因而只有运用"密输方法"进行渗透，诸如依靠革命党人带回或以别的物品名义寄送，在国内或通过设置的机关、学校、商店收转。也有"阅书报社"式的组织藏有《民报》，如武昌的日知会阅报室、九江的浔阳书报社、四川的大竹书报社、广西的南宁阅报社，都有收转出借《民报》的活动。许多进步书店或本来就是革命人士开设的书店，冒着风险收售《民报》，如湖北的震亚社、湖南的集益社、上海的新智社等。还有药房（如沈阳的日本药房）、商店（如湖北京山永滩河的全盛美商店）也秘密出售《民报》。当然，更多的还是国内的一些革命团体、同盟会分支机构以及一些革命党人势力很大的学校，是传播《民报》的主要阵地和渠道。还有同情革命的外国人办的书店、商店和某些教会组织，也转寄或出售过《民报》。从已有的文献记载考察，除西藏、新疆、青海之外，全国其他地方（包括内蒙、黑龙江、台湾）均有《民报》流传的文字记载。

正因为有上述各种原因，《民报》虽然在国内遭到封禁，但发行量却很可观。该报创刊号（第 1 号）首印 5 000 余份，第 2、3 号首印 1 万份，此后基本保持这个数量，最高的第 18 号首印 1.2 万份。尤其是因为社会对《民报》需求量大，所以该刊第 1 号重印 8 次（所印份数没有记载，下同），第 2 号重印 9 次，第 3 号重印 8 次，第 4 号重印 7 次，第 5 号有两个版本，重印 13 次，第 6 号有两个版本，重印 10 次，第 7 号、第 8 号重印 5 次，第 9 号重印 6 次，第 10 号有两个版本，重印 11 次，第 11 号有两个版本，重印 6 次，第 12 号重印 2 次，其增刊《天讨》重印 3 次，第 13 号重印 5 次[①]。第 13 号以后对重印的情况没有记载，估计不会完全没有。而且最高数字 1.2 万份出现在《民报》第 18 号，那么此前各期的 1 万份左右的首印数加上不同的重印数，每期的印行总数在 1.2 万份以上是无疑的。

为了说明《民报》的影响之大，兹将清末各个派别人士所办的

---

① 陈孟坚：《民报与辛亥革命》下册，台北正中书局，1986 年，第 53～55 页。

主要报刊的印行情况列一简表略作对比。此表参考了陈孟坚《民报与辛亥革命》下册第78~80页的表格，但选取的报刊略有变动，少数数据亦根据更有说服力的数字作了更改。所谓"估计阅读人次数"是按1份报刊有10个读者计算的。

表 5-1　清末各派别人士所办主要报刊销行情况简表

报刊名称	报刊性质	总社社址	最高销数（份）	最高销数的时间（年）	估计阅读人次数
万国公报	教会所办半月刊	上海	39 000	1899	390 000
申报	外商出面经营日报	上海	5 000 余	1905	50 000
新闻报	外商出面经营日报	上海	15 000	1909	150 000
湖北官报	官办月刊	武昌	赠送达 20 000	1903	200 000
长沙日报	官办日报	长沙	1 000 余	1905	10 000 余
清议报	立宪派所办旬刊	日本横滨	4 000	1898—1899	40 000
新民丛报	立宪派所办半月刊	日本横滨	14 000	1903	140 000
大公报	立宪人士所办日报	天津	5 000 余	1903	50 000
时报	立宪人士所办日报	上海	5 000 余	1911	50 000
东方杂志	立宪倾向的综合月刊	上海	8 000 余	1905	80 000 余
政论	立宪派梁启超所办月刊	东京上海	2 000	1907—1908	20 000 余
国风报	立宪派所办旬刊	上海	3 000	1911	30 000
中国新报	立宪派杨度所办月刊	东京上海	4 000 余	1907	40 000 余
中兴日报	革命派所办日报	新加坡	4 000 余		40 000 余
民报	同盟会机关报、月刊	东京	12 000	1907	120 000
河南	革命派所办月刊	东京	5 000	1907	50 000
新中华报	革命派所办月刊	广东汕头	14 000	1911	140 000

另外，1903年—1904年由革命志士林獬在上海主办的《中国白话报》（共出24期，前12期为半月刊，后12期为旬刊），因其用白话文宣传革命思想，且辟有论说、历史、地理、传记、新闻、时事问答、科学、实业、小说、戏曲、歌谣等多种专栏，内容丰富，形式活泼，影响较大，"发行以后不到半年，收到各方面来信二百余封""购阅纷纷，其中尤以学生社会为多数""仅湖南的学

生就月购数百册"。"第 9 期时，代派处有 20 处，到 16 期时，增至 46 处"①。现在仍然无法看到该刊的发行数字，但估计也只能在六七千份到 1 万份之间。

从以上情况可以看出，《民报》不仅在革命派所办报刊中印数是最高的，就是与其他报刊相比，也处于领先地位。因为同是革命派办的《新中华报》，其最高数字 1.4 万份出现在 1911 年武昌起义之后，所以不足为奇。张之洞办的《湖北官报》绝大部分供赠送。《新民丛报》因为国内可以公开发行，最高数达 1.4 万份，如果《民报》加上重印数，显然会在此数之上。故真正高于《民报》印数的只有《新闻报》和《万国公报》。后者的印数据陈孟坚统计最高为 4 000 份，表中的 3.9 万份是 1900 年 2 月出版的《万国公报》第 133 册第 2 页《广学会年会记言》自己所说的数字，可能有些夸大。辛亥革命发生之前，任何一种中文报刊能发行到 1 万份以上，就算很可观了。据已有的记载统计，这样的报刊总共只有四五种。曾虚白主编的《中国新闻史》第 231 页说《东方杂志》每期销售 1.5 万份左右，恐怕是民国时期的状况，清末多数认为只有几千份。《民报》处在国内遭到严禁的局面下，有如此之高的印行数字，正说明它受到社会欢迎。

1903 年—1908 年，其他报刊也呈现出迅速增加之势。立宪派的报刊，除《新民丛报》之外，这期间先后有《时报》、《东方杂志》、《扬子江》、《中国新报》、《大同报》、《政论》等。《时报》于 1904 年 6 月在上海创刊，狄楚青主办，主编和主要撰稿者有罗普、陈景韩、麦孟华、雷奋、包天笑等人，由保皇会提供津贴。该报广泛介绍西方政治思想、议会制度、君主立宪方案，鼓吹发展实业、收回利权、普及教育，反对民主革命，尤其是用白话文评介欧洲文学作品，影响较大。

《东方杂志》于 1904 年 3 月在上海创刊，商务印书馆编辑发行，徐珂、孟森、杜亚泉等编辑。该刊为大型综合月刊，除该社撰译论说、广辑新闻外，并选录中外各报刊重要文章，分类编辑为谕旨、社说、内务、军事、外交、教育、财政、实业、交通、商务、宗教、小说、丛谈、记载、新书介绍等栏目。内容广泛，言论多为

---

① 《辛亥革命时期期刊介绍》第 1 集，人民出版社，1982 年，第 460 页。

呼吁爱国救亡、发展实业、普及教育，但倾向于改良立宪。《扬子江》同年 6 月创刊于上海，杜果园编撰，存在时间不长，也是主张君主立宪的刊物。

《中国新报》于 1907 年 1 月创刊于东京，月刊，从同年 10 月第 7 号起迁回上海。主编杨度，主要撰稿人有熊范舆、薛大可、李傥、方表、谷钟秀等。该刊以政论见长，每期均有四五篇论说，杨度的"金铁主义"（即建立经济、军事上的强国）即在此报提出。全部主旨在"革政府，不革君主"，"但能为君主立宪，不能为民主立宪"，积极"谋开国会"，为《新民丛报》助威，与《民报》论战。旗人宗室、留日学生恒钧、乌泽声等 1907 年 6 月在东京创办的《大同报》（月刊，仅出 7 期），又是《中国新报》的声援者。

《政论》为立宪派团体政闻社机关刊物，1907 年 10 月创办于东京，次年 2 月迁至上海，月刊，共出 7 期。梁启超主办、蒋智由主编，参与编撰者有麦孟华、黄可权、王恺宪、张君劢、马相伯等人。该刊以"造成正当舆论，改良中国政治"为宗旨，刊有《国会论》、《政党论》、《国权论》、《国会与政党》、《立宪之二大原因》等文，提倡组织政党以行立宪，号召请愿速开国会，并表示"对于皇室绝无干犯尊严之心，对于国家绝无扰紊治安之举"，诋毁暴力革命，反对民主立宪。但仍为清政府所不容，1908 年 8 月随政闻社之被取缔而停刊。

另外，还有 1906 年在北京创办的《京报》（日报），由立宪派人士汪康年主办，至 1909 年以论杨翠喜案被封。同年，在北京出现的《中华报》（日报），由杭辛斋、彭翼仲主办，虽不言革命但揭露官场黑暗甚力，旋因刊登军机大臣卫兵抢劫事被封。

同一时期出现了多种官报，属于中央及各部的有《谕旨阁钞》(1904 年)、《商务官报》(1906 年)、《学务官报》(1906 年)、《政治官报》(1906 年，1911 年改名《内阁官报》)。1906 年还曾有将前述商务印书馆主办之《外交报》改为《外交官报》，以张元济为经理之议，但没有实行。地方官报继前述北洋和山西的官报外，从 1903 年起，先后有《南洋官报》、《湖北官报》、《安徽官报》、《山东官报》、《陕西官报》、《豫省中外官报》、《江西日日官报》、《汉口日报》、《长沙日报》等，共约有二三十种。《湖北官报》由张之洞控制，有"科学"、"实业"、"杂纂"、"图表"、"论述"、"国粹"、

"新学"、"纠谬"等栏目，体现中体西用的思想，较之其他官报一味表达官方声音而言，显得内容丰富，有实际作用，故销路较广；且张之洞其人办事一向追求大手笔，第 1 期赠送即达 2 万份，为当时官报所鲜见。

1903 年—1908 年，非政治性的或者政治色彩不那么浓厚的其他报刊也发展很快，仅冠有"商务"二字的商业报刊、商会所办报刊就多达二三十种，冠有"教育"二字的报刊、教育团体所办报刊亦近 20 种，再次是冠以"白话"、"俗话"的报刊十余种，冠以"法政"或"政法"的、带有"女"字的、侧重军事和"武学"的，以及侧重"实学"、科技的，各有 5～10 种。文学、艺术类刊物 20余种。1901 年在上海由李伯元创办的《世界繁华报》，此时正连续刊登他自己的长篇小说《官场现形记》。1902 年底在横滨由梁启超创办的《新小说》，于 1905 年迁回上海。1903 年，由李伯元、刘鹗在上海创办的《绣像小说》，连载了李氏的《文明小史》、刘氏的《老残游记》。1904 年，在上海由陈景韩、包天笑主编的《新新小说》创刊；同年，杜果园在镇江创办《扬子江小说报》。1906 年，《新世界小说社报》在上海创刊；同年，吴趼人、陈景韩、包天笑在上海创办《月月小说》，陈蝶仙等人在杭州创办《著作林》。1907年，曾朴、黄摩西、徐念慈在上海创办《小说林》，并连载曾氏的《孽海花》；同年，黄伯耀、黄世仲在广州创办《中外小说林》，彭俞（笔名亚东破佛）在上海创办《竞立社小说月报》。可见，这几年是文学刊物新出最多的时期，几部著名的晚清谴责小说亦初载于这一时期的文学刊物。《小说林》上黄摩西、徐念慈的文艺理论当时处于领先地位。1904 年由陈去病、汪笑侬在上海创办的《二十世纪大舞台》，是中国近代第一本专门的戏剧杂志。

总计这 6 年间，各种报刊总数近 300 种。

1909 年—1912 年初这一时段，先期创办至此时仍然存在的报刊，加上这期间新出的报刊，总数也在 300 种左右。其中，革命派报刊、立宪派报刊以及政治色彩并不十分强烈的报刊，大致仍如前段之比例。

革命派人士这期间新办的报刊，可分为三种类型。一是以省区和地方为突出特征，但已不再以留学生为主在国外创办，而是移师国内了。此类刊物有《越报》（1909 年，上海，由浙江学生主办）、

《南报》（1910 年，桂林，宣称"以军国主义为纲"）、《民心》
(1911 年，福州，表示"坚心一志，从事革命"）,这类刊物影响不
是很大。二是面向全国、且影响较大的报刊，如于右任、景耀月
等在上海创办的《民吁日报》(1909 年），于右任、宋教仁、吕志
伊、景耀月等在上海创办的《民立报》(1910 年），李瑞椿在上海
创办的《克复学报》(1911 年），陈其美、陈去病等在上海创办的
《中国公报》 (1909 年），刘复基等在汉口创办的《商务日报》
(1910 年），詹大悲、胡瑛、黄侃在汉口创办的《大江报》，田桐、
景定成等在北京创办的《国光新闻》(1911 年）等。三是革命人
士在海外创办的报刊，主要有旧金山的《少年中国报》 (1910
年）、温哥华的《大汉日报》(1910 年）、仰光的《进化报》(1910
年）、秘鲁的《民醒报》(1910 年）、悉尼的《民国日报》(1910
年）、新加坡的《南侨日报》 (1911 年）、菲律宾的《公理报》
(1911 年）等。革命派人士创办的文学和学术刊物则以《南社丛
刻》(1910 年创刊，不定期出版，刊登南社成员的诗、词、文章）
和《学林》(1909 年—1910 年在东京出版，刊有章太炎的学术文章
多篇）为代表。

这期间立宪派的刊物，一类主要是由立宪团体创办的，如预备
立宪公会办有《预备立宪公会报》 (1908 年开办于上海，半月刊，
1910 年移北京，改名《宪志》，同时发行《宪志日刊》)、《宪政新
志》(谘议局事务调查会主办，1909 年 9 月创刊于东京）、《国民公
报》(国会请愿同志会机关报，1910 年创办于北京，徐佛苏、黄与
之主办）等。其次是地方性的立宪派报刊，如《蜀报》 (1910 年，
成都）、《南风报》(1911 年，桂林）、《宪政白话报》(1910 年，汉
口请愿速开国会同志会机关报）、《湖南自治报》(1909 年）、《湖南
地方自治白话报》 (1910 年）等。还有一份《国风报》，1910 年 2
月创刊于上海，旬刊，到 1911 年 7 月共出 52 期，梁启超任总撰稿
人。该刊是君主立宪派后期最重要的舆论重地，有关改革官制、选
拔人才、整理法规、革除弊政的理论很多。1908 年以后，无论是
革命派还是立宪派的政论报刊，在理论上与前段相比并无发展进
步，多是报道政治方面的新闻或者就事论事发表评论。相比之下，
《国风报》继承了《新民丛报》的风格，理论色彩还强一点。

这期间新出的政治色彩不很强烈的报刊也不少。商业报刊如

《华商联合报》，1909 年创办于上海，半月刊，至 22 期（1910 年 2 月）改名为《华商联合会报》，得到海内外华商的共同支持，反映了广大华商要求联合的历史趋向。文学刊物中最重要的是《小说月报》，1910 年由商务印书馆在上海创办，王蕴章主编。该刊刊登了林纾和其他人士翻译的众多西方小说，至 1919 年成为茅盾、叶圣陶等人组成的文学研究会的主要文学阵地，一直办到 1931 年。专业化的科技杂志，则以上海的《中西医学报》（1910 年）和天津的《地学杂志》（1910 年）最有影响。

19 世纪末 20 世纪初是报刊在我国迅猛发展的时代，"清末十余年间，相继创办发行的报刊达六七百种之多（含停刊者）"，清政府没有重视这一新出现的阵地和有效的文化传播工具，"其中直接间接为清廷控制的不到 1/10"①。而革命派所办报刊，据冯自由《开国前海内外革命书报一览》统计，则有 116 种之多（仅指报刊而不含书）②。实际上，根据后来研究者的陆续发现，至少还要加上二三种。立宪派的报刊也将近百种。这两种政治性很强的报刊加在一起，占当时报刊的 1/3。清政府在文化战线上处于劣势，也不难由此得到证明。

二　白话文登上大雅之堂

20 世纪初年的文化发展，不仅借助了报刊这种文化传播工具，还充分运用了白话文这种文字工具，而使两者高度结合的就是白话文报刊。

白话文作为中国传统语文的非主流，其实已经存在了一千多年，如乐府民歌、唐代"变文"、宋元的语录和"话本"、明清的诗调曲子和白话小说等，都是用古代的白话文写的。小说名著《水浒传》和《三国演义》，略识字者都能看懂，不识字者也能听懂，更是白话文早已广泛使用并且富有普遍性的证据。到了近代，中国境内一种大同小异的"官话"的普及，以及同西方文化的接触，更促

---

① 桑兵：《晚清学堂学生与社会变迁》，学林出版社，1995 年，第 398、285 页。

② 冯自由：《革命逸史》第 3 集，中华书局，1981 年重印本，第 137～147 页。

进了"言文一致"的发展趋势。

近代最早的白话报,是 1887 年上海《申报》发行的附属刊物《民报》,该报自称"专为民间所设,故字句俱如常谈话",并使用了简便的标点符号①。不过,这份白话报当时并未产生多大的反响。直到甲午战争中国失败、维新运动开始兴起,白话报刊才开始兴盛起来。以林獬 1895 年创刊的《杭州白话报》为开端,至 1900年以前,5 年中陆续有《俗话报》(陈荣衮 1897 年创办于杭州)、《演义白话报》(章伯和 1897 年创办于上海)、《平湖白话报》(陈唯俭 1897 年创办于浙江平湖)、《蒙学报》(叶瀚主编,1897 年创办于上海)、《无锡白话报》(裘毓芳 1898 年创办于江苏无锡,5 期后改名为《中国官音白话报》)、《通俗报》(宋育仁 1898 年创办于重庆)、《女学报》(康有为之女康同薇、梁启超之妻李惠仙等 1898 年创办于上海)、《广州白话报》(1898 年,主办人不详)、《常州白话报》(1898 年,主办人不详)等 10 种左右。这些白话报刊的出现明显与戊戌维新运动有关,故 1897 年—1898 年出现最多,而戊戌政变后的头一年(1899 年)一种也没有。

从 1900 年上海、杭州均出现白话报《觉民报》开始,白话文报刊以更快的速度陆续出现。到 1911 年底为止,全国共约出现过白话文报刊(不包括部分文章使用白话文者)120 余种②。其中存在时间超过 2 年、影响较大者,有《京话报》(杭辛斋、彭翼仲主办,北京,1901 年—1904 年)、《杭州白话报》(孙耦耕、林獬、陈叔通等主办,1901 年—1910 年)、《宁波白话报》(马裕藻、郑苌等主编,1903 年—1904 年)、《中国白话报》(林獬、陈敬第等主办,上海,1903 年—1904 年)、《安徽俗话报》(陈独秀等主办,芜湖,1904 年—1905 年)、《扬子江白话报》(杜课园等主办,镇江,1904年开办,1909 年复刊)、《京话日报》(彭翼仲主办,1904 年—1906年)、《有所谓报》(全称《唯一趣报有所谓》,郑贯一、黄世仲等主办,香港,1905 年—1906 年)、《京话实报》(谭天池主办,1906年—1909 年)、《大江白话报》(胡为霖、詹大悲等主办,汉口,

---

① 陈万雄:《五四新文化的源流》,三联书店,1997 年,第 135 页。

② 陈万雄:《五四新文化的源流》,三联书店,1997 年,第 137~159 页;《辛亥革命时期期刊介绍》第 5 集,人民出版社,1987 年,第 499~538 页。

1910 年－1913 年）等，约有 10 余种。还有并未使用"白话"、"俗话"等作为报刊名称，但实际上全部使用白话文的刊物，如《童子世界》（爱国学社附属童子会主办，上海，1903 年 4 月 6 日－6 月 16 日）、《鹃声》（四川留日学生 1905 年 9 月创办于东京，存在时间不详）、《竞业旬刊》（先后由傅君剑、胡梓方、张丹斧、胡适等主编，上海，1906 年 10 月创刊，出 10 期后中断，1908 年 3 月复刊，共出 40 期）等，虽然存在时间长短不一，影响也是较大的。

清末白话文报刊不仅数量多，分布面也比较广泛，当然不一定均匀，上海一地有白话文报刊 20 余种，北京 10 余种；江苏、浙江、安徽三省最多，不少省会以下的城市也办了白话报刊；边远地区亦有一些，如云南《丽江白话报》、拉萨《西藏白话报》、新疆《伊犁白话报》、《蒙古白话报》、黑龙江《黑河白话报》等，虽然数量不多且存在时间不长，但已经可说是无远弗届了。

就参与创办白话文报刊的人来看，革命派、留学生、改良派、官员和政治态度不明显的文人均有。革命派人士中，最热心于此事的是林獬，他曾办过《杭州白话报》、《中国白话报》等。其他还有陈独秀，参与办过《芜湖白话报》和《安徽俗话报》，秋瑾办过《白话杂志》和《中国女报》，黄世仲参与办过《有所谓报》和《广东白话报》，王法勤主办过《河北白话报》和保定《地方白话报》，景定成、王用宾办过《第一晋话报》和《晋阳白话报》。留学生办的白话文报刊有《江西白话报》和《鹃声》。改良派人士中，彭翼仲、杭辛斋参与办过《京话报》、《京话日报》和杭州《白话新报》，裘廷梁办过《无锡白话报》和无锡《白话报》月刊，宋育仁办过重庆《通俗报》。官员如赵尔巽曾提倡办白话报，并为《湖南通俗演说报》撰文，赵尔丰在成都主办了《正俗新白话报》，驻藏大臣联豫创了《西藏白话报》，北京知府肇鸣办了《军事白话报》。名流张謇曾为《宁波白话报》撰稿，著名学者钱玄同办过《湖州白话报》，胡适办过《竞业旬刊》，马裕藻办过《宁波白话报》。可见当时参与创办白话文报刊的人不少。

在 120 余种白话文报刊中，由革命派或倾向革命的人士创办的 20 余种报刊，自然提倡和宣传革命，《杭州白话报》、《中国白话报》、《童子世界》、《芜湖白话报》、《安徽俗话报》、《中国女报》、《大江白话报》、《扬子江白话报》、《有所谓报》等，文字中常有公开的革命宣传。但是主张立宪改良和地方自治的白话文报刊更多一些，有将近 30 种，其中宋育仁办的《通俗报》，彭翼仲、杭辛斋办的《京话报》、《京话日报》，包天笑办的《苏州白话报》，金天银办的《宪法白话报》，庄景仲办的《预备立宪官话报》，汉口的《宪政白话报》等，都明确表示支持立宪和地方自治。前述几份官员创办或得到官员支持的白话文报也是如此。还有一份 1907 年—1911 年在北京出版了 515 期的《正宗爱国报》，更是在改良、立宪的旗号下，大谈尊皇保皇。但在 120 余份白话文报刊中，持上述鲜明的革命、立宪、保皇等政治立场的报刊不到 50 种，还有 70 余种报刊与政治保持一定距离，或谈商业，或谈文学，或一般地宣传开通民智、改良风俗，或者报道各地消息，或者是纯粹为提倡白话文而创办。

晚清白话文的发展，不仅仅体现于白话文报刊，就是非白话文报刊在语言文字上也普遍出现向通俗化靠拢的趋势。梁启超自从办《时务报》起，文风就发生变化，诚如他后来所说："启超夙不喜桐城派古文，幼年为文，学晚汉魏晋，颇尚矜练。至是自解放，务为平易畅达，时杂以俚语韵语及外国语法。纵笔所至不检束。学者竞效之，号新文体。……其文条理明晰，笔锋常带情感，对于读者，别有一种魔力焉。"[1] 梁启超的这种文体又被人称为"报章体"或"报馆体"，虽然被坚持古文的宿学之士所轻视，但梁氏所办的《清议报》、《新民丛报》及受其指导、影响的澳门《知新报》，仍然受到不少读者尤其是青年学生的欢迎。这当中除了思想因素之外，所谓"新文体"、"报章体"亦是原因之一。风气所及，香港《中国日报》、上海《国民日日报》、《警钟日报》和天津《大公报》等，也是文白夹杂使用。此外，"清末白话教科书的大量印行；另清末约刊行了1 500种以上的白话小说，这都是白话运动的重要内容。据《大公报》记载，1902 年已有白话历史书，自此普及白话读物尚多"[2]。革命派人士的许多作品，如邹容的《革命军》，陈天华的《警世钟》、《猛回头》、《狮子吼》，敖嘉熊的《新山歌》，冷情女士

---

① 梁启超：《清代学术概论》，载《饮冰室合集》，专集之三十四，中华书局，1989 年，第 62 页。

② 陈万雄：《五四新文化的源流》，三联书店，1997 年，第 160 页。

的《洗耻记》等，都是用白话文写作的。

清末白话文的发展，首先是语言文字和文学变化的必然，最早鼓吹白话报的几篇文章的作者，都已经认识到语言和文学是随时递变、发展进化的。"文章是达意之器"，但求"明白晓畅，务其达意"，只能以"适用与否为标准"；"文学与风气相消长，万国皆然"。所以语言文字无分雅俗，只分死活，如"有所以为（文）言者，今虽以白话代之，质干俱存"①。他们进而指出语言文字合一之必要，尤其是中国方言众多，语言不统一增加了人们交际的障碍，因而主张造就统一全国语言的国语。梁启超等人提出"文界革命"说，1896 年蔡锡勇发布《传音快字》，沈学公布《盛世元音》，翌年王炳耀公布《拼音字谱》，均以全国通用的"官话"为基础。20 世纪初，王照、劳乃宣、力捷三、章太炎等分别提出注音、切音、拼音方案，并进一步指出文语合一的改革方向等，实与白话文的发展同步，并形成相互支持之势。

其次，强调重视和运用白话文，与当时的有识之士要开通民智、挽救危亡的目标有直接联系。1899 年，陈子褒在《论报章宜改用浅说》一文中，称"地球各国之衰旺强弱，恒以报纸之多少为准。民智之开民气之通塞，每根由此"，中国报纸"多用文言，此报纸不广大之根由"。他据此提出，"大抵今日变法，以开民智为先，开民智莫如改文言"，并批评固执文言不肯变通的硕学鸿儒欲永使不懂文言的"农、工、商、贾、妇人、孺人"处于"不议不论"的地位，是"直弃其国民矣"②。同年，《清议报》亦发表《论白话为维新之本》，称"中国有文字而不得为智国，民识字而不得为智民。何哉？裘廷梁曰：此文言之为害矣"。并说"文言之害，靡独商受之，农受之，工受之，童子受之，今之服方领习矩步者皆受之矣。不宁惟是，愈工于文言者，其受困愈甚"，故中国贫穷落后深陷危机，与文言实在大有关系。"愚天下之具，莫文言若；智天下之具，莫白话若"，因为白话有"省日力"、"除骄气"、"免枉

---

① 转引自陈万雄《五四新文化的源流》，三联书店，1997 年，第 163～164 页。

② 郭成文：《清末白话文运动资料》，载《近代史资料》，1963 年第 2 期，第 131 页。

读"、"保圣教"、"便幼学"、"炼心力"、"少弃才"、"便贫民"等"八益"，更有"文字与语言合"、"读书易故成就多"、"实学兴"而国势强之效①。这种认识在当时的各界人士中都有影响，故教育界、工商界以及主张改良社会风俗的团体中，都有人赞同并用白话文写作。至于主张"保圣教"、"保皇"和立宪的政界人士，除了一般的开通民智这个共同目标之外，更有运用白话文宣传自己的主张、争取群众的动机在内。

同样，革命派人士也是既重视白话对普及文化、推进文明发展的作用，更强调使用通俗文字制造革命舆论的效果。《警钟日报》上的一篇文章说："白话报者，文明普及之本也。白话推行既广，则中国文明之进行固可推矣。"该文以新式学堂和众多报刊的出现为例，说明"此皆白话之势力与中国文化相随而发达之证也"②。革命派人士还把创办白话文报刊更视为一种革命工作、一种革命方法，有如蔡元培所说的，是"表面普及常识，暗中鼓吹革命工作"③。所谓"暗中鼓吹"，其实有时是表述得明明白白的，如《中国白话报》上的一篇文章《论法律》，称中国历来的法律"极不平等"，因而当下就应该"设几个法学学堂"，"再开一个法学研究会，把中外的法律细细儿考究"，"然后公举几个法律起草员，把宪法共各种的法律，一条一条定出来，又斟酌得尽美尽善，一点儿不苟且。这种法律，就都是汉族定的了，又都是百姓定的了。一旦光复中原，就不怕没有规则了"④。该报的另一篇文章更公然提出要"把我们汉族中国，建个独立共和的政府"⑤。可见，革命派所办白话文报刊政治宗旨的鲜明，同时说明白话文是通俗语文，但它同样可以表达崇高美好之"道"，"文以载道"的标准不足以难倒白话文。

---

① 裘廷梁：《论白话为维新之本》，载《辛亥革命前十年间时论选集》第1卷上册，三联书店，1978年，第38～42页。

② 《论白话与中国前途之关系》，载《警钟日报》，甲辰三月初十、十一日(1904年4月25日、26日)。

③ 转引自陈万雄《五四新文化的源流》，三联书店，1997年，第161页。

④ 《论法律》，载《中国白话报》，1904年5月15日第11期。

⑤ 白话道人（林獬）：《再告当兵的兄弟们》，载《中国白话报》，1904年8月30日第20期。

但是，20 世纪初是一个"过渡时代"，体现在语言文字方面，白话文固然有初步发展，并且有登上大雅之堂之势，但文言文仍然保持着优势，诗歌领域的"宋诗"，散文领域的"魏晋文"、"桐城文"仍然为很多人所信奉。前面提到的同盟会机关刊物《民报》，所有文章都是用文言文写的，尤其是从第 6 期起由章太炎担任主编之后，文字更加古奥艰深。章太炎本人及其他作者的文章，在"五四"以后的青年看来都有字难认、意难解的问题，但在当时却并未影响到《民报》的受人欢迎和广泛流传。章太炎以长于魏晋文著名，其弟子黄侃、汤增璧、鲁迅以及后来的刘大杰，也都喜爱魏晋文章。还有已经就义的谭嗣同、在 20 世纪初被视为文章大家的梁启超，也深受魏晋文章的影响。刘师培追蹑服膺汉学家阮元，论文章也特崇魏晋，又擅长骈文（文选派），所作学术文章也不浅显。桐城文方面，吴汝纶父子、马其昶、姚永朴兄弟的文章仍然受人尊重；严复翻译的西方名著，林纾译述的西方小说，用的也是桐城文体，虽非平易，却以其雅洁而广为流传。因此可以说，清末的文体是平易浅显与艰深雅洁并存，也即俗雅并存。

　　清末的卫道士全力反对的是思想上的民主共和、自由平等等学说，对白话文并未过于措意（何况《民报》、《新民丛报》等并未使用白话文）。知识分子中只有严复公开称梁启超的"文体革命"是对文化的"凌迟"戕害，所以他后来反对白话文。林纾反对白话文，最早是在 1917 年初，他的第一篇文章题目是《论古文之不当废》。可见他在清末之所以未反对白话文，是基于相信古文不会因为有了白话文而被"废"掉。从有《木兰辞》、《孔雀东南飞》以来，直到清末，不是古文和白话并存吗（尽管古文处于主流地位而白话文处于非主流地位）？怎么到了新文化运动时古文连非主流地位都保不住了？排除林纾思想上的"卫道"复古，仅就保留古文文体这一意义而言，他并没有大错，因为古文和白话文同样都是既能表达进步思想，也能表达落后思想。但形势比人强，文体是文化的一部分，文化如何消长兴衰，大多也不依人（尤其是少数人）的主观愿望而转移。古文在五四新文化运动之后终究接近于被"废"了。

　　清末的章太炎、刘师培恐怕是和林纾有同样的心态，未曾预见十多年后古文会被白话文取代。所以他们虽都是古文大师，却不仅未反对白话文，反而赞成甚至也用白话文写文章。1903 年，章太炎与邹容在上海爱国学社相识，志同道合，邹容"以《革命军》一通示余（章太炎自称），令稍稍润色之"。可见邹容对自己的白话文作品并不完全自信，故请长于古文的章太炎"润色"。但章太炎回答说："吾持排满主义数岁，世少和者，以文不谐俗故。欲谐俗者，正当如君书。"① 可见章太炎认为针对特定的读者或写作目的，白话文正有其长处。所以从 1906 年起，他既写有刊登在《民报》上的那些典雅古文，也有《在东京留学生欢迎会的演说》那样的白话文。1910 年 3 月，陶成章主办的《教育今语杂志》创刊，章太炎担任主编撰，该刊共发行 6 期，全是白话文。章太炎的《教育的根本要从自国自心发出来》，也是典型的白话文。1922 年，由张静庐编辑、上海泰东图书馆出版了一本《章太炎的白话文》，收录其长短文章十余篇。可见章太炎并不是只写"魏晋文章"，而且在 1922 年出版他的白话文集（显然是经过他本人同意的），也有为白话文推波助澜之意。刘师培也写了不少白话文，他是《中国白话报》的主要撰稿人之一，又是文白夹杂使用的《警钟日报》的主笔。看来章太炎、刘师培是根据不同的读者对象而分别采用文言文或白话文写作的。所以在辛亥革命准备时期，文体的通俗与艰深两种趋向同时存在，不能以通俗与否作为判定先进与落后的标准。即使是五四时期，反对文言、提倡白话这一破立主张，与另外两个破立主张即反对专制、提倡民主，反对迷信、提倡科学，也是不可相提并论的。直到 20 世纪三四十年代，还有许多优秀学术成果是用文言文写成的，这并不减损它们的学术价值。

---

① 章太炎：《邹容传》，见《章太炎选集》，上海人民出版社，1981 年，第 434 页。

参考文献

一 报刊、文集和资料汇编

民报	知新报	清议报	大公报	外交报汇编
申报	东方杂志	万国公报	中国旬报	游学译编
苏报	国民日日报	浙江潮	警钟日报	安徽俗话报
江苏	湖北学生界	中华新报	新民丛报	国民报汇编
直报	国粹学报			

蔡元培全集 [M]. 北京：中华书局，1984.

陈天华集 [M]. 长沙：湖南人民出版社，1982.

居正文集 [M]. 武汉：华中师范大学出版社，1989.

康有为全集 [M]. 上海：上海古籍出版社，1992.

康有为政论集 [M]. 北京：中华书局，1981.

雷铁厓集 [M]. 武汉：华中师范大学出版社，1986.

廖仲恺集 [M]. 北京：中华书局，1983.

刘申叔先生遗书 [M]. 宁武南氏排印本. 1936.

鲁迅全集 [M]. 北京：人民文学出版社，1981.

马君武集 [M]. 武汉：华中师范大学出版社，1991.

秦力山集 [M]. 北京：中华书局，1987.

宋教仁集 [M]. 北京：中华书局，1981.

孙中山全集 [M]. 北京：中华书局，1981.

谭嗣同全集 [M]. 北京：中华书局，1981.

陶成章集 [M]. 北京：中华书局，1986.

严复集〔M〕. 北京：中华书局，1986.

杨度集〔M〕. 长沙：湖南人民出版社，1986.

饮冰室合集〔M〕. 影印本. 北京：中华书局，1989.

章太炎全集〔M〕. 上海：上海人民出版社，1984.

章太炎选集〔M〕. 上海：上海人民出版社，1981.

章太炎政论选集〔M〕. 北京：中华书局，1977.

张之洞全集〔M〕. 石家庄：河北人民出版社，1998.

朱执信集〔M〕. 北京：中华书局，1979.

辛亥革命前十年间时论选集〔M〕. 北京：三联书店，1978.

辛亥革命时期期刊介绍〔M〕. 北京：人民出版社，1987.

二 各类著述

〔美〕阿尔文·古尔德纳. 中国知识分子的兴起〔M〕. 顾昕译. 台北：桂冠图书公司，1992.

陈孟坚. 民报与辛亥革命〔M〕. 台北：正中书局，1986.

陈万雄. 五四新文化的源流〔M〕. 三联书店，1997.

方汉奇. 中国近代报刊史〔M〕. 太原：山西人民出版社，1981.

冯天瑜，何晓明. 张之洞评传〔M〕. 南京：南京大学出版社，1991.

冯自由. 革命逸史〔M〕. 北京：中华书局，1981年重印本.

戈公振. 中国报学史〔M〕. 北京：三联书店，1986.

龚鹏程. 近代思想史散论〔M〕. 台北：东大图书公司，1991.

龚书铎. 近代中国与近代文化〔M〕. 长沙：湖南人民出版社，1988.

龚书铎. 中国近代文化概论〔M〕. 北京：中华书局，1997.

龚书铎. 中国近代文化探索〔M〕. 北京：北京师范大学出版社，1997.

贺跃夫. 晚清士绅与近代社会变迁〔M〕. 广州：广东人民出版社，1994.

胡绳武，金冲及. 辛亥革命史稿〔M〕. 上海：上海人民出版社，1991.

胡思庸. 胡思庸学术文集〔M〕. 开封：河南大学出版社，1995.

姜义华. 章太炎思想研究［M］. 上海：上海人民出版社，1985.

李喜所. 近代留学生与中外文化［M］. 天津：天津人民出版社，1992.

马宝珠. 中国新文化运动史［M］. 台北：文津出版社，1996.

桑兵. 清末新知识界的社团与活动［M］. 北京：三联书店，1995.

桑兵. 晚清学堂学生与社会变迁［M］. 上海：学林出版社，1996.

［美］塞缪尔·亨廷顿. 变化社会中的政治秩序［M］. 王冠华等译. 北京：三联书店，1989.

唐文权，罗福惠. 章太炎思想研究［M］. 武汉：华中师范大学出版社，1986.

陶东风. 社会转型与当代知识分子［M］. 上海：上海三联书店，1999.

王奇生. 中国留学生的历史轨迹［M］. 武汉：湖北教育出版社，1992.

王神. 维新运动［M］. 上海：上海人民出版社，1986.

王先明. 近代绅士［M］. 天津：天津人民出版社，1997.

吴雁南. 清代经学通论［M］. 昆明：云南大学出版社，1993.

吴雁南等主编. 中国近代社会思潮［M］. 长沙：湖南教育出版社，1998.

忻平. 从上海发现历史［M］. 上海：上海人民出版社，1996.

许纪霖. 许纪霖自选集［M］. 桂林：广西师范大学出版社. 1999.

曾虚白主编. 中国新闻史［M］. 台北：三民书局，1989.

章开沅. 辛亥革命与近代社会［M］. 天津：天津人民出版社，1981.

章开沅，林增平. 辛亥革命史［M］. 北京：人民出版社，1980－1981.

张立文. 中国近代新学的展开［M］. 台北：东大图书公司，1991.

张朋园. 梁启超与清季革命［J］. 台北："中央研究院"近代史研究所专刊，1964（11）.

张玉法. 清季的革命团体［J］. 台北："中央研究院"近代史研究所专刊，1975（32）.

张玉法. 清季的立宪团体［J］. 台北："中央研究院"近代史研究所专刊，1975（28）.

张仲礼. 中国绅士［M］. 上海：上海社会科学院出版社，1991.

郑师渠. 晚清国粹派 [M]. 北京：北京师范大学出版社，1993.

中国近代文化史书编委会. 中国近代文化问题 [M]. 北京：中华书局，1989.

朱英. 辛亥革命时期新式商人社团研究 [M]. 北京：中国人民大学出版社，1991.

后　记

　　1911 年举世瞩目的辛亥革命爆发，迄今已整整 100 周年了。这场革命爆发的时间尽管距今已愈来愈遥远，但其重要意义与历史地位不仅未因此而被人们忽略，相反还越来越受到重视。百年以来，辛亥革命对中国近现代历史的发展演变，乃至在亚洲与整个世界所产生的重要影响，一直受到广泛的关注，海内外学界对辛亥革命的研究也可谓硕果累累。但在百年之后，以"百年"之眼光对辛亥革命重新加以审视和探讨，当会在原有研究的基础上获取许多新的认识，取得更多新成果。

　　华中师范大学中国近代史研究所（原名历史研究所），是我国恢复学位制度后的首批中国近现代史专业博士学位授权点和国家级重点学科，也是教育部人文社会科学重点研究基地。多年以来，研究所在首任所长、著名历史学家章开沅先生（现为本所名誉所长）的率领下，在辛亥革命史研究方面取得了一系列突出成果，荣获多项国家级与省部级优秀科研成果奖，受到国内外近代史学界的高度重视与好评，由此成为国内外公认的辛亥革命史研究重镇之一。2009 年，研究所又承担了教育部哲学社会科学研究重大项目"辛亥革命的百年记忆与诠释"和湖北省人文社会科学专项重大项目"辛亥革命史事长编"的研究任务，此外还承担了多项有关辛亥革命的省部级课题。

　　为了纪念辛亥革命 100 周年，在华中师范大学出版社的大力支持下，研究所与出版社通力合作，决定倾全力推出这套 30 种的大型"辛亥革命百年纪念文库"。文库所收之书籍主要分为两大系列，一为学术研究系列，包括新出版的学术著作和部分以前出版经修订的专著，还有曾任研究所所长的刘望龄教授的 80 万字遗稿《辛亥首义与时论思潮详录》；二为人物文集系列，包括新编和原已出版的两类。由于操作方面的困难，本研究所研究人员主持编写的近500 万字的《辛亥革命史事长编》，章开沅先生主持修订的三卷本《辛亥革命史》，以及另外几本相关学术著作，均未收录在本文库之内，而是由其他出版社出版。因此，这套文库虽然已达 30 余册，但仍不能体现近 30 年来研究所在辛亥革命史研究方面的全部成果。

尽管如此，"辛亥革命百年纪念文库"的出版仍十分不易，除研究所全体研究人员以及特邀之校外学者全力以赴的共同努力之外，还得到了华中师范大学出版社以及其他各方面的大力支持与合作，否则在时间如此紧张的情况下，将很难完成这一艰巨的任务。

"辛亥革命百年纪念文库"能够得以出版，应该感谢教育部社会科学司的鼎力支持与鼓励。2009 年，研究所全体研究人员经数次开会讨论之后，确定以"辛亥革命的百年记忆与诠释"为题，撰写一部多卷本学术著作，作为向纪念辛亥革命 100 周年的学术献礼。当年 11 月，我赴京参加社会科学司组织的全国高等学校人文社会科学重点研究基地主任会议，专门向张东刚副司长介绍这一研究计划，希望得到社会科学司的支持，张东刚副司长对该选题当即给予充分肯定。不久之后，"辛亥革命的百年记忆与诠释"被列为教育部哲学社会科学研究重大委托项目。除此之外，张东刚副司长当时还建议我们在辛亥革命百年纪念之际，将正在编撰的系列新著与资料，与先前已出版但受到国内外近代史学界关注的重要著作与史料书籍修订之后，汇集在一起共同出版，此乃出版"辛亥革命百年纪念文库"的最早动议。

随后，我将这一计划向章开沅先生作了汇报，他认为这是一个很好的设想，于是即与华中师范大学出版社社长范军先生商议出版事宜。我校出版社的范军社长和段维总编辑都是颇具学术眼光的出版人，多年来一直十分支持研究所辛亥革命研究著述的出版。此次虽在出版社进行改制面临较大经济压力的情况下，两位出版社领导仍是一拍即合，决定克服重重困难承担出版"辛亥革命百年纪念文库"的任务。在确定出版这套文库而进入实际操作阶段之后，其间还曾出现过一些先前未曾预料到的变故，几乎使早先设想的计划难以按时全部完成。此时，依然是范军社长与段维总编辑勇于担当，严定友副总编辑、冯会平主任以及出版社全体编辑共同努力，才使原定计划得以继续实施。因此，华中师范大学出版社对于这套文库的顺利出版，发挥了至关重要的作用。

作为"首义之区"的辛亥革命史研究，湖北省和武汉市政府也一直给予了支持和帮助。在纪念辛亥革命100周年到来之际，省市领导当然会更加重视。尤其是湖北省常务副省长李宪生先生，对我们研究所有关辛亥革命的研究计划与"辛亥革命百年纪念文库"的出版特别关注。研究所向湖北省政府专题报告研究设想与文库的出版计划，得到了省政府的大力支持和经费上的宝贵资助。

此外，国家新闻出版总署也对这套文库的出版给予了大力支持。2010年，经过专家评审诵讨，"辛亥革命百年纪念文库"学术研究系列列入了国家出版基金资助项目。由此不仅提高了文库的出版档次，也在一定程度上缓解了出版社面临的经济压力。

这套文库最终能够顺利出版，使我近两年始终处于不安状态的一颗心得以平安踏实下来。两年来，由于在实际操作过程中不断有这样或那样的问题出现，有的问题甚至非常棘手，一度使人丧失了信心，所以我一直都担心这套文库不能如期顺利出版。个人为之付出的心血尚不足道，更为担心的是有负于历史和时代赋予的使命，对不起我所在的研究所多年来在国内外享有的辛亥革命史研究重镇的声誉。现在，这套文库虽然仍存在着诸多不足之处，但终于顺利出版了，值得庆贺。在此需要感谢的单位与个人太多，难以一一列举，只能一并致以最诚挚的谢意。

最后，还有几个具体问题需要说明。

第一，收入该文库的部分早期出版的学术著作，现虽经修订补充，但由于当时在注释的完整性要求上，与现今相比较并不十分严格，甚至可以说不完全合乎学术规范。对于这种情况，各书作者尽量进行了补充，力图按照现在的规范要求，使注释达到完整的程度，但因客观条件所限，仍有少数注释没有达到这一要求，敬请读者谅解。

第二，现在重新修订出版的学术著作中，有些作者对相关问题的认识和结论已有所变化，有的甚至存在着较大的差别，但大多对此并没有作明显的改动。这一方面是因为时间紧张来不及作更多的修改，另一方面从中可以看出作者从事相关学术探索的发展历程，甚至能够在一定程度上从某个侧面具体地体现辛亥革命史研究不断深入和不断进步。

第三，各书所收录的时人文章、演说词、诗词等各类文字作品，都具有史料性质与价值，其中也难免带有那个时代的烙印与痕迹，用字用词习惯、数字用法与现今的著录和编校规范（如2010年出版的《现代汉语词典》第5版、1995年颁布的国家标准《出版物上数字用法的规定》等）有些不同，有的甚至存在某些"政治性"的问题，但为了尊重历史原貌，保持史料的完整性，便于学术研究，一般都未予以删改，请读者和研究者阅读和使用时注意鉴别。

第四，需要特别说明一点，所谓辛亥人物也并非局限于革命志士，而是包含更为广泛的范围。对于那些中间流派的甚至是旧营垒人物的诗文，只要是在历史上产生过较大影响，或者对于史事与社会情况记载较为翔实而确有参考价值者，也在这套丛书收容之列。因为革命运动决非是革命党人的孤立行动，它是在错综复杂的社会关系与各种矛盾中产生与发展起来的，所以也有必要研究其他各种营垒与各种类型的人物，才能对辛亥时期的历史获致更为全面而深刻的理解。

朱 英

2011年5月16日于武昌